# 软件与
# 教育信息服务

RUANJIAN YU JIAOYU XINXI FUWU

于晓梅 ｜ 著

山东人民出版社·济南

国家一级出版社 全国百佳图书出版单位

图书在版编目（CIP）数据

软件与教育信息服务 / 于晓梅著 . -- 济南：山东
人民出版社，2023.3
ISBN 978 - 7 - 209 - 13818 - 5

Ⅰ.①软… Ⅱ.①于… Ⅲ.①教育工作—信息化—
研究 Ⅳ.①G43

中国版本图书馆 CIP 数据核字（2022）第 061827 号

**软件与教育信息服务**
RUANJIAN YU JIAOYU XINXI FUWU

于晓梅 著

主管单位 山东出版传媒股份有限公司
出版发行 山东人民出版社
出 版 人 胡长青
社　　址 济南市市中区舜耕路 517 号
邮　　编 250003
电　　话 总编室（0531）82098914
　　　　　市场部（0531）82098027
网　　址 http：//www. sd - book. com. cn
印　　装 山东新华印务有限公司
经　　销 新华书店

规　　格 16 开（170mm×240mm）
印　　张 24.5
字　　数 380 千字
版　　次 2023 年 3 月第 1 版
印　　次 2023 年 3 月第 1 次
ISBN 978 - 7 - 209 - 13818 - 5
定　　价 46.00 元
　　　　　如有印装质量问题，请与出版社总编室联系调换。

　　本书基于六个真实教学研究案例，系统阐述了互联网技术与先进教学软件相结合的线上线下混合式教学模式设计、实施和评价方法，其中详细描述了相关技术及软件的使用方法，包括：基于 Python 的教学数据分析、基于 Django 的个性化学习平台构建、基于 CiteSpace 的教学方法设计、基于微信小程序的学习助手设计与实现、融合眼动追踪技术的深度学习课程推荐方法等。

　　本书为高等教育和职业教育教学改革与实践提供了开展工作的科学理论指导和成功实践案例，不仅能够作为高校师范专业学生开展教学实习和毕业设计的参考教材，也可以作为职业学校开展教研工作的培训教材，还可以作为大学生和研究生学习教学研究相关知识的课外读物。

# PREFACE
## 序　言

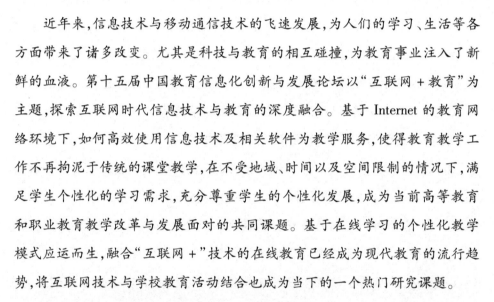

近年来,信息技术与移动通信技术的飞速发展,为人们的学习、生活等各方面带来了诸多改变。尤其是科技与教育的相互碰撞,为教育事业注入了新鲜的血液。第十五届中国教育信息化创新与发展论坛以"互联网＋教育"为主题,探索互联网时代信息技术与教育的深度融合。基于 Internet 的教育网络环境下,如何高效使用信息技术及相关软件为教学服务,使得教育教学工作不再拘泥于传统的课堂教学,在不受地域、时间以及空间限制的情况下,满足学生个性化的学习需求,充分尊重学生的个性化发展,成为当前高等教育和职业教育教学改革与发展面对的共同课题。基于在线学习的个性化教学模式应运而生,融合"互联网＋"技术的在线教育已经成为现代教育的流行趋势,将互联网技术与学校教育活动结合也成为当下的一个热门研究课题。

在"互联网＋教育"时代背景下,微课、慕课、翻转课堂等新的教学模式迅速发展,教师的教学方式和课堂组织形式发生了巨大变革,逐步摒弃了传统教学模式的弊端。利用互联网和现代信息技术,促进教师的教学方式多元化,授课形式多样化,促进课程资源共享化,促进学生的学习过程合作化、个性化、自主化,促进师生互动合理化,实现线上线下相结合的个性化教学成为"互联网＋教育"时代的重要发展趋势。

本书基于六个真实教学研究案例,系统阐述了互联网技术与先进教学软件相结合的线上线下混合式教学模式设计、实施和评价方法,其中详细描述了相关技术及软件的使用方法,包括:基于 Python 的教学数据分析、基于 Django 的个性化学习平台构建、基于 CiteSpace 的教学方法设计、基于微信小程序的学习助手设计与实现、融合眼动追踪技术的深度学习课程推荐方法等。

**混合式教学在"Python 数据分析"课程中的应用**　在课程开始前进行问卷调查,获取学生基本信息。通过数据分析和挖掘获取学生对本课程的认知度和期望值,据此设计了用于在线学习和课堂教学的教育资源和活动,帮助教师实现创新性个性化教学。在混合式教学实践中,以"周"为教学单位捕获每个学生的学习过程并进行教学评估,以改进当前的教学方法,激发学生继续学习的积极性。通过超星网络教学平台收集线上教学数据,采用多种机器学习算法挖掘学习模式和教学成果,不断改进教学方法,调整教学进度从而形成有效的教学反馈,以加强本课程混合式教学效果。

**面向在线学习的个性化教学系统设计与实现**　为支持"Python 数据分析"课程混合式教学的线上个性化教学功能,基于 Django 设计开发了一款面向在线学习的个性化教学软件。其主要功能包括面向用户画像的学生数据采集模块、基于用户兴趣的课程推荐模块和融合论坛发言的课程评价模块。通过该软件多渠道、多维度地收集学生数据,并对学生学习行为进行全方位的数据分析,然后基于学生学习兴趣和日常学习模式实现个性化课程推荐,最后将论坛有效发言及点赞等信息融入考核结果,对在线学习效果进行全面的评价。系统试运行结果表明,该系统有助于教师开展个性化教学活动,基本满足学生个性化学习需求。

**基于科学文献知识图谱的教学方法探索与实践**　收集 CNKI 数据库 2010—2020 年中职教育教学方法学术期刊数据,使用 CiteSpace 绘制机构合作图谱、作者合作图谱、关键词共现图谱、关键词聚类图谱和时区图谱。基于知识图谱分析结果,设计符合中职教育实际情况的混合式教学方法,并应用于中职教育教学实践。最后,从学生对教学方法喜爱度,学生对课堂教学环节喜欢度和学生学习能力变化三个方面分析,探究"任务驱动和微课教学"相结合的混合式学习方法应用于中职教育教学实践的可行性和有效性。

**"微信小程序"校本化课程探索与混合式教学实践**　采用问卷调查和访谈方式从学生、学校以及社会三方面采集数据,开展校本课程需求分析。基于三方需求分析,完成了"微信小程序"校本课程设计方案,包括设计课程目标、选择课程内容和课程资源、构建评价体系等。采用理论学习与实践教学相结合的混合式教学方式,在济南某中职学校开展"微信小程序"校本课程教学实践。最后,采用融合学习过程和课程开发效果的方法,利用 SPSS 软件对"微信小程序"校本课程进行综合评价。

**基于微信小程序的 C 语言学习小助手开发与应用**　为解决课程教学中师生交流互动不畅和学生学习兴趣低等问题,设计开发了一款基于微信小程序的学习小助手,并用于中职学生 C 语言课程的混合式教学实践。经过前期分析、教学设计、教学评价等环节实施教学活动,利用调查问卷采集学生使用学习小助手的学习体验、系统满意度和学习效果。实践结果表明,基于微信小程序的学习小助手能够帮助学生实现线上线下学习活动的有效衔接,基本满足学生的个性化学习需求。

**基于眼动追踪技术的个性化学习推荐方法研究**　首先设计实现了基于深度学习的个性化推荐模型 DeepAFM( Deep Attention Factorization Machine) ,结合表示学习、迁移学习等方法将 DeepAFM 模型应用于个性化课程推荐;然后,采用眼动追踪技术研究在线课程网站中用户关注的热点区域和浏览习惯,设计个性化推荐界面布局;最后,将 DeepAFM 模型和眼动追踪研究成果用于融合多源异构数据的异质信息网络,满足在校学生的个性化课程推荐需求。

通过上述真实教学案例,本书作者借助现代教育新技术,服务于教育信息化进程。为了摒弃传统课堂教学模式化、单一化的弊端,注重学生学习的自主性,笔者愿意抛砖引玉,为改进教学效果,满足学生个性化学习需求尽自已的微薄之力。本书应对新时代"互联网＋教育"教学改革与课程创新要求，对适应中等、高等教育改革创新的一些新经验、新方法进行了概括，对信息技术在教育教学中的应用和发展进行了些许探索，从而使教学方法更具时代性、创新性和实用性，以实现教学服务的个性化、全面化和精准化，实现因材施教、能力和素养共同提升的新时代培养目标。

本书在编写过程中，吸收借鉴了近年来我校信息技术专业教育硕士研究生的科研成果和教学实践经验。感谢姜玉丽、初倩、马双、孙文茜、张雪和陈琦对本书各章节的持续性教学研究与实践检验工作，感谢车雪玉、赵方草、宫兆坤、付文响对本书部分内容修订提出的宝贵建议，感谢焦小桐、彭浩玮、赵丽香、尹强在本书校对中所做的大量工作。本书在出版过程中受到"山东师范大学规划教材建设项目（2020GHJC16）""山东省教育教学研究课题（2020JXY012）""山东省研究生教育教学改革研究重点培育项目（SDYJG19171）""山东省自然科学基金面上项目（ZR2021MF118）""山东省自然科学基金智慧计算联合基金项目（ZR2020LZH008）"和"山东省重点研发计划（重大科技创新计划）项目（2021CXGC010506）"立项出版资助。此外，本书在编写过程中，吸收借鉴和引用了许多同行专家的研究成果，在此致以诚挚的谢意。山东人民出版社对本书的出版给予了大力支持，在此一并表示衷心的感谢。

由于研究能力和理论水平有限，并且教育教学改革的研究也在不断创新，书中的不当和疏漏之处，恳请教育同仁和各位读者批评指正。

于晓梅

2022 年 1 月

CONTENTS

# 目 录

# ·第一章·

# "Python 数据分析" 混合式教学实践

混合式教学,摒弃了"强迫喂养教学法",采用在线自主学习和翻转课堂相结合的新颖教学形式,既培养学生自主学习新知识、独立思考的能力,又发挥教师在课堂教学中的主导作用。本章研究混合式教学在通识教育课程"Python 数据分析"中的应用,优化组合线上、线下学习资源,期望达到改进教学效果,提高学习满意度的目的。

"Python 数据分析"是一门理论性和实践性很强的计算机通识教育课程。本课程教授 Python 编程语言基础知识,学习 Python 数据分析方法,介绍 Python 机器学习库及其用法,展示解决工程问题的常用方法等。本章结合建构主义等教育教学理论,构建"Python 数据分析"混合式教学模式,基于超星网络教学平台开展线上自主学习,采用小组协作形式开展课堂教学,实现线上学习与线下教学的有机结合。本章的主要工作包括:

1. 设计调查问卷,为混合式教学设计提供依据。针对 2017 年第一学期选修该课程的本科生,在课程开始前进行问卷调查,获取学生基本信息,通过数据分析和挖掘获取学生对本课程的认知度和期望值,据此进行"Python 数据分析"课程教学设计。

2. 设计用于在线学习和课堂教学的教育资源和活动,帮助教师实现创新性个性化教学。在混合式教学实践中,以"周"为教学单位捕获每个学生的学习过程并进行教学评估,改进传统教学方法,激发学生持续学习的积极性。

3.采用多种教学评价方法,对教学效果进行全面分析。通过超星网络教学平台收集线上课程教学数据,采用多种机器学习算法挖掘学习模式和教学成果,不断改进教学方法,调整教学进度,从而形成有效的教学反馈,以提高本课程混合式教学效果。

## 1.1 绪论

### 1.1.1 研究背景

1)教育信息化

教育信息化是教育行业在互联网环境下的必然发展趋势,表现为信息技术与教育的深度融合,可以简单地理解为将信息技术应用到教育教学当中。联合国教科文组织将信息技术在教育中的运用分为起步、应用、融合和创新四个阶段。[1]由此可以看出,教育信息化是一个动态发展的过程,阶段与阶段之间是递进关系。随着对教育信息化认识的逐渐加深,人们意识到其发展应立足于教学实情,尊重教学规律。

为了推动教育信息化进程,教育部印发《教育信息化十年发展规划(2011—2020)》。规划指出,要推动信息技术与教育的深度融合,创新教育思想与方法,提高教育质量。[2]由此可知,教育信息化成为推动教育现代化发展的重要力量,也成为教育工作者的行动纲领。作为教育领域的重要组成部分,高等教育要打造成信息化的现代教育,要整合已有教学方式,创新教育模式并提高高等教育教学质量,这也是高等教育发展的必然选择。[3]为了改善教学效果,利用互联网技术和信息技术为教育服务,这意味着传统的教学和学习方式将发生"双重变革"。[4]教学活动可以打破地域限制,不再局限于固定的地点,利用网络课程使学习活动能够随时随地进行。以互联网为基础,教学活动转变为"教师为主导,学生为主体"的新形式,并且更关注学生的发展。信息技术与教育的融合为混合式教学的发展奠定了基础。

2)传统教学的局限性

夸美纽斯最早系统阐述了班级授课制理论,我国从1862年开始执行这种授课形式。班级授课制具有一定优势,但随着学生个性化学习需求的提升,它在一定程度上限制了学生的主动性和创造性。比如,教学活动易受时间等因素的影响,难以照顾学生的基础差异,不利于因材施教;学生被动学习教学内容,只关注陈述性知识和显性知识,忽略了知识产生的原因和应用方式;传统教学模式下的学生缺乏问题意识等。[5]因此,急需改进现有教学模式来解决当前的教学难题。在传统教学方式的基础上引入信息技术,混合式教学模式出现了,它允许学生在"做中学",使得教学活动更富有趣味性与教育性。

3)目前存在的问题

目前高校通识教育课程教学存在诸多问题:学生出勤率低,学习愿望不强烈;教师授课模式单一,教学方法陈旧,学科教学水平有待提高;对学生多采用结果性评价,将定量评价作为主要评价手段,忽视学生身心发展特点等。针对以上问题,应用混合式教学方式改善高校通识教育课程教学现状刻不容缓。

## 1.1.2 研究意义

本研究选择计算机通识教育课程"Python 数据分析"作为研究对象,基于超星网络教学平台,引入混合式教学方式,提出教学设计模型,并将其应用于实际教学活动中,这对于创新教学方式和提高教学质量具有重要现实意义。

1)理论意义

本研究依托超星网络教学平台,根据建构主义等教学理论,考虑学生编程技能存在差异等实际情况,设计了线上线下相结合的"Python 数据分析"课程混合式教学方案。以此方案为指导,进行了为期 18 周的混合式教学实践。在教学活动结束之后,利用数据分析方法和机器学习算法对教学效果分析评价。结果表明:通过混合式教学活动的实施,提高了学生的编程水平,这表明本课程的混合式教学方案是合理而有效的,可以为其他教学工作者设计混合式教学方案提供可借鉴的经验。因此,本研究具有一定的理论意义。

2)实践意义

本研究整理教学资料,录制了"Python 数据分析"微课,为该课程提供了丰富的教学资源,既满足了学生个性化学习需求,又便于教学活动的顺利开展与实施。本研究充分利用教学平台的讨论区、作业区等模块,设计了小组协作学习等教学活动,为教师共享教学平台的课程资源提供了指导,为高校通识教育课程教学改革奠定了基础。

### 1.1.3　国内外研究现状

1）国外研究现状

Motteram[6]对高校混合式教学案例进行研究,结果表明:教师通过在线论坛等交流方式,获得了更多教学反思和体验,混合式教学有助于提高教师的教学技能。Margaret Driscoll[7]的研究梳理了四种不同的混合式教学观点:混合各种信息技术为实现教育目标服务;教师是教学活动的主导者,可以将教学技术与传统的教师指导相结合;借助建构主义、认知主义等学习理论,通过教学技术,优化整个教学过程,可以进一步提高教学质量;混合过程的科学性使得学习过程是协调一致的。Akkoyunlu B[8]等人分析了不同学习风格的学习者在混合式学习中的表现,指出要依据不同的学习风格构建学习共同体,在此基础上构建混合式学习模型,会具有较好的教学效果。Garrison 和 Vaughan[9]介绍了混合式教学的三种情形:在小班制课程中应用混合式教学有利于学生获得更多有意义的体验;在大班额课程中应用混合式教学有利于增加师生互动,提高解决问题的能力;在项目驱动的课程中应用混合式教学可以为学习者提供更多协作学习的机会。Singh[10]等人强调"适当"的条件对于混合式教学至关重要,即在适当的时间,采用适当的技术向学习者传递与自身学习风格相匹配的适当知识,是混合式教学中值得关注的课题。Michael B. Horn 和 Heather Staker[11]总结了常见的混合式学习模式,大致分为四大类:转换模式、菜单模式、弹性模式、增强虚拟模式。转换模式是指依据教师的安排,在不同的学习模式之间进行转换,且至少有一种是在线学习模式;菜单模式是指学生通过在线方式学习一门完整的课程,可以在校内或者校外完成学习,除此之外,学生也要面对面学习相应课程内容;弹性模式是指学生以在线学习为主,教师也会根据需要指导学生线下学习;增强虚拟模式是指学生面对面的课程学习过程必须在教师的监督控制之下,其余在线课程可以自主完成。Graham 等[12]通过对 6 所美国高校混合式教学实施过程的调查,提出了混合式学习的实施框架,分为意识/探索阶段、采用/早期实施阶段、成熟实施/增长阶段。美国密歇根大学、澳洲、纽卡斯尔等大学的研究表明,混合式教学可以有效提升教学质量。[13]Cheng G[14]等人的研究结果表明,学生的在线学习参与度与学生的学习风格显著相关。这项研究不仅突出了学习风格在网络课程学习中的重要作用,而且突出了个人建构主义和互动交流的重要性。

2)国内研究现状

李克东等编著的《多媒体组合教学设计》中,提倡利用多媒体的组合优势开展教学,以优化教学效果,这是我国"混合式教学"早期思想的集中体现。[15]余胜泉等对混合式教学理论以及教学环境进行分析,提出了基于网络教学平台的混合式教学模式,主要包括学习环境设计、课堂教学设计、在线教学设计、发展教学评价设计等环节,为后续的混合式教学研究提供了参考。[16]解筱杉等通过问卷调查和访谈等方式研究高校混合式教学质量的影响因素,结果表明:教师、学生、教学支持系统、教学评价等诸多因素会影响混合式教学质量,要综合考虑并关注师生、生生的差异性,活动的多样性,以提升教育教学质量。[17]王鹊等人以云课堂为网络教学平台,设计了混合式教学活动。该研究发现,混合式教学对教师的教学能力、信息素养和引导能力提出了更高的要求。[18]范江波等人构建了以学生为中心的混合式教学模式,提出要以学生发展为中心,以学生学习效果为中心,深入了解学生的学习需求与学习现状,需要教师多从鼓励与评价等方面做出改变,引导学生转变被动的学习态度。[19]

### 1.1.4 研究方法

1)文献研究法

通过网站与学校图书馆查阅关于混合式教学和课程改革等资料,对资料进行整理归纳,了解混合式教学的概念和研究现状,为混合式教学的开展提供理论依据。

2)问卷调查法

问卷调查法为本研究提供了数据支持。在教学活动开始之前,利用调查问卷了解学生的基本情况、对混合式课程的态度等,为构建混合式教学模式提供依据。在教学活动开展过程中,每周利用包括两到三个问题的调查问卷,了解学生学习活动的动态更新情况,为教学活动提供反馈。在教学活动结束之后,设计调查问卷了解学生在混合式学习前后学习认识、学习能力等方面的变化,了解混合式教学活动存在的问题,为下一步教学活动的开展提供依据。

3）访谈法

在"Python 数据分析"课程开始之前,通过对学生的采访,了解学生对于混合式教学的看法;在课程结束之后,采用访谈法,记录学生对教学活动的感想和建议,了解他们在混合式教学活动中的收获与遇到的困难,便于开展后续研究。

4）观察法

在教学过程中,观察并记录学生对教学活动的反馈情况,根据学生的行为变化,及时调整教学活动实施方案。

5）数据统计分析法

随着大数据时代的来临,Python 语言在数据分析中越来越具有优势。Python 拥有丰富的工具包,在数据处理和可视化分析、科学计算、人工智能、机器学习等领域颇受欢迎。利用 Python 编程和机器学习算法对超星网络教学平台上的学生成绩、访问记录等数据和调查问卷、访谈记录等进行可视化分析,直观呈现混合式教学的应用情况。

### 1.1.5 研究内容与创新点

为了克服现有的教学弊端,提高教学质量,本章的主要研究工作如下:

1）针对"Python 数据分析"通识教育课程,进行了教学设计。针对 2017 年第一学期选修"Python 数据分析"的文理科本科生,在混合式教学实施之前,设计了模块化的调查问卷,收集学生的学习习惯等信息,为后续开展教学活动提供了真实的数据支持。

2）以教学方案为指导,进行了为期 18 周的"Python 数据分析"教学实践,并观察和完整记录教学活动。在混合式教学实践中,我们以"周"为教学单位捕获学生的学习过程并进行周期性教学评估,不断改进教学方法,激发学生的学习兴趣,以期实现创新性的个性化学习效果。以建构主义等教学理论为基础,结合本课程教学条件,构建了基于超星网络教学平台的在线学习环境,整合优秀教学素材,制作包括个性化教学视频在内的创意作品,丰富了课程教学资源。

3）采用多种方法对教学效果进行分析评价。教学实践完成后,通过教学平台和调查问卷收集教学过程数据,采用 Python 数据可视化分析工具和机器学习算法挖掘学习模式和教学成果,形成有效的教学反馈,并且从反馈中总结混合式教学活动的成功和不足,以便为下一个教学周期提供有益的经验,提高混合式教学质量。

本章的主要创新点如下:

1)模块化的调查问卷。调查问卷的设计按模块化进行,包括学生基本信息模块、学习能力模块、混合式教学感知模块等,全面获取学生的学习需求。教学过程中每节课结束后采用小问卷的形式调查本节课的学习情况,对学生的学习过程持续地跟踪,并根据反馈结果调整教学进度和教学活动。

2)个性化的教学实践方案。在充分了解学生学习需求的基础上,本研究设计"Python 数据分析"课程的个性化分层教学方案。教学方案符合教学理论要求,具有交互性强、可行性高等特点,比如:教师与学生可以通过平台的论坛区、学习交流群、面对面等方式进行沟通,互动性强。

3)全面的教学效果数据分析。以"周"为教学单位,收集教学数据,分析研究教学过程。在采用调查问卷分析教学结果的基础上,调用 Python 数据分析算法和机器学习算法,对教学数据进行全面分析和挖掘,获得的有效结论用于指导下一个教学周期,研究结果具有可靠性高和指导性强的优点。

### 1.1.6 本章结构

本章共分为六个小节,分别为:

第一节 绪论:介绍了本章的研究背景、研究意义、研究现状、研究内容和研究方法等,为后续的混合式教学设计奠定理论基础。

第二节 混合式教学理论:介绍混合式教学的特点和相关教育理论,阐明相关理论对本章研究的指导意义。

第三节 "Python 数据分析"教学设计:结合通识教育课程"Python 数据分析"进行混合式教学设计,主要包括前端内容分析、教学资源和活动设计、教学评价设计等方面的内容。

第四节 混合式教学实践:依托超星网络教学平台,开展为期 18 周的教学实践,并详细记录混合式教学过程。

第五节 混合式教学效果评价:采用 Python 数据可视化方法以及机器学习

算法,挖掘教学过程数据,分析教学活动的实施情况。

第六节　总结与展望:总结"Python 数据分析"混合式教学模式的优势与不足,并对未来进行展望。

## 1.2　混合式教学理论

本节主要介绍混合式教学的概念、理论基础和教学特点,为本研究的开展提供理论支撑。

### 1.2.1　混合式教学的概念

混合式教学(Blended Learning)是一种新型的教学形式,是指教育研究者从"教"的层面来研究混合式学习中"教"与"学"的关系。

在国内,对于混合式教学的研究始于21世纪初期。何克抗教授在2003年首先提出了混合式学习的概念,并由此引发了教育界对于混合式教学的关注和研究。何教授认为混合式教学是传统教学和 E-learning 优势的结合,在教学过程中,既要强调教师的主导地位,同时也要突出学生的主体地位,此举在教育界引起了一场变革。[20]黄怀荣教授认为混合式学习是教师在合适的时间,利用合适的技术与手段,向学生传递知识,达到优化教学效果的目的。[21]李克东教授指出混合式教学是面对面教学和在线教学的有效整合,教师可以利用教学平台和媒体技术辅助教学,从而提高教学效果。[22]之后,混合式教学的理论得到不断的完善和发展。

在国外,格林汉姆认为混合式教学是一种结合了面授教学和技术媒介教学的新型教学形式,是一种新的教学策略[23];Michael 认为,从教学管理者的角度看,混合式教学是教师为了实现教学目标而尽可能地利用一切有价值资源的一种教学方式。[24]

总的来说,混合式教学是教育工作者适当地利用信息技术手段,合理地设计教学方案,将在线教学和面授教学友好地结合为一个教学整体,从而为实现教学目标服务,为提高教学效果服务,为学生提供个性化学习服务。其中,一部分教学内容通过在线课程教授,学生可自主控制学习进度;另一部分教学内容在教师的有效课堂监督之下教授。教学活动之后,学生能够获得综合性的学习体验。

### 1.2.2 混合式教学的理论基础

混合式教学是学习媒体、学习模式、学习环境和学习内容等诸多要素的有效结合。混合式教学理论以多种理论为基础,本章主要采用建构主义理论、教育传播理论和首要教学理论。

1)建构主义理论

建构主义学习理论最早由皮亚杰提出,而后经过奥苏贝尔、维果斯基等人的补充,形成了较为完善的理论体系。它强调认知的适应性和个体对于世界模式的构建过程。[25]建构主义理论认为,学习不是简单地由教师向学生传授知识的过程,而是学生主动建构知识的过程;学习需要学生之间的合作互动实现,学生及其他教育辅助者组成一个学习共同体,在学习过程中相互交流,完成学习任务;学习过程在一定的情境之中进行,学习者才能更好地理解知识符号。因此"情境""会话""协作"和"意义构建"是建构主义理论的四大因素。[26]建构主义理论强调在教学实践过程中,教师作为教学活动的组织者和引导者,要以学生的需求为教学活动的出发点,在学生和知识之间搭建桥梁。

在混合式教学模式下,教师应当做到以下两点:

➤ 教师不可以用权威压制学生,要培养学生主动学习和大胆探索的精神。

➤ 教师应当注意学习的情境性和互动性。在教学过程中,教师首先应该设置问题情境,因材施教,启发诱导,帮助学生构建知识体系;其次,教师可以设计合作探究的具体形式,促进学生之间的交流学习;最后,教师可以采用任务驱动法,在解决实际问题的过程中,使学生加深对知识的理解,学会运用知识。

2)教育传播理论

在混合式教学过程中,教学媒介的选择需要传播理论提供支持。在教学活动中采用不同的信息传递工具会对教学效果产生不同的影响。

➤ 麦克卢汉:媒体是人体的延伸理论

加拿大学者麦克卢汉指出:媒体是人体的延伸,犹如望远镜是眼睛的延伸。这一观点改变了人们对于媒体的刻板印象,开始探索媒体的新用途。[27]在教学中,没有一种媒体可以一成不变地应用到所有教学实践中,教学工作者要根据实际教学环境和学生特征等,优化组合教学媒体,将其作为辅助教学的工具。

> 施兰姆:媒体选择定律

施兰姆的媒体选择定律研究了影响人们选择媒体的因素。他提出了一个公式来解释人们选择媒体的几率:P = V/C,其中 P 是媒体选择几率,V 是媒体产生的效果,C 是选择媒体付出的代价。用户在选择媒体时,总是期待付出代价最小的同时,获得最大的收益。因此,在混合式教学过程中,教育工作者应该选择最佳的媒体搭配方式,提供优质的教学资源,达到比较理想的教学效果。以施兰姆为代表的传播理论学者认为信息的传播过程呈双向、螺旋状上升趋势。[28]在混合式教学设计中,要注重教学信息的双向流动,通过选择合适的信息媒体,有效地传递教学内容。

3)首要教学理论

Merrill 教授的研究发现,在忽略学生学习需求的情况下,多媒体教学和远程教学形式未必适合每一个学生。[29]在结合了多种理论的基础上,Merrill 提出了首要教学理论,他认为教学的目的在于传授给学生解决实际问题的技巧。有效的教学过程包括四个阶段:激活、展示、运用、整合,即在教学过程中,教师设计的问题要贴近学生生活并且给予学生解决问题的指导。因此,在混合式教学过程中,教师要创设问题情境,引导学生掌握利用已学知识解决实际问题的技巧。

### 1.2.3 混合式教学特点

混合式教学充分利用现代科学技术的优势,将教师从重复性填鸭式教学模式中解放出来。教师根据学生的学习需求进行个性化教学,使教师成为教学过程的组织者、引导者和指导者。学生可以自主控制学习节奏,获得优质的学习体验,实现学习效果的飞跃。

1)信息技术辅助教学

信息技术工具是混合式教学必备的教学工具,但"混合式教学"不等于"技术型教学"。[30]"混合式教学"是以学生为中心的教学模式,教学过程的出发点和落脚点都是以促进学生的发展为根本目标。"技术型教学"是完全依赖技术工具的教学模式,教学形式可能呈现高端的视觉体验,但它忽略了学生的需要,盲目地使用教学工具,工具可能会代替教师的地位,也可能使教学变为使用信息技术工具的传统课堂。当然,如果能够有效地利用技术工具,仍然有助于解决棘手的教学问题。例如:当教师想要追踪学生的学习轨迹,遵循传统的教学方式很难记录学生的实际情况。此时,教师可以利用在线教学平台记录学生学习过程数据,包括观看教学视频、完成练习题等。因此,混合式教学中的教师居于主导地位,适度使用信息技术工具,并且控制和支配技术工具的使用。

2)丰富的教学资源

一直以来,纸质教材在教学过程中发挥着举足轻重的作用,其具有阅读感强、易携带等优点。随着人们的学习需求日益提高,学习者渴望随时获取想要的信息,电子资料的重要性日益凸显。混合式教学资源特别丰富,线上教学平台可以为学生提供大量的优质电子学习资料。这些材料经过教师的精心编辑,与学生的理解能力相符合。线下可以为学生提供丰富的纸质学习资料,这为学生提供时时处处可以学习的渠道。

### 1.2.4 本节小结

由建构主义等教学理论可知,在混合式教学模式中,教师应设置问题情境,引导学生主动学习知识,并通过小组协作等方式,让学生在完成任务的过程中巩固知识。混合式教学的特点要求教师应合理利用技术工具,避免过度依赖技术工具,并能够为学生提供丰富的电子和纸质学习资料。

## 1.3 "Python 数据分析"教学设计

本节通过模块化的调查问卷了解教学现状,基于 Python 数据可视化方法对调查结果进行分析,依据数据分析结果设计"Python 数据分析"混合式课程教学方案。

### 1.3.1 教学现状调查设计

高校通识教育课的授课对象是来自不同学院的在校本科学生。为了充分了解教学现状和学生的学习情况,实施混合式教学之前,笔者设计了"Python 数据分析"课程混合式教学调查问卷,如表1-1 所示。

表1-1　调查问卷（一）

| 模块一　学生的基本信息 |
| --- |

1. 性别：　A. 男　　　　　　B. 女

2. 年级：　A. 大一　　　　　B. 大二　　　　　C. 大三　　　　　D. 大四

3. 学院：A. 管理科学与工程学院　B. 经济学院　C 音乐学院　D. 物理与电子科学学院

　　E. 数学与统计学院　F. 历史与社会发展学院　G. 公共管理学院　H. 传媒学院

　　I. 地理与环境学院　J. 法学院　K. 心理学院　L. 文学院　M. 体育学院　N. 外国语学院

　　O. 信工学院

| 模块二　学生的学习情况 |
| --- |

4. 您目前主要的学习途径：

　　A. 课堂学习　　　　B. 自主学习　　　　C. 网络学习　　　　D. 图书馆学习

5. 您自主学习的能力如何：

　　A. 非常好　　　　B. 好　　　　　C. 一般　　　　　D. 不好　　　　E. 非常不好

6. 学习过程中遇到困难，您用哪种方式解决问题：

　　A. 向老师请教　　B. 和同学讨论　　C. 自己查阅资料

7. 您的课堂参与程度如何：

　　A. 非常高　　　　B. 高　　　　　C. 一般　　　　　D. 不高　　　　E. 非常不高

8. 之前是否学习过编程类的课程：

　　A 是　　　　　　B 否

9. 您现在编程的能力如何：

　　A. 非常高　　　　B. 高　　　　　C. 一般　　　　　D. 不高　　　　E. 非常不高

10. 您常用的上网方式：

　　A. 个人 PC　　　B. 学校机房　　C. 其他

11. 您每天使用电脑的时间（除去课堂使用时间）：

　　A. 2 小时以下　　B. 3—6 小时　　C. 7—9 小时　　　D. 9 小时以上

12. 您通常使用电脑进行的活动：

　　A. 学习　　　　　B. 看电影　　　　C. 打游戏　　　　D. 聊天　　　　E. 看小说

　　G. 其他

13. 您之前是否学习过 Python 编程知识：

　　A. 是　　　　　　B. 否

14. 你的计算机应用水平：

　　A. 初始入门阶段

　　B. 熟练操作

　　C. 精通各种软件和操作系统

　　D. 已考取相应的资格证书

　　E. 完全不熟悉

续表

| 模块三　对混合式教学的认识 |
|---|
| 15.混合式教学是面对面的授课和网络学习相结合的方式,在教师的指导下,学生自主学习网络平台上的知识,对此您感觉:<br>　　A.十分支持　　　B.支持　　　C.反对　　　D.非常反对 |
| 16.您之前的课程有混合式学习这种方式吗:<br>　　A.经常有　　　B.偶尔有　　　C.从来没有 |
| 17.您更倾向于哪种教学方式:<br>　　A.面对面的传统方式,教师系统地讲授知识<br>　　B.学生独立学习,根据教师提供的学习资料,自己安排学习计划<br>　　C.混合式教学,学生进行网络学习,小组协作,必要时向教师面对面请教 |
| 18.您对"Python 数据分析"这门课程的兴趣如何:<br>　　A.非常喜欢　　　B.喜欢　　　C.一般　　　D.不喜欢　　　E.非常不喜欢 |
| 19.您支持用混合式教学方式来学习"Python 数据分析"这门课吗:<br>　　A.支持,想尝试新的教学方式<br>　　B.犹豫,怕难以适应新的教学方式<br>　　C.反对,习惯了面对面的授课方式 |
| 20.您支持哪种课程评价方式:<br>　　A.期末的笔试成绩<br>　　B.平时表现和期末笔试成绩相结合<br>　　C.考试用提交论文的形式替代 |

　　调查问卷分为三大模块,分别调查学生基本信息、学生学习情况以及学生对混合式教学的态度等。问卷共发放 97 份,实际收回 97 份,回收率达到 100% ,有效率达到 100% 。

### 1.3.2　调查结果分析

1)学生的基本信息分析

　　"Python 数据分析"课程面向混合制班级开设,学生来自全校 12 个学院,包括信息科学与工程学院、物理与电子科学学院、地理与环境学院等。学生的认知风格、计算机文化基础、学习习惯存在差别,因此充分了解学生的基本信息有利于教师合理制定教学计划,因材施教。学生基本信息分析如表 1-2 所示。

表1-2  学生的基本信息

| 年级 | 性别 | 学院 | | |
|------|------|------|------|------|
| | | 信工 | 管科 | 其他 |
| 大一 | 男（28） | 13 | 3 | 12 |
| | 女（44） | 2 | 15 | 27 |
| 大二 | 男（16） | 13 | 0 | 3 |
| | 女（9） | 0 | 0 | 9 |

其中,大一学生约占总人数的78%,大二学生占比约为22%,男女生的比例接近1:1。授课方式应考虑到男女生逻辑思维差异,促使同学之间团结合作,优势互补。综合实际情况,针对"Python 数据分析"课程进行教学设计:授课内容偏重基础知识讲授和重要技术实践;课堂教学采用任务驱动、分组协作教学方式;在线学习采用学习任务单驱动的线上自主学习方式,学习内容包括在线视频、知识点测试、项目实战等。

2)学生的基础能力分析

针对问题"你之前是否学习过编程类的课程",统计分析结果显示学习编程课程的人和未学过编程课程的人比例为 52.58:47.42,这意味着有接近一半的学生是编程零基础或者基础很薄弱。

为了直观呈现调查结果,可以使用 Python 扩展模块 matplotlib 进行数据可视化分析。针对问题"你现在的编程能力如何",数据可视化核心代码如下。

```python
import matplotlib.pyplot as plt    #调用 matplotlib 库
import matplotlib.font_manager as fm    #定位中文字体文件
zhfont1 = fm.FontProperties(fname="/home/aistudio/work/simhei.ttf", size=14)

labels = ['一般',' 好','很好','很差','差']
sizes = [53.61,7.22,2.06,8.25,28.87]
explode = (0,0,0,0,0.1)

patches, l_text, p_text = plt.pie(sizes, explode=explode, labels=labels, labeldistance=1.1,
autopct='%2.2f%%', shadow=False,startangle=90, pctdistance=0.6)
```

#依次设置饼图数据、每部分的偏移量、标签名称、颜色、标签位置、饼图内数字格式、阴影、饼图起始角度、百分比数字位置。

```
#plt.setp(p_text , fontproperties=zhfont1)
plt.setp(l_text, fontproperties=zhfont1)
plt.axis('equal',fontproperties=zhfont1)    #设置横纵坐标刻度间距
plt.legend(loc='upper left', bbox_to_anchor=(-0.1, 1),prop=zhfont1)    #设置图例的位置
plt.title('你现在的编程能力如何',fontproperties=zhfont1,size=20)    #设置标题名称
plt.grid()
plt.show()
```

如图 1-1 所示,学生的计算机编程基础水平存在差异。数据可视化结果表明,认为自己编程能力一般的学生占比约为 53%,认为自己编程能力不高的学生占比约为 36%,可见接近 90% 的学生认为自己的编程能力不高。综合这两个问题的分析结果,说明学生的基础能力不强,这为教学工作的开展带来一定挑战,例如:部分学生可能因为基础水平不高,对这门课产生畏惧心理,从而对自己进行定位,认为按照自己目前的水平达不到这门课程的学习要求,产生厌学情绪。可以在授课时向学生说明这门课以基础应用为目的,对编程的要求并不高,增强学生的自信心。

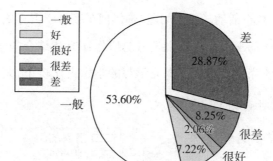

图 1-1　学生编程能力统计情况

3)学生的计算机操作能力分析

"Python 数据分析"课程包含线上自主学习阶段,因此需要学生具备上网条件。为了了解学生的上网途径和计算机应用水平,针对问题"你常用的上网方式"和"你的计算机应用水平"进行调查,统计结果如表 1-3 所示:

表 1-3　学生使用计算机水平和方式情况

| 问题 | 方式 | 占比 |
|---|---|---|
| 您常用的上网方式 | 个人 PC | 79% |
| | 学校机房 | 15% |
| | 其他 | 6% |
| 你的计算机应用水平 | 初始入门阶段 | 60% |
| | 熟练操作 | 22% |
| | 精通各种软件和操作系统 | 10% |
| | 已考取相应的资格证书 | 8% |
| | 完全不熟悉 | 0% |

从统计结果看出,大部分学生的上网渠道便捷,可以使用个人电脑或学校电脑,这为线上学习提供了条件,学生可以登录教学平台进行线上学习。同时,调查结果显示,大部分学生的计算机应用水平处于基础入门阶段。因此,在混合式教学开始之前,教师需要指导学生使用网络教学平台,确保教学活动的顺利开展。

4)学生的学习风格分析

学习风格是影响混合式教学的首要条件,了解学生的学习风格有利于构建学习共同体,丰富教学活动。对于问题"你倾向于哪种学习方式",统计结果如图1-2 所示。约60%的学生喜欢自主学习与协作探究相结合的学习方式,完全喜欢独立自主学习或完全喜欢合作探究学习的学生占比较小,大部分学生更喜欢

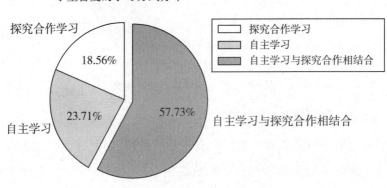

图 1-2　学生的学习风格喜好

自主学习与探究学习相结合的学习风格。因此在教学活动中要注重学生间的合作学习,并且给予一定的时间安排学生自主学习,消化知识。

5)混合式课程学习态度分析

问题"你更倾向于哪种教学方式"用于调查学生对教学方式的看法,分析结果如图1-3所示。可以看出,大部分学生倾向于混合式教学方式。这表明,在课程开始之前,学生已经对混合式教学方式有一定了解并充满了期待,容易接受并且乐于尝试新的学习方式。

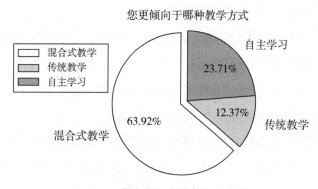

图1-3 学生对混合式教学的态度

针对问题"你支持用混合式教学方式学习'Python 数据分析'这门课吗",图1-4 所示调查结果显示,82%的学生支持使用混合式教学方式学习这门课程,相对于约64%的学生倾向于混合式教学,这说明虽然少部分同学倾向于其他教学方式,但是依然对混合式教学给予了肯定,仅有少数学生持犹豫态度或者反对态度。因此,大部分学生对混合式课程持积极态度,这为混合式教学的开展创造了有利条件。

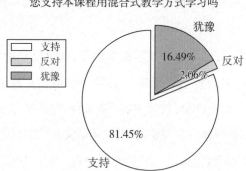

图1-4 对使用混合式教学方式态度的统计情况

由调查问卷分析结果可知,学生的基础水平存在差异,计算机操作与编程能力不高,但学生的上网渠道顺畅,对混合式课程持积极态度,这为混合式课程的实施提供了有利条件。依据调查问卷的分析结果,笔者设计以小组协作和任务驱动为主的分层次教学方案,贯彻因材施教原则。

### 1.3.3 混合式教学模式设计

通过调查研究,了解到学生愿意接触新的教学形式,渴望进行探究合作学习,并且国家鼓励学校利用信息技术手段来辅助教学。据此,笔者针对"Python数据分析"课程进行了混合式教学设计。

混合式教学的设计部分是混合式教学活动的核心。混合式教学不是简单地将信息工具添加到传统的课程体系[31]之中,而是在科学的教育理论指导下,教师科学合理地计划和安排,将信息技术完美地融合到传统教育之中。可以说,混合式教学设计是对传统教学设计[32]的完善和补充。

笔者主要借鉴过程模式,其优势是设计者可以根据教学的实际需要,从教学过程的任一步骤开始设计,主要包括:(1)确定教学课题,以解决教学中的问题;(2)学生特征分析和学生已有知识储备预测,如学生基本信息、知识能力水平等;(3)确定学习目标,指列出学习目标的内容并使之具体化和实例化;(4)构思教学活动,并选择合适的教学资源;(5)评定学习目标的完成情况,并依据反馈结果修正教学方案。

本案例在传统教学设计的基础上,以建构主义等教育科学理论为指导,结合了学者迈克尔·霍恩的混合式学习成果,提出了基于超星网络教学平台的混合式教学框架,主要包括前端分析、教学资源和活动设计、教学评价设计三方面,如图1-5所示。

该设计指导性强,可以为教师教学提供依据,教学活动的实施会受到该方案的指导;逻辑性强,将多个教学要素进行了综合规划和安排,有效地勾勒了教学流程;可控性高,在教学设计中,教师更容易控制各种教学要素,能够在头脑中预演整个教学过程,发现错误并加以修改,从而使教师在实际教学过程中避免出现失误或者降低出现失误的可能性。教学设计过程,实际上是教师依据教材内容,结合已有教学经验、学生的个性特征等,创造性地思考教学活动的过程。[33]

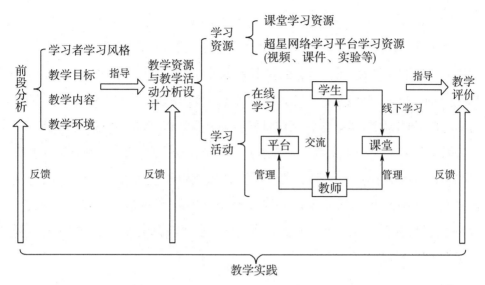

图1-5 混合式教学设计框架

1）前端分析

前端分析是整个教学设计的初始环节,主要包括学习者学习风格、教学目标、教学内容、教学环境四个方面。

➤ 学习者学习风格

学生是教学活动的出发点和落脚点,对学生学习风格进行分析是教学设计的重要环节,主要包括两个方面:一是分析学习者的基础信息,包括院系、专业、知识和技能水平等;二是分析学习者的学习动机、学习愿景等。Akkoyunlu B[8]等人的研究表明,在学习共同体的基础上构建混合式学习模型有利于提高教学效果。因此,混合式学习应充分考虑到学生学习风格的差异,比如:认知水平、学习能力、学习动机等。

调查结果表明,学习"Python数据分析"课程的学生基础水平参差不齐,学习动机及强度不一,学习风格迥异。本课程采取分层教学方式:针对水平低的同学,布置基础学习任务;针对水平高的同学,在基础任务的基础上,添加具有挑战性的任务。根据"最近发展区"理论,教师为学生提供有难度的学习内容,调动学生的学习积极性,促使其进入下一个发展阶段。

➢ 教学目标

教学目标是课堂教学的灵魂,是整个教学活动的导向,是教学设计中最重要的部分。[34]合理的教学目标是保证教学活动顺利开展的首要条件。美国心理学家 Benjamin Bloom 将教学目标分为认知、情感和动作技能三个领域,每一个领域目标从低级向高级分类。认知领域目标明确分为知识、理解、应用、分析、综合、评估六个层次;情感领域的教学目标细分为接受、回应、价值形成、价值体系组织系统和价值体系定制五个层次;动作技能细化为知觉、模仿、操作、准确性、连贯性和习惯性六个层次。在此基础上,我国新课改将教学目标分为知识与技能、过程与方法、情感态度与价值三个方面。[35]本研究按照新课改要求,为每节课制定详细的教学目标。

➢ 教学内容

教学内容是指在教学过程中为达成教学目标而让学习者学习的知识、技能以及行为经验等。[36]在混合式教学中,教学内容不仅包括课程标准、教科书等教材内容,还包括网上教学资源,例如优质课程视频等。教师在课前要深入钻研教材,一般经历"懂""透""化"三个阶段达到对教材熟练掌握的程度。

混合式教学是线上线下教学的结合,线上教学平台的管理工作极其重要。本课程包含 18 周 36 学时的教学时间,每周安排了微课、课件、自主学习任务单、示例代码等学习内容,配有章节练习题加强对知识的理解和应用。除了基本学习资料,超星教学平台包含考试、作业、讨论区等模块,方便学生、师生之间的交流互动。同时建立学习交流群,加强师生线上交流,便于学生及时解决学习中的困惑。本课程将学习内容划分为 18 周,每周包含两到四个知识点。部分教学内容详细安排如表 1-4 所示。

根据安德森和梅耶的知识分类法,知识可分为陈述性知识、程序性知识、策略性知识。本课程每周的教学内容按照知识点所属类型,选择合适的教学策略。一般地说,对于程序性知识,采用任务驱动法、作业练习法等;对于策略性知识,采用讲授法、任务驱动法等;如果是陈述性知识,以讲授法为主,辅以其他教学方法。

表1-4 详细课程安排

| 时间 | 课程内容 | 课程内容细化 |
|---|---|---|
| 第二周 | Python 基本操作 | ● 三种 Python 集成工作环境<br>● 变量数据类型函数<br>● 字符串分片与索引 |
| 第五周 | Python 数据结构 | ● 列表字典元组集合<br>● 推导式<br>● 几个高级函数 |
| 第十二周 | Pandas 库的重要对象 | ● Series 对象<br>● Data Frame 对象<br>● 索引对象<br>● 索引操作小结 |
| 第十五周 | Python 数据分析实际案例 | ● 星际争霸项目<br>● 电影票房项目<br>● 美国总统大选项目 |

➤ 教学环境

教学环境是影响教学活动的重要因素,包括物理环境和网络环境。本课程选择配有多媒体设备的教室,方便学生操作演示。线上学习依托超星网络教学平台。

2)教学资源设计

教学资源包括课堂教学资源和网络平台教学资源,除了教材等实体资源,教师利用网络资源让整个教学内容更饱满。线上教学资源可以分为利用型资源和设计型资源。[37]本案例主要使用设计型资源,如微课,并且根据需要及时调整或重新录制,使之更贴合学生的学习需求,更符合个性化教学需要。

根据"Python 数据分析"课程内容录制微课,满足 16 周的教学内容安排。微课时间不宜过长,控制在 6—10 分钟,确保每个微课讲解一个知识点。根据实际教学需要,适量引入一部分利用型资源,如公开课视频资源。此外,本案例还提供实验用例代码、PPT 课件等,用来支持自主学习活动。在教学资源的支持下,学生可以自己控制在线学习的进程和速度,遇到难以理解的知识点,可以反复观看。课堂上教师对重点和难点教学内容有选择地讲解,并组织学生讨论和交流。通过线上线下相结合的混合式教学,改变学生被动接受书本知识的状态。

3)教学活动设计

教学活动将教学内容与学生有机地联系在一起。在混合式教学中,不仅发挥教师的主导作用,而且体现学生的主体地位,提高学生的积极主动性。首先注意建立平等的师生关系,培养学生的自学能力;其次提高学生的课堂参与度,使之获得主体参与的体验和成功的喜悦;最后要注意学生个体发展差异,对学习困难学生进行针对性辅导。此外,还要注意生生交流,师生互动。针对学生的线上与线下学习活动,本案例采用混合式协作学习形式设计教学活动,如图1-6所示。

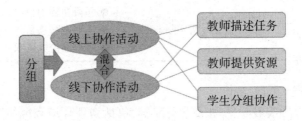

图1-6 混合式协作活动

首先按照同组异质、异组同质原则对学生分组,使得同组内成员的知识水平不等,不同小组的知识水平大致相同,让基础扎实的学生带动基础薄弱的组员共同参与到学习活动中,加强组内成员的合作精神。每组成员为四人,选择一名组长负责小组的学习活动。

其次教师安排课前、课中和课后的教学任务。课前,教师将本周的视频等学习资源上传至教学平台,学生根据自主学习任务单了解课时学习任务和学习目标,参与线上学习。课堂教学中,教师对重点知识进行讲解,把握教学节奏,活跃课堂气氛,指导学生讨论,确保不同知识点使用恰当的教学方式,保证学生积极参与协作学习活动,完成 Python 数据分析任务。课后,学生在教学平台针对疑难问题继续交流,教师可以参与交互,解答疑难,梳理重点难点,指引学习思路。整个教学过程中,根据教学内容将任务驱动法、讲授法、演示法等与协作探究结合使用,促进教学效果达到预期目标。

本课程的协作学习分为三种类型：面对面的协作学习、计算机支持的协作学习、混合式协作学习。面对面的协作学习用于课堂教学之中，整合学习者的集体智慧和情感；借助超星网络教学平台开展计算机支持的协作学习，充分利用信息技术支持学习者的交互活动；混合式协作学习利用互联网等支持条件，进一步整合了时空学习和虚拟空间学习。[38]通过线下小组协作和线上小组协作，学生随时随地交流沟通，共同完成教师分配的任务，培养学生的协作意识，促使学生形成学习共同体，提高学习效果。

本研究使用问卷获得教学效果的反馈。每一周的课程设计包含两到四个问题的调查问卷，收集学生对教学活动的意见，为下一周的教学活动提供指导。

4）教学评价设计

教学评价检验学生参与教学活动的学习成果，可以通过合理的评价方式直观展现教学效果。笔者在问卷中设计了问题"你支持哪种课程评价方式"，融合各方观点甄选科学合理的评价方式，并使用 Python 绘制条形图进行数据可视化分析，核心代码如下。

```
import matplotlib.pyplot as plt    #调用 matplotlib 库
import matplotlib.font_manager as fm    #定位中文字体文件
zhfont1 = fm.FontProperties(fname="/home/aistudio/work/simhei.ttf", size=14)


rects =plt.bar(left = (0.2,0.6,1),height =(18,72,7),width=0.2,color=('y','g','b'),align="center",
yerr=0.00001)    #依次设置条形图的位置、高度、宽度、颜色等
plt.title('你最支持哪种课程评价方式',fontproperties=zhfont1,size=20)
def autolabel(rects):
  for rect in rects:
    height = rect.get_height()
    plt.text(rect.get_x()+rect.get_width()/2.9, 1.02*height, '%d 人' % float(height),
    fontproperties=zhfont1,size=15)
autolabel(rects)
plt.xticks((0.2,0.6,1),('论文形式','平时表现与期末测试相结合','期末测试'),
fontproperties=zhfont1, size=10)    #设置 X 轴横坐标，添加文字显示
plt.yticks((0,20,40,60,80))
plt.show()
```

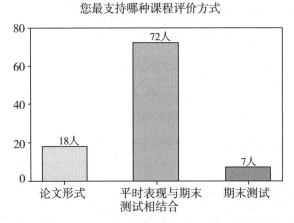

图 1-7　课程评价方式

结果如图 1-7 所示,大多数学生支持平时表现与期末测试相结合的评价方式,因此,笔者采用了过程性评价和结果性评价相结合的评价方式。其中过程性评价占总成绩的 50%,各评价要素由学习平台记录,包括观看视频的时长、提问的次数、作业完成情况等;结果性评价占总成绩的 50%,其中课程实践成绩占20%。具体权重如表 1-5 所示。

表 1-5　教学评价方式

| 评价方式 | 评价指标 | 比重 |
| --- | --- | --- |
| 过程性评价 | 访问详情 | 5% |
| | 讨论 | 10% |
| | 作业 | 10% |
| | 章节检测 | 15% |
| | 课堂表现 | 10% |
| 结果性评价 | 期末成绩 | 30% |
| | 课程实践成绩 | 20% |

➢ 访问详情

超星网络教学平台详细记录学生的学习轨迹,比如提交作业的时间、在线观看微课的时长、访问每个模块的次数等,宏观描述学生的学习过程。

➢ 章节测试

依据教学内容的不同,每章配置测验题,包括选择题、判断题、填空题和简答题,学生在规定时间完成章节测试,并提交答案到教学平台。

➢ 作业

作业是检验学生对知识掌握程度的工具。本研究的作业分为个人作业和小组作业,个人作业和小组作业占比均为50%。

➢ 讨论

学生间良好的互动交流有助于教学活动的开展和知识的理解和掌握。Motteram等人研究发现,适当的在线论坛交流方式在混合式教学中发挥着重要作用。教师可以从论坛中获取大量信息,比如学生对于混合式课程学习的理解和看法等。在线教学平台记录学生参与讨论的活跃程度,因此本研究将学生参与讨论的情况作为过程性评价的组成部分。

➢ 课堂表现

除了线上的交流讨论,线下的课堂表现同样重要,主要包括出勤率、回答问题情况、小组合作情况等。

最终总成绩 = 50% * 过程性评价指标 + 50% * 结果性评价指标。总成绩 > = 90分,为 A 类;总成绩 > = 80 分,为 B 类;总成绩 > = 70 分,为 C 类;其他的为 D 类。

### 1.3.4 本节小结

由调查问卷分析结果可知,选修"Python 数据分析"课程的学生基础水平存在差异,计算机操作与编程能力普遍不高,但学生的线上学习渠道方便,对混合式课程持积极态度,这为混合式课程的实施提供了有利条件。依据调查问卷分析结果,笔者设计了以小组协作和任务驱动为主的分层次教学方案,教学中贯彻因材施教原则。

不同于其他计算机编程语言——C 语言、Java 等,Python 拥有其独特的优点,比如:它简单灵活,对于学习者来说易读易学;它是高级语言,并且有丰富的库,可以直接被调用,许多程序不用学习者自己编写。开设这门课程,有利于学生掌握一门就业技能,提高个人素质。

为了探究混合式教学在通识教育课程中的作用,笔者选择"Python 数据分析"这门课程作为实践载体,授课对象为选修该课程的全校各专业学生,进行了为期 18 周的教学实践,并对基础薄弱的同学进行了标记,在教学活动结束后,再次查看标记学生的表现情况,检验混合式教学效果。

## 1.4 混合式教学实践

"互联网 +"大数据背景下,Python 编程语言成为近年来热门的信息技术类基础课程。本研究选取计算机通识教育课程"Python 数据分析",进行为期 18 周的混合式教学实践,授课对象为选修该课程的全校各专业学生。

### 1.4.1 混合式教学活动组织

1)课前自主学习活动

为了引导学生自主完成课前学习任务,提前做好以下准备:

➢ 上传资源,自主学习

每周伊始,教师将本周学习内容的教学资源上传至超星教学平台,包括微课视频、示例代码、自主学习任务单等,供学生浏览和学习。上传的教学资源示例如图 1-8 所示。

图 1-8 教学平台课程资源目录

学生根据自主学习任务单,观看教学视频,自主控制学习速度。通过线上学习,学生清楚哪些知识点需要着重学习,上课时合理分配学习注意力,激发和维持学习兴趣。

➤ 自主练习,分层次教学

根据前期问卷调查结果,将学生分为 X、Y、Z 三个层次。X 层次的学生基础薄弱,他们的自主学习任务是理解基础知识,完成基础练习。Y 层次的学生具有发展潜力,他们的自主学习任务是在完成基础练习的前提下,可以继续完成拓展延伸练习。Z 层次的学生基础水平较高,他们的自主学习任务是理解知识并自主修改调试 Python 程序。

学生在讨论区交流课前自主学习任务,分享学习心得,解决学习难题。教师收集学生的共性问题,有针对性地准备教学素材。

2)课堂教学阶段

针对学生线上学习阶段遇到的问题,教师在多媒体课堂上重点讲解。此外,教师设计有意义的话题并与学生交流,吸引学生有目的地参与课堂学习活动,加强学生的学习主动性。通过面对面的协作学习并解答问题,改变学生被动接受书本知识的填鸭式教学。

教师完成答疑后,可以使用任务驱动法督促学生运用知识,完成课程实践任务。其中一级任务是利用基础知识可以在课堂上完成的任务,比如循环结构中的"打印偶数"任务;二级任务是小组协作融会贯通才能完成的任务,比如基于 pandas 模块的"美国大选程序改写"任务。每学期布置 2 个协作互助任务,督促每位成员参与到小组协作学习活动中,群策群力完成任务。每学期保留一定课时,供学生展示小组协作的 Python 作品,鼓舞士气,提升学好本课程的自信心和成就感。

3)课后整理阶段

针对课后仍未理解的知识,可以通过学习交流群或讨论区与老师同学交流互动,也可以继续观看教学视频巩固知识。教师鼓励学生归纳总结每节课的学习内容,建立课程知识体系。

通过贯穿整个教学过程的协作学习和探究学习,在课前、课堂和课后三个方面形成了良好的师生互动,具体如图1-9所示。

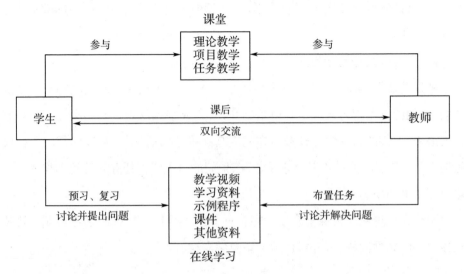

图1-9 师生良性互动交流图

混合式教学实践中,在网络教学平台上开展线上学习活动,为学生提供了视频等学习资料,在多媒体教室中开展线下教学活动。

### 1.4.2 混合式教学案例

以"扩展库numpy/matplotlib"的教学内容为例,展示混合式教学过程。这部分内容实践性较强,属于程序性知识,因此采用任务驱动的教学策略,学生协作完成学习任务。

1)线上学习活动

➢ 线上教学目标

知识与技能目标:了解numpy/matplotlib库的概念,掌握两种库的调用方法。

过程与方法目标:通过交流讨论,运用numpy/matplotlib知识解决实际问题。

情感态度与价值观目标:提高学生的计算机编程素养。

➢ 教学对象

混合班级全体学生。

➢ 教学重难点

教学重点:扩展库numpy/matplotlib的使用。

教学难点:扩展库 numpy 的常用统计方法;使用 matplotlib 绘制复杂图形。

➤ 教学片段

教师将"扩展库 numpy/matplotlib"课节的微课、课件、示例代码、自主学习任务单上传到超星网络教学平台,如图 1-10 所示。

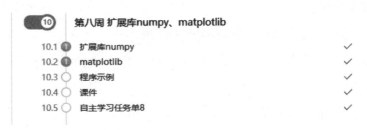

图 1-10 教师上传课程内容界面

学生登录平台,根据自主学习任务单的要求,下载观看微课,完成练习。教师查看学生的学习情况,并在讨论区查看学生留言,整理疑难问题并有针对性地准备素材,如图 1-11 所示。

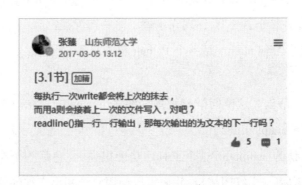

图 1-11 教师后台答疑

2)课堂教学活动

在整个混合式教学过程中,本案例注重突出学生的主体性。教师针对重难点知识有针对性地讲解并引发讨论,教学的重心是让学生自主探究,协作学习。

➤ 课堂教学目标

知识与技能目标:解决疑难问题,加深对知识点的理解和运用能力。

◇ 过程与方法目标:通过交流讨论等方式,运用 numpy/matplotlib 知识解决实际问题。

◇ 情感态度与价值观目标:增强学生的协作能力,培养学生学习兴趣。

➤ 教学对象

混合班级全体学生。

➤ 教学重难点

教学重点:扩展库 numpy/matplotlib 的使用。

教学难点:扩展库 numpy 中常用统计方法;使用 matplotlib 绘制复杂图形。

➤ 教学片段

教师根据问题反馈,结合 numpy 和 matplotlib 库的基本知识,引导学生自主构建知识体系。

教师:从同学们的课前反馈以及网络平台的数据反馈情况看,大家确实认真地预习了本节课的学习内容,但仍然有部分知识是难以理解的,下面让我们一起进一步梳理本节课的学习内容。

教师:大家已经了解到本节课的内容是关于 numpy 和 matplotlib 库的基础知识,那么哪位同学来分享一下,你现在掌握了哪些知识呢?

学生 A:我学习到 numpy 是一个 Python 科学计算包,能够实现矩阵运算,非常高效。

教师:很好,请坐。这位同学宏观地介绍了 numpy 的概念以及功能,哪位同学可以再谈一下 matplotlib?

学生 B:我认为 matplotlib 这个工具库功能很强大,它是一个绘图工具库,目的是为 Python 构建一个绘图接口,我们可以利用它绘制出直观的图形。

通过教师的提问,学生了解到本节课的重点知识和难点知识,明白 numpy 和 matplotlib 库哪些知识需要重点掌握。

教师:不错,请坐。这位同学的补充也很到位,我们将掌声送给这两位同学。这两种工具确实简单易学,但要想掌握,还需多加练习,我看到同学们的学习反馈,大家对 numpy 的常用统计方法以及 matplotlib 的调用与绘制图形方法仍然存在疑惑,下面老师和大家一起来操作。

针对每一种库,教师通过示例进行操作演示,让学生理解每种库的理论知识与应用情景。在掌握了基本知识概念后,学生通过观看教师的演示,进一步掌握 Python 扩展库的具体应用方式。

教师:通过操作演示,我们已经学习了如何利用 numpy 进行索引和切片操作,如何计算数据的方差,如何结合绘图工具,直观展示数据。大家都玩过掷骰子游戏,那么接下来老师有一个小任务,如何用 Python 编写这样一个游戏呢? 接下来同学们按照之前的分组方式,进行小组合作,我们看哪个小组率先完成任务。

教师演示结束后,学生以小组为单位,协作完成掷骰子游戏的任务,教师深入课堂进行指导,完成后,小组展示成果。

学生 C:老师,我们小组已经完成了任务,可以开始演示了吗?

教师:好的,老师看大家都已经完成了任务,下面从第一组开始,依次展示自己的作品。

学生上台演示后,针对同学们的提问进行答辩,教师及其他小组的同学做点评,对任务实施情况进行反馈,总结本堂课的知识点,并肯定学生们的表现。学生展示情况如图 1-12 所示。

图 1-12　学生上台演示

3)课后整理活动

教师工作:

➤ 收集学生调查问卷并统计分析,结果如表 1-6 所示;

➤ 通过网上讨论区留言和课程群答疑解惑,让学生理解并掌握这两种库的使用方法。

学生任务：

➤ 完成课后任务，复习巩固知识；

➤ 针对不能独立解决的问题，可以通过讨论区向同学及教师请教。

表1-6　问卷调查结果反馈

| 调查问题 | 反馈结果 |
|---|---|
| 1. 本节课进度能否接受 | 80%的同学可以接受，20%的同学不能接受。 |
| 2. 是否能够使用 numpy 和 matplotlib 进行简单数据可视化操作 | 75%的同学可以进行数据可视化操作，25%的同学不能进行数据可视化操作。 |
| 3. 什么原因可能阻碍学生消化本节课内容 | 课前预习不到位；能够看懂示例，但不会独立编程。 |

从调查问卷的结果可知，大部分学生掌握了本节课的内容，可以理解并应用相关知识进行数据可视化操作，教学进度安排比较合理，但是学生的迁移应用能力仍有待提高，学生课前预习的主动性需要教师进一步引导。

### 1.4.3　本节小结

混合式教学实践中，依托超星网络教学平台开展线上学习活动，为学生提供视频、PPT、源代码等学习资料；在多媒体教室中开展线下教学活动。整个教学活动中，教师为不同层次的学生提供个性化学习任务，并以"周"为单位记录学生的学习过程数据，完成整个教学活动的实施过程。

## 1.5　混合式教学效果评价

混合式教学实践之后，利用调查问卷对参与混合式课程的学生进行教学效果调查，了解学生的学习收获与遇到的问题；对部分教师进行访谈，了解教师对混合式教学的建议和意见；依据教学平台上收集的客观数据，利用 Python 数据分析工具，对教学效果进行客观评价。

### 1.5.1　学生主观学习效果反馈

在课程结束之后，采用调查问卷和访谈的方式，深入了解学生对混合式学习方式的意见和建议。通过问卷调查学生对教学平台建设情况的满意程度,找出影响学习效果的因素。问卷共发放97份,实际回收97份,回收率达到100%,有效率达到100%。问卷内容如表1-7所示。

**表1-7 教学效果问卷调查**

| 模块一 对混合式教学的态度 |
| :--- |
| 1.混合式学习是面对面的授课和网络学习相结合的方式,在教师的指导下,学生自主学习网络平台上的知识,对此您的态度是:<br>A.十分支持　　　　　　　　　B.支持<br>C.反对　　　　　　　　　　　D.非常反对<br>2.对教师在混合式教学中的表现是否满意:<br>A.满意<br>B.一般<br>C.不满意<br>3.您对教学平台上提供的资料满意度如何:<br>A.很满意　　　　　　　　　　B.满意<br>C.一般　　　　　　　　　　　D.有待提高 |
| 模块二 学生的收获 |
| 4.通过混合式学习活动,是否促进了您对"Python 数据分析"这门课的学习:<br>A.很有帮助　　　　　　　　　B.基本有帮助<br>C.效果一般　　　　　　　　　D.没有太大的作用<br>5.在这次混合式学习活动中,您的合作探究能力是否有提高:<br>A.是　　　　　　　　　　　　B.否<br>6.通过混合式学习,您哪些方面的收获最大:<br>A.增加了 Python 知识,提高了编程能力<br>B.提高了小组合作的能力<br>C.提高了发现问题、解决问题的能力<br>D.增加了学习兴趣<br>7.在混合式学习中,您认为哪种方式帮助了您的学习:<br>A.课堂学习<br>B.线上学习<br>C.课堂与线上相结合的学习<br>D.效果差不多 |

续表

| 模块三　存在的问题 |
| --- |
| 8.在混合式学习中,您在平台表达过自己的学习困惑吗:<br>　A.经常　　　　　　　　　　　B.一般<br>　C.偶尔　　　　　　　　　　　D.从来没有<br><br>9.在混合式学习中,您完成学习任务的程度如何:<br>　A.准时完成<br>　B.延时完成<br>　C.不能够完成<br><br>10.影响您学习效果的主要因素:<br>　A.网络教学平台操作不熟练<br>　B.时间不够<br>　C.使用计算机网络不方便<br>　D.缺乏好的学习习惯<br><br>11.您认为混合式学习方式存在的主要问题:<br>　A.完成任务时间紧迫<br>　B.任务难度大<br>　C.对师生提出了更高的授课与学习要求<br>　D.需要的学习条件高 |

1)学生能力培养

通过混合式教学,学生的编程能力和合作能力得到了提升。约89%的学生认为自己的能力得到了提升,大多数学生通过学习活动提升了编程能力与合作能力。约有11%的学生认为自己的学习能力提升不大,尽管这部分学生人数不多,但教师要与这部分学生进行沟通,寻找影响能力提升的因素,这些因素将是完善混合式教学的关键点。

2)学生学习态度

混合式课程开始之前的问卷调查中,十分支持混合式教学的人为36.24%,支持混合式教学的人占45.24%,反对的人占比为18.55%。经过一学期的混合式学习,学生对混合式教学的态度发生了转变。从图1-13可知,十分支持混合式教学的人占55.67%,支持混合式教学的人占42.27%,反对的人占比仅为2.06%。由此可以看出,整体上支持混合式教学的人数明显上升,对混合式教学不感兴趣甚至持反对意见的人明显减少,混合式教学受到学生们的青睐。

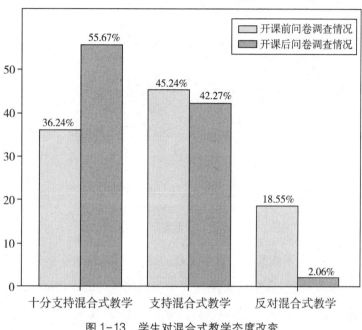

图 1-13　学生对混合式教学态度改变

对于问题"通过混合式学习,您哪些方面的收获最大",40%的学生表示了解和掌握了 Python 语言的相关知识,提高了编程能力,22%的学生认为最大收获是提高了小组合作能力,24%的学生认为最大收获是提高了发现问题、解决问题的能力,14%的学生认为最大收获是增加了学习兴趣,这些因素促进了学生整体素质的提高。对于问题"通过混合式教学活动,是否促进了您对'Python 数据分析'这门课的学习",51%的学生认为很有帮助,41%的学生认为基本有帮助。实践效果显示,混合式学习逐渐得到学生的认可。

3)学生对平台建设的满意度

设计问题"您对教学平台上提供的资料满意度如何",调查学生对教学平台建设的满意程度,统计结果如图 1-14 所示。90%以上的学生对教师提供的教学资源持满意态度,这说明教师对大部分学生的定位非常准确,提供的教学资料适应大部分学生的学习水平。

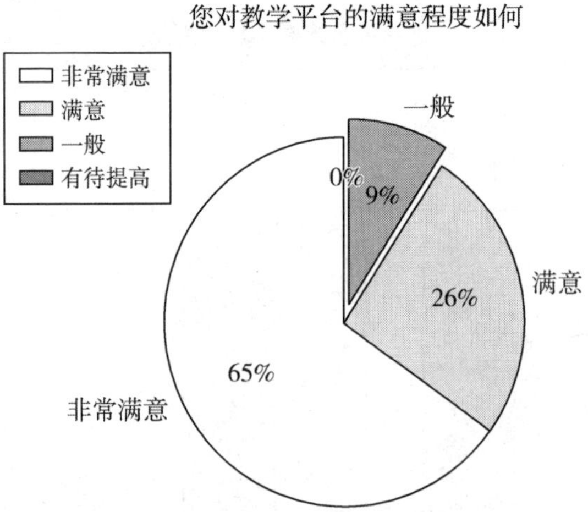

您对教学平台的满意程度如何

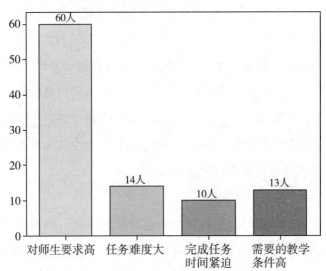

图1-14　学生对于教学平台的满意程度

　　仍有9%的学生不满意网络教学平台的建设工作,这表明混合式教学仍存在不足之处,因此设计问题"您认为混合式学习方式存在的主要问题"来了解学生认为混合式教学需要改进的地方,统计结果如图1-15所示。

您认为混合式教学存在的主要问题

图1-15　学生认为混合式教学存在的主要问题

　　由分析结果可知,混合式教学仍存在待解决的问题,教师需提高自身的教学技能,设计更合理的教学任务以提高学生的学习积极性。

4)学生访谈结果分析

笔者设计了两个问题开展学生访谈,分别是"你是如何学习'Python 数据分析'这门课程"和"从这门课中你有哪些收获"。随机挑选了 30 名学生参加访谈,这里以两位学生的访谈内容为例。对于第一个问题,甲同学表示,课前会自学线上平台的知识,课上针对遇到的问题与小组成员沟通学习,在教师的辅导下,能够及时完成学习任务。通过线上线下相结合的混合式学习,自己在合作探究能力方面得到了明显提升。乙同学表示非常喜欢这样的授课方式,他说:"课前我会登录教学平台进行网上学习,老师录制的视频中有许多例子,可以反复看,课堂上我与小组成员可以随时沟通交流,现在我觉得学习没有那么枯燥,反而充满了乐趣。"对于第二个问题,甲同学表示,通过混合式学习提高了发现问题和解决问题的能力,增加了学习兴趣,能够利用 Python 工具处理简单数据。乙同学表示:"通过学习'Python 数据分析',使用学到的知识制作小游戏,老师的授课方式让我非常受益,过去都是课堂学习,但是这门课程将课堂学习、网络学习与小组合作学习结合起来,不懂的地方反复学习,可以通过多种途径解决疑难问题,保证不掉队,非常具有吸引力。"

## 1.5.2 在线教学平台数据分析

超星网络教学平台包括统计、资料、通知、作业、考试、讨论、答疑、管理等模块。它支持教师根据教学需要进行教学资源的完善和补充,支持学生自主学习,提供了学生与教师的交流互动环境,适合作为混合式教学的线上学习平台使用。该平台的用户包括管理员、教师和学生,用户权限包括以下几方面:

➤ 管理员负责网站的维护工作,包括设置站点、站点测试、添加成修改功能模块、设置课程信息等,管理员拥有网站的最高编辑权限,保证整个网站的正常运营。

➤ 教师负责课程的修改和完善工作,上传微课、教学课件、自主练习题、自主学习任务单等,负责教学平台的管理工作。指导和鼓励学生积极利用网络教学平台开展自主学习,参与学习活动的讨论,表达学习疑惑。上传教学任务后,在后台监控学生的学习参与情况。

➤ 学生登录教学平台后,可以按照自主学习任务单,学习微课、教学课件,完成测试题。针对学习中的疑惑,可以在讨论区留言,与他人讨论解决,学生可以查看自己的学习轨迹。

教学平台详细记录了学生在教学活动中的表现,包括访问平台次数、学生成绩、观看视频时长、讨论次数、章节测验等方面的数据。对教学平台上的数据进行预处理,包括数据规范化等,最后形成混合式教学数据集。

1)平台访问频率分析

学生访问平台的时间分布如图 1-16 所示,73.44% 的同学在 16 点到 24 点之间访问学习平台,大部分同学在结束一天的课程之后,利用下午到晚上的时间自由学习,利用学习平台温习或预习课程。这反映出学生主要利用电脑登录平台在线学习,还是缺乏随时随地学习的条件,下一步的改善之处是结合移动终端进行混合式教学。

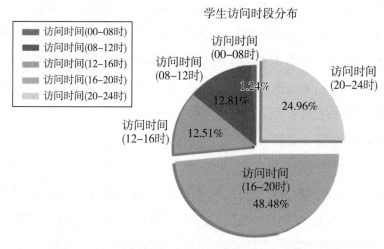

图 1-16　学生访问时间段分布

利用 matplotlib 绘制折线图对网络教学平台数据进行可视化,核心代码如下。

```
f = open('./418.csv')
df = pd.read_csv(f)
fig1 = plt.figure(2)
time1=df['time1'].T.values   #获取 csv 文件中 time1 列的值
time2=df['time2'].T.values
time3=df['time3'].T.values
time4=df['time4'].T.values
time5=df['time5'].T.values
all=df['all'].T.values
```

```
day=df['day'].T.values
x=df['x'].T.values
day1=range(0,lcn(day))
rects =plt.plot(day,all,linewidth=1,color='r',marker='o',label=(('全天')), markerfacecolor='r',markersize=1)
rects1 =plt.plot(day,time1,linewidth=1,color='b',marker='o',label=(('访问时间（00-08 时）')),
markerfacecolor='r',markersize=1)
rects2 =plt.plot(day,time2,linewidth=1,color='c',marker='o',label=(('访问时间（08-12 时）')),
markerfacecolor='r',markersize=1)
rects3 =plt.plot(day,time3,linewidth=1,color='y',marker='o', label=(('访问时间（12-16 时）')),
markerfacecolor='r',markersize=1)
rects4 =plt.plot(day,time4,linewidth=1,color='green',marker='o', label=(('访问时间（16-20 时）')),
markerfacecolor='r',markersize=1)
rects5 =plt.plot(day,time5,linewidth=1,color='gray',marker='o', label=(('访问时间（20-24 时）')),
markerfacecolor='r',markersize=1)
plt.legend()
plt.title('在线课程平台访问次数随时间变化图')
plt.xlabel('时间（周）')
plt.ylabel('课程访问次数')
plt.xticks(day1,(x))
plt.show()
```

根据图 1-17 分析在线课程平台访问次数随时间变化情况。每周基本会有一个峰值出现,说明同学们一般在上课之前集中进行预习,其中临近期末测验时,

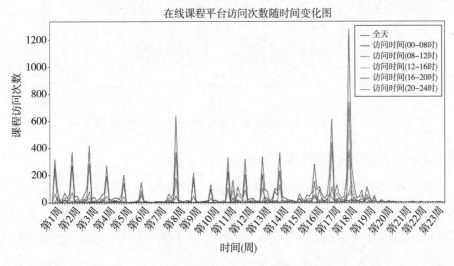

图 1-17 在线课程平台访问次数随时间变化图

平台访问量激增。由此可见,大部分同学能够自主学习,每周课前访问网络教学平台;但是一周的课程结束,部分同学不能做到在课下时间主动访问网络教学平台的学习资源。

2）在线课程浏览次数分析

在线课程章节与观看人次关系如图 1-18 所示。图中课程观看人次是指每人观看视频时长与课程视频总时长的占比,比如视频长 10 分钟,甲同学观看了 9 分钟,那么甲同学的观看人次 n 记为 0.9,每个课程的总观看人次记为 N = $\sum$ n。由此可见:（1）课程前期大家对 Python 不太了解,所以课程观看总人次较高,几乎所有同学都能完整观看课程视频;（2）课程中期随着同学们对 Python 的学习加深,课程观看人次有所下降。（3）几乎每个章节开始授课时,同学们观看视频的人次会有比较明显的上升。

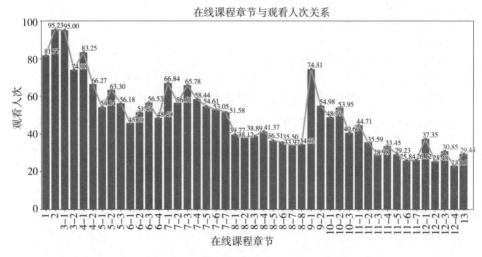

图 1-18　在线课程章节与观看人次关系

3）不同学院平均观看视频量分布

学生观看在线课程视频数与所在学院的关系如图 1-19 所示。平均观看在线视频数量最高的三个学院分别是文学院、心理学院和地理与环境学院,平均观看视频数最低的学院是体育学院与音乐学院。从整体上看,文科专业和理科专业的学生观看课程视频的平均数量相当,这表明文科专业的学生对逻辑思维较强的课程同样有学习潜力。在教学过程中,教师要善于发掘学生的学习潜力。

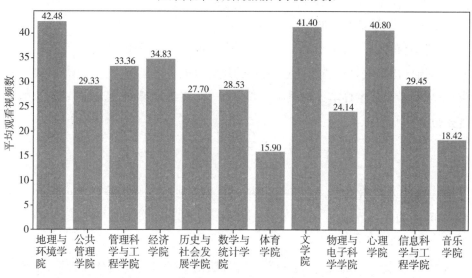

图 1-19 在线课程平均观看视频数与学院的关系

### 1.5.3 课程成绩特征分析

通过网络教学平台获取学生的考试成绩,如图 1-20 所示。使用 Python 数据

| 学号账号 | 学生姓名 | 学校 | 院系 | 专业 | 性别 | 考试成绩 |
|---|---|---|---|---|---|---|
| 201   06 | 许  | 山东师范大学 | 地理与环境学院 | 遥感科学与技术 | 女 | 66 |
| 201   8 | 许  | 山东师范大学 | 地理与环境学院 | 地理科学 | 女 | 85 |
| 201   8 | 4  | 山东师范大学 | 地理与环境学院 | 遥感科学与技术 | 女 | 75 |
| 2016   7 | 李  | 山东师范大学 | 地理与环境学院 | 遥感科学与技术 | 女 | 72 |
| 2016   | 张  | 山东师范大学 | 地理与环境学院 | 遥感科学与技术 | 女 | 75 |
| 2016   | 薛  | 山东师范大学 | 公共管理学院 | 行政管理 | 男 | 89 |
| 2016   | 翟  | 山东师范大学 | 公共管理学院 | 行政管理 | 女 | 62 |
| 2016   | 李  | 山东师范大学 | 公共管理学院 | 劳动与社会保障 | 女 | 61 |
| 2016   | 陈  | 山东师范大学 | 公共管理学院 | 行政管理 | 男 | 63 |
| 2016   7 | 王  | 山东师范大学 | 公共管理学院 | 劳动与社会保障 | 男 | 87 |
| 2016   9 | 杨 威 | 山东师范大学 | 公共管理学院 | 公共事业管理 | 男 | 65 |
| 2015   6 | 冯  | 山东师范大学 | 管理科学与工程学院 | 人力资源管理 | 女 | 78 |
| 201   5 | 王  | 山东师范大学 | 管理科学与工程学院 | 电子商务 | 女 | 75 |
| 201   1 | 唐 | 山东师范大学 | 管理科学与工程学院 | 信息管理与信息系统 | 女 | 73 |
| 201   1 | 张  | 山东师范大学 | 管理科学与工程学院 | 电子商务 | 女 | 69 |
| 201   5 | 苗  | 山东师范大学 | 管理科学与工程学院 | 工程管理 | 女 | 88 |
| 201   4 | 王  成 | 山东师范大学 | 管理科学与工程学院 | 信息管理与信息系统 | 女 | 80 |
| 201   5 | 孔  | 山东师范大学 | 管理科学与工程学院 | 工程管理 | 女 | 65 |
| 201   0 | 朱  | 山东师范大学 | 管理科学与工程学院 | 工程管理 | 女 | 68 |
| 201   2 | 张  | 山东师范大学 | 管理科学与工程学院 | 工程管理 | 女 | 83 |
| 201   4 | 林  | 山东师范大学 | 管理科学与工程学院 | 工程管理 | 女 | 65 |
| 201   7 | 郑  | 山东师范大学 | 管理科学与工程学院 | 工程管理 | 女 | 80 |
| 2016   9 | 吴  | 山东师范大学 | 管理科学与工程学院 | 工程管理 | 女 | 78 |
| 2016   8 | 李  | 山东师范大学 | 管理科学与工程学院 | 工程管理 | 女 | 90 |
| 201   2 | 蔡 伟 | 山东师范大学 | 管理科学与工程学院 | 工程管理 | 女 | 61 |
| 201   3 | 徽  | 山东师范大学 | 管理科学与工程学院 | 工程管理 | 男 | 89 |
| 201   0 | 莉 | 山东师范大学 | 管理科学与工程学院 | 信息管理与信息系统 | 女 | 63 |
| 201   6 | 王  | 山东师范大学 | 管理科学与工程学院 | 信息管理与信息系统 | 女 | 91 |
| 201   2 | 董  | 山东师范大学 | 经济学院 | 金融学 | 女 | 87 |
| 201   4 | 王  | 山东师范大学 | 经济学院 | 金融学 | 女 | 92 |
| 201   1 | 绿  | 山东师范大学 | 经济学院 | 金融学 | 女 | 75 |
| 201   | 成  | 山东师范大学 | 经济学院 | 金融学 | 男 | 66 |
| 2016   6 | 彤  | 山东师范大学 | 经济学院 | 金融学 | 女 | 65 |
| 2016   0 | 赛  | 山东师范大学 | 经济学院 | 金融学 | 女 | 92 |
| 2016   1 | 张  | 山东师范大学 | 经济学院 | 金融学 | 女 | 80 |
| 201   9 | 蕾  | 山东师范大学 | 历史与社会发展学院 | 世界史 | 女 | 81 |
| 201   07 | 薛  | 山东师范大学 | 数学与统计学院 | 统计学 | 女 | 72 |
|  |  | 山东师范大学 | 数学与统计学院 |  |  | 62 |

图 1-20 学生考试成绩原始数据

分析工具对考试成绩进行正态分布检验与相关性分析。

1)学生考试成绩分布特征

正态分布又称"高斯分布",刻画数值变量的分布特征。Fisher 等人建立了形式简约且计算上可行的小样本理论,为统计推断提供了极大方便。[39]从理论上讲,学生的考试成绩样本大致服从正态分布。[40]在统计学中,若随机变量 $X$ 的密度函数为

$$f(x) = \frac{1}{\sigma\sqrt{2\pi}}e^{-\frac{(x-\mu)^2}{2\sigma^2}}, x \in (-\infty, +\infty) \tag{1-1}$$

其中 $\mu$ 和 $\sigma$ 为参数,且 $\mu \in (-\infty, +\infty)$,$\sigma > 0$,则称 $X$ 服从参数为 $\mu$ 和 $\sigma$ 的正态分布,记为 $X \sim N(\mu, \sigma^2)$,另外称 $\mu = 0$,$\sigma = 1$ 的正态分布为标准正态分布,记为 $X \sim N(0,1)$。

为了利用统计分析工具进一步分析与挖掘学生考试成绩数据特征,本研究首先检验学生成绩数据分布特征是否符合正态分布。正态分布的检验方法主要有两种:一种是利用统计图直观展示变量分布情况,同时呈现实际数据分布与理论分布的差距;另一种是通过计算统计指标进行检验的方法,常用峰度与偏度系数检验法、Shapiro-Wilk 检验法等。

➢ 统计图形对比法

用 Python 的 pandas、matplotlib 等库绘制直方图,展示学生考试成绩数据分布。核心代码如下。

```
mean = score.mean()
std=score.std()
def normfun(x,mu, sigma):
    pdf = np.exp(-((x - mu)**2) / (2* sigma**2)) / (sigma * np.sqrt(2*np.pi))
return pdf
x = np.arange(58, 97,1)
y = normfun(x, mean, std)
plt.plot(x,y, color='g',linewidth= 3)
plt.hist(score, bins =10, color = 'r',alpha=0.5,rwidth= 0.9, normed=True)
plt.title('成绩分布')
plt.xlabel('分数')
plt.ylabel('频率')
plt.show()
```

根据直方图 1-21 呈现当前学生成绩数据的分布特征,可以看到学生考试成绩近似服从正态分布。[41]

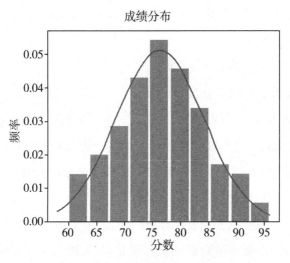

图 1-21 学生成绩正态分布图

使用 Q-Q 图可以判断样本数据是否接近正态分布。如果 Q-Q 图上的点近似分布在 y = x 直线附近,那么就可以判定样本数据近似服从正态分布。在数据呈正态分布的 Q-Q 图上,纵坐标表示标准正态分布的分位数,横坐标表示样本值。[42] 在上述程序中加入一行代码 x = sm. qqplot( score, line = 's' ),可以绘制学生成绩分布的 Q-Q 图,如图 1-22 所示。

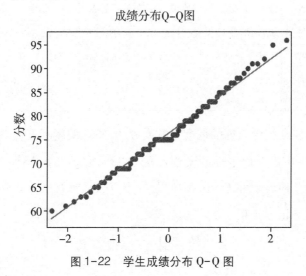

图 1-22 学生成绩分布 Q-Q 图

结合图 1-21 与图 1-22,可以推测出学生成绩数据分布符合正态分布。

使用统计图对比法判断学生成绩分布的正态性,虽然直观但是很难避免主观性。使用学生考试成绩数据求出一个具有判别性的值再进行正态性检验是更客观的检验方法。

➤ 偏度与峰度系数检验法

偏度是描述数据分布形状的数学统计量,反映了数据分布的偏斜方向和程度。这个统计量需要与标准正态分布进行比较,偏度为 0 意味着数据分布与正态分布相同;偏度大于 0 意味着数据分布偏离正态分布,也就是说,数据右端存在更多的极端值;偏度小于 0 意味着数据左端存在着更多的极端值。偏度的绝对值越大说明其分布与正态分布差距越大。

峰度描述了实数随机变量概率分布的峰态。[43] 与正态分布相比较,峰度为 0 表示数据分布与正态分布的数据陡峭程度相同;峰度大于 0 意味着数据分布比正态分布的数据更为陡峭,是一个尖峰;峰度小于 0 意味着数据分布与正态分布的数据相比更为平坦,是平坦峰值。峰度的绝对值越大,变量分布的陡峭程度与正态分布之间的差异越大。

使用 SPSS 工具可以计算出偏度与峰度,检验结果如表 1-8 所示。

表 1-8　学生考试成绩统计

| | N | 极小值 | 极大值 | 均值 | 标准差 | 方差 | 偏度 | | 峰度 | |
|---|---|---|---|---|---|---|---|---|---|---|
| | 统计量 | 统计量 | 统计量 | 统计量 | 统计量 | 统计量 | 统计量 | 标准误 | 统计量 | 标准误 |
| score | 97 | 60 | 96 | 76.40 | 7.818 | 61.118 | .233 | .245 | -.251 | .485 |
| 有效的 N（列表状态） | 97 | | | | | | | | | |

学生考试成绩统计数据的偏度系数 $b_s$ 为 0.233,偏度标准误差 $\sigma_{bs}$ 为 0.245,峰度系数 $b_k$ 为 $-0.251$,峰度标准误差 $\sigma_{bk}$ 为 0.485,根据式 1-2 计算得 $U_s = 0.951$,$U_k = 0.518$,则在检验条件 $P > 0.05$ 的条件下,$U_s$,$U_k < U_{0.05} = 1.96$,可以认为学生考试成绩服从正态分布。

$$U_s = \frac{|b_s - 0|}{\sigma_{bs}}, U_k = \frac{|b_k - 0|}{\sigma_{bk}} \qquad (1-2)$$

➢ Shapiro-Wilk 检验法

Shapiro-Wilk 检验法由 Shapiro 与 Wilk 在 1965 年提出,又称为 W 检验法。一般在样本量 $50 \leqslant N \leqslant 100$ 时使用此方法,学生考试数据量 $N$ 为 97,符合 Shapiro-Wilk 检验条件。基本步骤如下:

(1)建立检验假设 $H_0$:样本数据的总体服从正态分布;

(2)将样本观察值按照升序排列:$x_1 \leqslant x_2 \leqslant \cdots x_i \leqslant \cdots \leqslant x_n$;

(3)计算统计量 $W$;

(4)根据检验条件 $\alpha$ 和样本容量 $n$ 查询统计量 $W$ 的 $\alpha$ 分位数 $W_\alpha$;

(5)判断结果:若 $W < W_\alpha$,则拒绝假设 $H_0$,认为不服从正态分布;若 $W > W_\alpha$,则不拒绝假设 $H_0$,认为服从正态分布。[44]

使用 Python 扩展库 scipy 中的 stats. shapiro( )函数,可以直接求出 Shapiro-Wilk 检验的 $W$ 值为 0.988,$P$ 值为 0.524,不能拒绝原假设,可以认为该数据服从正态分布。

### 1.5.4 考试成绩关联因素分析

1)学生性别与考试成绩的相关性

由图 1-23 可知,男生与女生的考试成绩相差不大。前期调查结果显示女生的编程基础不如男生,但经过混合式教学活动,女生同样取得了优异的成绩,这

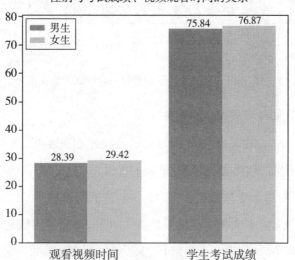

图 1-23 性别与考试成绩、视频观看时间的关系

表明教学活动是成功的。并且被标记基础薄弱的学生最终成绩能够达到中等偏上的水平,这同样表明分层次教学活动是显著有效的。

2)不同专业学生考试成绩分布

由图1-24可知,学生考试平均成绩最高的三个学院分别是地理与环境学院、文学院、经济学院,最低的是体育学院,各个学院的平均成绩总体差距并不显著,取得了预期的效果。在之后的学习活动中,教师需要加强对体育学院学生参与学习活动的监督。

各个学院的考试成绩平均分

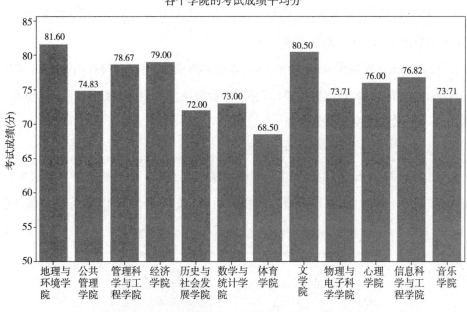

图1-24 学生考试平均成绩与学院之间的关系

3)视频观看量与考试成绩的相关性

皮尔逊(Pearson)相关系数又称为皮尔逊积矩相关系数、简单相关系数[45],用于度量两个变量的线性相关性,一般用 $r$ 表示。

若 $r>0$,表明两个变量是正相关,即一个变量的值越大,另外一个变量的值也随之越大;若 $r<0$,表明两个变量是负相关,即一个变量的值越大,另外一个变量的值会随之越小。$r$ 值介于 $-1$ 和 $1$ 之间,皮尔逊相关系数的绝对值越大,相关性越强;皮尔逊相关系数的绝对值越接近于0,相关性越弱。一般来说,$|r|$ 在[0,

0.2]范围内,表示无相关或极弱相关;在[0.2,0.4]范围内,表示弱相关;在[0.4,0.6]范围内,表示中等程度相关;在[0.6,0.8]范围内,表示强相关;在[0.8,1.0]范围内,表示极强相关。

在线观看课程时长与考试成绩的 Pearson 相关性数据,如表1-9所示。平均观看课程数与考试成绩的 Pearson 相关系数为0.732,说明两者在显著双侧正相关,观看视频的时间越长,学生的成绩也相应提高。因此,教师要鼓励学生反复观看教学视频。

**表1-9 观看课程数与考试成绩 Pearson 相关性分析**

| | | time | score |
|---|---|---|---|
| time | Pearson 相关性 | 1 | .732 ** |
| | 显著性(双侧) | | .000 |
| | 平方与叉积的和 | 27301.822 | 9259.110 |
| | 协方差 | 284.394 | 96.449 |
| | N | 97 | 97 |
| score | Pearson 相关性 | .732 ** | 1 |
| | 显著性(双侧) | .000 | |
| | 平方与叉积的和 | 9259.110 | 5867.320 |
| | 协方差 | 96.449 | 61.118 |
| | N | 97 | 97 |

** . 在 .01 水平(双侧)上显著相关。

4)观看课程时长与学习成绩回归分析

回归分析主要用于分析事物之间的统计关系,反映了不同变量之间的变化规律,并通过回归方程的形式来描述这种关系。回归方程的拟合度检验用于检验样本数据点聚集在回归线周围的密集程度,从而评价回归方程对样本数据的拟合程度。

决定系数($R^2$)又称拟合优度,用于判断回归方程的拟合程度,数学表达式为

$$R^2 = \frac{\text{SSR}}{\text{SST}} = 1 - \frac{\text{SSE}}{\text{SST}} \tag{1-3}$$

其中 SST(Sum of Squares for Total)为总离差平方和,SSR(Sum of Squares for Regression)为回归平方和,SSE(Sum of Squares for Error)为残差平方和。回归平方和(SSR)在总的离差平方和(SST)中占的比重越大,回归方程的拟合度越好。[46]

由表 1-10 知,$R^2$ 为 0.535,表示"观看课程平均数"对"考试成绩"的解释程度可以接受,$R^2 > 0$,表示有较明显的正相关。

表 1-10    4$R^2$确定性系数分析

| 模型 | R | R 方 | 调整 R 方 | 标准估计的误差 | Durbin-Watson |
|---|---|---|---|---|---|
| 1 | .732[a] | .535 | .530 | 5.358 | 1.223 |

a. 预测变量:(常量),time。

由表 1-11 可知,回归部分的 F 值为 109.384,相应的 P 值为 0.000,小于显著水平 0.05,因此可以判断,"观看课程平均数"对"考试成绩"的解释非常显著。

表 1-11    线性回归分析

| 模型 | | 平方和 | df | 均方 | F | Sig. |
|---|---|---|---|---|---|---|
| 1 | 回归 | 3140.125 | 1 | 3140.125 | 109.384 | .000[a] |
| | 残差 | 2727.195 | 95 | 28.707 | | |
| | 总计 | 5867.320 | 96 | | | |

a. 预测变量:(常量),time。
b. 因变量:score

由表 1-12 可知,线性回归模型中常数和系数分别为 66.585 和 0.339,t 值分别为 61.371 和 10.459,相应概率值为 0.000,说明系数非常显著,这与上面分析的结果一致。

表 1-12    线性回归的系数与常数

| 模型 | | 非标准化系数 | | 标准系数 | t | Sig. |
|---|---|---|---|---|---|---|
| | | B | 标准　误差 | 试用版 | | |
| 1 | (常量) | 66.585 | 1.085 | | 61.371 | .000 |
| | time | .339 | .032 | .732 | 10.459 | .000 |

a. 因变量:score

线性回归是利用数理统计中的回归分析,来确定两种或两种以上变量之间相互依赖定量关系的统计分析方法。[47]实现线性回归的方式很多,比如可以调用 Python 中的 numpy. linalog. lstsq、scipy. stats. linregress 和 pandas. ols 等。本研究使用机器学习库 sklearn 中的 linear_model. LinearRegression 函数,实现线性回归来验证观看课程的时长和学习成绩之间的关系。

建立线性回归模型,并画出线性回归曲线与原始数据散点图。核心代码如下。

```
import pandas as pd
from io import StringIO
from sklearn import linear_model
import matplotlib.pyplot as plt
df = pd.read_csv('./2.csv')
regr = linear_model.LinearRegression()
regr.fit(df['times'].values.reshape(-1, 1), df['score'])
    a, b = regr.coef_, regr.intercept_
plt.scatter(df['times'], df['score'],color='blue')
plt.xlabel('在线课程观看时长')
plt.ylabel('考试成绩')
plt.plot(df['times'], regr.predict(df['times'].values.reshape(-1,1)), color='red', linewidth=2)
plt.title('在线课程观看时长与考试成绩的线性相关性分析')
plt.show()
```

如图 1-25 所示,观看课程的时长与考试成绩有显著的正相关关系,观看在线课程对考试成绩的提高有显著作用,可以表示为公式 1-4 所示一元线性回归模型。

$$y = 66.585 + 0.339x + \varepsilon \qquad (1-4)$$

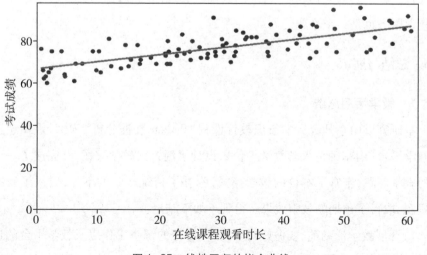

图 1-25　线性回归的拟合曲线

利用线性回归等机器学习算法,分析混合式教学效果,分析结果显示,本研究的混合式教学活动取得了令人满意的效果。学生的综合素质得到提升,能够利用 Python 语言设计游戏程序或者解决工程问题;教学活动变得富有趣味性;师生之间加强了交流,学生通过协作学习,也加强了合作沟通的能力。通过分层次教学,学生对学习能力之内的任务产生了浓厚兴趣,基础薄弱的学生也取得了满意的成绩。

### 1.5.5 混合式教学中教师角色分析

教师是整个教学活动的策划者、参与者、指导者,来自专业教师的教学效果反馈对混合式教学的改进有着巨大的指导作用。

教师认为混合式教学具有的优势:目前高校的混合式教学课程数量不是很多,大多处于教学实施的摸索阶段,学校鼓励教师尝试新的教学方式,因此很积极地参与实施了这次混合式教学活动。作为授课教师,认为混合式教学方式优势明显,比如教师自身的教学技能得到了提升,学生参与课堂的主动性较以往有很大的提升,无论是学生个人还是小组都能够利用所学知识设计简单的小游戏或者解决简单的小问题,学生能够学以致用,有很大进步。

教师认为混合式教学需要克服的困难:混合式教学对于教师的教学设计能力、信息素养提出了较高的要求,如何有效发挥教育机制是一个不小的挑战。随着混合式教学的开展,教学平台上的数据量会逐渐增多,如何充分利用这些数据为教学服务也是一个难题。

## 1.6 总结与展望

### 1.6.1 教学活动总结

本研究以山东师范大学通识教育课程"Python 数据分析"为例,依托超星网络教学平台(山东师范大学教学平台),设计了混合式教学方案,并完成了一个学期的教学实践,丰富了本校的教学模式,弥补了传统教学的不足,引入了新的教学资源,取得了预期的教学效果。得到了如下结论:

1)开展教学活动前,要做好对学情、环境等的调查工作以及教学平台的选择工作。本研究的前端分析工作计划比较缜密,掌握了前端的教学基本情况,为后续教学活动的顺利开展奠定了良好基础。

2)混合式教学提高了教学质量,增加了教学活动的趣味性与实践性。本研究的授课内容实践性较强,不适合传统的单向知识灌输形式。采用任务驱动的混合式教学活动,教师引导学生在任务中学会知识、理解知识、应用知识,教师的角色发生了变化,同时充分发挥了教师的主导作用。

3)学生的综合素质得到了提高。与开展混合式教学之前相比较,经过一个学期的混合式教学活动,学生更加喜欢这种新颖的教学方式,经过问卷调查以及访谈可以了解到大部分学生满意这种授课方式,并且学生的实践能力得到了提升,许多学生能够熟练使用 Python 编程语言设计简单的游戏程序。

4)协作学习等交互性强的活动有利于教学的实施。本研究主要以小组为单位,开展协作学习活动,加强学生之间的交流互助,并且提供了覆盖线上线下的交互方式,为教师与学生,学生与学生之间搭建了良好的沟通桥梁,有利于及时发现问题并解决问题。

5)混合式教学活动中要根据学生的学习水平和学习风格差异,实行分层次教学。本研究通过分层次教学,基础薄弱的同学也取得了满意的测评成绩,这表明分层次教学活动是合理有效的。

### 1.6.2 主要创新点

本章的主要创新点如下:

1)模块化的调查问卷。调查问卷的设计是按模块化进行的,包括学生基本信息模块、学习能力模块、混合式教学感知模块等,对学生的学习需求进行了全面调查。每节课结束后采用小问卷的方式了解学生的学习情况,对学生的学习过程进行持续跟踪,并根据反馈结果调整教学进度。

2)个性化的教学实践方案。"Python 数据分析"课程的教学方案是在充分了解学生学习需求的基础上设计的个性化分层次教学方案。教学方案符合教学理论要求,具有交互性强、可行性高等特点,比如:教师与学生可通过平台的论坛区、学习交流群、面对面等方式进行沟通,互动性强。

3)全面的教学效果数据分析。以"周"为教学单位,捕获学生的学习过程。采用调查问卷分析教学效果的基础上,调用 Python 数据分析算法和机器学习算法,对教学数据进行全面的分析和挖掘,获得的有效结论用于指导下一个教学周期,分析结果具有可靠性高和指导性强的优点。

### 1.6.3　不足之处

由于时间和能力有限,本研究存在以下几方面的不足。

1)本研究的授课对象数量较少,调查结果的普适性不高。

2)对教师的系统培训较少,教师的实践活动难免有欠缺之处。

3)由于时间等因素的限制,本实验未设置对照组,希望在后续研究中加以改善。

### 1.6.4　研究展望

混合式教学是信息技术与传统教学的融合,组织好教学过程中师生和生生之间的交互活动显得尤为重要,可以为教学过程中的交互活动设计一个指标,来评判交互效果达到的程度。希望在后续研究中引入一些概率模型,来量化交互活动的效果。

本研究由于受时间限制,对在线学习平台的利用程度不够高,为了使教学计划更好地与教学平台融合,希望在后续研究中对在线学习平台进行二次开发,添加更多的个性化功能模块。

## 参考文献

[1] 汪基德.从教育信息化到信息化教育——学习《国家中长期教育改革和发展规划纲要(2010—2020 年)》之体会[J].电化教育研究,2011(9):5-10.

[2] 教育部.教育信息化十年发展规划(2011—2020 年)[J].中国教育信息化,2012,8:3-12.

[3] Moskal P,Dziuban C,Hartman J. Blended learning:A dangerous idea? [J]. The Internet and Higher Education, 2013,18:15-23.

[4] 董奇.借力"互联网+"创新教师教育模式[J].师资建设(双月刊),2015,28(4):110-111.

[5] 周天涯.基于 MOOC 的混合式教学模式研究[D].南京邮电大学,2016.

[6] Motteram G. ' Blended ' education and the transformation of teachers:a long-term

case study in postgraduate UK Higher Education[J]. British Journal of Educational Technology,2006,37(1):17-30.

[7] Driscoll M. Blended learning：Let's get beyond the hype[J]. E-learning, 2002,1(4):1-4.

[8] Akkoyunlu B, Yilmaz-Soylu M. A study of student's perceptions in a blended learning environment based on different learning styles[J]. Educational Technology & Society, 2008,11(1):183-193.

[9] Garrison D R, Vaughan N D. Blended learning in higher education：Framework, principles, and guidelines[M]. John Wiley & Sons, 2008.

[10] Singh H, Reed C. A white paper：Achieving success with blended learning[J]. Centra software, 2001,1:1-11.

[11] 迈克尔·霍恩,希瑟·斯特克.混合式学习[M].机械工业出版社,2015.

[12] Graham C R, Woodfield W, Harrison J B. A framework for institutional adoption and implementation of blended learning in higher education[J]. The internet and higher education, 2013,18:4-14.

[13] Garrison D R, Vaughan N D. Blended learning in higher education：Framework, principles, and guidelines[M]. John Wiley & Sons, 2008.

[14] Cheng G, Chau J. Exploring the relationships between learning styles, online participation, learning achievement and course satisfaction：An empirical study of a blended learning course[J]. British Journal of Educational Technology, 2016,47(2):257-278.

[15] 田世生,傅钢善.Blended Learning 初步研究[J].电化教育研究,2004(7):7-11.

[16] 余胜泉,路秋丽,陈声健.网络环境下的混合式教学——一种新的教学模式[J].中国大学教学,2005,10(1).

[17] 解筱杉,朱祖林.高校混合式教学质量影响因素分析[J].中国远程教育,2012(19):9-14.

［18］王鹄,杨倬.基于云课堂的混合式教学模式设计——以华师云课堂为例［J］.中国电化教育,2017(4):85-89.

［19］范江波,张学辉,张建兵.以混合式教学实现"以学生为中心"的探索［J］.教育教学论坛,2017(42):166-167.

［20］何克抗.从 Blending Learning 看教育技术理论的新发展(上)［J］.中国电化教育,2004(3):5-10.

［21］黄荣怀.混合式学习的理论与实践［M］.高等教育出版社,2006.

［22］李克东,赵建华.混合式学习的原理与应用模式［J］.电化教育研究,2004,7.

［23］Graham C R. Blended learning systems［J］. The handbook of blended learning,2006:3-21.

［24］迈克尔·霍恩,希瑟·斯特克著,霍恩,等.混合式学习:用颠覆式创新推动教育革命［M］.机械工业出版社,2015.

［25］张云霞,任铃.学习与协作——基于建构主义学习理论的网络教学平台教学模式探究［J］.理论界,2013(11):176-179.

［26］任军.高校混合式教学模式改革推进策略研究［J］.现代教育技术,2017,27(4):74-78.

［27］Valiathan P. Blended learning models［J］. Learning circuits,2002,3(8):50-59.

［28］李为民.现代传播理论在课堂教学中的运用［J］.内蒙古财经大学学报,2003(4):49-50.

［29］李逢庆.混合式教学的理论基础与教学设计［J］.现代教育技术,2016,26(9):18-24.

［30］Arney L. Go Blended!: A Handbook for Blending Technology in Schools［J］.

［31］Koohang A. A learner-centred model for blended learning design［J］. International Journal of innovation and learning,2008,6(1):76-91.

［32］于丹.基于 Blackboard 平台的混合式学习模式应用研究［D］.东北师范大

学,2017.

[33] 盛群力.现代教学设计论[M].浙江教育出版社,2010.

[34] 高西.整合移动工具的大学英语混合式教学的设计与应用研究[D].深圳大学,2017.

[35] 钟启泉."三维目标"论[J].教育研究,2011,9:62-67.

[36] 何克抗,郑永柏,谢幼如.教学系统设计[M].北京师范大学出版社,2012.

[37] 彭绍东.从面对面的协作学习,计算机支持的协作学习到混合式协作学习[J].电化教育研究,2010,8:42-50.

[38] 沈昀.基于BCL的学习活动设计与实施研究[D].浙江师范大学,2014.

[39] 方积乾.生物医学研究的统计方法[M].高等教育出版社,2007:39-45.

[40] 黄嘉佑.气象统计分析与预报方法[M].气象出版社,2004:19-27.

[41] 马兴华,张晋昕.数值变量正态性检验常用方法的对比[J].循证医学,2014,14(2):123-128.

[42] 杨琳琳.护照期权定价的近似解及其统计分析[D].山东大学,2011.

[43] 阚兴莉.关于偏度和峰度的讨论[J].考试周刊,2009(52):63-63.

[44] Shapiro S S. An analysis of variance test for normality, Biometrika[J]. 1965(52):591-611.

[45] 王涓,吴旭鸣,王爱凤.应用皮尔逊相关系数算法查找异常电能表用户[J].电力需求侧管理,2014(2):52-54.

[46] 胥雪炎,李补喜.不同被解释变量选择对决定系数R2的影响研究[J].太原科技大学学报,2007,28(5):363-365.

[47] 赵禹.计算机数据分析常用方法与比较[J].数字技术与应用,2016(3):256-256.

## ·第二章·

# 面向在线学习的个性化教学系统设计与实现

随着互联网时代的来临,网络信息技术逐步应用于教育领域。个性化教学作为一种创新型教学方式,适应现代教育大众化发展的需要,推动传统教育教学的发展变革。近年来,各级学校积极转换教学观念,加快教育信息化建设和教学资源共享。一方面,学校搭建个性化教学平台开展教学实践,倡导学生利用信息化手段开展自主学习;另一方面,学生可以通过在线学习,借助多种渠道解决疑难问题,提高学习效果和实践能力。然而,在当前的日常教学实践中,由于学生积极性不高、自主性不强以及师生交流互动较少等现象普遍存在,导致个性化教学存在一定缺陷。

本章深入分析目前个性化教学平台存在的问题,研究基于网络学习平台的个性化教学方式。为满足学生的个性化学习需求和教师的个性化教学效果评价,本章设计了一款面向在线学习的个性化教学系统,并应用于"Python 数据分析"混合式课程的线上教学过程。该系统的主要功能有:

1.面向用户画像的个人数据采集模块。该模块要求学生正确填写个人信息,包括姓名、性别、班级、学院、出生日期以及兴趣爱好等,从多个维度进行学生信息采集,旨向实现面向用户画像的数据采集和统计分析功能。

2.基于用户兴趣的课程推荐模块。该模块对收集到的用户数据进行特征提取,采用混合推荐算法,基于用户特点及兴趣偏好进行个性化课程推荐,满足学生的个性化学习需求,减少学生选课的盲目性和随机性,最终实现个性化教学。

3.融合论坛发言的课程评价模块。本课程采用以问题为导向的混合式教学方法,教师在网络平台发布问题,学生学习课程后经过思考发布有效反馈。该模块对师生获得的点赞计数并记入学生的课程考核成绩,进一步调动师生交互积极性。该模块基于网络平台的学习过程数据设计融合论坛发言的课程评价方法。

最后,对面向在线学习的个性化教学系统进行系统测试,评测该系统是否面向在线学习提供一定程度的个性化教学服务以满足当前教学需求;该系统在使用中是否有助于教师开展日常教学活动;该模块针对学生基本特点和学习兴趣进行的课程设计,是否可以满足学生的个性化学习需求。

## 2.1　绪论

### 2.1.1　研究背景与意义

1)研究背景

如今,科学技术发展迅猛,移动互联网技术进入千家万户,方便了人们的生活和工作。最新数据表明,我国网民已经接近9亿,全国各地有超过60%的用户利用互联网完成日常基本需求,较去年增长明显。可见,全民互联时代已经到来,各行业的发展与互联网技术的进步息息相关,教育理念和教学模式与互联网的结合也是大势所趋。现代教育学迎接网络技术与先进教育理念的结合,在新旧交织下不断创新,不断突破,如何更好地将互联网技术与教育学完美结合成为现代教育的主旋律。在新旧交替的教育格局冲击下,中职教育面临新的机遇和挑战,教育工作者对现代信息技术在中职教育领域的研究和应用热情关注并充满期待。

近年来,信息技术与教育事业的碰撞为未来教育的改革与发展注入了新鲜血液。第十八届中国教育信息化创新与发展论坛以"融合创新·智能引领"为主题[1],探索互联网2.0时代的教育新生态。"互联网+教育"背景下,面向在线学习的个性化教学方式应运而生。一方面,不受地域、时间以及空间的限制,满足学生个性化学习需求;另一方面,教育教学工作不再拘泥于传统的课堂教学,有助于教师创新教学思路,真正做到因材施教。互联网与传统教育的深度交汇融合,充分尊重了学生的个性发展,切实响应了教育教学改革的号召。因此,面向在线学习的个性化教学系统是现代教育教学的产物,也是现代教育创新的成果。在全新的教育学革命中,个性化学习平台逐渐成为学校教育的发展舞台。个性化平台的完善有利于促进课程教授内容多元化,教师授课方式多样化;促进课程资源共享化;促进学生学习合作化、个性化和自主化;促进师生互动的合理化。这使得越来越多的学校逐渐设计和构建面向在线学习的个性化教学平台。[2]

2)研究意义

传统教学模式[3],即教师根据教学大纲同时对多个学生进行课堂授课,课时固定,教学任务繁重,无法满足每个学生的个性化学习需求。传统的课堂教学具有模式化、单一化的弊端;容易忽略学生学习的自主性,基本上是老师讲学生听,满堂灌的教学方式;教学资源分散,无法实现充分共享[4];课堂缺乏反馈机制,学生与老师无法及时沟通交流;教师仅传授教学任务规定的课程知识,没有足够时间和精力进行相关知识拓展;仅利用课堂时间,可能造成学生无法精准掌握教授的知识。因此,课堂教学的种种不足严重影响了教学效果的呈现。[5]

为了满足学生的个性化学习需求,建设学校网络化、个性化学习系统并作为课堂教学的补充以及延伸是大势所趋。[6]"互联网 + 教育"背景下,微课、慕课、翻转课堂等新的教学方式发展迅速,教师的授课方式和组织形式发生了较大变革。面向在线学习的个性化教学模式成为当下教育教学研究的一个热门话题。如何更好地将互联网技术与学校教学活动相结合,满足不同学生的个性化学习需求,是需要尝试和解决的难题。[7]

本章基于 Windows 操作系统,利用 PyCharm 搭配 virtualenv 虚拟环境,设计开发一个面向在线学习的个性化教学系统。该系统具有以下优势:

➤ 培养兴趣,激发动力　个性化教学系统的出现促进越来越多的学生更主动、更积极、更有效、更方便、更轻松地学习课程内容。传统灌输式的课堂教学方式缺乏对学生个性的尊重,教学形式单一沉闷,极大限制了学生的自主学习。个性化教学系统为学生提供大量个性化学习资源,促使传统的授课方式向引导学生自主学习的个性化教学方式转变。在线学习模式的出现使教育学突破原有传统授课方式的束缚,在线学习的不断发展和完善,将教育学的发展高度引导至更加宽广的舞台。[8]

➢ 尊重个性,主动学习 个性化教学系统根据学生的特点自主定制学习计划,实施个性化在线学习活动。该系统有利于引导学生根据自身特点主动学习自己感兴趣的内容,而不是被动接受教师传达的任务。通过个性化教学平台,教师可以针对学生的兴趣偏好进行课程推荐,为不同需求的学生提供适合自身特点的学习内容。此外,个性化教学系统也为师生提供线上交流互动平台,使学生可以主动向教师提问,及时解决课堂上遇到的疑难问题,有助于师生交流;也促进了学生之间互相学习、共同进步,有助于增强同学感情和自主学习意识[9],提升协作学习能力。

➢ 转换观念,科学教学 个性化教学系统有利于转换教育教学观念,实现科学化教学。传统课堂教学模式下,学生学习知识主要围绕课本和课堂讲授实现,形式死板生硬,缺乏师生互动。在个性化教学系统中设置课程管理模块、资源下载模块、论坛交流模块等,一方面解放了教师,避免机械重复的讲授,提高教学效率和质量,另一方面有利于学生自学、复习,提高学习效率。[10]

➢ 资源共享,共享学习 个性化教学系统有利于扩大授课范围,成为具有学习愿望但缺乏平台的学生首选学习工具之一。传统课堂教学模式下,优秀教师讲授的课程内容只能在小范围的班级课堂上进行,无法进行广泛的教学资源共享。[11]个性化教学系统中,所有课程完全公开,全网共享,不再局限于一个班级。任何有学习需求的学生,可以随时随地针对感兴趣的课程内容进行学习交流,最大程度上实现教育大众化。

## 2.1.2 研究现状

1)国外研究现状

近年来,在线学习系统发展迅速。作为在线学习系统的先行者,美国麻省理工学院 2003 年开展 Open Course Ware 计划[12],在线提供免费教学资源。到 2006年底,已有数千门课程上传互联网实现网络共享。该计划融合新旧教育发展特点,为学习者提供了更多更好的学习资源,成为网络技术与教学方法相结合创新教学模式的良好开端。[13]

迄今为止,英国是最早将计算机运用到教育教学工作的国家,已开发 2000

余种融合计算机技术的教学辅助工具[14],其中应用最广泛的是英属哥伦比亚大学计算机系开发的 Web Course Tools 平台。该平台具有课程管理、资源管理等功能,可以开展师生实时在线直播,师生互动交流等,最大程度上弥补了课下师生互动缺乏的现状。[15]

Sakai 是美国印第安纳大学、密西根大学、斯坦福大学、麻省理工学院和伯克利大学发起的课程管理系统(CMS)开发计划。[16]本着自由使用、自由开发、实现教育自由的宗旨,Sakai 计划旨在开发一个基于在线学习的开放性网络合作与学习系统,并结合各学校的教学辅助工具与组件,最终建立一个适合课程教学的新型网络教学平台。[17]

Moodle[18]是一个基于建构主义理论开发的开源课程管理系统,是目前世界上使用最广泛的在线开源学习平台。[19]除了具备学习管理系统的普遍功能之外,Moodle 加强了学习者的学习过程记录,使教师可以深入分析学生的学习过程,并增加了用户数据的安全性考量。目前该平台仍在不断改进与完善中。[20]

Blackboard[21]是美国 Blackboard 公司开发的数位教学平台,也是业界领先的课程主导型管理系统。该平台为师生提供强大的网上教学环境,成为师生沟通的桥梁,满足学习者自主选课并进行课程学习的需求,促进了学生在线学习的积极性与主动性。[22]Blackboard 平台通过形式多样、功能丰富的课程模块为教师教学、学生学习、师生互动提供了有效便捷的方式。

2)国内研究现状

国内网络教学起步相对较晚,但发展普及迅速。4A 网络教学平台是国内最早的网络教学平台,它的出现为我国教育教学发展开启了新的篇章。[23]"4A 网络教学平台"率先实现教育教学资源与网络平台的有机整合,为师生营造了一种新型的教学环境,加强了师生互动交流。4A 平台主要包括教学支持、教务管理、课程协同开发工具以及教学资源管理 4 个子系统,是当时设计理念先进,模块清晰,功能齐全的网络教学系统。[24]

目前,我国较成熟的网络教学平台是清华大学的清华教育在线(THEOL)。THEOL 平台从尊重学生个性化需求的角度出发,冲破传统教育理念的束缚,融合教师授课特色和学生学习特点,结合信息化教学模式和现代教育理念,建立符合教学需求的网络平台,培养学生终身学习的理念。[25]然而,THEOL 平台仍然存在一定弊端,如缺乏完善的课程评价体系等。

北京师范大学现代教育技术研究所开发的 Vclass 网络教育平台[26],是一个基于多媒体通信的师生远程教学互动平台。基于课程标准和北师大丰富的学科资源,教师利用互联网技术开展双向远程授课,并同步进行课程资源共享,解决了传统课堂教学中存在的缺乏互动等问题。[27]Vclass 系统属于真正的网络教学平台,即师生线上面对面直播教学,不属于混合式教学的范畴。

超星网络教学平台是现阶段许多学校使用的在线智能教学软件。作为一款功能齐全的教学辅助工具,超星平台具有课程管理、课程评价、师生互动[28]、学情统计等多种功能。笔者使用超星平台开展混合式教学实践两年,在一定程度上改善了教学效果。但使用中发现,超星平台在师生互动环节存在一定问题,引导学生积极互动的功能不明显,讨论区等师生互动模块形同虚设,在实施个性化混合式教学时功能受限。

《新媒体联盟地平线报告(高等教育 2013 年版)》指出,未来五年高等教育模式主要依托云计算、大数据、大规模网络平台共同决定[29],多媒体时代的多方位、多模态、多尺度学习已成为现代学习主流。[30]

3)存在问题

近年来,我国互联网教育得到极大关注,在线学习平台如雨后春笋般蓬勃发展。然而,在线学习系统中针对讲授内容的个性化教学功能凤毛麟角,目前存在如下问题:

➤ 在线学习平台无法满足学生的个性化学习需求[31],未能真正体现学校特色课程;

➤ 在线学习平台没有提供可以纳入课程评价的实时交互模块,目前的师生互动交流形式呆板,功能简单,形同虚设;

➤ 在线学习平台缺少有效的用户数据采集模块,课程推荐功能不完善甚至缺失。

针对上述问题,本章设计实现面向在线学习的个性化教学系统,主要从两方面改进现有的在线教学系统:首先,采用点赞积分制方式促进学生积极参加在线交流。学生发表有效言论会获得较多的点赞数,从而获得较高的在线学习成绩,并在学生的课程学习评价中得到体现,以此增强学生与老师沟通交流的积极性,进而促进线上学习阶段的师生互动。其次,该个性化教学系统以"Python 数据分析"课程为例,添加学习过程数据采集模块和个性化学习内容推荐模块,为学生的 Python 知识学习提供更具针对性的选择,满足学生个性化学习需求,在一定程度上提高学生的学习效率。

### 2.1.3 主要工作和创新点

本章以教师教授内容和学生学习内容综合呈现效果最优为目的,利用 HT-ML5、Python、MySQL 数据库等相关技术,综合线上、线下混合式学习优势,开发面向在线学习的个性化教学系统,促进师生间教学互动,协同发展。本章主要工作包括:

1)研究现状和相关理论。评估国内外在线教育平台发展现状及存在问题,介绍个性化教学相关理论。

2)需求分析和概要设计。基于系统需求及特点,将关系角色分为教师和学生;分析教师授课特点和学生的兴趣偏好,建立模型分析用户满意度。利用 E-R 图,针对个性化教学系统的各个子模块进行概要设计,设计数据库系统结构。

3)详细设计与系统实现。详细设计系统的基本功能如注册、登录、课程推荐和课程评价等。设计用户信息表、课程信息表、评论表等相关数据库表的结构,对系统各功能进行界面设计与编程实现,最后进行系统测试。

本章的创新点如下:

1)面向用户画像的个人数据采集模块。学生填写个人信息,包括姓名、性别、班级、学院、出生日期以及兴趣爱好等。通过多渠道、多维度收集学生个人基本信息以及兴趣爱好等,完成数据采集和统计。

2)基于用户兴趣的课程推荐模块。对数据采集模块得到的学生个人信息,进行全方位的数据分析,根据学生特点、学习进度及兴趣偏好完成个性化课程推荐。

3)融合论坛发言的课程评价模块。采用以问题为导向的教学方法,教师在论坛中发布问题,学生通过课程学习针对问题发布有效言论,将其他学生的点赞计数生成评分纳入课程评价,调动师生互动交流积极性,促进在线学习深入开展。

### 2.1.4　本章组织结构

本章的个性化教学系统主要面向在校师生,为教师的在线教学提供便利,同时促使学生更好地利用系统进行课程学习。首先是面向在线学习的个性化教学系统的研发背景及意义,分析目前个性化在线教学系统的国内外研究现状、相关的教育理论,进行系统需求分析、概要设计、详细设计和功能实现,最后测试系统的性能。本章内容结构如下:

第一节　绪论:介绍在线学习发展的研究背景、研究意义,结合国内外最新技术,分析现阶段在线学习的特点、不足以及问题存在的原因,并给出相应的解决策略。

第二节　相关教育理论:包括建构主义学习理论、在线学习、混合式教学、个性化教学等。

第三节　需求分析:针对系统的功能性需求和非功能性需求进行详细的需求分析。

第四节　概要设计:主要介绍个性化教学系统的整体架构以及功能结构,利用 E-R 图清晰展现数据库的逻辑结构。

第五节　详细设计:针对各个模块进行详细功能设计,绘制模块功能流程图以及数据库表。

第六节　系统实现:介绍个性化教学系统的各个功能模块的具体实现,并给出系统界面以及核心代码。

第七节　系统测试:介绍个性化教学系统的测试环境、测试用例以及测试结果。

第八节　总结与展望:总结系统的优点与不足,指出下一步的研究方向。

## 2.2　相关教育理论

### 2.2.1　建构主义学习理论

作为教育学理论的衍生品,建构主义是以认知派学习理论为起点,结合现代教育发展潮流产生的教育理论,在现代教育发展中具有重要作用。[32]

建构主义教师观。[33]区别于传统认知主义中简单地认为教师就是引导者和传授者,建构主义教师观注重教师与学生的交流作用,其主要目的是培养学生与教师交流,使教师与学生共同发展。建构主义教师观的本质是通过师生交互,引导学生自我反思,转化经验,培养学生的自我学习能力,建立学习格局,使学生更加主动地理解学习内容,而不是单纯的死记硬背。培养学生的主动学习能力有助于学生在面对新问题时,有自己分析问题的思路,形成问题解决流程,建立思维空间,使学生能够自主学习、自我管理、自我负责。[34]

建构主义学生观。[35]建构主义学生观认为学生往往基于原有的相关经验,凭借其自身认知力对新事物考量,并对问题作出解释。建构主义学生观注重学生自身原有的知识经验,换句话说,"学生都不是空着脑子进教室的"。因此,教师在教学过程中应该重视学生已有的经验。在现代学习理论引导下,教师注重思维力、想象力和创造力的培养,引导学生利用传统的旧经验知识建立形成一套属于自己的新知识经验。[36]

基于建构主义的教师观和学生观,学生建构学习的过程分为三步:激发兴趣、创设情境、协作学习[37],最终形成意义构建的过程,如图2-1所示。

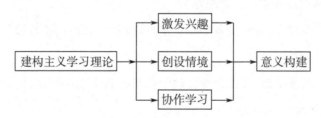

图2-1　建构主义学习理论的理解与应用

### 2.2.2　在线学习

伴随着知识经济的飞速发展与变革,传统学习模式面临着前所未有的冲击,新的学习模式层出不穷,突破原有的束缚迎来了新突破。作为网络技术的衍生品,一种全新的学习模型——网络化学习,利用网络平台,让用户主体借助网络技术进行在线学习(E-Learning)[38]的一种创造性策略。在线学习充分利用多媒体网络学习资源、网上学习社区及网络技术平台构成的全新学习环境,它具有强大的优势。相比于传统的课堂学习,在线学习更加便捷地实现一对一教学,不仅尊重学生的学习需求,进一步激发学生的学习动机,而且可以随时随地进行互动,不受时间空间限制。[39]当然,在线学习方式也需要学习者保持自发的学习动力和主动探索精神。

针对学生学习积极性不高、主动参与课程的热情不足等问题,本章根据奥苏贝尔的学习动机理论,提出了点赞积分制的学生评价制度,应用于基于在线学习的个性化教学系统。系统在学校情境中引导学生的学业成就动机,使其逐步从附属内驱力到自我提高内驱力,最终发展成认知内驱力,达到激发学生潜在学习动机的目的,旨在从根本上解决学生参与在线学习积极性不高的问题。[40]在线学习动机发展变化示意图如图 2-2 所示。

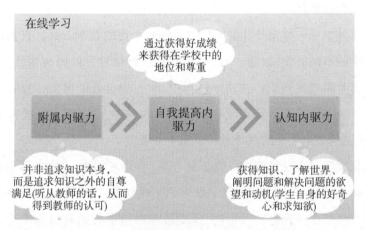

图 2-2　在线学习过程中的学习动机发展变化示意图

### 2.2.3　混合式教学

传统的课堂授课方式已不能满足现代教育教学发展的需求,而简单的在线学习模式虽具有学习资料丰富,教育资源共享便捷等优点,但是缺乏面对面的师生互动,无法完全替代传统课堂教学,同样不能满足学生的个性化学习需求。随着新课改的发展,融合在线学习和课堂教学的混合式学习模式逐步受到关注。

混合式教学,即"传统课堂教学"+"线上网络教学",这两种教学组织形式的有机结合,最终将学习者的学习由浅至深地引向深度学习。混合式教学模式使学生同时感受到在线学习与传统课堂学习的双重体验,既能够给教师提供因材施教的空间,充分发挥教师引导、评价、监控、启发学生学习的主导作用,又可以让学生自主学习,充分体现学生作为学习主体的主动性、积极性和创造性,一举两得。[41]混合式教学使得学生的认知结构发生变化,教师的教学模式、教学策略以及角色均发生变化。[42]

目前的混合式教学形式多样,如基于翻转课堂的混合式教学、基于 MOOC 的混合式教学、基于微课的混合式教学等。这不仅是教学模式的转变,更是顺应了教育改革发展趋势,充分尊重学生个性化需求。结合实际教育教学环境,混合式教学充分利用线上线下教学方式,实现优势互补,达到进一步提高学生认知水平的目标。[43]

### 2.2.4　个性化教学

个性化教学是一种充分尊重学生主体性和个性的教学方式。它强调必须根据每个学生的不同需要、兴趣、个性以及特长进行针对性的因材施教,即教师只教给学生自身需要的知识。在这个过程中,学生完全处于自主、主动、积极的学习状态。[44]“多对一”教学是实现个性化教学的一种方式,即多个教师对一个学生,确切地说是多个优秀的教师对一个学生开展教学。

个性化教学是实现素质教育的必由之路。[45]众所周知,课堂教学要在充分尊重学生个体差异的基础上,尽量满足学生的个性化需求,但针对教师教学的个性化研究却少之又少。教育实践证明,课堂教学中重视教师教学的个性化与尊重学生的个体差异同样重要。[46]学生在日复一日的学习生活中,面对不同学科不同年级的教师均使用一成不变的教材和缺乏个性的程序化模式实施教学活动,他们如何能体验到学习生活的丰富多彩,又如何能感受到学习过程的独特乐趣,学生的个性又如何能得到张扬?如此缺乏个性的教学模式不仅是对学生自身个性的不尊重,也将严重阻碍学生创造力的发展,甚至最终培养出的学生成为如出一辙的“加工品”。[47]

因此,本章提出基于在线学习的个性化教学模式,最大限度上满足个性化教学中多个优秀教师对一个学生开展教学活动的需要。不但充分尊重学生的个体差异,而且注重教师教学的个性化。对于同一门课程,每一个学生可以根据自己的性格和偏好,自主选择不同授课方式、讲课风格以及不同专业领域教师的课程。对于自我定位模糊、没有明确学习目标的学生,可以使用本章个性化教学系统的课程推荐功能,在系统的引导下输入自己的需求,逐步明确自己的定位,确认自己的目标,选择适合自身特点的课程,完成真正意义上自主的、能动的、因材施教的个性化学习。[48]

作为混合式学习的线上部分,在线学习的个性化教学模块很大程度上改善了学生面对无数线上课程无从下手,盲目选择所导致的学习效率低下、学习热情不高等问题。基于个性化教学的混合式学习模式如图2-3所示。

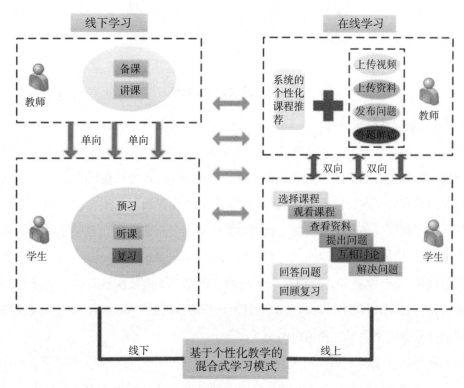

图2-3 基于个性化教学的混合式学习模式图

## 2.3 需求分析

随着教育教学改革方案不断推进,个性化教学在学校教学中显得尤为突出,传统的课堂教学相对个性化教学的弊端日益显现,开展线上线下混合的个性化教学模式也是大势所趋。[49]本章面向在线学习的个性化教学系统采用软件工程开发思想，依次进行需求分析、概要设计、详细设计、系统实现及系统测试。

需求分析是整个系统开发过程中首要且必不可少的环节，主要分为功能性需求分析和非功能性需求分析。首先明确系统的功用，具体包含哪些功能模块，然后针对各个功能模块进行可行性分析，最后确认其可行性。对个性化教学系统进行需求分析，确定将系统用户划分为教师、学生两种角色。系统角色分配如图 2-4 所示。

学生　　　　系统　　　　教师

图 2-4　系统角色分配图

### 2.3.1　功能性需求分析

功能性需求分析主要完成个性化教学系统中各模块的功能划分，进而满足混合式教学线上部分的个性化教学需求。具体来说，首先对传统课堂教学和现存网络教育状况进行具体分析，确定符合当前教育背景下基于在线学习的个性化教学系统应具备的主要功能。根据功能性需求分析将个性化教学系统分为六大模块：注册模块、登录模块、后台管理模块、数据采集模块、课程推荐模块、课程评价模块，每个模块下又分别对应不同的子模块。下面依次针对各个功能模块进行分析，使用用例图对教师和学生两种角色的权限加以说明，使用用例规约描述表介绍各模块中系统和用户的交互。[50]

➢ 注册登录模块

注册登录模块是线上个性化教学系统的基础功能。系统要求用户使用邮箱进行账号注册，方便后续找回密码。登录模块包括教师用户登录和学生用户登录。当用户登录成功之后，可以针对个人信息进行相应操作，包括修改昵称、修改头像、修改密码、查看评论以及密码找回等。注册登录模块用例图如图 2-5 所示。

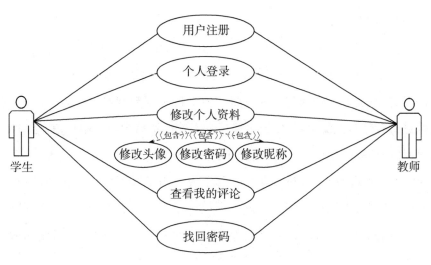

图2-5　用户注册登录模块用例图

为方便详细描述注册登录模块的具体功能,采用用例规约描述表对用例进行多方位分析和详细阐述。[51]注册登录模块用例规约描述如表2-1所示。

表2-1　注册登录模块用例规约描述表

| 用例名称 | 用户注册登录 |
|---|---|
| 用例说明 | 系统用户注册并登录系统 |
| 角色 | 教师、学生 |
| 前置条件 | 用户未注册系统 |
| 基本事件流 | 1.用户点击页面注册按钮,进入注册界面。<br>2.页面显示用户邮箱和密码文本框,以及注册和登录按钮。<br>3.用户输入邮箱和密码,点击注册按钮,完成新用户注册。<br>4.用户输入邮箱和密码,通过验证后,即可登录系统。<br>5.用户点击个人中心按钮,进入个人中心,修改头像、密码以及邮箱,查看和收藏评论。<br>6.教师或学生点击忘记密码,通过注册邮箱找回密码。 |
| 异常事件流 | 操作超时,登录异常 |
| 后置条件 | 点击注销按钮,退出登录 |

➤ 后台管理模块

后台管理模块一般提供给教师用户,用于学生用户以及课程信息的管理以及回馈,主要包括课程管理和用户信息维护两个子模块。课程管理子模块中,每门课程的详情页面包括课程简介、课件、讲义以及课程视频,学生可以自主选择课程,进行有针对性的学习,便于实现自主高效地课后学习。用户信息维护子模块方便教师获取学生信息并对学生提问及时反馈。

后台管理模块用例分析。课程管理子模块用于课程信息的管理,主要是课程数据的增删改查操作。用户信息子模块用于学生信息的展示,教师可以查看所有学生用户的个人资料,并及时解答学生的问题。后台管理用例如图2-6所示。

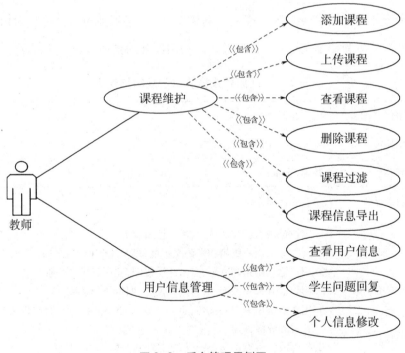

图2-6 后台管理用例图

为方便详细描述后台管理模块的功能,采用后台管理模块用例规约描述表进行具体分析和多方位阐述,如表2-2所示。

表 2-2  后台管理模块用例规约描述表

| | |
|---|---|
| 用例名称 | 后台管理 |
| 用例说明 | 教师用户登录后台管理系统 |
| 参与者 | 教师 |
| 前置条件 | 教师未登录后台管理系统 |
| 基本事件流 | 1.教师进入后台登录界面,输入账号和密码,进入后台管理系统。<br>2.教师可点击左侧的用户信息按钮进入相应用户信息页面。查看每位学生用户的信息,并对用户消息进行相应的回复。<br>3.教师可以在课程管理页面上传课程,进行增删改查操作,也可以按照不同要求对课程进行过滤,并将所需的课程信息导出。 |
| 异常事件流 | 操作超时,无响应 |
| 后置条件 | 点击注销按钮,退出登录 |

➤ 个人数据采集模块

个人数据采集模块分为两部分:一是用户个人资料填写;二是系统主题及个人偏好选项。此功能主要面向学生用户。当学生用户首次登录,系统会自动要求填写个人信息,其中包含姓名、学号、班级、学院、性别、出生日期、邮箱、兴趣爱好等信息。当要求的信息全部正确填写后,各项内容会被保存在系统数据库的学生信息表中。

个人数据采集模块用例分析。个人数据采集模块是个性化教学系统实现个性化课程推荐的基础,用户信息越详细,对实现课程推荐的准确性越有利,因此在个人基本信息采集的基础上,本系统增加了兴趣爱好的填写,捕捉学生的兴趣偏好特征用于课程推荐。个人数据采集用例如图 2-7 所示。

为更加清晰地描述个人数据采集模块中系统与用户的互动过程,使用用例规约描述表进行用例分析和详细阐述。用例规约描述如表 2-3 所示。

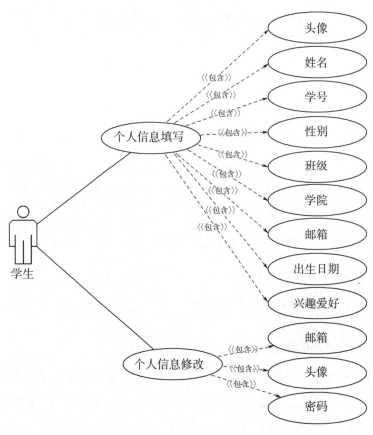

图 2-7　个人数据采集用例图

表 2-3　个人数据采集模块用例规约描述表

| 用例名称 | 个人数据采集 |
|---|---|
| 用例说明 | 学生填写个人信息,完成数据采集 |
| 参与者 | 学生 |
| 前置条件 | 学生未填写个人信息 |
| 基本事件流 | 1.学生点击右上角登录按钮进入系统。<br>2.学生填写个人信息。<br>3.学生修改个人信息。 |
| 异常事件流 | 1.页面无内容,提示网络连接失败或服务器无响应。<br>2.操作异常,页面无响应。 |
| 后置条件 | 点击退出个人中心 |

> 课程推荐模块

课程推荐模块分为两部分：一是根据个人数据采集模块得到的数据，向学生推荐适合其兴趣偏好等综合特征的课程；二是通过课程的收藏数量、参与人数、更新时间分别排序，以供新注册的学生挑选，在一定程度上解决冷启动问题。

课程推荐模块用例分析。课程推荐模块的目标是为参加 Python 相关课程学习的师生提供适当的课程选择建议。首先教师通过学生个人信息分析其适合的案例和课程难度，并结合学生的气质信息推荐适合学生风格的课程。课程推荐模块同时提供最新、最热门、参与人数 3 个选项卡，分别根据课程更新时间、课程收藏数量和课程参与人数排序，优先推荐排名靠前的课程。课程推荐模块用例如图 2-8 所示。

为更加清晰地描述课程推荐模块的具体功能，采用用例规约描述表进行用例分析和详细阐述。用例规约描述如表 2-4 所示。

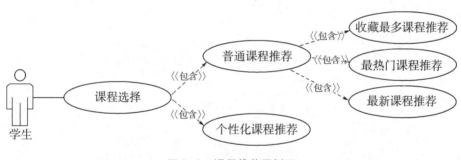

图 2-8　课程推荐用例图

**表 2-4　课程推荐模块用例规约描述表**

| 用例名称 | 课程推荐 |
| --- | --- |
| 用例说明 | 学生依据系统的课程推荐进行课程学习 |
| 参与者 | 学生 |
| 前置条件 | 学生未选择要学习的课程 |
| 基本事件流 | 1.学生点击页面右上角登录按钮进入个性化教学系统。<br>2.学生点击课程选项卡，进入相应的课程页面。<br>3.学生点击最新、最热门、参与人数选项卡选择推荐的课程，进入课程学习页面。<br>4.学生点击右侧教师推荐课程，进入课程学习界面。<br>5.对所学课程进行有选择的收藏。 |

续表

| | |
|---|---|
| 异常事件流 | 操作超时,无响应 |
| 后置条件 | 退出课程推荐页面 |

➤ 课程评价模块

课程评价模块是学校课堂教学中师生互动环节的重要补充,是师生沟通交流情感以及解决学习问题的有效途径。在课程评价模块,教师和学生可以在相应的课程学习模块发表个人见解或发布疑难问题以供交流互动,体现了教师主导、学生主体的教学理念。教师可以发布置顶问题,要求学生作答,每个学生也可以对其他学生的评论点赞,学生有效评论的点赞数可以计入课程期末成绩,便于对学生的学习行为和学习成果进行过程性评价。学生也可以针对课程发布问题,请求教师以及同学答疑,方便师生之间有针对性地讨论沟通,也便于同学之间就学习问题互动交流,分享经验。课程评价用例如图2-9所示。

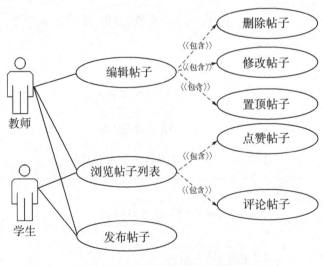

图2-9 课程评价模块用例图

为更加清晰地描述课程评价模块的具体功能,采用用例规约描述表进行用例分析和详细阐述。用例规约描述如表2-5所示。

表 2-5 课程评价模块用例规约描述表

| 用例名称 | 课程论坛交流 |
|---|---|
| 用例活动 | 用户针对课程发表言论以及进行其他相关操作 |
| 参与者 | 教师、学生 |
| 前置条件 | 教师上传课程,学生学习课程 |
| 基本事件流 | 1. 教师或者学生点击页面右上角登录按钮进入个性化教学系统。<br>2. 教师和学生点击相应课程,进入该课程的课程评价页面,浏览当前论坛内容。<br>3. 学生点击发表帖子。<br>4. 教师发布置顶问题帖子。<br>5. 教师或学生对感兴趣帖子点击评论按钮进行回帖。<br>6. 教师或学生点击点赞按钮对帖子进行点赞。 |
| 异常事件流 | 操作超时,无响应 |
| 后置条件 | 退出课程评价页面 |

## 2.3.2 非功能性需求分析

"互联网＋教育"背景下,许多学校需要建立自己的网络教学平台,而层出不穷的网络平台令人眼花缭乱,难以抉择。此外,当前网上教学平台面临的问题不容忽视:成本昂贵、用户信息泄露、系统数据不集中、资源不能实现完全共享、系统稳定性不强等。随着用户对于线上个性化教学需求的增加,开发一款真正适合学生的线上个性化学习系统需要考虑非功能性需求:

➢ 系统的技术可行性

个性化教学系统主要采用 Django web 架构,运用 Python 语言进行编程,采用 Xadmin 经典前端后台管理框架。

➢ 系统的安全性

个性化教学系统能够确保系统、客户数据的安全性,其工作原理是:针对不同类型用户,根据其常用浏览习惯、行为特点等确定用户身份,利用系统特有的信息处理环境建立特定的用户信息屏障,保障用户个人信息安全,利用特定的、复杂的、规范化的代码结构搭建平台,阻止黑客非法介入,防止不法分子盗取用户账号信息。[52]

➢ 系统的数据集中性

个性化教学系统的开发只针对学习 Python 课程的学生,将全网以及教师个人的优秀视频、课件等资料集中并分类呈现。

> 系统的操作便捷性

个性化教学系统是面向学校师生开发的,充分响应教育教学改革号召,满足学生个性化学习需要,系统界面简单,模块分明,操作方便。

> 系统的可维护性

个性化教学系统研发技术成熟可靠,代码可读性强,备注清晰,维护方便。[53]

## 2.4 概要设计

### 2.4.1 系统架构设计

面向在线学习的个性化教学系统选择基于 MVC 模式的 Django web 开发框架,即模型、视图、控制器。首先控制器等待用户的输入数据,将接收到的用户输入指令传递给业务指令;然后模型进行业务逻辑判断,进行数据库存取,根据业务逻辑选择不同的视图,渲染页面;最后将结果反馈给用户,用户根据接收到的反馈,进行下一步操作。[54]本系统的前端设计主要使用 HTML5、JavaScript 语言;采用基于 layui 轻量级前端后台管理框架 Xadmin,简单、兼容性好;使用 MySQL 数据库作为数据驱动来源,存储系统中大量的数据。个性化教学系统架构如图 2-10 所示。

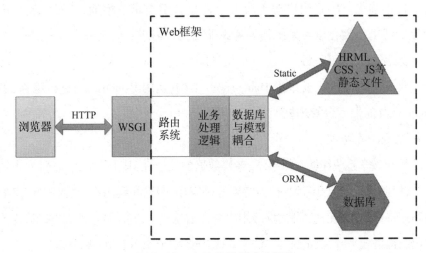

图 2-10 个性化教学系统架构

### 2.4.2 系统功能结构

根据系统需求分析划分个性化教学系统的具体功能模块,划分子模块,确定具体功能并命名。在个性化教学系统中,主要包含注册功能、登录功能、后台管理功能、个人数据采集功能、课程推荐功能、课程评价功能。其中登录功能包含用户登录、修改个人资料、密码找回等,后台管理功能主要包含课程管理和用户信息维护,个人数据采集功能主要包含个人资料填写与修改,课程评价功能主要包含发表帖子、浏览帖子、编辑帖子等。个性化教学系统功能结构如图2-11所示。

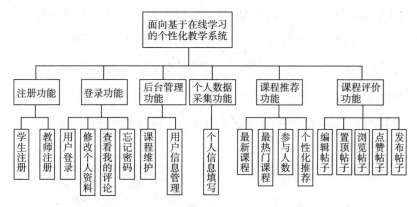

图2-11　个性化教学系统功能结构图

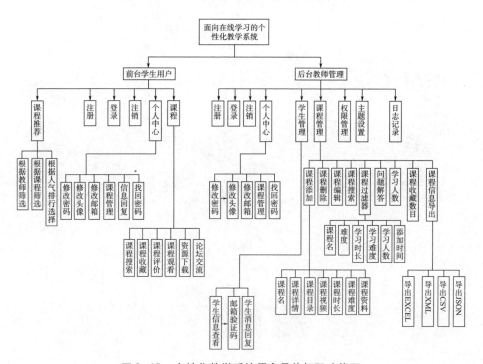

图2-12　个性化教学系统用户具体权限功能图

个性化教学系统主要包含教师和学生两种用户角色,不同角色对应不同的用户权限,如上图 2-12 所示。

### 2.4.3 系统数据库结构

数据库设计是系统概要设计中非常关键的一步,系统各个功能模块的实现均需要后台数据库的支撑。能否科学有序地存储系统运行过程中的重要数据,如何合理有效地设计系统的后台数据库,在很大程度上影响系统功能及运行性能。因此,系统数据库结构设计在整个概要设计中显得尤为重要。[55]

实体-联系图即 E-R 图[56],是描述现实世界关系概念模型的有效方法,是常用的数据库设计工具。我们根据功能性需求分析划分出各个功能模块,设计对应的概念模型及其属性,最终通过 E-R 图清晰呈现,如图 2-13 所示。

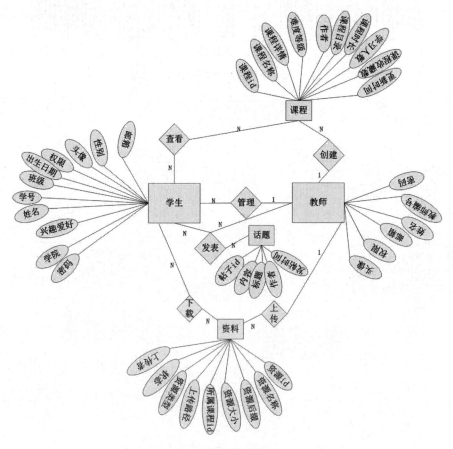

图 2-13　个性化教学系统 E-R 图

## 2.5 详细设计

### 2.5.1 注册登录功能设计

为满足山东师范大学通识教育课程"Python 数据分析"混合式教学需求,面向在线学习的个性化教学系统设置一名教师作为管理员用户,全体学生作为学生用户。所有用户使用个人邮箱进行系统注册,并设置登录密码。当用户成功注册并登录系统后,可以查看并修改个人资料,如头像、邮箱、密码等。用户注册登录模块时序图如图 2-14 所示。

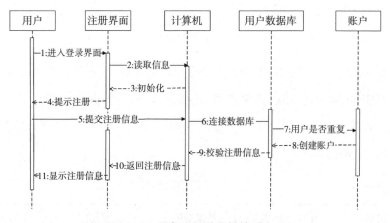

图 2-14　用户注册登录模块时序图

### 2.5.2 后台管理功能设计

为教师用户提供的后台管理功能主要分为课程管理和用户信息管理两部分。在后台课程管理模块中,教师可以进行课程分类,并对课程进行增删改查等操作,实现课程的及时更新。在用户信息管理模块中,教师可以查看并编辑所有学生用户的信息,并对学生发送的消息进行回复。

课程管理模块是针对教师用户提供的独有功能。教师可以创建新课程或是选择已有课程,将课程相关资料上传至服务器,并对已上传的资料进行增删改查等操作。学生可以根据教师上传的课程资料,有针对性地开展课程内容学习活动。后台管理模块时序图如图 2-15 所示。

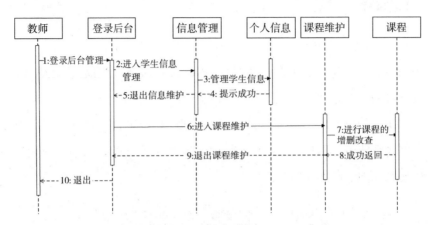

表2-15　后台管理模块时序图

　　根据功能分析创建资源数据库表和课程信息数据表,分别如表2-6和表2-7所示。其中"type"表示课程资源类型,包括讲义、视频和课件,"status"表示课程资源的上传状态,包括上传成功、上传失败和上传中,"level"表示课程难度等级,包括高级、中级和低级。

表2-6　资源数据表

| 字段名 | 中文字段名 | 数据类型 | 数据长度 | 空否 |
|---|---|---|---|---|
| id | 资源 id | Int | 20 | N |
| name | 资源名称 | Varchar | 100 | N |
| extension | 资源扩展名 | Varchar | 10 | N |
| size | 资源大小 | Varchar | 20 | N |
| author | 上传者 | Varchar | 20 | Y |
| url | 上传路径 | Varchar | 10 | N |
| type | 资源类型 | Tinyint | 10 | N |
| status | 状态 | Tinyint | 10 | N |
| subjectid | 所属课程 id | Int | 100 | N |

**表 2-7　课程信息数据表**

| 字段名 | 中文字段名 | 数据类型 | 数据长度 | 空否 |
| --- | --- | --- | --- | --- |
| id | 课程 id | Int | 11 | N |
| name | 课程名 | Varchar | 100 | N |
| content | 课程详情 | Varchar | 500 | Y |
| level | 难度等级 | Int | 10 | N |
| author | 作者 | Varchar | 20 | N |
| catalog | 课程目录 | Varchar | 200 | N |
| duration | 课程时长 | Varchar | 20 | N |
| stunum | 学习人数 | Int | 100 | N |
| colnum | 课程收藏数 | Int | 100 | N |
| updatetime | 更新时间 | datetime | 20 | N |

### 2.5.3　个人数据采集功能设计

在个性化教学系统中,为学生用户提供面向用户画像的个人数据采集功能。学生用户登录系统,进入个人中心,按照系统提示准确填写个人信息,主要包括:学号、姓名、班级、学院、性别、邮箱、兴趣爱好等。个人数据采集模块时序图如图2-16 所示。

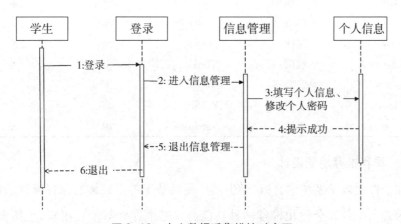

图 2-16　个人数据采集模块时序图

根据数据采集功能分析,创建学生用户表以及教师用户表分别存储学生和教师用户的个人信息,如表 2-8 和表 2-9 所示。其中"authority"字段表示系统用户的访问权限,"0"代表学生用户,"1"代表教师用户。"status"字段表示系统用户的登录状态,"0"代表未登录,"1"代表已登录。

表 2-8 学生用户表

| 字段名 | 中文字段名 | 数据类型 | 数据长度 | 空否 |
| --- | --- | --- | --- | --- |
| stid | 学生学号 | Int | 11 | N |
| stname | 学生姓名 | Varchar | 20 | N |
| password | 密码 | Varchar | 50 | N |
| class | 班级 | Varchar | 10 | N |
| academy | 学院 | Varchar | 20 | N |
| sex | 性别 | Varchar | 10 | N |
| authority | 权限 | Tinyint | 1 | N |
| status | 登录状态 | Tinyint | 1 | N |
| icon | 头像 | Varchar | 100 | Y |
| E-mail | 邮箱 | Varchar | 20 | N |
| hobby | 兴趣爱好 | Varchar | 200 | N |
| birthday | 出生日期 | Date | 20 | N |

表 2-9 教师用户表

| 字段名 | 中文字段名 | 数据类型 | 数据长度 | 空否 |
| --- | --- | --- | --- | --- |
| tcid | 教师编号 | Int | 11 | N |
| tcname | 教师姓名 | Int | 20 | N |
| password | 密码 | Varchar | 50 | N |
| authority | 权限 | Tinyint | 1 | N |
| status | 登录状态 | Tinyint | 1 | N |
| icon | 头像 | Varchar | 100 | Y |
| E-mail | 邮箱 | Varchar | 20 | N |

### 2.5.4 课程推荐功能设计

在个性化教学系统中,针对学生用户提供基于用户兴趣的课程推荐功能,主要分为普通推荐和个性化推荐两种功能。普通推荐针对所有用户,包括游客和已登录的学生用户,从课程更新时间、课程参与人数、课程收藏数量三个维度提供课程推荐功能,以供用户根据自身需求选择合适的课程进行学习。个性化推荐针对已经登录并且完善个人资料的学生用户,系统对个人资料进行数据分析和挖掘,采用混合推荐算法,向符合要求的学生推荐最适合的前3门课程,以供学生有针对性地进行个性化课程学习。课程推荐模块时序图如图2-17所示。

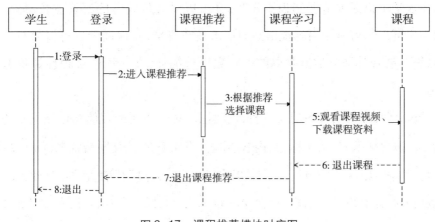

图2-17 课程推荐模块时序图

### 2.5.5 课程评价功能设计

为了满足师生日常沟通交流的需求,在个性化教学系统中提供课程评价模块,便于师生课后进行交流互动。在课程评价模块中,学生可以发起讨论,发表自己的看法以及发布疑难问题,并可对其他同学的回答点赞以及评论互动。教师可以针对课程相关内容进行提问并置顶问题,可以针对学生的疑难问题作出解答,对回答较为准确的评论点赞。课程评价模块时序图如图2-18所示。

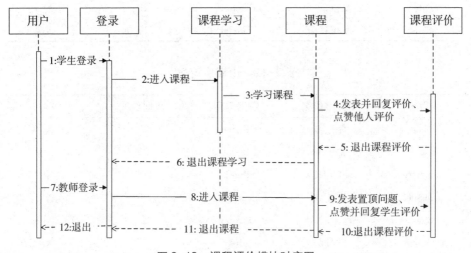

图2-18 课程评价模块时序图

基于论坛发言的课程评价模块采用问题驱动的教学方法（Problem-Based Learning,简称 PBL）。一方面,教师可以针对课程内容提出问题并作为课程作业,要求学生根据本节课知识点作答,并可以对其他同学的解答点赞;另一方面,学生可以针对所学内容提出疑问请求教师答疑,其他同学也可以参与讨论和点赞。最后对每个学生获得的点赞数进行统计,计入该生过程性评价考核成绩。

根据课程评价模块的功能分析,创建论坛帖子表用来存储在论坛发表的有效评价,包含帖子 id、帖子标题、内容、作者、发帖日期以及发帖状态,如表 2-10 所示。其中"status"表示帖子状态,"0"代表非置顶,"1"代表置顶。创建论坛评论表用来存储有效评论信息,包含评论 id、帖子 id、回帖内容、评论人、评论时间、点赞人数等,如表 2-11 所示。

表 2-10　论坛帖子表

| 字段名 | 中文字段名 | 数据类型 | 数据长度 | 空否 |
| --- | --- | --- | --- | --- |
| id | 帖子 id | Bigint | 20 | N |
| title | 帖子标题 | Varchar | 100 | N |
| content | 帖子内容 | Bigint | 500 | N |
| usname | 帖子作者 | Varchar | 10 | N |
| date | 发布日期 | Datetime | 20 | N |
| status | 发布状态 | Tinyint | 10 | N |

表 2-11　论坛评论表

| 字段名 | 中文字段名 | 数据类型 | 数据长度 | 空否 |
| --- | --- | --- | --- | --- |
| comid | 评论 id | Bigint | 20 | N |
| id | 帖子 id | Bigint | 20 | N |
| summary | 回帖内容 | Bigint | 500 | N |
| usname | 评论人 | Varchar | 20 | N |
| date | 评论时间 | Datetime | 8 | N |
| agreenum | 点赞数 | Int | 20 | N |

## 2.6　系统实现

### 2.6.1　系统环境搭建

➤ 系统环境综述

面向在线学习的个性化教学系统开发工具使用 PyCharm 编辑器,这是一整套有助于提高编程效率的开发工具,能为用户提供良好的应用效果。本系统开发使用 Python 3.6 以及 Django 2.0 版本进行 web 框架搭建,并搭配 virtualenv 虚拟环境,兼容测试环境为 IE 浏览器、360 安全浏览器和 Goolge Chrome 浏览器。

➤ Django web 2.0 开发环境搭建

Django 是遵循 MTV 开发模式的 web 框架。具体开发过程包括:首先创建一个 project,并在其中建立 app,更改项目中 setting.py 文件配置,包括 MySQL 数据库、app、CSS 样式以及模板文件的设置;然后在 model.py 文件中进行数据模型开发,定义各种数据模型和数据库交互,在 view.py 文件中定义 model.py 的数据对象以及接口实现;接着编写前端显示用于调用 view.py 文件中的方法,在 templates 文件夹

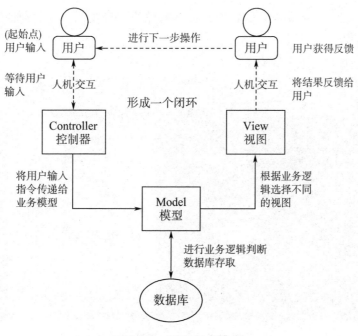

图 2-19　MTV 开发模式

中定义各个模块文件的视图,用于显示数据内容,在 html 文件中定义前端显示界面;最后添加 URL 映射,在 urls. py 文件中定义各种 url 访问入口,基于 Django 的 web 应用开发活动主要集中在 model. py 文件、view. py 文件和 templates 文件夹中,因此 Django 的开发模式又称为 MTV 开发模式。如图 2-19 所示。

### 2.6.2 注册登录模块编程实现

注册功能是个性化教学系统最基本的功能,主要分为两种用户注册:教师管理员注册和学生用户注册。游客功能无法进行课程学习等操作。尚未完成系统注册的游客访问系统时,在主页导航栏点击注册按钮进入用户注册界面。利用自己的邮箱进行系统注册,便于后期忘记密码时进行账号找回操作。在注册过程中,用户账号的注册邮箱会通过 Ajax 异步请求发送给服务器端的验证控制器,验证控制器查询填写的邮箱是否已经存在。如果邮箱已经存在,系统提醒用户重新填写邮箱;如果尚未注册,游客正确填写邮箱、密码以及验证码之后,系统将该游客的信息通过前端验证提交服务器,至此,完成用户注册功能。

完成用户注册之后,用户使用邮箱账号登录系统,可以点击右上方按钮,进入个人中心页面,完成个人资料填写以及密码修改等操作。用户注册登录界面如图 2-20 所示。

图 2-20　用户注册登录界面图

　　用户进入系统注册界面,根据要求填写邮箱、密码以及验证码之后,提交表单。这时,django-form 进行表单数据验证,首先判断 RegisterForm 中的输入数据是否符合 forms 定义的格式,再通过 captcha 对验证码进行审查。若验证失败,则需要重新输入,否则可以注册并登录系统,具体处理流程如图 2-21 所示。

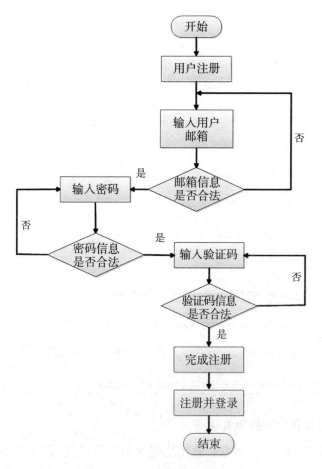

图 2-21　注册登录处理流程图

　　用户注册登录模块的核心代码如下所示。

```
class RegisterView(View):
    def get(self, request):
        register_form = RegisterForm()
        return render(request, "register.html", {'register_form':register_form})
```

```
def post(self, request):
    register_form = RegisterForm(request.POST)
    if register_form.is_valid():
        user_name = request.POST.get("email", "")
        if UserProfile.objects.filter(email=user_name):
            return render(request, "register.html", {"register_form":register_form, "msg":"用户已经存在"})
        pass_word = request.POST.get("password", "")
        user_profile = UserProfile()
        user_profile.username = user_name
        user_profile.email = user_name
        user_profile.is_active = False
        user_profile.password = make_password(pass_word)
        user_profile.save()
    ml", {"register_form":register_form})
```

```
class LoginView(View):
    def get(self, request):
        return render(request, "login.html", {})
    def post(self, request):
        login_form = LoginForm(request.POST)
        if login_form.is_valid():
            user_name = request.POST.get("username", "")
            pass_word = request.POST.get("password", "")
            user = authenticate(username=user_name, password=pass_word)
            if user is not None:
                if user.is_active:
                    login(request, user)
                    return HttpResponseRedirect(reverse("index"))
                else:
                    return render(request, "login.html", {"msg":"用户未激活！"})
            else:
                return render(request, "login.html", {"msg":"用户名或密码错误！"})
        else:
            return render(request, "login.html", {"login_form":login_form})
```

### 2.6.3　后台管理模块编程实现

本系统使用 Xadmin,这是一款功能强大的轻量级前端后台管理框架。相较于 Django 框架自带的 admin 智能后台管理系统,Xadmin 内置功能丰富,具有强大的插件系统;它基于 Bootstrap 框架精心打造,可以在各种屏幕上无缝浏览,完全支持 Bootstrap 主题模板,自由切换主题,使得管理后台体验动感多样。可以在 Python 虚拟环境中使用 pip 命令安装 Xadmin,操作简单,扩展便捷。

个性化教学系统的后台管理功能主要分为课程管理和用户信息维护两部

分。后台教师管理界面如图 2-22 所示。

图 2-22　后台教师管理界面图

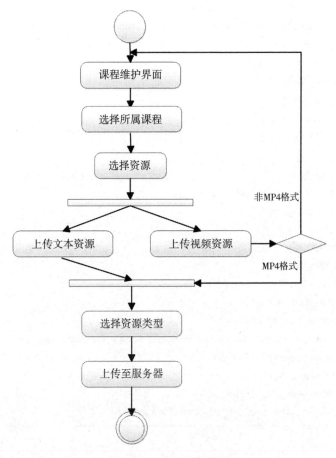

图 2-23　上传资料流程图

后台管理模块中,教师作为管理员具有最高权限,针对学生信息和课程信息进行集中管理。教师可以查看学生个人信息,根据不同学生的特点,调整线上线下教学内容和课时进度;教师可以针对学生的疑难问题在线答疑,满足学生实时互动的学习需求;教师可以根据学生的个性化需求,及时更新调整课程内容,包括增加新的课程资料、删减不合时宜的旧课程,充分调动学生对于 Python 课程学习的积极性。这里以教师上传课程资料为例,具体流程如图 2-23 所示。

后台管理模块核心代码如下所示。

```python
class CourseAdmin(object):#课程维护
    list_display = ['name', 'desc', 'detail', 'degree', 'learn_times', 'students',  'get_zj_nums', 'go_to']
    search_fields = ['name', 'desc', 'detail', 'degree', 'students']
    list_filter = ['name', 'desc', 'detail', 'degree', 'learn_times', 'students']
    ordering = ['-click_nums']
    readonly_fields = ['click_nums']
    list_editable = ['degree', 'desc']
    exclude = ['fav_nums']
    inlines = [LessonInline, CourseResourceInline]
    style_fields = {"detail":"ueditor"}
    import_excel = True
    def queryset(self):
        qs = super(CourseAdmin, self).queryset()
        qs = qs.filter(is_banner=False)
        return qs
    def save_models(self):
        obj = self.new_obj
        obj.save()
     if obj.course_org is not None:
            course_org = obj.course_org
            course_org.course_nums = Course.objects.filter(course_org=course_org).count()
            course_org.save()
    def post(self, request, *args, **kwargs):
        if 'excel' in request.FILES: pass
        return super(CourseAdmin, self).post(request, args, kwargs)
```

```
class UserProfileAdmin(UserAdmin):#用户管理
    def get_form_layout(self):
        if self.org_obj:
            self.form_layout = (
                Main( Fieldset('', 'username', 'password', css_class='unsort no_title'), Fieldset(_('Personal
info'), Row('first_name', 'last_name'), 'email'),
                    Fieldset(_('Permissions'),'groups', 'user_permissions'),
                    Fieldset(_('Important dates'), 'last_login', 'date_joined' ), ),
                Side(Fieldset(_('Status'),
                    'is_active', 'is_staff', 'is_superuser',), ) )
        return super(UserAdmin, self).get_form_layout()
```

### 2.6.4　个人数据采集模块编程实现

在个性化教学系统中,学生用户登录系统后,可进入个人中心完善个人资料并查看收藏课程。个人中心页面主要包括个人资料、我的课程、我的收藏和我的消息四个模块。个人资料页面可以修改头像、密码,以及注册邮箱。学生用户登录后,点击个人中心进入相应界面,点击个人资料后触发前台 UserinfoView 接口,加载个人信息,利用 Ajax 与后台交互,通过 post 请求访问 UpdatePwdView 接口,进而弹出修改密码对话框,可以完成修改密码操作。学生填写姓名、学号、性别、班级、学院以及兴趣爱好并保存至后台数据库的学生用户表,用于后期的学习行为数据分析和个性化课程推荐。个人信息采集界面如图 2-24 所示。

图 2-24　个人信息采集界面图

个人信息采集模块核心代码如下所示。

```python
class UserinfoView(LoginRequiredMixin, View):
    """
    用户个人信息
    """
    def get(self, request):
        return render(request, 'usercenter-info.html', {})

    def post(self, request):
        user_info_form = UserInfoForm(request.POST, instance=request.user)
        if user_info_form.is_valid():
            user_info_form.save()
            return HttpResponse('{"status":"success"}', content_type='application/json')
        else:
            return HttpResponse(json.dumps(user_info_form.errors), content_type='application/json')

class UploadImageView(LoginRequiredMixin, View):
    def post(self, request):
        image_form = UploadImageForm(request.POST, request.FILES, instance=request.user)
        if image_form.is_valid():
            image_form.save()
            return HttpResponse('{"status":"success"}', content_type='application/json')
        else:
            return HttpResponse('{"status":"fail"}', content_type='application/json')

class UpdatePwdView(View):
    def post(self, request):
        modify_form = ModifyPwdForm(request.POST)
        if modify_form.is_valid():
            pwd1 = request.POST.get("password1", "")
            pwd2 = request.POST.get("password2", "")
            if pwd1 != pwd2:
                return    HttpResponse('{"status":"fail","msg":"密 码 不 一 致 "}',
content_type='application/json')
            user = request.user
            user.password = make_password(pwd2)
            user.save()
            return HttpResponse('{"status":"success"}', content_type='application/json')
        else:
            return HttpResponse('{"status":"fail"}', content_type='application/json')
```

```
class UpdateEmailView(LoginRequiredMixin, View):
    def post(self, request):
        email = request.POST.get('email', ")
        code = request.POST.get('code', ")
        existed_records = EmailVerifyRecord.objects.filter(email=email, code=code,
send_type='update_email')
        if existed_records:
            user = request.user
            user.email = email
            user.save()
            return HttpResponse('{"status":"success"}', content_type='application/json')
        else:
            return HttpResponse('{"email":"验证码出错"}', content_type='application/json')
```

### 2.6.5　课程推荐模块编程实现

个性化教学系统的课程推荐功能主要包括普通课程推荐和个性化课程推荐两部分。用户进入系统主页时,如果是未登录的游客,由于没有个人信息,所以只能完成普通推荐功能,即根据课程更新时间、课程参与人数、课程收藏数三个维度分别进行课程推荐。具体来说,前台向后台发送请求,服务器接到请求,根据上述三个维度分别进行课程推荐。对于登录用户,除了提供普通的课程推荐功能,系统可以根据个人数据采集模块收集的个人信息进行个性化数据分析,运用混合推荐算法为学生推荐难度适当、风格适合的课程。课程推荐界面如图2-25所示,课程详情界面如图2-26和图2-27所示。

图2-25　课程推荐界面图

图 2-26　课程详情界面之一

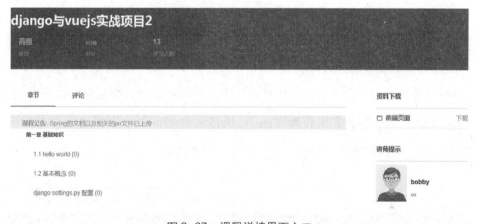

图 2-27　课程详情界面之二

　　学生不仅可以在课程推荐模块中自主选择要学习的课程,而且可以通过系统的个性化推荐进行有针对性的选择。这在一定程度上解决了学生选课的盲目性以及从众性,同时,在提高学习效率的基础上,也满足学生进行个性化学习的需求,一举两得。课程推荐处理流程如图 2-28 所示。

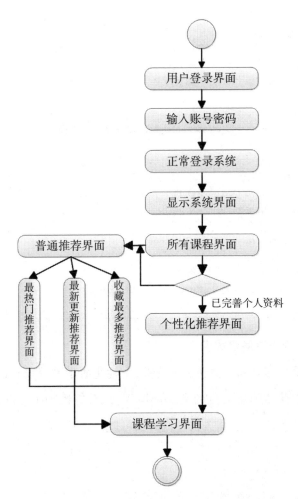

图 2-28　课程推荐处理流程图

课程推荐模块核心代码如下所示。

```
class CourseListView(View):
    def get(self, request):
        all_courses = Course.objects.all().order_by("-add_time")
        hot_courses = Course.objects.all().order_by("-click_nums")[:3]
        search_keywords = request.GET.get('keywords', "")  # 课程搜索
```

```
        if search_keywords:
            all_courses = all_courses.filter(Q(name__icontains=search_keywords)|
            Q(desc__icontains=search_keywords)|Q(detail__icontains=search_keywords))
    sort = request.GET.get('sort', "")#课程排序
    if sort:
        if sort == "students":
            all_courses = all_courses.order_by("-students")
        elif sort == "hot":
            all_courses = all_courses.order_by("-click_nums")
    try: #对课程进行分页
        page = request.GET.get('page', 1)
    except PageNotAnInteger:
        page = 1
    p = Paginator(all_courses, 12, request=request)
    courses = p.page(page)
    return render(request, 'course-list.html', {
        "all_courses":courses, "sort":sort,"hot_courses":hot_courses
    })
```

### 2.6.6 课程评价模块编程实现

为了增强师生交互的便捷性和准确性,个性化教学系统设有课程评价功能。课程评价模块以建立师生交流的良好环境为目的,方便师生互动。教师或者学生针对课程内容提出问题,相关教师或同学可以针对问题进行回复、分享学习经

图 2-29 课程评价界面图

验,也可以互相评价帖子和收藏帖子等。如果遇到自己可以解决的问题,可以作答并获得积分或点赞。用户登录系统,点击进入相应课程,按评论按钮,调用CommentsView 方法加载论坛列表;显示论坛页面后,点击任意帖子,调用 CommentsDetail 方法获取帖子详情;查看帖子内容后,可以回复或者点赞,点击发表按钮,调用 AddComments 方法与后台进行交互,调用 replyforum 接口发表评论。课程评价界面如图 2-29 所示。

　　课程评价模块为学生和教师的课后互动提供了交流平台。相较于其他线上教学系统,该平台最大程度上调动了师生交流互动的积极性。无论是积极好学的学生,还是消极倦学的学生,都可以引导他们积极发言,主动沟通。灵活运用这种带有半强制性的被动发言,不但不会引起学生的反感,反而会激励学生积极主动地学习;不仅增强学生的求知欲,还在一定程度上提高了学生的自信心。课程评价模块处理流程如图 2-30 所示。

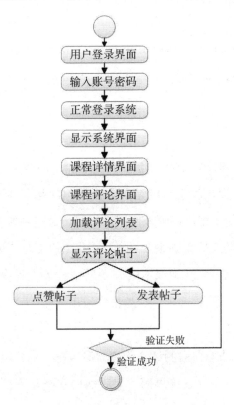

图 2-30　课程评价模块处理流程图

课程评价模块核心代码如下所示。

```
class CommentsView(LoginRequiredMixin, View):
    def get(self, request, course_id):
        course = Course.objects.get(id=int(course_id))
        all_resources = CourseResource.objects.filter(course=course)
        all_comments = CourseComments.objects.filter(course=course).order_by("-id")
        return render(request, "course-comment.html", {
            "course":course, "course_resources":all_resources, "all_comments":all_comments})
class AddComentsView(View):
    def post(self, request):
        if not request.user.is_authenticated: #判断用户登录状态
            return HttpResponse('{"status":"fail", "msg":"用户未登录"}', type='application/json')
        course_id = request.POST.get("course_id", 0)
        comments = request.POST.get("comments", "")
        if int(course_id) >0 and comments:
            course_comments = CourseComments()
            course = Course.objects.get(id=int(course_id))
            course_comments.course = course
            course_comments.comments = comments
            course_comments.user = request.user
            course_comments.save()
            return HttpResponse('{"status":"success", "msg":"添加成功"}', type='application/json')
        else:
            return HttpResponse('{"status":"fail", "msg":"添加失败"}', type='application/json')
```

## 2.7 系统测试

为了测试系统的可用性,保证用户对系统的满意度,在系统提交用户之前,通过系统测试调查个性化教学系统是否满足用户的基本使用需求,是否达到用户的预期准则,是否便于用户正确地使用系统等。通过系统测试,观察用户的使用体验,可以帮助开发人员完善系统功能,对系统的不足之处进一步完善,促使系统最大化地契合用户兴趣,确保本章开发的系统最大程度满足用户的日常需求,保证系统的正常使用,进而更广泛地推广应用。

### 2.7.1 系统测试方法

系统测试常用方法有白盒测试法和黑盒测试法。白盒测试法主要是对系统源代码进行测试,并不涉及系统界面。对于面向在线学习的个性化教学系统而言,其由于系统程序繁多,结构复杂,若采用白盒测试法,测试过程复杂烦琐,无法做到全面测试。而黑盒测试法侧重根据系统的主要功能进行针对性测试,无须检查系统源代码,操作相对简单方便。因此本章主要采用黑盒测试法验证系统的性能。

### 2.7.2 系统测试环境

系统测试环境如表2-12所示。

**表 2-12 系统测试环境**

| 相关配置 | 型号 |
| --- | --- |
| 处理器 | Inter(R)Core(TM)i5-3210M CPU@2.50GHz |
| 内存 | 4G |
| PC端操作系统 | Windows 7 |

### 2.7.3 系统功能测试

使用黑盒测试法检测个性化教学系统的性能是否稳定,主要分为整体测试和单元测试,从不同层次测试系统的完整性与实用性。个性化教学系统测试用例如表2-13所示。

**表 2-13 系统测试用例**

| 编号 | 测试说明 | 功能完备性/数据正确性 | |
| --- | --- | --- | --- |
| CS001 | 用户注册测试 | 1.1 | 教师可注册 |
| | | 1.2 | 学生可注册 |
| CS002 | 用户登录测试 | 2.1 | 教师可登录 |
| | | 2.2 | 学生可登录 |
| | | 2.3 | 能够找回密码 |
| CS003 | 后台教师管理员模块测试 | 3.1 | 教师能正常进入后台页面 |
| | | 3.2 | 教师能够对课程进行管理分类 |
| | | 3.3 | 教师能够查看学生信息 |
| CS004 | 数据采集模块测试 | 4.1 | 点击个人资料,能够进入修改个人资料界面 |
| | | 4.2 | 能够填写和修改个人资料 |
| | | 3.3 | 能够上传和修改头像 |

| 编号 | 测试说明 | 功能完备性/数据正确性 | |
|------|---------|------|------|
| CS005 | 课程推荐模块测试 | 5.1 | 点击排行榜,可以查看相关课程推荐排序 |
| | | 5.2 | 点击课程,能够进入课程页面 |
| | | 5.3 | 点击收藏按钮,能够对所学课程进行收藏 |
| | | 5.4 | 点击下载按钮,能够下载课件 |
| | | 5.5 | 点击视频资源,能够正常进行视频播放 |
| | | 5.6 | 点击播放按钮,视频进行播放 |
| CS006 | 课程评价模块测试 | 6.1 | 点击课程评价,能够进入相关课程的评价界面 |
| | | 6.2 | 教师能够发言并置顶 |
| | | 6.3 | 学生能够发表言论 |
| | | 6.4 | 学生能够点赞他人言论 |
| | | 6.5 | 点击任意评论能够发表评论 |
| | | 6.6 | 点击删除按钮,教师能删除评论 |

　　使用黑盒测试法对系统每个模块的功能进行测试并分析,统计个性化教学系统的测试结果,如表 2-14 所示。

表 2-14　测试结果表

| 测试对象 | 功能描述 | 界面 | 功能 |
|---------|---------|------|------|
| 注册界面 | 注册正常 | 流畅 | 完善 |
| 登录界面 | 登录正常 | 流畅 | 完善 |
| 个人资料界面 | 信息浏览正常 | 流畅 | 完善 |
| 个人头像 | 头像显示正常 | 流畅 | 完善 |
| 密码修改 | 可修改密码 | 流畅 | 完善 |
| 课程推荐界面 | 可见课程推荐 | 流畅 | 完善 |
| 课程详情界面 | 可进入课程详情 | 流畅 | 完善 |
| 资源界面 | 下载资料正常 | 流畅 | 完善 |
| 视频播放界面 | 视频播放正常 | 流畅 | 完善 |
| 课程评价界面 | 可浏览评论 | 流畅 | 完善 |
| 后台管理界面 | 能正常登录后台 | 流畅 | 完善 |
| 后台用户管理界面 | 能正常查看用户信息 | 流畅 | 完善 |
| 后台课程管理界面 | 能正常进行课程管理 | 流畅 | 完善 |

## 2.8　总结与展望

近年来,国内各学校越来越重视网络教学平台在学校教育教学中的作用。本章为弥补传统课堂教学的种种不足,设计开发面向在线学习的个性化教学系统,期望达到丰富教学模式,提高教学效率,促进学生自主性、创造性学习的效果。

### 2.8.1　总结

本章基于开源代码的 Python 编程语言和 Django web 应用框架研发了一款满足混合式教学需求的个性化教学系统。本章的主要工作如下:

➢ 分析了国内外在线教育平台的发展现状和存在问题,明确开发线上个性化教学系统的必要性,简单阐述了个性化教学系统设计开发中的相关教育教学理论。

➢ 对个性化教学系统进行需求分析,包括划分系统用户、捕捉用户需求、设计系统功能、设计系统架构和设计数据库表等。

➢ 对个性化教学系统进行详细设计,分别对注册模块、登录模块、课程推荐模块、数据采集模块和课程评价模块进行流程设计,并创建了相应的数据库表。

➢ 对个性化教学系统进行编程实现以及系统测试,主要实现了注册登录、数据采集、后台管理、课程推荐、课程评价等功能,并针对各个模块进行系统测试。

本章的创新点如下:

➢ 面向用户画像的个人数据采集模块。该模块多渠道、多维度地收集用户数据,实现面向用户画像的数据采集和统计功能。

➢ 基于用户兴趣的课程推荐模块。该模块利用采集到的多模态用户数据进行全方位的数据分析,基于学生兴趣和日常学习模式实现个性化课程推荐功能。

➢ 融合论坛发言的课程评价模块。该模块实现融合在线发言的过程性学习评价机制,将论坛有效发言及点赞融入学生课程考核成绩,调动学生在线学习和师生互动的积极性。

### 2.8.2　展望

鉴于个性化教学模式的发展性以及开发技术的多样性,本章研发的个性化

教学系统仍有待完善之处,包括以下两点:

➤ 系统主要针对课程的在线学习进行过程性评价,缺乏相应的在线练习及测试评价功能,后续要对评价功能进一步细化和完善。

➤ 系统仅针对"Python 数据分析"课程提供个性化教学功能,普及性不强,应用规模较小,目前没有在其他课程中推广应用。

尽管本章开发的个性化教学系统存在这样那样的问题,但是随着科学技术的进步,相信这些问题终将迎刃而解。"互联网＋"背景下,基于信息技术的个性化教学模式已成为现代教育教学的新方向和新趋势,必将引领教学改革的深入开展和不断完善。

## 参考文献

[1] 谢敏.关于举办第十八届中国教育信息化创新与发展论坛的通知[EB/OL]. http://www. edu. cn/info/focus/xs _ hui _ yi/201809/t20180904 _ 1623399. shtml, 2018/09/04.

[2] 孙歆,王永固,邱飞岳.基于协同过滤技术的个性化教学资源个性化推荐系统研究[J].中国远程教育,2012(8):78-82.

[3] 鞠东雪.基于 Web 的课程教学辅助系统设计与应用[D].渤海大学,2016.

[4] Zhang Y, Jia Y, Zhao Y, et al. Research on E-learning Pattern in Higher Education[C]. International Symposium on Information Technology in Medicine and Education, Hokkaido, Japan. IEEE, 2012:60-64.

[5] 吴清秀.基于 B/S 的教学辅助系统的设计与实现[D].云南大学,2013.

[6] 吴耀东.基于 ASP. NET 个性化教学视频点播系统的设计与实现[D].电子科技大学,2013.

[7] 彭巍.基于 HTML5 的网络课程教学系统的设计与实现[D].吉林大学,2015.

[8] Yamaguchi M, Kitamura M, Tanahashi H. An Implementation of a Writing Aid System for Students Based on a Mutual Teaching Model[J]. Journal of Natural Language Processing, 2009,16(4):65-89.

[9] Rienzo, Thomas Han, Bernard. Microsoft or Google Web 2. 0 Tools for Course

Management［J］. Journal of Information Systems Education，2009，20（2）：123-127.

［10］Rodriguez G，Cueva S，Feijoo L，et al. Implementation of Social Technologies for Open Course Ware OCW Platforms［C］. Information Systems and Technologies. IEEE，2014：1-6.

［11］姜枫,储久良.利用Sakai构建网络课程管理系统的研究与实践［J］.电子设计工程,2012,20(20):15-18.

［12］Xu J L，Liu X J，Wang H X，et al. The Practice and the Reflection of Network-Assistance Teaching based on the Platform of Blackboard［J］. International Journal of Emerging Technologies in Learning，2014,9(8):42-43.

［13］Liu H. An Analysis on Blended Learning Pattern Based on Blackboard Network Platform：A Case Study on the Course of Recruitment and Employment Management［J］. International Journal of Emerging Technologies in Learning，2016,11(9):4-5.

［14］薛云,侯凤石.Blackboard网络教学平台在学校教学中的研究与实践［J］.中国教育信息化，2012(11):64-66.

［15］Romero C，Ventura S，García E. Data Mining in Course Management Systems：Moodle Case Study and Tutorial［J］. Computers & Education，2008,51(1):368-384.

［16］翟佳.基于J2EE的个性化教学系统设计研究［D］.复旦大学,2009.

［17］孙晶,刘立红,历亳,等.基于自主学习4A网络课程教学设计与实践研究——以"环境监测"课程为例［J］.电子世界,2016(12):65-65.

［18］Yuan Z，Feng X，Jia L. Construction and Practice of Teaching and Learning Platform for Preclinical Medicine with 4A［J］. China Higher Medical Education，2013(3):54-55.

［19］万晴娟.基于ASP. NET的网络教学辅助平台的设计与实现［D］.电子科技大学,2010.

［20］Zhuhadar L, Kruk S R, Daday J. Semantically enriched Massive Open Online Courses（MOOCs）platform［J］. Computers in Human Behavior, 2015, 51（PB）:578-593.

［21］赵忠帅.《算法设计与分析》网络教学辅助系统研究与实现［D］.青岛大学,2015.

［22］郭伟.基于 Web 的精品课程教学辅助系统设计与实现［D］.西北农林科技大学,2016.

［23］Chen E Y, Tan C M, Kou Y, et al. Enrichr: Interactive and Collaborative HT-ML5 Gene List Enrichment Analysis Tool［J］. BMC Bioinformatics, 2013, 14（1）:128-129.

［24］刘杨.融合网络数据摄取的企业关系网络平台的设计与实现［D］.山东大学,2017.

［25］石文涛.Html5 中 WebSocket 协议关键技术的研究及基于 WebSocket 协议的实时 Web 通信系统的实现［D］.南京邮电大学,2014.

［26］Bird S, Klein E, Loper E. Natural Language Processing with Python［M］.东南大学出版社,2009.

［27］Arcos-Medina G, Menéndez J, Vallejo J. Comparative Study of Performance and Productivity of MVC and MVVM Design Patterns［C］. American Symposium on Computer Programming. 2018, 1（2）:241-242.

［28］Ganesan C. Introduction to Django［J］. Journal of Child Neurology, 2008, 25（11）:1444-9.

［29］王胜,张靖.基于 Vue.js 高速路政管理系统的设计与实现［J］.电脑知识与技术,2017,13（21）:86-88.

［30］易剑波.基于 MVVM 模式的 Web 前端框架的研究［J］.信息与电脑,2016（19）:76-77.

［31］Härdle W, Horowitz J, Kreiss J. Bootstrap Methods for Time Series［J］. International Statistical Review, 2012, 30（2）:3-26.

［32］Grimshaw S. An Introduction to the Bootstrap［J］. Technometrics，2012，37（3）：340-341.

［33］陆钢，李慧云.HTML5 技术应用现状与发展趋势研究［J］.广东通信技术，2013（5）.

［34］Svantesson D J B. MySQL for the Internet of Things［M］. Apress，2016.

［35］Madsen M，Tip F，Lhoták O. Static Analysis of Event-Driven Node. js JavaScript Applications［J］. Acm Sigplan Notices，2015，50（10）：505-519.

［36］程桂花，沈炜，何松林，等.Node. js 中 Express 框架路由机制的研究［J］.工业控制计算机，2016，29（8）：101-102.

［37］Sang H J，Doh K T. Design and Implementation of Web GIS Server Using Node. js［J］. Journal of Korea Spatial Information Society，2013，21（3）：45-53.

［38］吴君胜，曾海.基于 Android 的网络课程移动学习辅助教学系统设计与应用［J］.微型电脑应用，2014，30（3）：18-20.

［39］徐景彩.基于 B/S 的大学生思政课网络辅助教学系统研究与设计［J］.自动化与仪器仪表，2016（4）：145-146.

［40］郑巍.基于 HTML5 的课程资源管理移动网站的设计［D］.大连理工大学，2014.

［41］徐明强.学校网络教学辅助系统设计与实现［D］.大连海事大学，2013.

［42］倪晓婷，张永胜，马天宇等.基于移动互联网的微学习系统的研究与设计［J］.信息系统工程，2016（12）：157-158.

［43］李伟.个性化教学的教师之维与建构［J］.教育研究，2013（5）：134-138.

［44］颜正恕，徐济惠.线上线下一体化"互联网＋"个性化教学模式研究［J］.中国职业技术教育，2016（5）：74-78.

［45］中国互联网络信息中心.第 43 次中国互联网络发展状况统计报告（2019 年 2 月）［R］.北京：中国互联网络信息中心，2019.

［46］余胜泉，路秋丽，陈声健.网络环境下的混合式教学——一种新的教学模

式[J].中国大学教学,2005(10).

[47] Li X, Na L. Research on L-MVC Framework[C]// International Conference on Parallel & Distributed Computing. 2017.

[48] 张鹏.基于云计算的在线视频推荐系统设计与实现[D].大连理工大学,2013.

[49] 朱媛媛.小学高年级学段体育个性化教学的实验研究[D].

[50] 黄毅.学分制条件下个性化教育的思考[J].现代教育论丛,2008(3):44-46.

[51] 李伟.个性化教学的教师之维与建构[J].教育研究,2013(5):134-138.

[52] Ganesan C. Introduction to Django[J]. Journal of Child Neurology, 2008,25(11):1444-9.

[53] 王继成,高珍.软件需求分析的研究[J].计算机工程与设计,2002,23(8):18-21.

[54] 陈晓桦,刘心松.需求分析与获取的方法学与技术[J].计算机应用,1995(2):19-21.

[55] Arcos-Medina G, Menéndez J, Vallejo J. Comparative Study of Performance and Productivity of MVC and MVVM Design Patterns[C]. American Symposium on Computer Programming. 2018,1(2):241-242.

[56] 颜正恕,徐济惠.线上线下一体化"互联网+"个性化教学模式研究[J].中国职业技术教育,2016(5):74-78.

# ·第三章·

# 基于科学知识图谱的教学方法探索与实践

中等职业教育作为现代教育的重要组成部分，在职业教育发展中起到基础性作用，其教学方法的选择、制定与调整影响着中职教育教学活动的质量与方向。利用文献计量的可视化工具科学系统地梳理国内外中职教育教学方法，简洁直观地展示该领域的研究现状和可能发展趋势，可以为深入研究中职教育教学方法提供定量分析的理论基础，为科学高效地安排教学活动提供理论依据，非常必要而且有意义。

本章以中国知网（CNKI）数据库中职教育教学方法相关论文为研究对象，利用引文可视化分析软件 CiteSpace 对该数据库中近十年相关科学文献进行量化统计，绘制机构合作知识图谱、作者合作知识图谱、关键词共现图谱、关键词聚类图谱和时区图谱，探究中职教育教学方法的研究热点、前沿、主题分布和发展脉络，初步构建了基于知识图谱的中职教育教学方法理论体系；并根据科学知识图谱的分析结果设计教学模型，应用于中职学校计算机课程教学实践。

本章主要工作和成果总结如下：

1. 基于中职教育教学方法合作研究的知识图谱分析。分析结果表明，研究机构、研究学者以独立研究为主，跨校合作有待加强。研究机构多为中职学校，缺乏高等专业院校的理论研究优势支撑，产生的高质量研究成果不足。

2. 基于中职教育教学方法研究热点的知识图谱分析。分析结果表明，目前研究主题集中于教学方法的改革与创新、存在的问题与策略、教学效果与教学评价这几个方面。热点教学方法为项目教学法,案例教学法和任务驱动教学法等,它们多应用于机械制图、德育课、会计和计算机类教学。中职教育教学方法的主题分布大致分为 11 类,主要为班级授课制、教学设计和翻转课堂等;研究前沿为"学前教育""机械基础""会计教学""信息化教学"和"微课"。

3.基于中职教育教学方法研究主题脉络的知识图谱分析。分析结果表明,中职教育教学方法研究方向演化趋势为从整体到局部,从教学改革的创新研究到教学活动设计研究,近年来更加关注某一具体专业或者课程的应用研究。纵观近十年中职教育教学方法研究的演进脉络,中职教育教学模式趋向个性化教学,课堂教学越来越注重师生互动和学生实践技能的提升。随着信息化时代的到来,信息化教学成为教育学者们日益关注的研究主题。中职学前教育和任务驱动法是 2019 年出现的研究热点,这未尝不是未来的重要研究趋势之一。

4.任务驱动和微课教学相结合的教学实践与教学评价。基于中等职业教育教学方法知识图谱的分析结果,依据中职教育教学方法研究热点和该领域前沿研究成果,本章设计了任务驱动教学法和微课教学法相结合的中职教育信息技术教学混合式学习方法,并应用于济南市某中等职业学校计算机基础课程教学。经过一学期的教学实践,通过调查问卷等方式获得了该课程教学效果评价。教学实践结果表明,参加该课程学习的同学能够较快适应任务驱动教学法和微课教学法相结合的混合式学习方法,大多数同学逐步喜欢上这种教学方法,课程教学效果得到显著提高,学生实践能力得到一定提升。

教学实践结果印证了目前中职教育教学方法研究热点和研究前沿的可信度,基于科学知识图谱的中职教育教学方法研究成果能够为当前中职教育教学改革与创新实践提供一定的指导作用,具有良好的理论意义和实践价值。

## 3.1 绪论

### 3.1.1 研究背景

职业教育作为现代教育的重要组成部分,逐渐受到社会各行各业的普遍关注。职业教育培养了更多的技能型人才,不断满足个人和社会发展的迫切需要。高质量的职业教育更是促进制造业、高新技术等产业不断优化升级,实现我国优质品牌建设的有效途径。

改革开放以来,我国职业教育经历了从无到有,逐步深入人心,如今进入了教育改革发展的快车道。1996 年《中华人民共和国职业教育法》确立了职业教育在中国教育体系中的法律地位,形成了普通教育与职业教育并行的双轨制教育体系[1];2005 年第六次全国职业教育工作会议中,首次提出发展中国特色的现代职业教育。自此,我国致力于探索一条符合中国国情的现代职业教育道路,逐步建立并完善中国特色的职业教育体系。2010 年国务院审议并通过《国家中长期教育改革和发展规划纲要(2010—2020 年)》,争取到 2020 年,形成适应经济发展方式转变和产业结构调整要求、体现终身教育理念、中等和高等职业教育协调发展的现代职业教育体系[2];2014 年国务院颁发《关于加快发展现代职业教育的决定》,明确发展目标为形成适应发展需求、产教深度融合、中职高职衔接、职业教育与普通教育相互沟通,体现终身教育理念,具有中国特色、世界水平的现代职业教育体系,规划目标具体化[3];2019 年 1 月国务院颁发《国家职业教育改革实施方案》,提出促进产教融合"双元"育人,打造"双师型"教师等具体教学措施,以此大幅提升新时代职业教育现代化水平。[4]这一系列政策的颁布,体现出国家正在逐步把建立具有中国特色的现代职业教育体系具体化。

中等职业教育在现代职业教育体系中具有基础性作用。[5]国家通过扩大中职规模,提升办学质量,调整办学结构,推动中等职业教育改革和发展。教学方法作为教学理论和实践的媒介,是教师开展教学活动的依据;教学方法的制定、选择与变化影响着教学活动的质量与方向。[6]合适有效的教学方法,可以促进中等职业教育的有效改革与优化发展。近年来,虽然我国中等职业教育获得了长足进步,但是与一些欧美发达国家相比,仍处于探索阶段。在建设中国特色职业教育体系背景下,中职教育教学方法改革发展缓慢,跟不上信息时代的发展步伐,缺乏创新,无法满足学生的个性化发展需求,甚至有些学校还停留在沿用普高教学方法的阶段,这些都阻碍了中等职业教育的改革与发展。如何在信息时代下选择合适的教学方法,并因地制宜地创新教学方法,这都需要一定的教学理论支撑。然而,目前中等职业教育教学方法研究成果和质量参差不齐,未形成体系,所以系统梳理中职教育教学方法的发展脉络,研究其热点和前沿,在借鉴国内外优秀教学方法的基础上,探索具有中国特色的创新型中职教育教学方法具有重要的理论价值和现实意义。

随着信息技术和计量学的发展,科学知识图谱技术不断完善,以文献期刊为研究对象的定量研究方法受到了越来越多关注并迅速发展起来。在我国,运用科学知识图谱进行学科研究仍处于初级阶段,研究领域多局限于管理学、图书情报等领域,后逐步拓展到教育学等领域。[7]其中,职业教育相关文献研究正处于萌芽状态,相关研究资料较少,关注点大多集中于中等职业教育的整体发展,例如研究现状和研究热点分析;也有较少研究文献着眼于微观层面,例如某一具体教学方法的分析,某一具体学科的教学探究等,但是鲜有关于中职教育教学方法的梳理与系统研究。中职教育的发展脉络如何? 中职教育教学方法研究热点和研究前沿是什么? 这些并没有一个准确和全面的梳理。因此,依据科学知识图谱相关理论,使用CiteSpace可视化软件,构建中职教育教学方法知识图谱,探索中职教育教学方法的改革和发展,有助于为中职教育教学方法的选择和创新提供借鉴与理论基础。

### 3.1.2 研究意义

中等职业教育与普通高中教育虽然处于同一阶段,但是学生培养目标具有明显差异。首先,中职学校一方面着眼于基础文化课程知识的教学,另一方面也注重职业技能和职业素养培育,为学生就业奠定基础。[8]另外,中职学生也可以通过考试,进入高职学校继续学习。中职学校需要采用不同于普高的教学方法,以满足学生的专业技能学习与个性发展需求。在新时代现代职业教育体系背景下,对中职教育教学方法的研究文献和成果进行科学、系统的总结和分析,为中职教学改革提供理论基础显得尤为重要。科学知识图谱是当下最流行的科学计量方法,本章以CiteSpace为研究工具梳理中职教育教学方法的发展脉络,为中职教育教学方法改革提供思路,具有重要理论意义和实践价值。

1)理论意义

基于知识图谱的科学计量方法,对中职教育教学方法相关文献进行研究,弥补国内目前针对中职教育教学方法研究不足的问题,为后续研究者提供一定的借鉴与参考,为中职教师实践教学提供理论支撑,同时为该领域的研究提供一种新的思路和方法。

2）实践意义

理论指导实践。科学知识图谱的研究成果应用到中职实际教学中，可以有效缓解当前课堂教学的某些弊端，帮助教师打造高效课堂，激发学生的学习积极性，改变中职教育单一枯燥的教学方式，为中职教学方法改革指明方向。

### 3.1.3　国内外研究现状

1）科学知识图谱应用研究

➤ 国外研究现状

国外使用科学知识图谱开展理论研究的领域集中在计算机科学与技术、生物学、教育学、图书情报管理学以及心理学等学科。其中关于教育学的科学知识图谱研究主要聚焦于某一具体研究主题，例如慕课、E-learning 等主题的研究。郑烨使用 CiteSpace 从 MOOC 的发展现状、发展趋势、教育研究热点等建构科学知识图谱，对 MOOC 教育研究进行了深入探索，并指出了其中的不足。[9] 林晓凡对 2002 年至 2013 年间 4898 篇 E-learning 研究论文进行基于时间线的可视化共引分析，揭示其研究趋势与发展前沿。[10] 蔡东云利用科学知识图谱分析新课程改革以来课程与教学研究的趋势和热点问题。[11] 但是国外基于科学知识图谱的职业教育研究尤其是中职教育教学方法的研究非常有限，目前可供借鉴的研究成果更是凤毛麟角。

➤ 国内研究现状

国内使用科学知识图谱开展理论研究的领域集中于情报学、图书管理学、体育学以及教育学等。其中职业教育知识图谱的研究包括职业教育整体布局、高等职业教育和中等职业教育相关研究。目前高等职业教育研究多于中等职业教育研究，成果多为整体领域的研究和某一具体教学领域的研究。

在职业教育领域，陈琪使用 Bicomb 和 SPSS 统计软件对 2006—2016 年农村职业教育相关文献进行研究热点知识图谱分析[12]；以 SSCI 数据库中 2009—2018 年间 987 篇职业教育研究文献为基础，李双和彭敏运用 CiteSpace 绘制国际职业教育研究知识图谱，分析研究力量分布以及研究热点，挖掘国际职业教育研究特征，并和我国的相关研究特征对比，阐述我国职业教育存在的弊端。[13] 闫广芬和张栋科使用 CiteSpace Ⅲ对 CSSCI 数据库的职业教育相关文献进行知识图谱构建,梳理职业教育研究力量分布,分析职业教育研究现状、热点和前沿。[14]李勇和刘思硕等运用科学知识图谱和文献计量方法对 CNKI 2014—2018 年的现代学徒制相关文献进行现状和前沿研究,并提出建设性建议[15];黄冠和鲜丹丹为探究国内翻转课堂的研究热点及发展趋势,使用 CiteSpace 对翻转课堂的关键词进行聚类分析,探索翻转课堂教学的研究热点。[16]

在高等职业教育方面,范笑仙和汤建民综合运用词频统计法、科学知识图谱和内容分析法,对十多年来发表在核心期刊和 CSSCI 数据库中关于我国高等职业教育研究的论文数量、研究主题和作者队伍等情况进行了文献计量分析[17];王庆超和孙芙蓉以高职教师为研究主题,利用 BICOMB 2.0 与 SPSS 20.0 软件从时间和空间上进行研究热点和研究领域知识图谱分析,并根据研究结果给出建议[18];斯琴和范哲超以 2000—2016 年高职创业教育文献为研究对象,利用 CiteSpace Ⅲ绘制关键词共现图谱,分析研究热点和演进脉络[19];洪波以高等职业教育相关论文为研究对象,使用 CiteSpace 绘制关键词知识图谱,分析该领域的研究热点、演进过程和前沿趋势,为我国高等职业教育未来发展及知识体系建构提供参考和借鉴。[20]

在中等职业教育方面,刘娜和杨科正以 CNKI 数据库 2008—2017 年核心期刊中关于中等职业教育研究的论文为数据来源,运用 CiteSpace 构建中等职业教育知识图谱,探讨中等职业教育研究演化脉络,并通过聚类图谱,从六个方面对中等职业教育研究热点进行分析。[21]王小霞和杨军杰利用科学知识图谱工具软件 CiteSpace 5.0 对 1987—2018 年中等职业教育专业结构与产业结构关系相关文献进行量化统计,并绘制了机构合作图谱和关键词共现图谱,分析其研究热点、现状和存在的问题[22];杨永旭和李高祥对近年来发表在国内期刊上的创客教育研究论文进行知识图谱构建,揭示我国创客教育的研究现状、问题,并进行审思,为以后的研究提供理论借鉴。[23]杨雪梅和祁占勇对以中职学生生涯规划为主题的科学文献进行研究热点分析。[24]

2)中职教育教学方法

➤ 国外研究现状

通过 WOS 搜索发现,国外职业教育发展相对成熟,但是针对中等职业教育教学方法的研究文献非常有限。Martijn van Schaik 和 Bert van Oers 等研究了中职学生教育教学计划,利用模拟工作场所等教学方法,让学生真正参与到实践活动中[25];Frederick Kwaku Sarfo 和 Jan Elen 采用一对一的准实验设计,对三所类似中职学校中情况相当的学生使用三种不同教学法,研究教学观念对学习环境的影响[26];Susan Reese 提到在一项新计划中,来自 18 个学区的大约 1000 名高中生每天花 4 个小时参加职业和学术课程,据此论述了职业技术教育协会(ACTE)对纽约市普特南县和北韦斯特切斯特县的职业技术教育与学术融合的评价。[27]Beausaert 和 Simon A. J 等采用问卷调查的方式,随机抽取不同中学不同层次的学生(包括中等职业教育的学生),运用分层回归分析、方差分析和协方差分析,以学生视角研究教师教学方法的影响。[28]Beek J. A 等利用学生知觉量表和观察量表,采用混合方法研究学生自我调节学习活动和教师在课堂上融合外部共享和内部监管调节模式的异同,探讨研究结果对教育实践和理论的启示。[29]Dekker-Groen AM 等通过一项德菲尔研究,建立教师能力框架,培养高中职业教育护理专业学生的反思能力,研究反思性教学方法应用于护理专业的作用。[30]

➤ 国内研究现状

国内关于中职教育教学方法的研究文献较多。通过中国知网进行相关搜索,对文献进行综述。以"中等职业教育教学方法"为篇名进行期刊检索,查阅到最早对中等职业教育教学方法开展研究的是秦虹。2001 年,为了研究中等职业教育教学方法的现状,秦虹课题组通过座谈会、问卷调查和专题研讨等形式进行深入调查和综合分析,发现了中职教学方法存在的主要问题[31];邢辉等人对中职教学方法进行了探索,总结出几个具有职教特色的教学方法[32];2007 年秦虹又对中职教学方法的本质和特点进行了论述[33];2008 年李学喜在《中职专业课教学方法探索》中提出中等职业学校专业课教学模式构建的具体设想[34];2011 年,潘七君和徐辉指出中职教学方法改革面临的问题并给出相关对策[35];2012 年,张国红在《走向知行合一:中职专业课教学方法研究述评》一文中从知行关系视角把中职专业课教学方法归为五类[36];2015 年,邵亚萍,沈亚强在《中职教学有效性研究综述》一文中运用文献计量分析法和内容分析法,从时间分布、空间分布和内容分类等方面对 2005—2013 年间 CNKI 上有关中职教学的有效文献进行分析并提出建议[37];2015 年宁永红和马爱林等对职业教育教学文件及职业教育教学改革相关内容进行分析,将近三十年中职专业教学法划分为三个阶段[38];2016年,陈咏归纳和整理了近十年来在职业教育类和外语类核心期刊上发表的中职英语教学研究论文,通过分析研究主题和研究特点发现中职英语教学存在的问题,并提出建议。[39]2016 年,王庆超对 2017 年以前关于中职课堂的相关文献,用文献计量法和知识图谱方法,结合 BICOMB 与 SPSS 软件进行了时间、空间和关键词分析,根据关键词聚类图谱进行研究热点分析,这是首次利用科学知识图谱对中职教学进行分析[40];2018 年,潘龙飞和孙芙蓉等利用 BICOMB 2.0 与 SPSS 20.0 软件,对2001—2018 年 2 月 CNKI 收录的文献进行科学计量分析,绘制我国"中职教学"热点研究知识图谱[41];2019 年,张国鹏和高春甫等在《基于 CiteSpace 的我国中职微课研究热点可视化分析》一文中对中职微课相关文献进行了阶段性聚类与总体性时区可视化分析,并指出中职微课研究存在的问题[42],这是首次利用 CiteSpace 软件对中职教育某一具体教学方法进行科学知识图谱分析。

➢ 研究现状述评

根据以上研究现状分析可知,中职教育教学方法研究方面目前存在以下问题:

第一,国内关于中等职业教育教学方法的研究多是具体领域的研究工作,对于中职教育教学方法的综合性研究成果不够丰富。2016 年以前国内采用的是简单的文献计量方法,2016 年科学知识图谱相关技术开始出现在中职教育教学研究中,但是相关文献不多,其中基于中职教育教学方法的知识图谱构建处于萌芽阶段,至 2019 年底未见相关研究成果。

第二,国外关于中职教育教学方法的研究多是调查实证和创新性研究,而基于科学知识图谱的研究方法同样未见相关研究成果。

第三,对于职业教育知识图谱的构建基本上是关于教育热点、趋势和前沿的研究,部分研究包括一些建议,但都是处于理论研究阶段,未见具体的实践应用与验证。

### 3.1.4　研究方法

➢ 问卷调查法

问卷调查法是教育研究中广泛采用的一种方法。研究者依照标准化的程序,把问卷分发或邮寄给有关人员,然后对问卷回收整理,并进行统计分析,从而得出研究结果。其中问卷设计、调查实施和结果处理严格遵守规定的要求和原则。[43]本章设计的调查问卷旨在了解中职学生对任务驱动、微课教学和混合式教学方法的态度,线下发放问卷,利用SPSS工具对问卷结果进行统计分析。

➤ 统计分析法

统计分析法对研究对象的规模、速度、范围、程度等数量关系进行分析研究,认识和揭示事物间的变化规律和发展趋势,达到对事物的正确解释和预测。[44]本章对获取的问卷数据进行量化统计,利用SPSS对数据的信度(Cronbach Alpha值)和效度(KMO和Bratlett的检验)进行分析,保证数据的可靠性和有效性,对调查结果进行描述性统计分析和多重响应频率分析,获得中职学生对任务驱动和微课教学相结合的混合式教学方法的态度。

➤ 词频和共词分析法

词频是文档中词语出现的次数。词频分析法是指在研究文献中提取能够表达核心内容的关键词或主题词的频次分布,研究该领域发展动向和研究热点的方法;共词分析是对一组词两两组合,统计它们在同一组文献中的共现次数,测度它们的亲疏关系。共词分析法得到的结果非常直观,便于研究者对领域主题进行分析,例如研究热点,主题分布以及学科结构。[45]共词分析的一般过程如图3-1所示:对生成的论文关键词矩阵进行运算得到关键词共现矩阵,通过统计分析最终得到关键词共现网络。

关键词列表

| 论文列表 | | | | | | |
|---|---|---|---|---|---|---|
| | P1 | K1 | K2 | K3 | K4 | K5 |
| | P2 | K2 | K4 | K6 | K7 | |
| | P3 | K3 | K8 | K4 | K9 | K2 |
| | P4 | K5 | K7 | | | |
| | P5 | K2 | K9 | K7 | K8 | |

|    | K1 | K2 | K3 | K4 | K5 | K6 | K7 | K8 | K9 |
|----|----|----|----|----|----|----|----|----|----|
| P1 | 1  | 1  | 1  | 1  | 1  | 0  | 0  | 0  | 0  |
| P2 | 0  | 1  | 0  | 1  | 0  | 1  | 1  | 0  | 0  |
| P3 | 0  | 1  | 1  | 1  | 0  | 0  | 0  | 1  | 1  |
| P4 | 0  | 0  | 0  | 0  | 1  | 0  | 1  | 0  | 0  |
| P5 | 0  | 1  | 0  | 0  | 0  | 0  | 1  | 1  | 1  |

非对称矩阵

|    | K1 | K2 | K3 | K4 | K5 | K6 | K7 | K8 | K9 |
|----|----|----|----|----|----|----|----|----|----|
| K1 |    | 1  | 1  | 1  | 1  | 0  | 0  | 0  | 0  |
| K2 | 1  |    | 2  | 3  | 1  | 1  | 2  | 2  | 2  |
| K3 | 1  | 2  |    | 2  | 1  | 0  | 0  | 1  | 1  |
| K4 | 1  | 3  | 2  |    | 1  | 1  | 1  | 1  | 1  |
| K5 | 1  | 1  | 1  | 1  |    | 0  | 1  | 0  | 0  |
| K6 | 0  | 1  | 0  | 1  | 0  |    | 1  | 0  | 0  |
| K7 | 0  | 2  | 0  | 1  | 1  | 1  |    | 1  | 1  |
| K8 | 0  | 2  | 1  | 1  | 0  | 0  | 1  |    | 2  |
| K9 | 0  | 2  | 1  | 1  | 0  | 0  | 1  | 2  |    |

共词矩阵

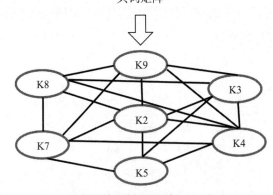

共现网络(关键词词频 > =2)

图3-1  共词分析过程

本章利用词频分析法和共词分析法,根据分析结果,探究中职教育教学中的研究热点、前沿和主题脉络等。

### 3.1.5　研究内容与创新点

本章的主要研究内容包括：

1)绘制中职教育教学方法相关文献知识图谱,探究中职教育教学领域研究热点、研究脉络和可能发展趋势。本章以 CNKI 数据库 2010—2019 年底十年间关于中职教育教学方法研究的学术期刊数据为研究对象,使用 CiteSpace 绘制机构合作图谱、作者合作图谱、关键词共现图谱、关键词聚类图谱和时区图谱,采用文献计量统计工具分析中职教育教学研究发展脉络,为中职教育教学改革的深入开展提供定量分析的理论基础。

2)依据中职教育教学知识图谱,设计符合中职教育实际情况的混合式教学方法,并应用于中职教育教学实践。基于中职教育教学研究热点和该领域研究前沿成果,考虑中职学生特点,设计了符合中职学校信息技术课程实际情况的混合式教学方法,进行了一学期的教学实践。本章展示了其中一堂课的教学设计与实施过程,对学习效果进行了评价。

3)运用多种方法评价教学效果,验证"任务驱动和微课教学"相结合的混合式学习方法应用于教学实践的可行性和有效性。教学实践完成后,首先通过教学评价对学生成绩进行分析。然后通过调查问卷收集教学数据,采用 SPSS 软件分析数据,分别从学生对教学方法的喜爱度,学生喜欢的课堂环节和学生能力变化三个方面,探究基于科学知识图谱的中职教育教学方法研究热点和研究前沿的可信度,评测创新型混合式学习方法实施的可行性和有效性。

本章研究内容的创新点如下：

1)使用 CiteSpace 软件构建中等职业教育教学方法知识图谱,多角度多层次分析该领域的研究现状和可能发展趋势。以知网近十年中职教育教学方法研究的相关文献数据为基础,从发文时间和空间分析该领域发展趋势,利用 CiteSpace 软件构建该领域关键词图谱。从共现词、突现词、聚类词和时区发展等方面探究该领域研究热点、发展前沿、主题分布和发展脉络。

2)基于中职教育教学知识图谱,系统梳理符合中职学校信息技术课程实际情况的教学方法。根据中职教育教学方法研究热点和前沿研究成果,结合中职教育实际情况,筛选出符合中职学校计算机专业基础课程特点的先进教学方法。

3）设计了"任务驱动和微课教学"相结合的混合式学习方法,应用于中职学校计算机专业基础课程教学。经过一个学期的教学实践,通过调查问卷搜集数据,采用 SPSS 软件进行定量分析,评估课程教学效果,验证本章研究成果在教学实践中的可行性。

### 3.1.6　本章结构

如图 3-2 所示,本章分为六个小节,分别为:

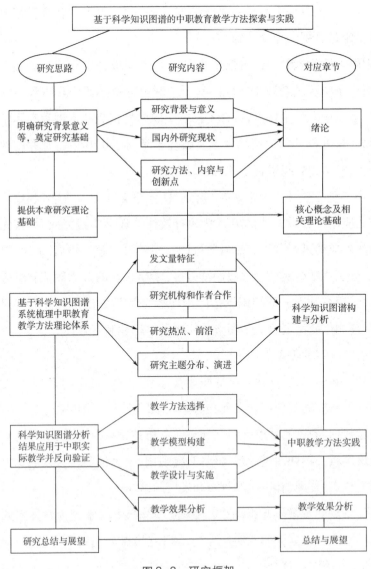

图 3-2　研究框架

第一节 绪论:主要介绍了研究背景与意义,国内外研究现状,研究方法,研究内容和创新点,为后续中职教育教学方法知识图谱的构建、分析与教学实践奠定基础。

第二节 核心概念及相关理论基础:介绍了核心概念和科学知识图谱相关理论,阐明这些理论对本章研究的理论指导意义。

第三节 科学知识图谱构建与分析:利用可视化工具 CiteSpace 构建中职教育教学方法知识图谱,并对可视化结果进行分析。

第四节 中职教学方法实践:利用中职教育教学知识图谱分析结果,设计了"任务驱动和微课教学"相结合的混合式学习方法,并进行了中职教学实践。通过调查问卷收集教学过程数据,利用 SPSS 软件具体分析教学方法的应用效果。

第五节 教学效果分析:介绍课前课后评价对比分析结果。

第六节 总结与展望:总结了本章的研究工作,指出不足,并对未来研究方向进行展望。

## 3.2 核心概念及相关理论基础

本节介绍职业教育教学方法的概念、科学知识图谱的特点和 CiteSpace 的特点和操作流程三方面的内容,然后介绍本研究相关理论基础,为下一步工作提供理论支撑。

### 3.2.1 核心概念

1)职业教育教学方法

目前,职业教育教学方法大多借用普通教育教学方法。在普通教育中,师生为完成一定教学任务在共同活动中采用的教学方式、途径和手段[46],统称为教学方法。教学方法是教师"教"与学生"学"的统一,以学生为主体,教师主导或辅助,采用合适的方法教导学生学会学习。但是职业教育有别于普通教育,它有鲜明的职业性,学生的情况也各有不同,在教学方法上除了具有共性之外,还有其自身的独特之处。秦虹从职业教育特点出发,给出中等职业教育教学方法的定义:"教师为了全面提高学生的职业素质,在教学中采用的以现代教学思想和技术为基础的步骤和手段的综合。"[33]

2）科学知识图谱

科学知识图谱是科学计量学和信息计量学的发展与创新[47]，它以科学为基础，涉及应用数学、信息科学等多门学科的交叉领域。在以数学方程式表达科学发展规律的基础上，进而以曲线形式将科学发展规律绘制成二维图形，便成为最初的科学知识图谱。从这个意义上说，科学计量学奠基人普雷斯（D. Price）也是科学知识图谱的早期开拓者。随着科学计量学的发展，科学知识图谱从简单的曲线图发展成为较复杂的三维立体图。科学计量学家克雷奇默（H. Kretschmer）关于科学合作的空间模型大大推动了科学知识图谱的发展。随后，科学知识图谱领域又出现了多维尺度图谱，社会网络分析图谱，自组织映射图谱和寻径网络图谱[48]等等。

2003 年，科学知识图谱的概念在美国国家科学院组织的一次以"mapping knowledge domain"为主题的研讨会上被提出。[49]2005 年，科学知识图谱由刘则渊等人引入国内。随后，它很快成为各学科领域一种重要的文献数据可视化分析方法。它能够对某一具体学科领域或研究主题的大样本文献数据进行可视化共被引和共现分析，以揭示相应学科领域的科学知识结构、关系和演化过程。[50]它具有"图"和"谱"的双重性质与特征，以知识域为研究对象，显示知识单元或知识群之间隐含的网络、结构、互动、交叉、演化或衍生等诸多复杂关系。[51]

3）CiteSpace

CiteSpace 是美国德雷塞尔大学计算机与情报学教授陈超美应用 JAVA 语言开发的，着眼于分析科学文献中蕴含的潜在知识，并在科学计量学、数据和信息可视化背景下逐渐发展起来的一款多元、分时、动态的引文可视化分析软件。[45]CiteSpace 的设计主要基于库恩的科学发展模式理论、普莱斯的科学前沿理论、社会网络分析的结构洞理论、科学传播的信息觅食理论和知识单元离散与重组理论。这些理论基础的意义在于强化图谱的可解读性、解读的合理性与正确性，通过图谱解读，实现两大功能，即领域现状的解释功能与领域未来前景的预见功能[51]。

基于 CiteSpace 的科学知识图谱主要有合作网络、共现网络和引文网络三类。一方面通过构建关键词共现图谱可以探测某一领域的研究热点，研究前沿和主题脉络；另一方面，通过引文网络可视化形成一个领域的知识基础。CiteSpace 通过一张图形象直观地展示某一学科领域的研究信息，使研究者方便精确地掌握研究领域的概况,成为国内外广泛使用的科学知识图谱构建工具。CiteSpace 操作流程如图 3-3 所示。

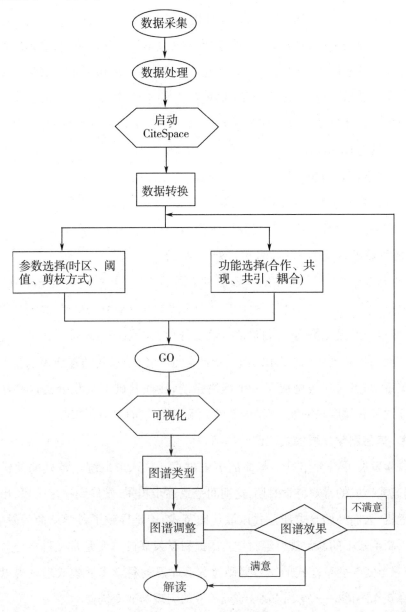

图 3-3　CiteSpace 操作流程

### 3.2.2　文献计量学相关理论

文献计量学是以文献体系和文献计量特征为研究对象,采用数学、统计学等计量方法,评价和预测科学技术现状与发展趋势的图书情报学分支学科。一般认为,具有现代意义的文献计量学研究,源于1917年科尔和伊尔斯发表的《比较解剖学的历史——对文献进行的统计分析》一文。1969年英国著名情报学家普里查德首先使用"文献计量学"一词,这标志着文献计量学的诞生,也标志着真正开始从学科的角度来研究文献计量问题[52]。近年来,运用文献计量学对图书馆学和情报学文献进行分析的研究越来越多,并趋于成熟,形成了以期刊文献为研究对象的期刊文献计量学。期刊文献计量学针对期刊文献进行分析,揭示学科领域的发展趋势和规律。[53]

### 3.2.3 社会网络分析理论

社会网络分析是揭示网络结构和演化关系的理论和方法。"社会网络"是指社会行动者及他们之间关系的集合,行动者可以是个人、群体、组织乃至国家,不同类型的关系形成不同的

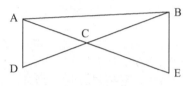

图3-4 社会网络分析图

社会网络。[54]社会网络分析以社会行动者之间的互动研究为基础,大量使用数学模型,使得研究更为精确,其目标之一就是将相关联系和模式排列在形象化的图形中。如图3-4所示,这里用结点表示社会行动者,结点间的连线表示行动者之间的关系,结点与连线构成了一个网络系统,在此基础上量化分析这些社会关系。连线具有强度和密度,网络内部各关系平衡,同时具有无限性。

### 3.2.4 库恩科学发展模式理论

科学发展可以看作科学革命的历史过程。从未形成统一范式的前科学时期,到范式形成的常规科学时期,这期间范式逐步积累,发展到一定阶段,出现反常和危机,人们开始寻求新范式以取代旧范式,于是导致了科学革命的发生,然后进入新范式下的新常规科学时期。因此科学发展的本质是常规科学与科学革命、积累范式与变革范式的交替运动过程。库恩的科学发展模式理论可以很好地阐释知识图谱中一个知识领域研究前沿的突现与演变进程。

### 3.2.5 本节小结

本节介绍了职业教育教学方法、社会网络分析理论、科学发展模式理论、文献计量学、科学知识图谱和CiteSpace工具,为下一步中职教育教学方法研究提供

理论基础,便于后续工作的顺利开展。

## 3.3　科学知识图谱构建与分析

本节首先通过数据采集和数据预处理得到期刊文献数据,然后利用
CiteSpace 软件对有效数据进行可视化分析,最终综述中职教育教学方法的研究
热点、前沿、主题分布和发展脉络等。

### 3.3.1　数据的来源与处理

本研究采集中国知网数据库(CNKI)中的文献数据。登录 CNKI 期刊高级检
索页面,文献分类目录选择"职业教育";检索条件为"中等职业教育"并"教学方
法",或者"中职教育"并"教学方法",或者"中职"并"教学方法";年份选择 2010
年到 2019 年;来源类别选择全部期刊,进行主题检索。结果显示,截止到 2019 年
11 月 30 日,共得到 CNKI 数据库中满足要求的 8082 条文献数据。

为了确保数据的精确性,提高数据可视化的准确度,本节对 8082 条数据进
行预处理,剔除不相关文献或者相关度不高的文献。剔除条件设置为:(1)会议
广告类等非学术型文献;(2)没有关键词的文献;(3)没有作者或没有机构出处的
文献;(4)相关度低的文献。经过上述处理,获得了 7472 条有效数据。接着以
Refworks 格式将这些文献数据导出,并以"download_xx"命名保存。最后利用
NoteExpress 软件对数据去重,最终得到 7357 条有效数据用于构建科学知识图谱
并进行文献计量统计分析。

### 3.3.2　文献发文量的时间分布分析

2010—2019 年底,CNKI 收录的中职教育教学相关文献数量分布情况如图
3-5 所示。其中折线代表发文数量趋势,虚线代表指数拟合曲线,末端箭头的点
画线是三次拟合曲线。两条拟合曲线的 $R^2$ 取值接近 1,因此可以判断中职教育教
学研究相关文献数量呈近似指数增长趋势。具体地说,中职教育教学方法研究
经历了 2 个阶段:2011—2015 年,发文数量呈快速增长趋势,该时期中职教育教
学研究处于增长阶段。这是因为 2010 年国务院颁布《国家中长期教育改革和发
展纲要(2010—2020 年)》,之后我国职业教育发展迎来一个全新的时期,开始着
力建立现代职业教育体系,所以有关中职教育的研究文献急速增长。图中可以

看出,2015年中职教育相关文献发文量达到高峰,这和2014年国务院颁发的《关于加快发展现代职业教育的决定》有很大关系;2015—2019年,中职教育教学研究发文数量比较平稳,可以预计2019年会到达一个新的发文量高峰,属于持续研究阶段。因此可以看出,中职教育教学方法的研究和国家颁布的政策呈正相关关系。整体来看,发文数量近似呈指数增长趋势。根据著名文献计量学专家普赖斯的观点,这一发展趋势表明该领域研究还未成熟,处在快速发展期,一些新理论、方法与技术将会不断涌现。[55]因此推测,中职教育教学方法的后续研究前景良好,研究者可以更加关注国家相关政策的出台,并开展持续研究,用理论研究成果指导中职教师教学实践。

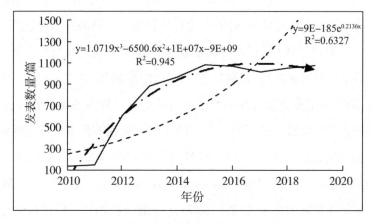

图3-5　年度发文量统计

### 3.3.3　研究机构和作者合作分析

> 研究机构合作分析

设置节点类型为Institution,阈值为1,利用CiteSpace软件生成中职教育教学方法研究机构合作图谱,如图3-6所示。其中节点表示发文机构,节点大小代表发文量多少,连线代表发文机构之间的合作关系,节点颜色的深浅代表发文年份的远近。图3-6共包含827个节点,17条连线,节点密度(Density)为0,这意味着2010—2019年之间有827个研究机构完成了中职教育教学方法的阶段性研究并发表论文,但是连线数量远低于节点数量,节点密度为0代表研究机构之间的合作过少。

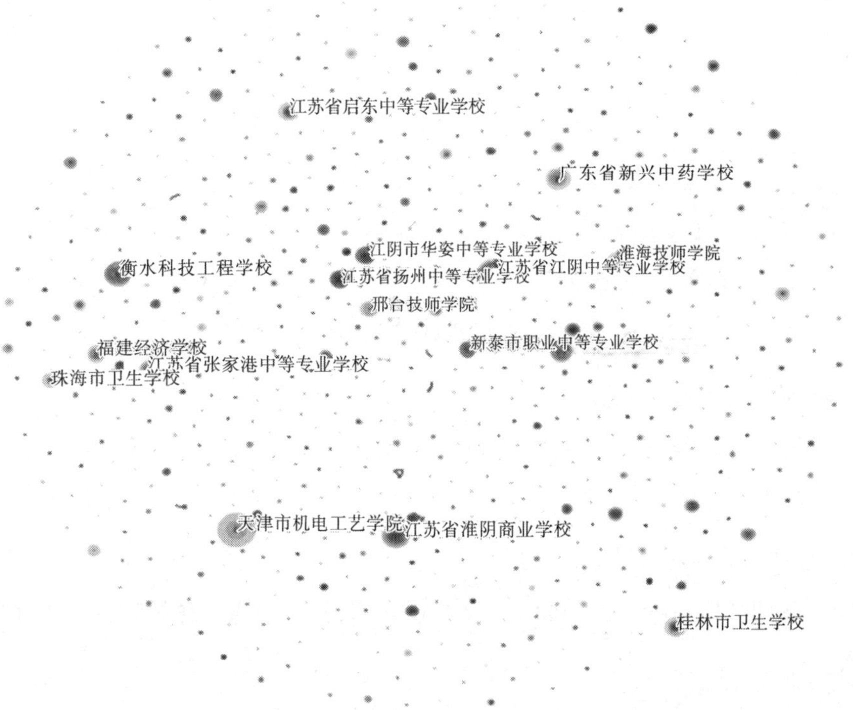

图 3-6　研究机构合作图谱

从图 3-6 中还可以得出中职教育教学方法研究较为集中的机构。发文数量排名前十的研究机构为天津市机电工艺学院(35 篇)、江苏省淮阴商业学校(26篇)、衡水科技工程学校(25 篇)、江苏省江阴中等专业学校(25 篇)、广东省新兴中药学校(22 篇)、河源市卫生学校(21 篇)、江苏省启东中等专业学校(19 篇)、桂林市卫生学校(19 篇)、江阴市华姿中等专业学校(18 篇)、邢台技师学院(17篇)、福建经济学校(17 篇)、江苏省扬州中等专业学校(17 篇)。以上发文机构组成了我国中职教育教学方法研究的主要阵地。从地理位置上看,研究机构主要集中在我国东部、东南部和南部沿海以及华北地区,研究力量分布存在着地域差异,其中以江苏省为主要研究力量分布区;研究机构的性质集中在中等职业教育学校。这十个研究机构对应节点的外圈颜色呈现淡色,说明他们属于发文量较多的持续性研究机构。尤其是天津机电工艺学院和江苏省启东中等专业学校,近几年发文量呈现持续增长趋势,说明这两所研究机构是近几年中职教育教学研究的中坚力量,如图 3-7 所示。

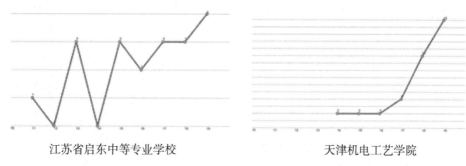

江苏省启东中等专业学校　　　　　　　　天津机电工艺学院

图3-7　研究机构发文量时间分布

➢ 研究作者合作分析

设置节点类型为 Author,阈值为 1,利用 CiteSpace 5.5 软件生成中职教育教学方法作者合作图谱,如图3-8 所示。节点表示发文作者,节点大小代表发文量多少,连线代表发文作者之间的合作关系。图3-8 共包含 7424 个节点,1683 条连线,点密度(Density)为 0.0001。该数据表明,我国中职教育教学方法研究领域

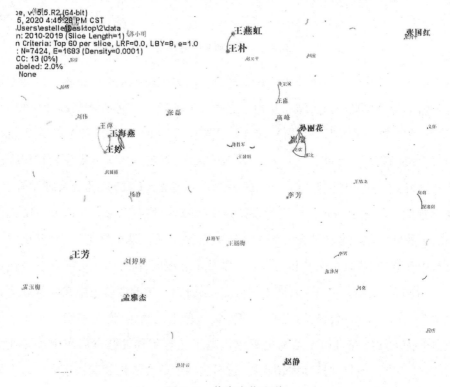

图3-8　作者合作图谱

的学者合作发文较少,结合研究机构联合发文较少的情况,可以推测,不同研究机构的学者开展合作研究的情况也较少。发文量前十位的作者为王芳(8篇)、王燕虹(8篇)、王朴(8篇)、王亮(7篇)、王军(7篇)、李倩(6)篇、王婷(6篇)、李静(6篇)、张静(6篇)、王海燕(6篇)。根据图3-8并结合数据分析可以得出,虽然参与中职教育教学方法研究的学者很多,但是单位学者最多发表论文数仅为8篇,开展持续性研究的学者并不多见。

### 3.3.4 研究热点分析

研究热点通常是指在某段时间内,联系相对紧密、数量较多文献共同研究的科学问题[56],可以绘制关键词共现图谱对研究热点进行可视化分析,如图3-9所示。

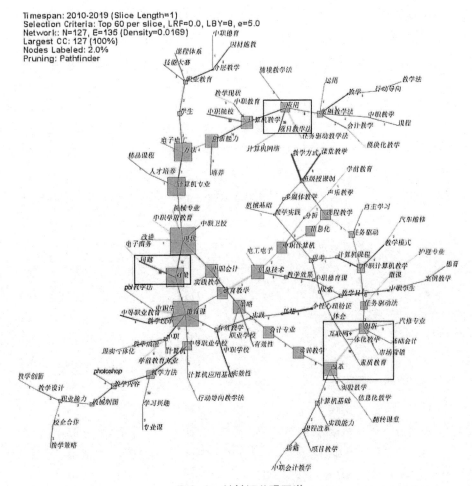

图3-9 关键词共现图谱

图谱中节点的大小表示关键词频次的高低,年轮颜色代表关键词出现的年份,年轮外圈呈深色代表对应关键词呈现出高中介中心性。节点之间连线的粗细代表关键词之间共现关系的强弱,即在同一篇文献中出现频次的高低。其中高频共现的关键词可以反映研究领域的热点。

运行 CiteSpace 软件绘制关键词共现图谱,参数设置如下:project 界面中的 Link Retaining Factor 置为 -1,Nodes(TopN,e)设为 5;参数设置面板中 Years Per Slice 设置为 1,Top N 为 60,剪枝算法选择寻径网络(Pathfinder),剪枝策略选择 Pruning sliced networks 和 Pruning the merged network,节点类型 Keyword,其余为默认设置,运行得到 127 个节点,470 条连线。调整节点、频次和字体大小,把有关"中职""教学方法""中职院校"等相近高频词的节点隐藏,最终得到关键词共现图谱,如图 3-9 所示。

对出现频次在 80 以上的关键词进行词频和中心性统计,得到高频次关键词表 3-1。

表 3-1　高频关键词一览表

| 排序 | 关键词 | 频次 | 中心性 |
| --- | --- | --- | --- |
| 1 | 教学改革 | 459 | 0.03 |
| 2 | 项目教学法 | 279 | 0.03 |
| 3 | 教学模式 | 271 | 0.03 |
| 4 | 计算机教学 | 256 | 0.48 |
| 5 | 应用 | 226 | 0.38 |
| 6 | 改革 | 173 | 0.52 |
| 7 | 实践教学 | 138 | 0.00 |
| 8 | 教学质量 | 131 | 0.03 |
| 9 | 中职学生 | 130 | 0.06 |
| 10 | 创新 | 129 | 0.36 |
| 11 | 实践 | 126 | 0.09 |
| 12 | 机械制图 | 121 | 0.15 |
| 13 | 中职计算机 | 119 | 0.46 |
| 14 | 案例教学法 | 116 | 0.25 |

| 排序 | 关键词 | 频次 | 中心性 |
|------|--------|------|--------|
| 15 | 对策 | 110 | 0.76 |
| 16 | 实训教学 | 105 | 0.44 |
| 17 | 理实一体化 | 101 | 0.00 |
| 18 | 学习兴趣 | 96 | 0.03 |
| 19 | 教学效果 | 95 | 0.12 |
| 20 | 问题 | 94 | 0.03 |
| 21 | 一体化教学 | 92 | 0.03 |
| 22 | 策略 | 90 | 0.50 |
| 23 | 中职计算机教学 | 84 | 0.35 |
| 24 | 任务驱动 | 81 | 0.23 |

从图 3-9 和表 3-1 可以得出,中职教育教学方法研究热点集中于教学改革、项目教学法、教学模式、计算机教学、应用、实践教学、教学质量、中职学生、创新、机械制图、案例教学法、对策、实训教学、理实一体化、学习兴趣、教学效果、问题、任务驱动等。这些高频关键词中,有的中心度不高,说明该词与其他关键词结合起来开展联合研究的影响力较小,而独立研究相对较多,但是并不影响它们成为中职教育教学方法的研究热点。

1)从中职教育教学方法研究整体情况来看,研究热点集中于教学方法的改革与创新、教学方法的应用、教学存在的问题与策略、教学效果与质量等。

➢ 教学方法改革与创新

"教学改革"的中心性为 0.03,但是与之相近的"改革"一词频次为 173,排在第六位,中心性 0.52,这说明中职教育教学方法的改革研究处于关键地位。与"教学改革"直接相连的节点有"实训教学""实验教学""信息化教学""计算机基础""德育课";与"创新"相关的节点有"任务驱动法""基础会计""汽修专业""市场营销"和"互联网+"。其中"互联网+"与"创新"一词在同一篇文献中出现的次数最多,与之关系最为密切,意味着在"互联网+"时代,学者们对教学方法的改革与创新多集中于实训、实验和信息化教学方法的研究,而教学方法改革多应用于计算机基础和德育课程。

➢ 教学方法应用

图 3-9 显示,与"教学方法应用"直接相连的节点有"项目教学法""案例教学法""任务驱动教学法""情境教学法"和"计算机教学",其中"教学方法应用"一词与"项目教学法"的关系最密切,在同一篇文献中出现的次数为 35,是整个图谱中次数排名第 2 的连接关系。"案例教学法"的频次为 116,排名为 12,说明项目教学法和案例教学法的应用为当前主要的研究热点。

➢ 教学质量

教学方法与教学质量息息相关。若检验教学方法的实施效果,教学质量是其中重要的指标。然而,图 3-9 显示,"教学质量"一词的中心度仅为 0.03,与之相关联的节点为"理实一体化";"一体化教学"的频次相对较高,排名 17,说明理实一体化教学质量研究为主要研究热点。

➢ 教学问题与策略

与"教学问题与策略"一词直接相关的节点有"电子商务""德育课""现状""校企合作"。从图 3-9 可以看出,"德育课"和"现状"的中心性较大,表明教学方法的研究现状和德育课教学的问题与策略为主要研究热点。

➢ 教学效果

"信息技术""中职德育课"与"教学效果"一词直接相连。图 3-9 显示,"信息技术"与"德育"的中心性较高,并且"信息技术"的中心性最高,说明利用信息技术评判或者提高教学效果成为主要研究热点,其中应用于德育课教学的研究成果最丰富。

2)从具体教学方法的研究来看,中职教育教学方法的研究热点集中于项目教学法、案例教学法、实践教学法、实训教学法、理实一体化教学方法和任务驱动法。

➢ 项目教学法的研究

项目教学法以项目的组织和实施开展教学活动,它将理论性强的知识内容转化为若干个与生产实践相结合的教学项目,学生人人参与项目实施全过程的一种教学方法。[57]"项目教学法"在研究文献关键词中出现的频次居于第二位,中心性仅为 0.03,说明项目教学法在整个教学研究中并未起到中心枢纽作用。

与之相关的节点只有"计算机网络""应用""计算机教学",说明项目教学法在计算机相关教学中的应用为主要研究热点。

➤ 案例教学法的研究

案例教学法以案例为基础,没有固定解决问题的方法。教师以引导为主,学生积极参与讨论,以提高学生的学习自主性。观察图3-9可知,与之相关的节点有"会计教学"和"德育",可以得出案例教学法在会计和德育教学的研究中为主要热点。

➤ 实践教学法的研究

实践教学是理论教学和实验教学相结合的一种教学方法。在教师的指导和引导下,学生通过"学中做,做中学"验证理论、提升品行修养、锻炼动手能力和创新能力,完成教师布置的实践教学任务。[58]与之直接相关的节点有"中职会计""学习兴趣""有效教学",说明激发学生学习兴趣,实现有效教学,通常使用实践教学法,而其中面向中职会计应用的实践教学为主要研究热点。

➤ 实训教学法的研究

与"实训教学"直接相连的节点有"改革""会计专业""计算机基础""实验教学"和"信息化教学"等,其中"会计专业"的中心性和频次较高,"计算机基础"次之,表明实训教学法在会计专业或者计算机基础的应用为主要研究热点。

➤ 理实一体化教学方法的研究

理实一体化教学是理论与实践相结合的教学活动。与之相关的主要研究体现在上述教学质量方面,这里不再赘述。

➤ 任务驱动法的研究

任务驱动法是在建构主义理论基础上发展起来的,教师在课堂教学之前制定该堂课的教学任务,课堂教学中教师引导学生提出问题,指导学生解决问题,从而调动学生积极性的一种教学方法。[59]图3-9中与之相关的节点有"自主学习""课程教学"和"中职计算机教学",说明学者们已经将任务驱动法在中职计算机教学中的应用作为主要研究热点。

3)从研究专业或课程来看,中职教育教学方法的研究热点集中于计算机教学和机械制图。以上分析可知,计算机教学主要围绕项目教学法、实训教学法、任务驱动教学法的应用研究;与机械制图相关的节点为"职业能力""教学内容""教学设计"和"校企合作"等,其中"职业能力"与"教学内容"出现频次和中心性较高,说明对于机械制图教学内容设计和职业能力的研究为主要研究热点。

### 3.3.5 研究前沿分析

关键词和引文突现分析提供了特定关键词与出现频率激增相关联的证据,特定时期内关键词的爆发表明一个潜在话题已经或正在引起研究人员的关注。因此,突发性检测被认为是高度活跃研究领域的指示器,它可以探索新兴的研究趋势和转瞬即逝的潮流。[60]本章利用 CiteSpace 软件对关键词突发现象进行探测,具体操作是:在文本处理功能区选择 Keyword 选项,点击运行进入知识图谱可视化界面,点击 Control Panel 中的 Burstness 并设置 $f(x) = ae^{-ax}$ 为 2.5,点击 view 按钮显示关键词突变图谱,点击可视化界面菜单栏中的 Export,导出关键词信息总表。结合关键词突变图谱和关键词信息总表,删减"中职教育""中职教学""教学方法"等类似的词,得到表 3-2 所示关键词突现列表,可以分析得到 2010—2019 年中职教育教学方法研究前沿的演变过程。

表 3-2　关键词突现列表

| 序号 | 突现率 | 关键词 | 突发时间 |
| --- | --- | --- | --- |
| 1 | 14.48 | 德育课 | 2010—2012 |
| 2 | 12.01 | 有效教学 | 2010—2013 |
| 3 | 11.03 | 微课 | 2017—2019 |
| 4 | 10.78 | 信息化 | 2017—2019 |
| 5 | 10.58 | 学习兴趣 | 2012—2013 |
| 6 | 9.68 | 教学内容 | 2012—2015 |
| 7 | 9.14 | 学前教育 | 2017—2019 |
| 8 | 8.8 | 探索 | 2012—2014 |
| 9 | 8.5 | 运用 | 2016—2017 |
| 10 | 7.67 | 基础会计 | 2014—2015 |
| 11 | 7.4 | 会计教学 | 2015—2019 |
| 12 | 7.16 | 信息化教学 | 2017—2019 |
| 13 | 6.63 | 行动导向教学法 | 2014—2015 |

| 序号 | 突现率 | 关键词 | 突发时间 |
|------|--------|--------|----------|
| 14 | 5.8 | 计算机基础 | 2014—2015 |
| 15 | 5.58 | 案例教学 | 2012—2015 |
| 16 | 5.44 | 机械基础 | 2017—2019 |
| 17 | 5.39 | 职业能力 | 2015—2016 |
| 18 | 4.97 | 课程 | 2012—2013 |
| 19 | 4.53 | 培养 | 2015—2016 |
| 20 | 4.18 | 电工电子 | 2016—2019 |
| 21 | 3.8 | 改革 | 2010—2011 |
| 22 | 3.19 | 课程改革 | 2012—2013 |
| 23 | 3.18 | 计算机专业 | 2013—2014 |
| 24 | 2.97 | 分层教学 | 2012—2013 |

中职教育教学方法研究前沿演变过程大致可以划分为如下几个阶段：2012—2013 年分层教学；2012—2015 年案例教学法；2014—2015 年行动导向教学法；2015—2016 年以学生职业能力为导向的教学方法；2016—2017 年，教学方法的运用；2017—2019 年，微课和信息化教学。表 3-2 显示，案例教学法也是 2012—2015 年中职教育教学方法的研究热点。

中职教育教学方法研究专业的演变过程：2010—2012 年，"德育课"突现；2013—2014 年计算机专业成为研究前沿；2014—2015 年，研究前沿演变为计算机基础和基础会计；2015—2019 年，会计专业成为新的研究前沿；2017—2019 年，研究前沿新增学前教育，机械基础和电工电子专业。根据表 3-1 可以看出计算机相关词语出现频次也较高，因此它既是 2013—2015 年的研究前沿也是 2010—2019 年的研究热点。

中职教育教学方法研究方向的演变过程：改革—实现有效教学—关注学生的学习兴趣—教学方法的探索—人才培养（2016）。其中"改革"和"学习兴趣"出现频次较高，也是中职教育教学方法的研究热点。

另外，从表 3-2 中可以探寻中职教育教学方法研究前沿，分别为"学前教育""机械基础""电工电子""会计教学""信息化教学"和"微课"。

### 3.3.6 研究主题分析

1)研究主题分布分析

聚类分析是一种探索性数据挖掘技术,用于识别和分析特定领域中的显著术语和背景分类,利用聚类算法将数据划分成几个结构化的社团,从而发现知识域的主题分布和组织结构。[61]使用 CiteSpace 工具,从文献记录的标题、摘要、关键词中提取突现术语,确定当前的研究前沿。这些术语可以作为聚类标签用于命名异构网络中的结构化社团。[62]在研究主题分析中,聚类模块值(Modularity)Q > 0.3 说明社团结构显著,网络是可信服的;平均轮廓值(Slihouette)S > 0.5 说明聚类是合理的;S > 0.7 说明聚类内部成员的同质性较高,聚类结果是高效令人信服的。基于关键词共现图谱,采用对数似然算法(LLR),利用关键词提取聚类标签,得到 11 个聚类,如图 3-10 所示,其中 Q = 8216,S = 0.9547,代表聚类是成功的。从图 3-10 可以看出,目前我国中职教育教学方法研究领域主要划分为 11 个聚类,分别是:#0 班级授课制,#1 教学设计,#2 有效性,#3 翻转课堂,#4 因材施教,#5 计算机教学,#6 教学效果,#7 兴趣,#8 理实一体化,#9 案例教学法,#10 创新。其中聚类标签数值越小代表聚类包含的节点即文献数目越多。

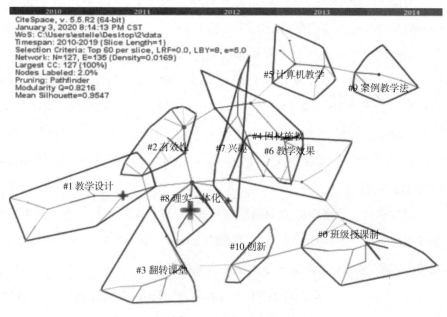

图 3-10　关键词共现图谱

导出关键词聚类信息,得到表3-3;选择Timeline view并点击运行,得到关键词聚类时间线图谱,如图3-11所示。图表数据显示,11个聚类的平均轮廓值很高,说明聚类内部关键词的同质性很高,可以归为一类。从年份可以看出,中职教育教学方法研究的组织结构集中在2012—2014年完成,在2015—2019年没有出现新的主题分布。

表3-3 聚类信息表

| 聚类号 | 节点数 | 轮廓值 | 年份 | 聚类号 | 节点数 | 轮廓值 | 年份 |
|---|---|---|---|---|---|---|---|
| 0 | 18 | 0.959 | 2012 | 6 | 10 | 0.785 | 2014 |
| 1 | 14 | 0.935 | 2012 | 7 | 10 | 0.947 | 2011 |
| 2 | 13 | 0.927 | 2014 | 8 | 10 | 1 | 2011 |
| 3 | 12 | 1 | 2013 | 9 | 9 | 1 | 2013 |
| 4 | 12 | 1 | 2013 | 10 | 8 | 1 | 2014 |
| 5 | 11 | 0.948 | 2013 | | | | |

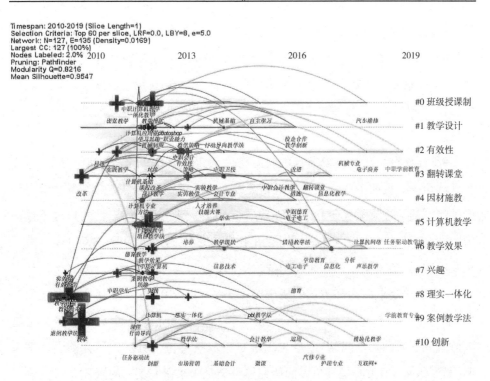

图3-11 关键词聚类时间线图谱

从图 3-11 中的连线可以看出,聚类内部的连线比较多,聚类之间的连线较少,说明聚类内部的关系比较密切,聚类之间的关系较弱。各聚类在 2010—2019 年的时间跨度内没有出现断点,说明有关中职教育教学方法的主题结构呈持续性研究趋势。

#0 班级授课制　内部节点的历史跨度为 2011—2017 年。出现频次较多的关键词有"教学模式""中职计算机教学""课堂教学"和"任务驱动",它们也是该领域的研究热点。

#1 教学设计　内部节点的历史跨度为 2010—2016 年。出现频次较多的关键词为"机械制图""学习兴趣"和"教学策略",它们也是该领域的研究热点。

#2 有效性　内部节点的历史跨度为 2011—2019 年。"对策""策略"和"现状"出现频次较高,其中教学策略同时也是中职教育教学方法的研究热点之一。

#3 翻转课堂　内部节点的历史跨度为 2010—2017 年。"改革""实训教学""课程改革"和"项目教学"是该聚类内部的研究热点,同时也是整体研究领域的热点问题。"翻转课堂""教学方法有效性"与"创新"都有相关性,也可以认为"教学方法有效性—创新—翻转课堂"是该领域的一种重要研究范式。

#4 因材施教　内部节点的历史跨度为 2012—2016 年。该聚类的研究热点为"计算机专业"和"分层教学方法",其中计算机专业相关研究也是该领域的研究热点。

#5 计算机教学　内部节点的时间跨度为 2010—2019 年,时间跨度很大,并且延续至今。说明中职学校计算机相关教学方法的探索与研究一直备受学者们的关注。从计算机相关研究也是研究热点可以得到佐证。该聚类的热点关键词为"项目教学法及应用",它们同时也是该研究领域的热点问题,说明"项目教学法及应用"聚类是主题类别研究中的重要热点。

#6 教学效果　内部节点的历史跨度为 2012—2018 年。其研究热点聚焦在"中职计算机""信息技术"和"信息化"。其中计算机相关教学方法的探索也是整体研究领域的热点问题,信息化教学是中职教育教学方法的研究前沿。这说明"教学效果"聚类既是理论界的研究热点又是未来研究关注的重要方面。

#7 兴趣　内部节点的时间跨度为 2010—2016 年。它的研究热点集中在

"中职学生""有效教学"和"案例教学法"。根据研究热点分析得知,案例教学法最常用在德育课的课堂教学,大致可以得出这一主题的热点研究范式为:德育课—有效教学—中职学生兴趣—案例教学法。

#8 理实一体化　内部节点的历史跨度为 2010—2019 年。它的研究热点为"教学改革""计算机教学""教学质量"与"德育课教学"。它们同时也是中职教育教学方法研究的重要方面,尤其德育课的中心性较高,在整个研究中起到中心枢纽作用。学者们在教学方法研究中,广泛关注中职生德育培养的重要性。"理实一体化"作为聚类标签之一延续至今,说明该热点研究领域目前依然受到广泛关注。

#9 案例教学法　内部节点的历史跨度为 2010—2018 年。它的研究热点为"课程"与"模块化教学"。它们也是相应聚类中的研究热点。

#10 创新　内部节点的历史跨度为 2012—2018 年。它的研究热点为"微课"和"任务驱动法"教学。中职教育教学方法的研究前沿之一为微课教学,同时任务驱动教学也是其研究热点,说明教学方法创新这一主题从过去,到现在及未来一直会受到学者们的关注。

总体来看,某一主题结构内的研究热点大部分也是整个研究领域的热点。从侧面证实了以上研究热点分析结果的可信度。

2)研究主题演进分析

运行 CiteSpace 软件,参数 Nodes(TopN,e)设为 2,其他参数设置同上。节点类型选择 Keyword,其余为默认,点击运行,共得到 167 个节点和 582 条连线。选择 Timezone view,生成关键词时区图谱。如图 3-12 所示,线的不同颜色代表不同年份,从暖色调到冷色调的颜色变化代表文献发表年份逐渐递增,图中显示了每个时间段中频次居前 8 位的关键词,所在时间段代表该关键词首次出现的时间。节点大小代表关键词出现的频率,节点越大,关键词出现频率越高。由于本次研究内容是中职教育教学方法,有关"中职""教学方法""中职院校"等类似词出现的频次最多,对分析结果的作用不大,所以隐藏了类似词语的相关节点。关键词的时区视图是另一种侧重于从时间跨度上表示知识演进的视图方式,适合清晰展示文献的更新、文献间的关联、研究领域的主题演进以及研究问题的传承度等。

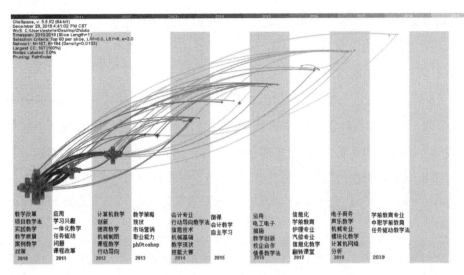

图 3-12　关键词时区图谱

### 3.3.7　研究趋势分析

1）整体研究趋势

2010—2019 年间，每年都有新的研究主题出现，并且不曾出现断点，可见中职教育教学方法的研究一直呈持续发展趋势，研究主题不断更新，这和关键词聚类时间线图谱（如图 3-11 所示）的分析结果一致。2010—2012 年出现的高频关键词较多，说明这段时间处于中职教育教学方法研究的繁荣期；2013—2019 年间，每年新的研究主题较之前有所下降，但是与以往年份的连线较多，说明新旧研究主题之间传承较为紧密，相关研究主题没有中断。

2）研究方向

2010—2011 年研究主题主要为中职教育教学整体研究，从教学质量、学习兴趣、教学问题和课程设置等方面进行教学方法改革和教育对策的研究。2012 年中职教育教学方法的研究开始具体化，逐渐演变成某一具体专业或者相应课程教学方法的研究。2012 年倾向于计算机、机械制图和德育课程的研究；2013 年出现市场营销和 Photoshop 专业；2014 年会计专业成为新的研究主题；2016 年演变为电工电子专业教学方法的探索与实践；2017 年新增学前教育专业、护理和汽修专业教学方法的研究；2018 年电子商务、声乐和计算机网络课程成为新的研究主题；2019 年新出现的节点为学前教育，没有新增专业或课程，学者们仍旧关注学前教育专业的研究,或许这会成为新的研究热点或前沿。

3）研究方法演进脉络

2010 年中职教育教学方法研究主要面向项目教学法、实践教学法和案例教学法的探索与应用实践;2011 年一体化教学和任务驱动教学法成为重要的研究主题;2012 年主要研究行动导向教学法;2014 年技能大赛作为促进教学的辅助活动成为学者们主要的研究主题,同时精品课程建设,实验教学也成为主要的研究方向;2015 年微课作为新兴的教学方法开始受到研究者的关注;2016 年情境教学法成为学者们研究的主要教学方法;2017 年开始信息化教学、翻转课堂被应用到中职教育教学中;2018 年模块化教学方法演进为教学方法的重要研究主题;2019 年任务驱动教学法继 2011 年之后再次成为教学方法的研究主题。

### 3.3.8　本节小结

基于中国知网十年间关于中职教育教学方法的期刊论文数据,经过数据预处理,利用 CiteSpace 软件绘制科学知识图谱并进行分析,得出以下结论:

1）从发文量来看,十年来相关研究文献呈逐年上升趋势,研究前景很好,但是研究成果尚未成熟,需要学者们的持续研究。核心期刊和 CSSCI 发文数仅占总发文数的 1.7%,表明核心研究力量不够;研究机构、研究作者以独立研究为主,相互合作较少;研究机构多分布于经济发达区,尤其以江苏省为主,研究机构主要为中职学校。在以后的相关研究中,需要加强不同研究机构和研究者之间的合作,提升研究质量,增强核心研究力量,促进中职教育教学发展。

2）中职教育教学方法研究热点集中于教学中的问题与策略,教学方法的改革与创新,教学效果与质量评价。具体教学方法的研究热点为项目教学法、案例教学法、实践教学法、实训教学法、理实一体化教学方法和任务驱动法,它们多应用于计算机相关教学、机械制图、德育课和会计教学等。

3）中职教育教学方法的研究前沿为"学前教育""机械基础""电工电子""会计教学""信息化教学"和"微课"。

4）中职教育教学方法的主题结构大致分为 11 类,主要为"班级授课制","教学设计"和"翻转课堂"等。主题结构内部研究热点也是整个研究领域的研究热点。

5）中职教育教学方法研究的主题脉络分为研究方向和研究方法的演进。研究方向为从整体到局部,从对教学改革整体创新的研究到具体学科教学方法的研究,近年来更加关注某一具体专业或者课程的应用研究。热点研究方法演进脉络为从项目教学法、实践教学法、案例教学方法到一体化教学和任务驱动教学法,再到行动导向教学法和实验教学,例如:2015 年微课,2016 年情境教学法,2017 年信息化教学、翻转课堂,2018 年模块化教学方法,2019 年任务驱动教学法。随着信息化时代的到来,信息化教学也成为学者们主要关注的研究主题。根据时区图谱分析,中职学前教育和任务驱动法是 2019 年再次出现的研究主题,这未尝不是将来的主题研究趋势。

## 3.4 中职教学方法实践

本节介绍中职教学方法实践过程。授课对象是济南某中等职业学校高一计算机专业 4 班的 49 名学生,教授计算机专业基础课程。首先依据中职教育教学方法图谱研究结果和中职学生特点,选择任务驱动和微课教学相结合的混合式教学方法,构建信息技术类课程教学模型,然后展示了一堂课的教学设计与实施过程。

### 3.4.1 教学方法选择

从上述时区图谱和关键词突现分析结果得知,计算机类课程教学方法中的项目教学法和任务驱动教学法为当前研究热点,微课和信息化教学为当前中职教学方法的研究前沿。信息化教学方法种类较多,其中微课教学是通过信息技术进行知识点的情景设计,主要载体为微视频,教师根据课程内容设计相关教学活动,学生根据学习内容开展自主性学习。微课教学具有以下特点:第一,主要形式是微型教学视频;第二,内容精准性高,层次性强;第三,课程设计具有完整性、全面性;第四,教学形式多样,不局限于视频;第五,易于交流学习。[63] 随着教育信息化的持续推进,微课教学适应时代发展的要求,颠倒了传统教学模式的知识传递方式,已被证明是课堂教学的一种有效补充形式。考虑到项目教学法在实际中职课堂教学实践中的难度颇高,所以本研究的教学实践首先考虑任务驱动教学方法和微课教学方法。

通过课前调查发现,参与教学实践的中职学生的特点是:大部分学生文化基础薄弱,自觉性不高,爱动手不爱动脑,好奇心强;学生比较了解任务驱动教学方法,而对微课教学知之甚少。微课教学作为一种新的教学方法,容易引起学生的好奇心与学习兴趣,对信息技术类课程教学的开展有一定优势。同时任务驱动教学法可以充分发挥学生爱动手的优点,扬长避短,促进中职学生信息技术技能的发展。

综合科学知识图谱的分析结果和中职学生的特点,本研究的课程教学选择任务驱动和微课教学相结合的中职信息技术课程混合式教学方法,充分发挥传统教学方法和新兴热点教学方法的优势,以学生为主体,促进中职学生信息素养和信息技术技能的提高。

### 3.4.2 教学模型构建

中职教育阶段计算机基础课程重视课程实践过程,培养学生独立的动手操作能力,针对这一情况,结合任务驱动和微课教学相结合的混合式教学方法,本研究构建了满足教学实践需求的混合式教学模型,如图 3-13 所示。本模型分为三个环节:教学准备,课中活动和课后评价。其中教师是教学准备和课后评价的完成者,而课中活动的主要完成者是学生,教师在其中扮演引导者的角色。

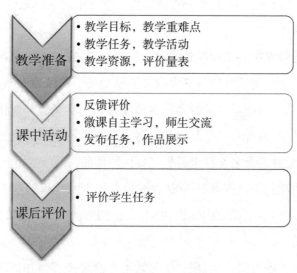

图 3-13 混合式教学模型

1)教学准备

微课教学和任务驱动结合的教学准备环节主要是教师对一节课的教学设

计,包括制定教学目标,确定教学重难点,设计教学任务,设计教学活动,制作教学资源和制定评价量表六个步骤。教师首先根据学生特点、教学内容制定这节课的教学目标,基于教学目标并考虑学生的心理发展程度确定教学重难点;之后分解教学目标和教学重难点,设计教学任务和教学活动,保证任务练习的时长和难度适宜,能够在课堂结束之前完成;然后根据以上准备工作,制作教学资源,利用 Camtasia Studio 软件制作本次课程的微课视频,时长控制在 10 分钟以内;最后制定课程的评价量表。

2)课中活动

➤ 教师端活动

教师首先反馈上次任务的学习评价结果,然后说明本次课要学习的内容,明确要求学生掌握和运用的知识,之后向学生发布课前制作好的相关微课视频,让学生自行观看并学习,询问学生疑难点并解答。接着向学生发布任务,并在期间巡堂指导答疑,力求顾及每一位学生。在学生完成学习任务后,组织学生展示作品并点评,最后进行课堂总结。整个课堂教学环节中,教师作为引导者,以学生为主体,引导学生自主性学习,充分尊重学生在学习中的主体地位。

➤ 学生端活动

学生根据老师发布的微课视频学习本节课内容,通过主动学习发现问题,然后针对学习过程中遇到的问题与老师或者同学交流。在教师发布任务后进行自主探究性学习,遇到问题可以及时询问老师或者和同学交流。在作品展示环节,学生积极参与其中,发现自己作品中的问题并学习其他同学的优点,完善自己的任务,最后以班级姓名命名文件夹并提交自己的作品。

课中教学活动利用微课和任务驱动教学方法激发学生的学习兴趣,充分发挥学生的主动性;学生主动建构知识,提高动手实践能力,达到学以致用的目的。

3)课后评价

教师检查学生提交的作品,根据学习效果评价量表打分并整理评价结果,集中整理学生出现的问题,以便下次课堂总结并答疑。

### 3.4.3 教学设计

根据构建的教学方法模型,以"建立 PPT 和 Word 中超链接"这堂课为例,说明教学设计过程。

1）课前调查

为了解学生的计算机基础操作水平，对学生进行诊断性评价。课前向学生发布一项 Word 操作任务并制作评价表 3-4；提供一个简单未做格式调整的 Word 文档，让学生根据要求完成基础的格式调整，例如段落、字体设置等，规定 20 分钟之内完成并提交作品。根据评价量表 3-4 统计学生成绩，结果如图 3-14 所示。

表 3-4　评价量表

| 等级 | 分数范围（分） | 标准 |
| --- | --- | --- |
| A | 90—100 | 规定时间内按要求完成任务，版式合适美观，并且有自己的设计 |
| B | 75—90 | 规定时间内按要求完成任务，版式合适美观 |
| C | 60—75 | 规定时间内基本完成任务 |
| D | 60 分以下 | 规定时间内没有完成任务 |

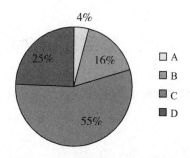

图 3-14　学生课前成绩分布图

从图 3-14 可以看出，仅有 4% 的学生成绩达到 A 等级，16% 学生成绩为 B 等级，一半以上的学生基本完成任务，25% 的学生没有完成任务，说明部分学生的 Office 基础薄弱，对 Office 知识的掌握程度不够，应用能力欠佳。

2）教学设计

对本节课的内容进行教学设计，组织有效的课堂活动。包括教学目标和教学重难点设计，教学任务和课中活动设计，微课教学资源和评价量表制作等。

➤ 教学目标设计

鉴于学生已经学习了一部分 Office 基本操作，本节课的教学目标是在熟练

Office 基本操作的基础上,掌握 PPT 内部超链接的创建方法、Word 文本和 Excel 表格之间超链接的创建方法。具体目标如下:

知识与技能目标:了解 Office 操作中超链接的含义,掌握 PPT 内部超链接创建方法以及 Word 文本和 Excel 表格之间的超链接创建方法。

过程与方法目标:通过合作探究,提升合作学习意识与交流合作能力,能够快速准确地建立 Office 内部超链接,灵活运用于不同任务中。

情感、态度与价值观目标:感受学习 Word 和 PPT 超链接的乐趣,满足实际应用需求。

➤ 教学重难点设计

教学重点:掌握 PPT 内部建立超链接以及 Word 文档和 Excel 表格之间建立超链接的技巧。

教学难点:了解 Word 和 PPT 中超链接形式的多样性,最后可以做到熟练区分,灵活运用。

➤ 教学任务设计

本节课的学习任务分为两部分,即按照要求分别制作 PPT 和 Word 海报。在巩固已学知识的基础上,针对本节课学习建立文档超链接的目标,教授设计 PPT 和 Word 海报的方法,让学生学会如何制作表达效果更丰富的 PPT 和 Word 海报,促进知识完整建构。

PPT 制作任务设计如下:

a)使文稿包含七张幻灯片,第一张为"标题幻灯片"版式,第二张为"仅标题"版式,第三到第六张为"两栏内容"版式,第七张为"空白"版式;所有幻灯片统一设置背景样式,要求有预设颜色。(复习 PPT 版式、背景样式设计)

b)第一张幻灯片标题为"计算机发展简史",副标题为"计算机发展的四个阶段";第二张幻灯片标题为"计算机发展的四个阶段",在标题下面空白处插入 SmartArt 图形,要求包含四个文本框,在每个文本框中依次输入"第一代计算机",……"第四代计算机",更改图形颜色,适当调整字体和字号。(复习 SmartArt 的插入与调整)

c)第三张至第六张幻灯片,标题内容分别为素材中各段的标题;左侧内容为各段的文字介绍,加项目符号,右侧为对应文件夹下存放的图片,第六张幻灯片需插入两张图片("第四代计算机-1.JPG"在上,"第四代计算机-2.JPG"在下);在第七张幻灯片中插入艺术字,内容为"谢谢!"。(复习 PPT 中图片与艺术字的插入)

d)为第一张幻灯片的副标题、第三到第六张幻灯片的图片设置动画效果,第二张幻灯片的四个文本框超链接到对应的内容幻灯片;为所有幻灯片设置切换效果。(练习新知识点——超链接使用)

PPT 制作任务的重点是:将第二张幻灯片 SmartArt 中四个文本框分别超链接到对应的内容幻灯片。

Word 海报制作任务设计如下:

a)调整文档版面,要求页面高度 20 厘米,页面宽度 16 厘米,页边距(上、下)为 5 厘米,页边距(左、右)为 3 厘米,并将文件夹下的图片"Word 海报背景图片.jpg"设置为海报背景。(复习 Word 页面与背景设计)

b)根据"Word—海报参考样式.docx"文件,调整海报内容文字的字号、字体和颜色。(复习 Word 中字体排版的基本格式)

c)根据页面布局需要,调整海报内容中"报告题目""报告人""报告日期""报告时间""报告地点"的段落间距。(复习 Word 中段落排版的基本格式)

d)在"报告人:"位置后面输入报告人姓名(郭云)。

e)在"主办:校学工处"位置后另起一页,并设置第 2 页的页面纸张大小为 A4 篇幅,纸张方向设置为"横向",页边距为"普通"。(复习 Word 中分节符的插入)

f)在新页面的"日程安排"段落下面,复制本次活动的日程安排表(请参考"Word 活动日程安排.xlsx"文件),要求表格内容引用 Excel 文件中的内容,若 Excel 文件中的内容发生变化,要求 Word 文档中的日程安排信息也随之发生变化。(练习新知识点——Word 和 Excel 表格之间超链接建立)

g)在新页面的"报名流程"段落下面,利用 SmartArt,制作本次活动的报名流程,依次为:学工处报名、确认座席、领取资料、领取门票。(复习 SmartArt 的插入与调整)

h)要插入的报告人照片为文件夹下的 Pic2.png 文件,将该照片调整到适当位置,不要遮挡文档中的文字内容。(复习 Word 中图片插入与调整)

Word 海报制作任务的重点是：在新页面的"日程安排"段落下面，复制本次活动的日程安排表（请参考"Word 活动日程安排. xlsx"文件），要求表格内容引用 Excel 文件中的内容，若 Excel 文件中的内容发生变化，Word 文档中的日程安排信息也随之发生变化。

➤ 课中教学活动设计

如表 3-5 所示，根据混合式教学模型设计这节课的教学活动，主要包括学生分两次观看微课进行自主学习，师生交流，教师发布任务，学生完成任务，作品展示和课堂总结 6 个部分。教学活动设计的目的是让学生观看微课视频时主动学习并建构知识，完成任务时掌握并巩固所学知识，这种主动建构和巩固知识的方法可以增强记忆并减少遗忘。

表 3-5　教学活动设计

| 教学环节 | 教师活动 | 学生活动 | 设计意图 |
|---|---|---|---|
| PPT 微课 | 发布微课视频，让学生自主学习 PPT 中建立超链接的方法。 | 学生自主观看微课视频，边看边学边练。 | 培养学生自主学习的能力，锻炼学生学会学习。 |
| 师生互动 | 询问学生疑问，解答学生疑惑； | 学生进一步了解 PPT 中超链接创建的方法和步骤。 | 师生互动，活跃课堂气氛；课堂答疑，逐渐建构学生的知识体系。 |
| 发布任务 | 向学生分别发布 PPT 制作任务。 | 学生根据任务要求进行微课学习，开始制作任务。 | 让学生在任务中巩固和提高技能，体验学习的乐趣。 |
| 完成任务 | 巡堂指导，答疑。 | 学生继续做任务，并不断优化；保存作品并发送给教师。 | 把控学生的进度，掌握学生学习水平。 |
| Word 微课 | Word 微课教学步骤和 PPT 微课教学一致。 | | |
| 作品展示 | 学生抽签展示作品；引导同学交流，鉴赏作品优缺点；教师总结，多元点评。 | 学生交流评价。 | 学生互相学习，取长补短，提高能力；教师掌握学生学习水平，便于安排后续教学内容和学习进度。 |
| 课堂小结 | 教师总结超链接的注意事项。 | 学生跟随老师回顾重点。 | 再一次巩固本堂课的内容，促进知识的完整建构。 |

➢ 教师资源制作

因为本堂课的重点是学习建立 PPT 内部超链接、Word 和 Excel 表格之间超链接的方法,所以制作微课资源时要将重点放在这两处的讲解上。同时,教师将详细操作步骤以文字形式记录在 Word 文档中,需要时可以发送给学生。如表3-6 所示,微课的视频内容控制在 6 分钟左右,符合中职学生学习时间不宜过长的特点。将 PPT 操作过程用录屏方式录制,一边讲授一边操作并演示。整个录制过程分为新课导入、知识讲授和总结三部分。

**表 3-6 微课制作脚本**

| 微课名称 | PPT 和 Word 中超链接的建立 | | |
|---|---|---|---|
| 微课时间 | 6 分钟以内 | | |
| 教学类型 | 讲授型 | | |
| 录制方式 | PPT + 录屏 | | |
| 教学视频录制过程 | | | |
| 视频序列 | 主要内容 | 视频画面 | 录制时间 |
| 一、片头 | 课题:Office 超链接的建立 | 第 1 张 PPT | 5 秒左右 |
| 二、新课导入 | 图片组合 + 课程标题,讲解超链接含义 | 第 2—3 张 PPT | 1 分 45 秒左右 |
| 三、知识讲授 | 演示 PPT 制作过程中主要事项:<br>1. 一级二级标题的设置;<br>2. SmartArt 图形的插入;<br>3. 幻灯片之间超链接的建立(重点)。 | 屏幕演示过程 | 1 分 30 秒左右 |
| | 演示 Word 海报制作主要事项:<br>1. 分节符的插入;<br>2. Word 和 Excel 表格内容形成超链接(重点)。 | | 1 分钟左右 |
| 四、总结 | 操作过程中的注意事项 | 第 4 张 PPT | 1 分 30 秒左右 |

a)新课导入

讲解 PPT 上超链接的含义。

b)知识讲授

讲解并演示 PPT 的制作。任务为将 Word 中的材料制作成 PPT,具体要求是:幻灯片统一设置背景样式,至少使用三种版式;为幻灯片设置切换效果,图片设置动画效果,并把"计算机发展的四个阶段"用 SmartArt 图形表示;然后图形中的内容链接到相应幻灯片。因为版式、切换效果、动画设置和背景样式的知识已经讲过,这里不再讲解和演示。首先以一张幻灯片为例演示其中一级和二级标题的设置,然后演示 SmartArt 图形的插入和操作,最后重点讲解并演示如何将 SmartArt 图形文本框中的内容超链接到相应幻灯片。

讲解并演示海报的制作。任务为按照给定样式制作海报,特别要求在新页面的"日程安排"段落下面,复制本次活动的日程安排表(请参考"Word 活动日程安排.xlsx"文件),要求表格内容引用 Excel 文件中的内容,如果 Excel 文件中的内容发生变化,Word 文档中的日程安排信息也应随之发生变化。根据给出的海报样式,有关段落、字体和插入图片的设置属于基础知识,这里不再讲解和演示。首先演示怎么使得第一页纸张方向为纵向,而第二页纸张方向为横向,其实只需要在第一页末尾处插入分节符即可。重点讲解和演示 Word 中如何动态引用 Excel 文件中的内容,使用"选择性粘贴"链接功能即可。

c)总结

总结重点操作内容的注意事项:PPT 内部幻灯片之间超链接的建立比较简单,但是要注意标题的级别和超链接建立的准确性,尤其是在 SmartArt 图形中,选择文本而不是文本框;将 Excel 文件中的内容超链接到 Word 文本时牢记使用"粘贴选项"中"选择性粘贴"超链接对象功能。

➢ 制作评价量表

为了便于比较学习前后学生成绩的变化,保证学习前后评价结果的有效性,本节课教学实践活动使用统一的评价量表,如表3-4 所示。

### 3.4.4 教学实施

首先通过电脑教师端向学生发送上次课的学习任务评价情况,让学生清楚自己的学习任务完成情况,同时也简单回顾了上节课的重点内容,并对其中出现的问题进行点评解惑,之后开展本节课的教学。

1)PPT 制作教学片段

发布课前准备好的微课视频和操作步骤 Word 文档,让学生自主观看并学习 PPT 的制作部分,重点学习 PPT 内部超链接的建立,教师巡堂并及时答疑。学生观看之后,教师询问学生疑难之处。

教师:对于幻灯片中超链接的建立有问题吗?

学生:会操作,不知道为什么要建立这种超链接,觉得多此一举。

教师:这样做的目的是便于随时查看相关内容,例如查看第三代计算机的相关内容,只需要打开第二张幻灯片点击第三代计算机就可以直接跳转到详细内容,既方便又节省时间,尤其是在幻灯片页数比较多的情况下更能体现这一优势,同学们应该掌握这种方法并学会运用。

再次询问学生是否有问题,确认学生没有问题之后向学生发布任务:把 Word 文档中的内容按照给定的要求制作成 PPT;学生也可以自主添加创意,但是要求版式工整美观;做完之后以自己名字命名发送给教师。教师巡堂指导,向出现问题的同学及时提供帮助。在制作 PPT 的过程中,有的同学忘记怎么做 SmartArt 图形,有的学生对于一级标题、二级标题的设置比较模糊,还有的学生在建立超链接时容易把 SmartArt 图形中的文本框而不是文本内容做成超链接,针对这些问题教师一一辅导,保证学生熟练掌握。

2)Word 海报教学片段

学生完成 PPT 制作任务之后,让学生继续观看微视频第二部分的内容——制作 Word 海报,重点讲解 Word 文本和 Excel 表格之间超链接的建立:当 Excel 表格内容变化时,Word 中对应的内容也随之改变。要求学生观看视频,按照要求根据所给素材自主完成 Word 海报制作。观看之后,鉴于学生已经学会了建立 PPT 内部的超链接,所以教师直接询问 Word 中的相关问题,启发学生思考。

教师:在 Word 中执行插入表格命令,然后输入内容就可完成一个简单的表格制作,为什么这里使用 Excel 处理数据,然后使用“选择性粘贴”功能建立表格超链接呢?

学生 A:当需要修改表格内容时,可以直接在 Excel 表格内修改,不需要改动 Word 表格中的内容,操作方便,并且可以防止格式随意发生变化。

教师:说得特别好,方便我们操作,但是就这几个数据,在 Word 中修改不是更简单? 同学们还有什么想法吗?

学生 B:这只是一种操作方法,如果以后遇到数据多而且需要改动多的时候运用这种方法就很方便,另外海报中的讲座流程可能随时发生变化,使用 Excel

操作内容会更方便。

教师:这位学生回答得很好,说明他已经很好地掌握 PPT 任务的要领。另外这位同学还解释了海报里使用 Excel 表格并粘贴超链接的意图,说明他热爱思考,深入了解问题,非常好,同学们都可以学习他这种良好的学习习惯,来解决学习或者生活中遇到的问题。同时老师希望同学们通过这堂课可以掌握这种建立超链接的方法,以后在 Word 中遇到需要插入大量表格数据而且这些数据可能不定时变化的时候可以使用这种方法,真正做到灵活运用。

教师向学生发布 Word 海报制作素材和要求,制作讲座海报,完成之后以自己名字命名并发送给教师。然后教师巡堂指导,发现问题及时给予辅导。巡堂过程中发现最多的问题是如何实现第一页纸张方向是纵向而第二页是横向。虽然微课视频上已经讲过,但是可能因为学生能力层次不同,所以教师根据学生出现的问题再次集中操作示范:需要在第一页末端或者第二页开始插入分节符,这样两页便可以独立操作,互不干扰。还有个别同学设置页面背景不太熟练,针对这一情况,教师给予单独辅导,保证学生不存疑。

3)作品展示

任务完成之后,教师采取抽签的方式,选择学生作品并展示,鼓励同学们一起交流点评,找出作品的优缺点,并对比自己作品,取其精华去其糟粕,完善自己的作品。其中 PPT 和海报各选两位同学,避免了只评论优秀的或者较差的作品,去除目的性,做到公平公正,又可以督促每一位同学认真完成课堂学习任务。

4)课堂总结

教师再次对 PPT 内部超链接,Word 和 Excel 表格之间建立超链接的方法进行总结,提醒大家注意活学活用,步骤正确,格式规范。PPT 内部幻灯片之间建立超链接的方法比较简单,但是需要注意标题的级别和超链接建立的准确性,尤其是在 SmartArt 图形中,选择文本而不是文本框。Excel 表格中的内容超链接到Word 文档中时,牢记使用"粘贴选项"中"选择性粘贴"超链接对象功能。

5)课后整理

课后教师批改学生上传的作品,按照评价量表 3-4 给出成绩,并准备下次课回馈给学生。这节课的两个任务提交率均为 100%,学生成绩分布如图 3-15 和

图 3-16 所示。图 3-15 中显示 PPT 制作任务的完成情况:所有学生都已完成;其中有 6% 的学生熟练掌握,并在 PPT 制作中加入了自己的设计,美观工整;90% 的学生按要求完成,格式工整;4% 的学生基本完成,但是在格式和整体效果上还存在一些问题,例如图片插入之后没有适当调整大小等。图 3-16 显示海报制作任务的完成情况:4% 的同学没有顺利完成任务;4% 的同学加入了自己的想法,使得海报呈现效果更加美观;86% 的学生都可以完整完成,并达到了预期效果;6% 的同学基本完成,格式上尚有一些问题,例如 SmartArt 图形插入有误等。

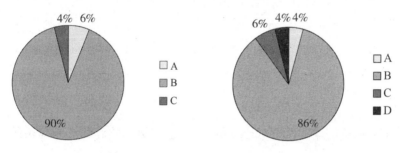

图 3-15　PPT 制作成绩分布　　　图 3-16　海报制作成绩分布

评价结果表明:大部分学生可以熟练制作 PPT 和 Word 海报,对已学知识掌握牢固,新知识也已经掌握,对于未熟练掌握的学生可以在以后的任务中多加练习。

6) 学生作品展示

本节选取一个 PPT 作品和一个 Word 海报进行展示,图 3-17 为展示的 PPT 作品,图 3-18 为展示的 Word 海报作品。

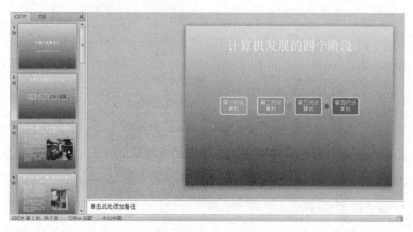

图 3-17　PPT 作品

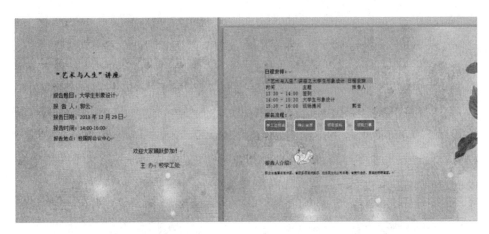

图 3-18　Word 海报作品

## 3.5　教学效果分析

本节介绍课前课后评价对比分析结果,包括学生的计算机基础操作应用能力和基于调查问卷及 SPSS 软件的教学效果分析。本研究在每堂课之后完成学生评价,并及时反馈,以促进中职学生信息技能的提升。

### 3.5.1　学生成绩分析

经过一个学期的教学,期末测评采用过程性评价和总结性评价相结合的评价方法,即最终成绩 = 平时成绩(任务完成度) * 20% + 期中成绩 * 30% + 期末成绩 * 50%。为了便于对比,评价量表依旧采用课前能力调查量表3-4。统计得到学生成绩分布,如图 3-19 所示。

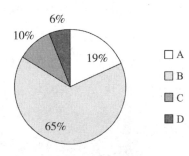

图 3-19　学生期末成绩分布

从图 3-19 可以看出,学生的计算机基础操作能力较课前有了较大提升:一半以上的学生能够熟练运用 Office 基本功能;19% 的学生可以灵活运用 Office 基本功能,并自主设计自己的内容与样式;仅有 6% 的学生尚不熟练,有待加强。这说明微课和任务驱动相结合的混合式教学方法取得了一些成效。

### 3.5.2　调查问卷分析

一学期的教学实践结束,笔者设计调查问卷对参与本研究的 49 位学生进行教学效果调查,主要为了了解学生对教学方法的态度以及在课程学习中的收获。调查问卷共发放 49 份,回收 49 份,回收率为 100%(调查问卷详见本章附录)。

笔者采用 NodeXL 社交网络可视化与统计分析软件 SPSS 17.0 进行教学数据分析。SPSS 是集数据录入、整理、分析功能为一体的统计分析软件,其基本功能包括数据管理、统计分析、输出管理等。本研究首先整理调查问卷并进行数据预处理,使用 SPSS 软件对预处理之后的数据进行有选择地分析。

1)调查问卷设计

教学效果调查问卷分为三个模块。

模块一:题目设计的目的是了解学生对微课和任务驱动教学的态度,本模块设计了 5 个题目(2—6 题)。

模块二:题目设计的目的是了解学生对课堂教学环节的态度,本模块设计了 12 个题目(7—18 题)。

模块三:题目设计的目的是了解学生的学习收获,本模块设计了 5 个题目(19—23 题)。

2)调查问卷信度和效度分析

通常认为信度系数值(Cronbach's Alpha) > 0.8 说明问卷信度很好,测验结果可靠;效度测验时若使用 KMO 值,那么 KMO 值大于 0.7,说明问卷效度较好,测验结果有效。如表 3-7 所示,本次问卷调查的信度值为 0.913 > 0.8;如表 3-8 所示,本次调查问卷的效度值为 0.706 > 0.7,说明本次问卷调查可信有效,可以用于本课程调查分析。

表 3-7　调查问卷信度值

| 可靠性统计量 | | |
| --- | --- | --- |
| Cronbach's Alpha | 基于标准化项的 Cronbach's Alpha | 项数 |
| .913 | .908 | 31 |

表 3-8　调查问卷效度值

| KMO 和 Bratlett 的检验 | | |
|---|---|---|
| 取样足够度的 Kaiser-Meyer-Olkin 度量。 | | .076 |
| Bartlett 的球形度检验 | 近似卡方 | 932.018 |
| | Df | 465 |
| | Sig. | .000 |

3）学生对微课和任务驱动教学态度分析

对题目选项进行量化，使用数值 1—4 代表满意度或者适应度的高低，数值越高，满意度越高，调查问卷中学生对教学方法态度的描述统计量分析结果如表3-9 所示。可以看出学生对微课和任务驱动教学态度的整体均值在 3 左右，标准差小于 1，数据波动不大，部分数据的极大值达到了最大数值 4。大致可以认为，微课和任务驱动相结合的混合式教学法可以激发学生的学习兴趣，学生对此比较满意和适应。

表 3-9　学生对教学态度描述统计量

| | N | 极小值 | 极大值 | 均值 | 标准差 |
|---|---|---|---|---|---|
| 2.你对当前课程中所使用的微课教学模式是否满意？ | 49 | 1 | 4 | 3.16 | .717 |
| 3.你对当前课程中所使用的任务驱动教学模式是否满意？ | 49 | 2 | 4 | 3.08 | .759 |
| 4.你对当前课程中所使用的微课和任务驱动结合教学模式是否满意？ | 49 | 2 | 4 | 3.41 | .574 |
| 5.你能否适应教师采用微课和任务驱动结合进行教学？ | 49 | 1 | 3 | 2.73 | .491 |
| 6.教师采用的微课和任务驱动教学法，能否激发你的学习兴趣？ | 49 | 1 | 3 | 2.78 | .468 |
| 有效的 N（列表状态） | 49 | | | | |

4)学生可能喜欢的课堂环节分析

在调查问卷设计多选题了解学生可能喜欢的课堂环节,进行多重响应频率分析,得到表3-10。在课堂教学环节中,学生对微视频学习最感兴趣,在整个教学环节中占比最高,为18.1%;其次为教师反馈评价阶段,说明学生更喜欢教师引导学习,提出学习建议并促进学习效果提升。整体来看,学生对整个课堂教学环节的喜爱程度相差不大,占比基本在16%—18%之间波动,而且个案占比基本在50%—60%之间,说明学生对整个课堂教学比较满意与喜爱,对新的教学方法表现出较大的兴趣,可以较好地投入到课堂学习中。

**表3-10　学生课堂喜欢环节频率分布**

| | | 响应 | | 个案百分比 |
|---|---|---|---|---|
| | | N | 百分比 | |
| 在课堂上你喜欢哪个环节? | 微课视频学习 | 30 | 18.1% | 61.2% |
| | 师生互动,教师答疑 | 27 | 16.3% | 55.1% |
| | 任务发布,完成任务 | 26 | 15.7% | 53.1% |
| | 作品展示,学生互评 | 28 | 16.9% | 57.1% |
| | 教师反馈,多元评价 | 29 | 17.5% | 59.2% |
| | 归纳总结,优化反馈 | 26 | 15.7% | 53.1% |
| 总计 | | 166 | 100% | 338.8% |

5)学生能力变化分析

对调查问卷中关于学生能力多选题进行多重响应频率分析,得到表3-11。通过一个学期的学习,学生各方面能力得到了提高。尤其是学生自主发现并分析解决问题的能力提升占比最高,为21.7%,其他能力例如自主学习能力、合作交流能力等基本一致,占比大约为20%。从表3-11还可以看出个案占比在60%—70%之间,说明学生各方面学习能力普遍得到了提高,呈现全面性,教学效果比较显著。

表 3-11　能力提高频率分布表

| | | 响应 | | 个案百分比 |
|---|---|---|---|---|
| | | N | 百分比 | |
| 通过学习,你认为自己哪方面能力得到了提高? | 自主学习能力 | 30 | 19.1% | 61.2% |
| | 合作交流能力 | 31 | 19.7% | 63.3% |
| | 评价判断能力 | 31 | 19.7% | 63.3% |
| | 发现、分析与解决问题的能力 | 34 | 21.7% | 69.4% |
| | 归纳总结的能力 | 31 | 19.7% | 63.3% |
| 总计 | | 157 | 100% | 320.4% |

课前课后评价结果对比分析说明,学生适应并满意任务驱动和微课教学方法相结合的混合式教学方法,各方面能力得到了一定提高,验证了基于中职教育教学知识图谱分析研究热点和研究前沿的有效性。

## 3.6　总结与展望

随着信息技术和计量学的发展,科学知识图谱技术不断完善,以期刊文献为研究对象的定量研究方法,受到越来越多关注。本章依据科学知识图谱相关理论,构建中职教育教学知识图谱,针对中等职业教育相关文献数据进行可视化分析,探索中职教育教学方法的改革和发展趋势,为中职教师创新性选择有效教学方法提供理论基础与借鉴意义。

### 3.6.1　总结

本章以"中职教学方法"相关词汇为关键字进行检索,选取职业教育领域教研文献作为研究对象,基于科学知识图谱相关理论,使用 CiteSpace 软件分别构建了研究机构、作者、关键词共现、聚类以及时区知识图谱,并进行基于科学知识图谱的可视化数据分析;根据分析结果设计融合任务驱动和微课教学的混合式教学方法并应用于中职计算机教学实践。得到了如下结论:

1)从事中职教育教学研究与实践的学者和机构需加强教研合作,进一步提升教研成果的质量,服务于中职教育教学实践。通过分析中职教育教学方法发文机构和作者合作图谱发现,作者之间、机构之间合作成果不多,研究力量分散,研究机构多为中职学校,核心研究力量不足。本章建议研究机构可以扩大到高校,增强整体研究力量,为中职教学长足有效发展提供建设性的理论支撑,提高中职教育教学质量。

2)充分利用信息化手段进行教学实践,取长补短,实现教学相长。分析中职教育教学方法关键词图谱发现,研究主要集中于传统的职业教育教学方法,例如项目教学法、案例教学法等;研究前沿主要为信息化教学、微课等。本章建议在实际教学中,可以将两者相结合,扬长避短,提高学生信息素养和学习能力,促进其全面发展。

3)基于科学知识图谱的中职教育教学方法应用于教学实践,丰富了中职学校的教学活动,达到了预期的教学效果。本章创造性地提出任务驱动教学和微课教学相结合的中职教育信息技术教学混合式学习方法,并应用于济南市某中等职业学校计算机基础课程教学中,通过调查问卷进行教学评价,利用 SPSS 软件分析教学效果。教学实践结果表明,学生比较喜爱和适应这种教学方法,学生的学习热情和能力得到提高,课堂效果明显改善,验证了基于科学知识图谱分析中职教育教学方法研究热点和前沿的可信度,说明了采用任务驱动和微课教学相结合的混合式教学方法进行中职教育信息技术教学的可行性。

本章基于科学知识图谱的相关研究成果为中职教师科学高效地安排教学活动提供理论依据,本章的中职计算机教学实践进一步验证了基于科学知识图谱开展中职教育教学相关研究的可行性和有效性。

### 3.6.2 不足之处

由于时间和能力有限,本研究存在以下不足:

1)CiteSpace 参数设置的差异,可能会对研究结果产生些许影响;

2)在教学实践环节,参与本研究的授课对象数量较少,时间较短,问卷调查结果的普适性有待提高;

3)教师教学经验不够丰富,教学实践活动细节有待进一步完善。

### 3.6.3 研究展望

在今后的研究工作中,可以增加研究样本,选择其他的数据库(例如 WOS)

和更多的期刊论文作为研究对象,以便使用更多数据进一步探究研究主题。同时,本章期望就研究主题进行更深入的讨论和研究,例如基于科学知识图谱对教学评价方法进行分析,得到关于中等职业教育教学更详细准确的理解,为教师制定高质量的评价量表提供理论基础,方便对学生学习过程进行个性化评价,提高学生的实操能力,满足行业要求,促进学生就业和升学。

## 参考文献

[1] 中华人民共和国教育部. 中华人民共和国职业教育法[EB/OL]. http://www. moe. gov. cn/s78/A02/zfs__left/s5911/moe_619/tnull_1312. html,1996-05-15.

[2] 国家中长期教育改革和发展规划纲要(2010—2020 年)[M]. 北京:中国法制出版社,2010.

[3] 中华人民共和国中央人民政府. 关于加快发展现代职业教育的决定[EB/OL]. http://www. gov. cn/zhengce/content/2014-06/22/content_8901. htm,2014-06-22.

[4] 中华人民共和国教育部. 国务院关于印发国家职业教育改革实施方案的通知[EB/OL]. http://www. moe. gov. cn/jyb_xxgk/moe_1777/moe_1778/201904/t20190404_376701. html,2019-01-24.

[5] 孟凡华. 新时期中等职业教育发展的路径——中等职业学校校长圆桌研讨会综述[J]. 职业技术教育,2018,39(18):40-43.

[6] 贺新元,舒均杰. 教学方法辨析[J]. 职业技术教育,2009,30(35):21-22 +71.

[7] 兰国帅,汪基德,梁林梅. 国外教育技术十大领域与权威人物的知识图谱建构研究——基于 18 种 SSCI 期刊(1960—2016 年)文献的可视化分析[J]. 远程教育杂志,2017,35(02):74-86.

[8] 梁敏香. 中职院校学生职业生涯规划的现状简析[J]. 文教资料,2019(05):143-144.

[9] Ye Z, Ruo-Yu Y. The Rise of MOOCs:The Literature Review of Research Pro-

gress and Hot Spots of MOOCs Education in Mainland China[J]. Eurasia Journal of Mathematics, Science and Technology Education, 2017,13(9):6165-6174.

[10] Lin X F, Hu Q. Trends in E-Learning Research from 2002-2013: A Co-citation Analysis[C]. IEEE International Conference on Advanced Learning Technologies. 2015.

[11] Dongyun C, Qiue X. Hotspot Domain and Trends of Curriculum and Instruction Studies in Basic Education Based on Knowledge Mapping [J]. Education Research Monthly, 2014.

[12] 陈琪. 我国农村职业教育研究热点的知识图谱[J]. 职业技术教育,2017,38(10):69-74.

[13] 李双,彭敏. 国际职业教育知识图谱研究——基于 SSCI 数据库(2009—2018年)的计量分析[J]. 西南大学学报(社会科学版),2018,44(06):59-70+190.

[14] 闫广芬,张栋科. 基于 CiteSpace Ⅲ 的中国职业教育研究知识图谱分析[J]. 中国职业技术教育,2016(27):15-23.

[15] 李勇,刘思硕,王辉,刘淼. 现代学徒制领域的文献计量与知识图谱研究——基于2014—2018年 CNKI 期刊4583篇文献的计量与可视化分析[J]. 职业技术教育,2019,40(12):23-29.

[16] 黄冠,鲜丹丹. 翻转课堂何去何从:基于 CNKI(2012—2018年)的文献计量与知识图谱分析[J]. 信息技术与信息化,2018(09):144-147.

[17] 范笑仙,汤建民. 近十年来中国高等职业教育研究的轨迹、特征和未来走向——基于高教研究类核心期刊和 CSSCI 数据库论文的文献计量分析[J]. 中国高教研究,2010(10):18-23.

[18] 王庆超,孙芙蓉. 我国高职教师研究热点和演进[J]. 职业技术教育,2017,38(07):52-57.

[19] 斯琴,范哲超. 我国高等职业教育创业教育研究热点的可视化分析[J]. 中国职业技术教育,2017(04):86-90.

[20] 洪波. 我国高等职业教育研究的知识图谱分析——基于1992—2016年核心

期刊文献[J].职业技术教育,2017,38(06):45-50.

[21] 刘娜,杨科正.我国中等职业教育研究的热点领域与主题演进——基于 CNKI(2008—2017)核心期刊文献的知识图谱分析[J].西部素质教育, 2019,5(01):13-15+26.

[22] 王小霞,杨军杰.基于 CiteSpace-5.0 的中等职业教育专业结构与产业结构 关系研究[J].软件导刊(教育技术),2018,17(12):15-17.

[23] 杨永旭,李高祥.基于 Citespace 的创客教育研究知识图谱分析[J].中国信 息技术教育,2017(09):103-105.

[24] 杨雪梅,祁占勇.中职学生生涯规划研究热点的共词可视化分析[J].职业 教育研究,2019(09):53-58.

[25] Van Schaik M, Van Oers B, Terwel J. Towards a knowledge-rich learning environment in preparatory secondary education[J]. British Educational Research Journal, 2011,37(1):61-81.

[26] Sarfo F K, Elen J. The moderating effect of instructional conceptions on the effect of powerful learning environments [J]. Instructional Science, 2008, 36(2):137-153.

[27] Reese S. A model of the career academy concept[J]. Techniques Connecting Education & Careers, 2007,82:18-19.

[28] Beausaert S A J, Segers M S R, Wiltink D P A. The influence of teachers' teaching approaches on students' learning approaches: the student perspective [J]. Educational Research, 2013,55(1):1-15.

[29] Beek J A, De Jong F P C M, Minnaert A E M G, et al. Teacher practice in secondary vocational education: Between teacher-regulated activities of student learning and student self-regulation[J]. Teaching & Teacher Education, 2014, 40(3):1-9.

[30] Dekker-Groen A M, van der Schaaf M F, Stokking K M. Teacher Competences required for developing reflection skills of nursing students [J]. Journal of

Advanced Nursing, 2011,67(7):1568-1579.

[31] 秦虹.中等职业教育教学方法现存的主要问题[J].天津市教科院学报,
2001(02):54-55.

[32] 邢晖,杨文尧.中等职业教育教学方法与手段的探索[J].职教论坛,2001
(09):19-22.

[33] 秦虹.中等职业教育教学方法的本质与特点[J].天津市教科院学报,2007
(05):52-53.

[34] 李学喜.中职专业课教学方法探索[J].中国职业技术教育,2008(13):
45-46.

[35] 潘七君,徐辉.浅谈中等职业教育教学方法的改革[J].咸宁学院学报,
2011,31(02):155-156.

[36] 张国红.走向知行合一:中职专业课教学方法研究述评[J].中国职业技术
教育,2012(26):16-20.

[37] 邵亚萍,沈亚强.中职教学有效性研究综述[J].职业教育研究,2015(07):
16-19.

[38] 宁永红,马爱林,张小军.近三十年中等职业学校专业教学法的发展历程及
趋势[J].教育与职业,2015(31):17-20.

[39] 陈咏.近十年我国中职英语教学研究综述[J].职业技术教育,2016,37
(02):41-45.

[40] 王庆超.我国中职课堂研究热点知识图谱[J].中国职业技术教育,2017
(14):19-22.

[41] 潘龙飞,孙芙蓉,胡红珍.新世纪以来我国中职教学研究热点知识图谱[J].
教育导刊,2018(07):78-81.

[42] 张国鹏,高春甫,贺新升.基于 CiteSpace 的我国中职微课研究热点可视化分
析[J].职业技术教育,2019,40(14):47-51.

[43] 郑晶晶.问卷调查法研究综述[J].理论观察,2014(10):102-103.

[44] 储节旺,卢静.知识管理的研究方法综述——以 2007—2011 年硕博论文为

例[J].现代情报,2012,32(08):173-177.

[45] 李杰,陈超美.CiteSpace:科技文本挖掘及可视化[M].北京:首都经济贸易大学出版社,2019.

[46] 纪芝信.职业技术教育学[M].福州:福建教育出版社,1995

[47] 翟倩,祝琳琳.基于文献计量的国内知识图谱研究综述[J].图书馆学研究,2016(18):13-19.

[48] 陈悦,刘则渊,陈劲,侯剑华.科学知识图谱的发展历程[J].科学学研究,2008(03):449-460.

[49] 焦晓静,王兰成,韩锋.知识图谱在科技情报研究中的应用模型构建[J].图书情报知识,2017(03):118-129.

[50] 邓国民.国际教育技术学研究知识图谱:理论、技术与实践应用[M].上海:复旦大学出版社,2018.8.

[51] 陈悦,陈超美,刘则渊,胡志刚,王贤文.CiteSpace知识图谱的方法论功能[J].科学学研究,2015,33(02):242-253.

[52] 高俊宽.文献计量学方法在科学评价中的应用探讨[J].图书情报知识,2005(02):14-17.

[53] 赵蓉英,许丽敏.文献计量学发展演进与研究前沿的知识图谱探析[J].中国图书馆学报,2010,36(05):60-68.

[54] 付举磊,孙多勇,肖进,汪寿阳.基于社会网络分析理论的恐怖组织网络研究综述[J].系统工程理论与实践,2013,33(09):2177-2186.

[55] 王炳立.基于科学计量学的国际大数据研究可视化分析[J].情报杂志,2015,34(02):131-136.

[56] 李兴源,陈业华.基于CiteSpace的国内社会科学研究中熵的应用分析[J].科技管理研究,2018,38(13):259-266.

[57] 李晓方.项目教学法在"机械制图"课程中的应用实践[J].中国职业技术教育,2018(14):42-44+53.

[58] 刘大军,郭美娟,马慧,陈晓铃,张立军.近三年我国职业技术教育教学方法

研究述评——基于我国职业技术教育四本核心期刊的统计分析[J].中国
职业技术教育,2019(29):44-52.

[59] 沈爱凤,韩学芹.职业教育中"任务驱动式"教学模式的探讨与应用[J].职
教论坛,2016(02):46-49.

[60] 司红运,施建刚,陈进道,吴光东,王欢明.从《中国人口·资源与环境》审视
国内的可持续发展研究——主题脉络、知识演进与新兴热点[J].中国人
口·资源与环境,2019,29(07):166-176.

[61] Timothy O. Olawumi, Daniel W M. Chan. A scientometric review of global
research on sustainability and sustainable development[J]. Journal of cleaner
production,2018,183:231-250.

[62] Chen, C. CiteSpace Ⅱ: Detecting and visualizing emerging trends and transient
patterns in scientific literature[J]. Journal of the American Society for Informa-
tion Science and Technology, 2006,57(3),364.

[63] 夏继军.高职院校微课教学的问题、原因及开展途径[J].教育与职业,2017
(19):89-92.

## 本章附录

**调查问卷**

### 微课和任务驱动教学法在中职计算机专业课教学中应用效果

亲爱的同学们：

你们好！老师在本学期的计算机应用基础的授课中采用了微课和任务驱动教学法。本问卷为了了解大家在该门课程中对该教学方法的看法，以及对该课程教师的授课方式、教学安排，教学评价等满意度，设计了以下问卷。本问卷仅用于数据统计，包含单选题和多选题，请同学们以不记名的方式根据要求对问卷作出真实回答。

1. 你的性别［单选题］

   A. 男          B. 女

2. 你对当前课程中所使用的微课教学模式是否满意？［单选题］

   A. 不满意      B. 一般      C. 满意      D. 很满意

3. 你对当前课程中所使用的任务驱动教学模式是否满意？［单选题］

   A. 不满意      B. 一般      C. 满意      D. 很满意

4. 你对当前课程中所使用的微课和任务驱动结合教学方法是否满意？［单选题］

   A. 不满意      B. 一般      C 满意      D. 很满意

5. 你能否适应教师采用微课和任务驱动结合进行教学？［单选题］

   A. 不能      B. 一般      C. 能

6. 教师采用的微课和任务驱动教学法，能否激发你的学习兴趣？［单选题］

   A. 不能      B. 一般      C. 能

7. 你对教师在课堂上安排的教学内容有何看法：［单选题］

   A. 枯燥乏味，不感兴趣

   B. 无所谓

   C. 能调动学习兴趣，但仍须改进

   D. 感兴趣，喜欢

8. 教师在教学过程中制作的教学视频能否引起你的学习兴趣？［单选题］

　　A. 很不感兴趣　　　B. 不感兴趣　　　C. 无所谓　　　D. 感兴趣

9. 教师制作的教学视频内容是否清晰透彻，突出重点，化解难点？［单选题］

　　A. 较差　　　　　　B. 一般　　　　　C. 较好　　　　D. 很好

10. 当教师布置任务之后，你的常规做法是：［单选题］

　　A. 独立思考，独立完成

　　B. 先独立思考，后小组讨论完成

　　C. 先小组讨论，后独立完成

11. 教师布置的任务能否锻炼你的实际应用能力？［单选题］

　　A. 不能　　　　　　B. 一般　　　　　C. 能

12. 你认为任课教师在教学设计方面做得如何？［单选题］

　　A. 较差　　　　　　B. 一般　　　　　C. 较好　　　　D. 很好

13. 你认为任课教师在教学评价方面做得如何？［单选题］

　　A. 较差　　　　　　B. 一般　　　　　C. 较好　　　　D. 很好

14. 你认为任课教师在教学中启发学生思维，引导学生解决问题方面做得如何？

　　［单选题］

　　A. 较差　　　　　　B. 一般　　　　　C. 较好　　　　D. 很好

15. 你认为任课老师是否因材施教，注重对学生学习方法的引导？［单选题］

　　A. 较差　　　　　　B. 一般　　　　　C. 较好　　　　D. 非常好

16. 课堂上，你认为教师与同学的互动情况如何？［单选题］

　　A. 较少　　　　　　B. 一般　　　　　C. 经常

17. 你认为课堂上的学习气氛如何？［单选题］

　　A. 非常沉闷　　　B. 总体一般　　　C. 较活跃　　　D. 很活跃

18. 在课堂上，你喜欢哪个环节？［多选题］

　　A. 微课视频学习

　　B. 师生互动，教师答疑

　　C. 任务发布，完成任务

　　D. 作品展示，学生互评

E. 教师反馈,多元评价

F. 归纳总结,优化反馈

19. 经过微课和任务驱动教学之后,你是否更容易掌握新课的重难点?[单选题]

A. 不能          B. 无变化          C. 能

20. 课堂的学习内容,你能掌握多少?[单选题]

A. 基本不能掌握                    B. 能掌握部分

C. 基本能掌握                      D. 完全能掌握

21. 你认为教师采用微课和任务驱动进行教学,可以提高你哪方面的能力?[多选题]

A. 自主学习能力

B. 合作交流能力

C. 评价判断能力

D. 发现、分析与解决问题的能力

E. 归纳总结的能力

22. 学习本门课之后,你能利用所学知识解决现实生活中遇到的相关问题吗?[单选题]

A. 根本不能解决                    B. 不确定能不能解决

C. 差不多能解决                    D. 能顺利解决

23. 针对目前所学课程,你的收获如何?[单选题]

A. 较少          B. 一般          C. 较多          D. 很多

# ·第四章·

# "微信小程序"课程校本化探索与实践

2019年,国务院颁布《国家职业教育改革实施方案》,其中强调了中等职业教育的重要地位,为优化中职教育结构、提高中等职业教育改革和发展水平指明了方向。中职学校响应国家号召和信息时代发展需求,积极开展中职教育和教学改革。在学生培养方面,如何将课程知识学习与实践技能培养相结合,助推中职学生成为满足时代需求的创新型技能型人才成为中职教育的重要课题。

微信小程序作为时代发展的产物,逐渐得到重视和认可,社会对微信小程序开发人才的需求也与日俱增。微信小程序开发门槛较低,在中职学生就业市场占有明显优势。然而,目前开设"微信小程序"相关课程的中职学校寥寥无几,在微信小程序开发人才培养方面缺口明显。本章基于中职学校对"Dreamweaver"课程改革的需要,开展中职学校"微信小程序"课程校本化探索与教学实践,并对课程教学效果进行多元评价。

论文主要工作和创新点如下:

1. 针对中职学生特点和中职学校课程设置实际需求,提出在中职学校开设"微信小程序"校本课程的设计方案。首先,对学生学习基础、兴趣爱好和"Dreamweaver"课程学习现状进行调查分析,了解中职学校对"微信小程序"校本课程建设需求、实验条件及对课程设置的建议,考察微信小程序在企业中的应用现状和发展前景,分析微信小程序开发人才培养情况与企业实际用人需求的匹配度。

然后,将调查分析结果应用于"微信小程序"校本课程设计,包括制定课程目标、编排课程内容、选择课程资源、构建课程评价等。这为"微信小程序"校本课程的中职教学实践提供了理论和实践依据。

2.针对中职学生个性化学习需求,提出基于"微信小程序"校本课程的混合式教学方法。"微信小程序"课程教学实践综合考虑学生学习习惯、偏好以及课程特点等,采用理论与实践相结合的混合式教学方法。教学过程包括课前线上理论学习、课上实践教学和课后总结提升三部分,重点强调三个环节的衔接与知识的递进。课前利用微课进行理论学习,课堂采取任务驱动的实践教学,课后全面梳理学习内容并完成个性化学习任务,旨在牢固掌握知识,切实提高能力,实现知识到能力的升华。

3.针对"微信小程序"校本课程混合式教学实践,提出符合中职特点的校本课程发展性教学评价方法。该课程评价包括学习过程整体评价和课程开发效果评价两部分。"微信小程序"校本课程学习过程整体评价采用面向学生的发展性学习评价,评价指标包括平时成绩、学生自评和互评、教师评价、期末成绩等。面向课程本身的开发效果评价由两部分组成,一是学校教研组就课程内容编排、资源选择等方面进行评价,二是调查学生对课程的整体满意程度。综合学习过程和课程开发效果的评价方法为"微信小程序"课程校本化建设提供科学的评价依据,并进一步指导课程的不断改进和优化。

最后,我们在济南某中职学校开展了一个学期的教学实践。实践结果表明,"微信小程序"校本课程建设目标清晰,课程设计比较完整,评价方法相对合理。在混合式教学实施阶段,教学过程安排合理,能够调动学生的学习积极性,基本满足学生个性化学习需求,取得了预期的效果。本研究为中职学校进行"微信小程序"课程校本化建设提供了设计方案和参考实例。

## 4.1 绪论

### 4.1.1 研究背景

1)国家政策的支持

随着中等职业学校教育改革和课程改革纵深推进,校本课程开发引起广泛关注。国家大力提倡中等职业学校根据实际情况和发展需要自主开发校本课程,并在政策上给予重点支持。《国务院关于大力推进职业教育改革与发展的决定》(国发〔2002〕16号)强调中等职业教育课程改革应突出特色性,发展方向应反映新思想、新方向和新方法。[1]《教育部关于学习贯彻习近平总书记重要指示和全国职业教育工作会议精神的通知》(教职成〔2014〕6号)强调,要准确把控中等职业教育人才培养的定位,积极推进岗位需求、专业特色、课程标准与职业要求之间的融合,提高中职学校对技能型人才培养的质量,深化课程改革。《教育部办公厅关于印发〈中等职业学校公共基础课程方案〉的通知》(教职成厅〔2019〕6号)指出,中职学校公共课的任意一门选修课,学校可以参考自身发展情况和学生实际需求进行内容设置。[2]

校本课程可以充分展现学校优势,课程内容可以融合新兴知识,使学生更好地顺应时代发展,促进学生职业能力的提高。为贯彻国家政策,满足中等职业教育发展需求,越来越多的中职学校开始将校本课程建设纳入重点实施项目,并将校本课程开发作为中职课程建设过程中的首要环节。[3]

2)中职学校对校本课程的需求

中职学校课程设置极具导向性,每个专业都设置了与未来职业规划相衔接的课程,其中课程目标和内容的制定都会参考当前企业的招聘标准、学校的培养目标和学生的职业发展需求。校本课程在开发过程中不仅能够融合学校优势和学生特点,还能考虑企业的用人需求,同时可以实现职业教育本土化。

在知网中以"校本课程开发"为主题词,时间跨度为2010—2020年,手动剔除不相关文献后,得到4383篇有效文献。将所有数据导入CiteSpace可视化软件,生成关键词共现图谱,如图4-1所示。基于关键词共现图谱研究发现:目前开发校本课程的有小学、初中、普通高中、中职和高职,其中小学、初中、普通高中和高职的校本课程相对较多,中职学校开设的校本课程较少。针对中职学校校本课程数量少,发展慢的现状,许多中职学校开始认识到校本课程开发的重要性和紧迫性。

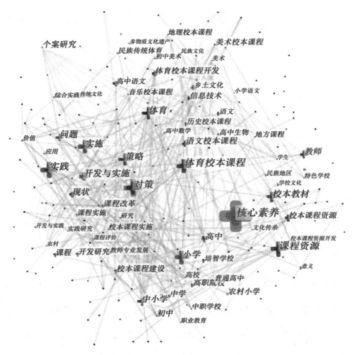

图 4-1　关键词共现图谱

3）微信小程序在教育领域的发展

微信作为国内最大的移动终端程序,在 2017 年正式发布了微信小程序。这吸引了许多开发者对其进行学习和研发,推出不同类型的小程序应用。[4]微信小程序可视为一个收藏夹,能将桌面上一些使用频率低但又不可或缺的应用收集起来。[5]除了具备手机 App 应用的灵活性,微信小程序还具有无须下载和安装、开发推广成本低、开发周期短、几乎不占用内存等显著优势,倍受开发者和使用者的青睐。

目前我国开设微信小程序相关课程的高校有上百所,其中不乏职业院校。许多院校将微信小程序课程融入"web 开发""软件工程"等计算机专业课程中,还有很大一部分院校将微信小程序课程开设为全校公共选修课、通识课,甚至是入学前导课。教师利用几节课的时间便能引导学生理解小程序的开发框架,大多数学生可以通过简单的学习创作出满足基本功能需求和较为美观的小程序作品。许多院校中,各专业学生经过简单的项目案例教学和微信控件学习,加之交流合作,便可迅速掌握微信小程序产品的开发技巧。在全国微信小程序开发大赛中,不少学生取得了优异成绩,甚至获得腾讯公司校招的机会,为自己的职业规划添上了浓墨重彩的一笔。完成基本课程学习后,对微信小程序有浓厚兴趣的学生通过进一步学习提升自身技能,并在挑战杯、"互联网 + "创新创业大赛等竞赛中将"微信小程序"作为研究主题,个别同学在"创业谷"注册公司,真正开展自主创业实践,年收入可达到数十万元。

微信小程序较低的开发门槛和广泛的市场需求,同样引起了中职在校生的关注,许多中职学校开始逐步培养学生对微信小程序的兴趣。对于中职学校三年级的学生来说,他们创新能力强、思维活跃,通过学习"Dreamweaver"课程,已经具备基本的 CSS、HTML 和 JavaScript 语言基础,短时间的微信小程序案例教学便能引导他们创作出简单实用的小程序,并逐步完成小程序的独立开发。学生不仅能够在课堂上学习微信小程序开发的理论知识和实践技能,也可以在学校"创客"工作室开展协作学习,对知识进行拓展延伸,同时,他们也可以通过参加微信小程序技能大赛,积累小程序开发经验。对中职学生而言,掌握微信小程序开发,既是掌握了一项技能,也为自己今后的就业增加了筹码,顺应了中职学校培养技能型人才的目标。[6]在国家鼓励万众创新创业的时代背景下[7],很多中职学生毕业后会选择自主创业,学习"微信小程序"课程能够帮助他们进行多元化职业选择,比如设计开发微信小程序为自己所在的公司进行商业宣传和业务拓展、利用自己的开发特长根据客户需求订制微信小程序等。

### 4.1.2 研究意义

1)理论意义

➢ 丰富中职学校计算机专业校本课程

目前中职学校计算机相关专业校本课程较少,课程体系相对固定,科目与内容革新缓慢。微信小程序校本课程的开发与实施,能够丰富中职计算机专业校本课程体系,以"Dreamweaver"课程为基础进行内容拓展,能够顺应时代发展需求并更新中职计算机专业部分课程教学内容。

➢ 对国家课程的补充

基于中职学生特点、基础和爱好而有针对性地开发校本课程是面向普适教育的国家课程的有益补充。[8]微信小程序课程开发基于学生特点、学校特色、行业需求等多方面的分析,具有针对性、地域性、知识性和灵活性等特点,能满足中职学生个性化学习需求,从而调动学生学习积极性,使学生产生归属感,同时也是对国家课程的有益补充。

2)实践意义

➤ 有利于提高中职学生的学习兴趣

为避免部分中职学生因基础较差导致在学习过程中处于被动地位的局面,校本课程在开发过程中会调查学生知识基础和需求,在建设过程中把学生的兴趣爱好融入课程设计和教学中,保障学生对课程内容自主选择的权利,给予学生参与课程学习的主动权,使学生能够增强对本专业的兴趣,提高学习积极性,有助于优化学习效果。

➤ 有利于形成中职学校的专业特色

学校专业特色的形成就是培养学校独一无二且超越众者的专业品质[9],校本课程能够将专业特点充分显现出来,对形成学校特色具有推动作用。本章以中职学校计算机专业必修课程"Dreamweaver"为基础开发微信小程序校本课程,旨在提升中职学生的专业能力,拓展职业技能,形成学校专业特色。基于中职学生学习微信小程序的需求,开设相应课程,对中职学校专业特色形成具有重要推动作用。

➤ 有利于培养时代所需的技能型人才

技能型人才主要是在生产第一线进行实操工作,既需要知识储备,同时还要具备熟练技能。"微信小程序"校本课程内容具有创新性,教学方式新颖,能够根据时代发展需要对中职学生进行培养,使其不仅掌握必备的理论知识,同时还具有相应的实践技能,有助于学生成为新时代的技能型人才。

### 4.1.3 国内外研究现状

1)国外研究现状

➤ 校本课程的国外研究现状

"校本课程开发"(School Based Curriculum Development,SBCD)一词源于福鲁马克和麦克墨伦等1973年在国际课程研讨会上的提议和相关阐述。[10]校本课程开发的定位是校内老师根据学校发展需要、学生认知特点、学习基础及需求进行课程开发、设计和实施。此后校本课程一词得到广泛传播,在近半个世纪的发展历程中,世界各国都对校本课程开发予以了极大重视。

校本课程的理论研究方面,Mark Priestley 等对英国两所学校的校本课程进行了研究,从政策解读的角度提出校本课程开发要遵守课程制定规范并遵循课程开发流程。[11]Zhong ZhouDa 进行了民族地区共生教育校本课程的开发研究,提出了民族地区共生教育的内涵和价值取向等。[12]Uswatun Qoyyimah 在校本课程框架下,比较研究了两个学校课程政策执行情况。[13]Li-Yi Wang 等以新加坡某学校信息技术类课程为例开展校本课程研究。通过课堂观察、教师小组会议和小组讨论等活动收集数据进行教学效果分析,结果发现集体分享和实践教学是校本课程开发取得预期成果的保障。[14]

校本课程的开发与实施方面,Erhun Tekakpınar 等开发了体育教育类校本课程与线上学习相结合的教学体系。实践结果表明,学生户外运动课成绩和运动技能均有大幅度提升。[15]Swartz Karen 等针对美国中学生设计了抑郁症健康教育校本课程。比较性教学实践表明,抑郁症健康教育校本课程的开设有助于提高大学生心理健康水平,也是有效的公共卫生干预措施之一。[16]Zaitun Qamariah 按照校本课程的编写原则,开发了基于校本课程的伊斯兰英语教材。教材内容划分为若干主题,有助于学生依据语言情景准确掌握英语语法结构,全面发展英语的听、说、读、写技能,从而使他们的语言水平得到大幅度提升。[17]国外校本课程的教学实践成果表明,国外各学校对于校本课程开发都较为重视,并给予了相应政策和经济上的支持,以促进校本课程更好地建设和发展;国外教育部门在校本课程相关政策制定、课程编排及实战教学等方面都积累了丰富经验。其中,小组协作集体分享的学习方式和基于实践的教学方法有助于目标达成。各具特色的校本课程能够激发学生对课程学习的兴趣,使学习效果最优化,进而促进专业技能的提升。

➢ 微信小程序的国外研究现状

Christian Montag 等研究了微信功能,并与其他流行应用程序如 Facebook/WhatsApp 对比,认为未来有必要系统研究微信等媒体平台对人际交往能力、幸福感和心理健康的影响。[18]Weisen Liao 等设计了一种基于窄带物联网通信的冷却塔远程移动监控系统,由 web 界面程序读取数据库中的数据,并通过微信小程序将结果展现出来,这个系统实现了冷却塔的远距离操控和故障提醒,提高了使用便捷性,降低了其运营和监测成本。[19]Lili Sang 分析了利用微信小程序优化图书借阅服务的三种方案代码和软件工程领域的三种使用实例,为实现基于微信小程序的图书借阅系统提供了思路。[20]

通过对国外研究现状的分析,可以得出以下几点:第一,在校本课程建设上,国外的发展优于国内,尤其是欧洲等国家校本课程建设成果较为突出;第二,国外校本课程应用范围很广泛,不局限于某一个专业;第三,校本课程开发要综合考虑市场需求、岗位需要,并将这些需要融入课程内容开发和实践教学中;第四,目前国外对微信小程序的研究略现雏形。

2)国内研究现状

➤ 校本课程的国内研究现状

在理论研究方面,廖哲勋提出对校本课程开发的理性思考,他认为校本课程开发必须坚持灵活性、创新性等原则,若开发过程中出现矛盾应该采取必要措施加以解决。[21]杜文军等提出建立家长资源的校本课程,从而拉近家长与学校的距离,并对开发过程、理念和评价机制等都提出了建议。[22]郭乐静提出要根据学校特色进行校本课程开发,在资源开发上围绕校本教材、当地特色、办学方针、发展规划四个方面进行。[23]王雯雯提出教师参与校本课程评价的价值、存在的问题以及解决方法,针对目前教师参与课程评价存在的问题建议通过提升教师主体地位和专业素养等进行改进。[24]

在校本课程开发与实施方面,卢成树开发了《校园气象观测与物候》校本课程,基于制定的课程目标,在某中学开展了教学实践。该课程独具地域特色,能够激发学生的学习兴趣,教学实践表明该校本课程取得了较好效果。[25]夏静芳在马陵中学进行"儒家文化"校本课程教学,由于该学校所在地区深受儒家文化滋养,作者进行了内容选择与重构,借助项目学习实施了课程内容,从内容和形式两个方面进行课程考核,最终在儒学文化校本课程影响下,学生的行为习惯慢慢发生着改变。[26]陈婷在拉萨实验小学进行了藏文化校本课程教学实践,作者认为课程目标制定是一个逐步展开、不断细化的过程,课程内容也应在实施过程中逐渐扩展,课程实施方式的多样化促使学生在课堂学习中由被动变为主动,从知识接受者转变为知识探求者,课程评价指标多元化促进学生综合素质的提高。目前,该校本课程得到了广泛认可,其教学模式也在不断推广中。[27]

中职学校校本课程开发方面,在知网中检索"中职校本课程开发"等系列关键词,时间跨度为 2010—2019 年,共检索到有效文献 178 篇。其中,有关中职学校校本课程的文献数量仅占总量的 4% 左右。在应用上,校本课程主要分布在语文、英语、体育等科目,而计算机相关的校本课程寥寥无几;在未来发展上,中职学校校本课程开发相关文献的数量总体呈逐步上升趋势。吴铠波提出在中职学校进行 3D 打印技术校本课程开发与实践,作者更偏向理论研究,该校本课程的课堂实践仍处于探索阶段。[28]李灏进行了中职 Python 校本课程开发与实施,作者兼顾理论研究和教学实践,取得了良好的教学效果,为本章校本课程开发提供了思路。[29]田元在中职"计算机图形图像处理"校本课程开发方面进行有益探索[30],但在教学实践上稍有欠缺。董剑林致力于设计开发中职计算机应用基础校本课程[31],但在具体实践方面略显逊色。

综上所述,目前校本课程开发和实践在不同院校受到普遍重视。但是,中职学校校本课程开发仍处于理论研究阶段,教学实践经验不足,有效的教学成果更是凤毛麟角。因此,本章借鉴当前中职学校校本课程开发的理论成果,结合某中职学校特色,进行"微信小程序"校本课程的探索,积极寻求有效的校本课程教学实践方法和评价指标。

➤ 微信小程序的国内研究现状

在微信小程序理论研究方面,喻国明等探究了微信小程序的应用场景和未来发展。[32]作为一种灵活便利的服务工具,微信小程序在切换使用场景和提供服务的同时,满足了用户的个性化需求。郝蕾等对微信小程序代码实现和未来发展进行分析,结合微信小程序具体应用,对微信小程序的整体架构、核心技术和市场规模展开分析。[33]熊精精对基于小程序的知识竞答学习软件进行分析,指出系统实现存在的问题,为其优化和发展指明方向。[34]

微信小程序应用领域十分广泛,尹明章等充分研究了微信小程序在日常使用中的灵活便捷性,以之为基石搭建了图书共享平台。[35]通过具体应用将该平台增强用户体验感、降低使用成本等优势显现出来。秦昌鹏等开发了基于微信小程序的实验室助手,主要由学生签到模块、课程预习模块、课程步骤模块和班级共享模块组成,帮助学生实现高效学习。[36]涂相华等构建了师生互动的 WECO课堂,在深圳大学 MOOC 线下见面课中开展 WECO 课堂教学,取得了令人满意的教学成果。[37]王家卫等根据高校宿舍管理实际需求,提出了基于 SOA 的高校宿舍管理小程序,满足师生方便高效实现智能宿舍管理的需求。[38]

微信小程序的中职学校应用方面,在知网以"微信小程序 * 中职"为关键词进行高级检索,共检索到五篇文献。连惠燕对中职学校多媒体英语阅读小程序展开调查[39],结果表明,兼顾阅读体验感与词注释功能的小程序获得了更多认可。邹锰面向中职高三学生开发了基于微信小程序的招聘平台[40],对小程序开发和实现做了具体阐述。许智超依据 DIEE 培训标准面向中职信息技术老师开设了微信小程序课程[41],根据微信小程序课程目标设计课程教学计划和大纲,并进行实战教学。李珊开发了基于微信小程序的中职学校学生活动管理系统,提高了学校管理效率,同时也给学生带来了良好体验。[42]曹海燕分析了微信小程序辅助中职课堂数字化教学的可行性,丰富了教学手段,这是微信小程序辅助教学的有益探索。[43]

国内研究现状的分析结果表明:第一,近年来校本课程开发在我国发展比较快,并颇受重视;第二,微信小程序自上市以来发展迅速,应用领域遍及各个方面;第三,目前我国中职学校校本课程数量较少,发展空间很大;第四,中职计算机专业相关的校本课程数量极少,处于初始启动期;第五,在计算机专业开设微信小程序课程的中职学校微乎其微。

3)研究现状述评

微信小程序凭借其高效便捷的优势,广泛应用于医学、教育、图书管理等领域。小程序的发展,扩大了各行各业对小程序人才的需求,这可能成为中职学校人才培养的一个重要方向。中职学校可以逐步引进微信小程序校本课程,借鉴国内外校本课程建设的优秀经验,不断改进完善,使学生在竞争日益激烈的社会大环境下,紧紧抓住小程序带来的机遇,实现个人的职业规划和发展。基于目前微信小程序的应用范围和发展现状可以预见,中职学校引入微信小程序校本课程未尝不是一种发展趋势。

### 4.1.4 研究思路和方法

1)研究思路

首先大量阅读校本课程开发相关文献,了解其发展历史和现状;然后对济南某中职学校计算机专业三年级学生进行问卷调查、与老师进行交流访谈,了解该学校学生基本情况和课程建设现状;再通过分析文献和公开数据,了解目前计算机行业的发展方向,以及社会对中职学生的人才需求;最后基于现状调查和需求分析,结合校本课程开发相关理念,总结"微信小程序"校本课程开发的思路和方法,进而对该门课程进行尝试性构建和探索性教学实践。研究思路如图4-2所示。

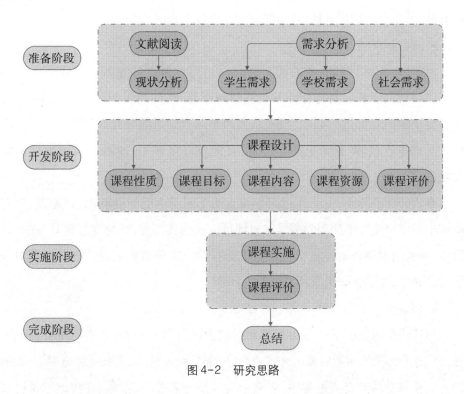

图4-2 研究思路

2）研究方法

研究方法指为获得教育研究规律而采用的方法和手段的集合[44]，在整个研究过程中占据不可或缺的地位。本研究主要采用文献分析法、问卷调查法、访谈法和共词分析法。

➢ 文献分析法

文献分析法在目前的科学研究领域应用非常广泛，主要用于搜索、整理某研究方向的有关文献，对搜索到的文献进行系统化分析得到有效信息，理清研究课题的发展历程和进度，归集疑点和难点，抓住该课题的发展方向和突破口。[45]

本章的准备阶段，主要在中国知网等数据库搜索与"校本课程""微信小程序"这两类关键词有关的硕博士论文和期刊文献，采用文献分析法对其进行分析、整理和归纳，从而了解国内外校本课程开发和微信小程序从兴起到壮大的发展历程，学习借鉴其先进理念，为本研究提供理论依据。

➢ 问卷调查法

近年来，我国越来越多的调查研究采用问卷调查法进行信息采集。问卷调查法是研究者根据特定标准和流程编制问卷，将问卷发放给相关人员，回收填写完毕的问卷并进行数据分析，从而得出调查结果的一种研究方法。[46]问卷调查法成本较低，调查结果相对客观，且能较好保护用户隐私，因此数据真实性较强。

本章的准备阶段，主要通过问卷调查法了解学生的专业基础、兴趣爱好、对微信小程序以及校本课程的需求和对评价方式的选择等，优化课程设计；在评价阶段，采取问卷调查法收集学生对整个课程学习阶段自我表现的评分以及对课程的满意度，收集教研组老师对课程的评价。

➢ 访谈法

访谈法是研究者采用口头形式和受访者进行深入交谈，获取一手资料的方法。[47]由于访谈采用面对面的方式进行，有利于深入交流，获取更加客观、真实的信息。在与受访者交谈过程中，应充分尊重受访者意愿，准确、详实地记录访谈内容。

本章的准备阶段,采用访谈法向计算机专业教师了解"Dreamweaver"课程的现状、对校本课程的想法和建议以及对学生的要求等。

➢ 共词分析法

共词分析法主要是统计某一组词在同一篇文献中出现的次数,用相同文献中出现的词频数反映关键词之间的亲疏程度。在同一篇文献中出现频率越高,这一组词之间的联系就越紧密,反之,越疏远。研究者通过共词分析可以了解研究领域的发展历史、热点、前沿、主题分布等情况。[48]

本章的准备阶段,采用共词分析法了解我国校本课程开发的现状,包括学科分布、院校分布等,为"微信小程序"校本课程开发指引方向;在课程设计阶段,采用共词分析法探寻我国职业院校课程评价方法,为"微信小程序"校本课程评价提供参考。

### 4.1.5 论文主要内容和创新点

本章的主要研究内容如下:

1)通过问卷对学生、教师和社会三方面需求展开调查,详细了解学生学习基础、兴趣爱好和就业规划,明确教师对课程的要求和期待,把握社会发展最新动态和人才需求,根据需求分析结果进行"微信小程序"校本课程内容、目标、资源等方面的设计。

2)根据学生学习偏好和课程特点,选择理论知识与实践教学相结合的混合式教学方法,设计"微信小程序"校本课程教学环节,将教学过程分为课前线上自主预习、课中任务驱动实践教学和课后总结三个方面,并在济南某中职学校开展实践教学。

3)针对"微信小程序"混合式教学过程,构建发展性课程评价体系,包括学习过程整体评价和课程开发效果评价两部分。学习过程评价主要包含学生自评、互评、教师评价及平日成绩等,课程开发效果评价主要对课程设计和实施两个阶段展开评价,通过评价检验学生学习效果、教师教学效果以及课程开发效果,以更好地改进教学。

本章的主要创新点如下:

1)"微信小程序"校本课程开发综合考虑多方面因素,将学生发展需要、教师期望和社会需求的调查分析结果纳入课程开发过程中,体现创新性、时代性和以人为本的课程开发理念。

2)"微信小程序"校本课程教学环节联系紧密,相互配合。课前微课学习为课中实践教学奠定理论基础,辅助实践教学更好地开展;课堂知识总结对课前和课中学习内容进行梳理,课后个性化学习任务是对课前和课中所学知识的检验,三个教学环节相辅相成,使教学过程更加完整,学习效果更加显著。

3)"微信小程序"校本课程发展性教学评价体系具有多元性、有效性和可操作性,有助于充分体现学生在情感、态度、成绩等方面的改变,将课程设计和实践过程中取得的成效客观展现出来,是对课程效果的有力检验。

### 4.1.6　本章结构

本章分为三个板块,共包含七个小节,如图4-3所示。第一节和第二节为本章提供理论基础,第三节到第六节主要是"微信小程序"校本课程的需求分析、设计、实施和评价,第七节是总结和展望。

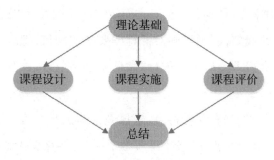

图4-3　本章结构图

第一节　绪论:主要描述"微信小程序"校本课程开发的研究背景与意义、国内外研究现状、研究思路与方法,为后续课程开发奠定基础。

第二节　理论基础及概念界定:介绍建构主义理论、首要教学理论、混合式学习理论和人本主义理论,对校本课程和校本课程开发进行概念界定,阐明这些理论和概念对本研究的启示。

第三节　校本课程需求分析:对"Dreamweaver"课程的教学现状进行调查并从学生、学校和社会三个层面对"微信小程序"校本课程的需求进行分析。

第四节　校本课程设计:结合相关教育理论和前期的开发分析,对"微信小程序"校本课程进行设计,包括教学目标、教学内容等。

第五节 校本课程教学实践:依据"微信小程序"课程设计,在济南某中职学校开展教学实践,并对某一具体教学案例进行详细阐述。

第六节 校本课程评价:检验"微信小程序"校本课程实施效果,主要包括学习过程整体评价和课程开发效果评价两部分。

第七节 总结与展望:对本章工作的梳理与总结,分析"微信小程序"校本课程开发与实施过程中存在的不足,对后续工作进行展望。

### 4.1.7 本节小结

本节介绍了"微信小程序"校本课程开发的基础内容,阐述了研究背景和意义,分析了微信小程序与校本课程的研究现状,介绍了采用的研究方法,并对本章结构整体规划。这为后续工作的开展奠定了基础,有利于"微信小程序"校本课程的具体开发与实施。

## 4.2 理论基础及概念界定

本节主要对校本课程开发的相关理论进行阐述,对相关概念进行界定,为课程开发提供理论支持。

### 4.2.1 理论基础

1)建构主义理论

➢ 理论内容

最早提出建构主义理论的是皮亚杰,他对建构主义的分析是以儿童心理发展的相关理论为基础,他认为内外环境共同影响促进儿童认知发展。儿童在和外部环境互动的过程中,逐步建立对外部环境的认识,进而使自己的认知得到发展。[49]在学习上,建构主义主张在教师指导下以学生为中心的学习方法。学生主动探索新知、发现并解决问题,主动构建知识,教师是引导者、促进者,而非知识灌输者。[50]建构主义认为学习过程的实质既包括在已有经验的基础上进行有意义的知识构建,也包括学习者将旧知识抽离出来与新知识进行融合,对原有知识进行重组。[51]也就是说,内外环境共同作用下的知识构建过程是"同化"和"顺应"的过程。

➤ 理论启示

根据建构主义理论,在课程开发过程中,教师要了解学生的最近发展区,以学生已有知识为基础进行目标制定、内容选择与编排。在教学过程中,教师要担任起知识传授者、教学辅助者和引导者的角色,激发学生求知欲,发挥学生积极性,促使学生自觉参与到学习过程中,让学生在"同化"和"顺应"的过程中主动学习与构建知识。在"微信小程序"校本课程教学实践过程中,将注重联系实际,考虑学生需求,加强"新""旧"知识间的联系,引导学生主动构建知识,使学生更好地掌握知识、发展技能。

2)首要教学理论

➤ 理论内容

首要教学理论是梅里尔教授提出的,他认为"教学应先激活学习者的旧知识,进而展示新知识,并在真实情境中运用新知识解决问题,只有这样才能够验证新知,促进学习,并将其整合到自己的知识体系中"[52]。简单地讲,有效教学活动的发生需要"展示旧知、激活新知、应用新知、真实情境和问题解决"这五个环节的相互配合,缺一不可。首要教学理论注重教学情境的真实性,可以弥补传统课堂教学中理论与实际相脱离的现象,使学生真切体会所学知识的具体用途,做到学以致用。

➤ 理论启示

根据首要教学理论,在"微信小程序"校本课程开发阶段,内容选择上将考虑学生真实需求,注重内容的时代感,与时俱进;在教学实施阶段,教师将引入真实情境,让学生带着问题进行学习,通过新知的学习与验证增强学习效果;在课程评价阶段,将学生在真实情景中解决实际问题的能力作为考查指标之一。

3)混合式学习理论

➤ 理论内容

何克抗教授指出,混合式学习就是将传统的面对面教学与网上远程授课的优势相结合,既充分发挥教师的主导作用,又将学生的学习主动性调动起来,使教学效果最优化。[53]信息技术快速发展,带动了网络学习的兴起,进而衍生出混合式学习方式,丰富了传统教学模式与教学资源。原有的传统课堂上只有教科书,而现在混合式学习方式,使得多种数字化教学资源进入课堂,通过音频、视频展示教学内容,将知识以更加丰富、饱满的形式呈现出来,有利于学生更深入地理解知识。同时,多种教育理论混合也是一种混合式学习的体现,建构主义为核心、首要教学理论为指导,两种理论的结合使混合式学习理论得到强化,理论内容更为丰富、饱满。[54]

> 理论启示

根据混合式学习理论,"微信小程序"校本课程开发过程中要运用混合式学习理论进行课程设计,将传统课堂与网络课程相结合,纸质资源与网络资源相结合,班级授课与自主学习、协作学习相结合,丰富教学形式,完善教学方法,满足学生多样化学习需求。在课程实施过程中,要注意引导学生根据自己的基础合理安排学习内容,充分利用教学资源,在混合式学习过程中循序渐进地将所学知识内化到自己的知识体系。

4)人本主义理论

> 理论内容

人本主义理论20世纪50年代末在美国兴起,其主要代表人物有罗杰斯、马斯洛等。人本主义认为,学习应该将情感与认知相统一,学习者知识构建过程中既需要认知参与也需要情感共鸣;对学习者而言,学习必须是有价值的,只有学生认识到学习的价值,以及通过学习可以给自身带来益处,才能够真正投入到学习中,自主、自觉地完成学习活动;学习者在学习过程中占据主体,是学习的中心,教师在教学设计过程中,应充分考虑学生的学习主体地位,教师仅作为学习过程的辅助者与引导者。

> 理论启示

根据人本主义学习理论,在"微信小程序"校本课程开发过程中要充分考察学生的情感、认知,尊重学生主体地位,考虑学生需求;在课程实施过程中,要与学生沟通交流,获取学生真实感受,注重学生情感、思想和认知,培养学生自主、自觉地完成学习活动。

### 4.2.2　概念界定

1）校本课程

校本课程起源于20世纪70年代欧美等国家的教育民主运动,当时教育发展速度快、衍生出众多教育类型,出于对现实的考虑,欧美等国家几乎将所有学校的教育决策权下放到地方,促进了校本课程的产生。[55]校本课程是以学校作为开发的主要根据地,教师作为开发的主要参与者,同时融合专家指导意见、家长建议、学校特色和学生特点的民主化课程。

校本课程与国家课程、地方课程之间相辅相成,共同组成学校课程,全方位促进学生发展。国家课程是国家意志的体现,由国家教育部门根据每个教育阶段的类型与目标编制各个学段、学科的课程标准及教科书,具有统一性、强制性的特点,是学校课程的主要组成部分,也是一个国家教育质量的重要体现。地方课程是在国家有关规定的指引下,地方教育部门根据地方特点与需求,充分利用地方资源,确定课程标准、课程计划和教材的课程,该课程能够调动地方参与到课程建设中,促进课程改革可持续发展。校本课程是在国家、地方课程保障实施的情况下,学校根据实际教学需要及学生需求,由专家、老师和学生共同参与编制的课程。校本课程的实施,是对国家、地方课程的补充与辅助,同时可以充分展现学校特点,利用地区优势,打造学校特色。对学生而言,校本课程充分考虑到学生基础与学习需求,激发学生求知欲,使学生能够积极主动地参与到课堂学习中,有助于提高学习效果。总的来说,校本课程能够充分体现学校特色,由学校根据发展需要和学生需求自主进行开发设计,实施教学活动和完成课程评价。

2）校本课程开发

1973年,根据福鲁马克和麦克墨伦等在日本东京课程交流会上的提议,首次提出了"校本课程开发"(School Based Curriculum Development, SBCD),并引起了广泛关注。不同学者对"校本课程开发"的解读都有各自的观点,麦克墨伦对校本课程开发的定位是本校老师自行研发和编制课程内容并实施教学活动。马什等学者认为校本课程开发是基于"民主"和"参与"的先进课程理念,在有关专家指导下,由实施教师根据学生需求开发、设计的课程。斯基尔贝克认为校本课程开发就是教师根据学生的学习特点和基础有针对性地安排学习计划和学习内容,并进行教学实践和完成课程评价的过程。张嘉育认为校本课程开发是以教育专家、一线教师、学生等相关人员为中心,以学校为根据地,为完成教学目标、人才培养目标而进行课程设计、实施和评价的过程,他着重强调教育相关人员在开发过程中的共同参与以及教育目标实现。徐玉珍则在此基础上着重强调了校本课程教学资源开发。总的来说,校本课程就是在国家相关教育政策指导下,以学校为根本,在教育专家、校内教师、学生等共同参与下,依据地方特色、学生特点,充分利用地方资源,对课程进行设计、实施、评价的过程,既强调动态开发过程也强调开发结果。

### 4.2.3 本节小结

本节主要介绍了建构主义理论、首要教学理论、混合式学习理论和人本主义理论,并对校本课程和校本课程开发进行了概念界定,为"微信小程序"校本课程开发提供理论依据,奠定理论基础。

## 4.3 校本课程需求分析

校本课程开发通常与学校特点、社会现实等联系在一起,同时,校本课程开发针对性地指向学生学习兴趣的培养、学习效果的提高以及就业问题的解决。[56]因此,校本课程开发要以学生需求、学校特点和社会需要为出发点,并对其详细分析,基于分析结果有针对性地进行内容选择和课程建设。

### 4.3.1 学生需求分析

需求分析能够帮助教师从多个角度了解学生,明确学生基础、兴趣和对课程的喜好等。通过对济南某中职学校学生进行需求调查和分析,可以为本研究提供思路和方向,为课程目标选择、课程内容制定和教学方法运用提供参考。

本研究选取的调查对象为济南某中职学校计算机专业三年级的学生,在二年级时他们已经学习过"Dreamweaver"课程,并且具有一定的编程基础,因此选择他们作为调查对象。

1)问卷设计

本问卷用于了解济南某中职学校计算机专业学生的专业基础、"Dreamweaver"课程学习情况、对微信小程序使用情况以及对于校本课程的态度。调查内容分为四个板块,其中"学生专业基础"板块主要设置两个问题,以此大致了解学生对编程类课程的喜爱程度、选择计算机专业的目的和就业方向,为的是细致掌握学生基本情况,为课程目标制定提供方向;"'Dreamweaver'课程学习情况"板块设置两个问题,以此大致了解学生对"Dreamweaver"课程的需求以及对"Dreamweaver"课程改进的想法,为课程内容选择提供依据;"微信小程序的使用情况"板块设置一个问题,以此了解学生是否愿意学习微信小程序开发;"校本课程的态度"板块设置一个问题,用以了解学生对校本课程的态度。秉持"以学生为本"的开发原则,基于对问题的具体分析,设计问卷,问卷详细内容参见本章附录1。

2)调查结果分析

调查问卷发放至三个班级,共计105名学生,回收问卷101份,其中有效问卷90份,有效率为89%。在回收的有效问卷中,女生38人、男生52人,比例接近4:5,分析有效数据,结果如下。

➢ 学生专业基础调查

将"学生对编程类课程的喜爱程度"和"选择计算机专业原因"这两个调查问题获得的数据可视化,如图4-4和图4-5所示。

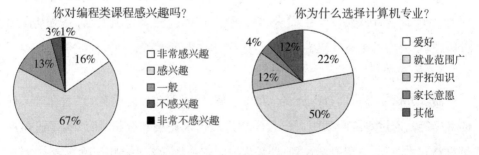

图4-4 编程类课程喜爱程度统计图　　图4-5 选择计算机专业原因统计图

问卷中第一个问题"你对编程类课程感兴趣吗?",统计数据如图4-4所示,选择"非常感兴趣"和"感兴趣"的为74人,占比83%;选择"一般"的为12人,占比13%;对编程类课程"不感兴趣"的学生为3人,占比4%。通过图4-4可以看出,83%的学生喜欢学习编程类课程,13%的学生对编程类课程的学习保持中立态度,4%的学生不感兴趣。数据统计结果表明,大部分学生对编程类课程比较感兴趣,并且有一部分学生非常感兴趣。

问卷中第二个问题"你选择计算机专业的原因是",统计数据如图4-5所示,选择"爱好"的为20人,占比22%;因计算机专业毕业生"就业范围广"而选择该专业的学生占半数,为45人;想要通过计算机专业学习来"开拓知识"的学生为11人,占比12%;而将专业选择归因于"家长意愿"的仅有3人,占比4%;选择"其他"的为11人,占比12%。统计结果表明,绝大部分学生选择计算机专业是为了以后更好地就业,其次是爱好。

通过对学生基本情况的分析可知,大多数学生选择计算机专业是因为喜欢并且想要从事计算机相关工作,希望通过学习为就业做准备。所以课程目标制定要以提高编程能力、拓展知识为导向,为学生就业打基础,注重学习内容的实用性和技能型人才的培养。

➤ "Dreamweaver"课程学习情况调查

将"Dreamweaver"课程学习情况板块中两个问题的调查结果进行可视化数据分析。问卷中第四个问题"你认为'Dreamweaver'课程能够满足你的需求吗",统计数据如图4-6的外环所示。选择A选项,认为"能够满足"的21人,占比23%;16人选择B选项,认为"Dreamweaver"课程内容"基本满足"需求,占比18%;选择C选项,认为"一般"的学生35人,占比39%;18人选

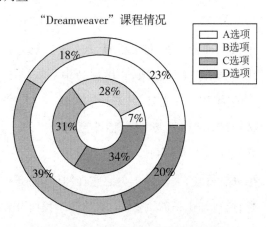

图4-6 "Dreamweaver"课程情况图

择D,认为"Dreamweaver"课程"不能满足"自身需求,占比20%。数据统计结果发现,超过50%的学生认为"Dreamweaver"课程很难满足或不能满足自己的学习与就业需求。问卷中的第六个问题"你希望'Dreamweaver'课程如何改进",统计数据如图4-6的内环所示。选择A选项,认为"学习内容更加基础"的学生有6人,占比7%;25人选择B,认为课程内容应更加深入,占比28%;还有28人选择C选项,感觉学习内容应更加实用,占比31%;选择D选项,认为"学习内容应更

加具有操作性"的学生 31 人,占比 34%。统计结果发现,大部分学生希望课程内容能够更加深入、实用,并且具有可操作性。

通过对"Dreamweaver"课程学习情况的调查分析发现,大多数学生认为目前的课程内容不能满足学习需求,需要对课程内容进行拓展延伸,课程内容应注重实用性。所以对于学生而言,课程内容难易程度应该与他们的能力相匹配,但又稍微高于目前水平,并且内容应具有趣味性、适用性和实用性,能提高他们的编程能力,为就业打下专业基础。

➢ 学生对微信小程序态度调查

对问题"你是否愿意学习微信小程序开发"的调查结果进行可视化数据分析,如图4-7外环所示。选择 A 选项,"非常愿意"学习的为 29 人,占比 32%;选择 B 选项,"愿意"学习的为 41 人,占比 46%;选择 C 选项,态度保持中立的为 19 人,占比 21%;选择 D 选项,"不愿意"学习微信小程序开发的为 1 人,占比 1%。通过数据分析可知,大多数学生愿意在"Dreamweaver"课程的基础上学习微信小程序开发,进行知识拓展,深入了解微信小程序开发的相关知识。

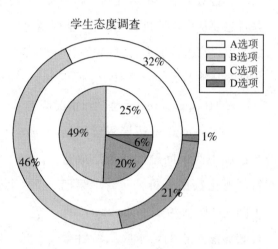

图4-7 学生态度调查图

对微信小程序使用情况的调查分析可知,大多数学生对微信小程序比较熟悉,并且希望学习微信小程序开发课程。

➢ 学生对校本课程态度调查

将第八个问题"如果在'Dreamweaver'课程基础上设置'微信小程序'校本课程,你感兴趣吗"的调查结果进行可视化数据分析,如图4-7内环所示。选择 A 选项,认为"非常感兴趣"的为 22 人,占比 25%;44 名学生选择 B,他们对学习微信小程序开发感兴趣,占比最大,为 49%;选择 C 选项,认为"一般"的为 18 人,占比 20%;对校本课程"不感兴趣"的学生为 6 人,占被调查学生总数 6%。显然,绝大多数学生对于在"Dreamweaver"课程基础上学习"微信小程序"校本课程是感兴趣的。

通过专业基础调查问卷分析得知,大部分学生对编程类课程感兴趣,并想从事计算机相关工作。通过对课程情况统计分析可知,学生对网站开发前端课程有一定兴趣,但希望课程内容更具有实用性,能够面向就业需求,为就业增加筹码。在微信小程序使用方面,有一半以上的学生使用过微信小程序,并希望学习微信小程序开发。对待校本课程的态度方面,64%的学生支持"微信小程序"校本课程的开发和学习。

### 4.3.2 学校需求分析

通过与教师沟通交流,可以更细致地了解学校发展现状和学生具体情况,便于校本课程开发顺利进行。在课程开发前期,与该校计算机专业教师进行访谈,主要是为调查目前"Dreamweaver"课程教学现状以及教师对校本课程的想法和态度,进而更好地制定教学目标、选择教学内容、完善教学流程等。本研究邀请该校三年级计算机专业教师作为受访者。此外,整理知网数据库收录的中职计算机教学类论文,分析目前中职计算机课程存在的共同问题,更加准确地定位学校需求。

➤ 教师访谈

本访谈主要了解目前"Dreamweaver"课程教学现状、教师对于校本课程的态度、对学生的学习要求及建议三个方面,每个方面设置一个问题。秉持"真实、客观"的原则,设计访谈内容,提纲见本章附录2。

在"Dreamweaver"课程教学现状方面,董老师认为目前"Dreamweaver"课程内容比较陈旧,缺乏创新,没有与时代需求和学生特点相结合,学生在学习过程中理论知识学习占比较多,实际操作练习比较少。袁老师认为"Dreamweaver"课程教学方法较为古板,大多数老师采用传统的讲授法,老师是教学过程的主体,学生课堂积极性较差。

对于校本课程的态度方面,董老师和袁老师都认为开发"微信小程序"校本课程是可行的,并支持该课程的构建和实施。董老师认为,"微信小程序"校本课程能够让学生在"Dreamweaver"课程的基础上进行知识应用与扩展,可以使能力得到进一步提升。袁老师认为,"微信小程序"校本课程能够激发学生求知欲、增强学生学习积极性,使更多学生参与到课堂中。总的来说,两位老师对于开发"微信小程序"校本课程都持积极态度。

对校本课程开发的建议方面,董老师认为中职三年级学生已经具备假设和演绎推理能力,所以在"微信小程序"课程内容选择上要符合中职学生所在年龄段的认知特点,同时应具有创新性和多样性。此外,课程内容要有趣味性,让学生能够投入到课程学习中,激发学习动力,使他们在积极向上的学习氛围中掌握微信小程序开发必备的知识和技能。袁老师认为,"微信小程序"课程的理论性知识和操作性训练都应该与时俱进,使教学内容能够紧跟时代发展步伐,贴近现实,让学生掌握前沿知识与技能。

对校本课程实施的建议方面,董老师和袁老师都认为混合式学习方式是可以应用于"微信小程序"校本课程的。董老师认为,学校机房的硬件条件已经达到要求,该校三年级学生都有手机,并且每天早晨课前收手机、下午放学后会发放手机,学生可以在电脑上开发微信小程序,在手机上查看发布的小程序作品。同时,结合线上学习可以让学生提前了解课程内容并有针对性地预习,使课堂学习更顺利地进行,课后利用线上课程查漏补缺,巩固学习效果。

通过与老师访谈,发现两位老师都认为"Dreamweaver"课程内容比较陈旧,教学方法较为刻板,迫切希望更新课程内容,使其与学生就业需求相契合;两位老师都支持"微信小程序"校本课程开发,认为该课程在拓展和延伸"Dreamweaver"课程内容的基础上,使学生所学知识贴合时代需要,进一步提升学生的理论知识与实践技能,为就业奠定基础。

### 4.3.3　文献分析

为了解目前中职学校计算机课程存在的普遍问题,在知网数据库中以"中职计算机教学现状""中职计算机课程现状""中职计算机课程问题"等关键词进行文献检索,并对有效文献进行阅读和分析,发现目前中职计算机课程中存在的主要问题是"学生水平参差不齐"和"教学内容陈旧"等。

由于不同地区、学校之间物质条件和师资力量差距较大,导致农村和城市的学生计算机水平参差不齐。在大多数农村学校,计算机课程得不到重视,同时,机房设备陈旧、师资较差,致使学生的计算机水平会稍逊于城市学生。但是进入中职学校后,在计算机课程学习上,老师们几乎不会调查学生的学习基础,而是对学生"一视同仁",极少开展分层次教学,这使得学生之间计算机水平的差距越来越明显。因此,在计算机课程教学中要考虑学生的学习基础,开展分层次学习,让不同基础的学生都能充分参与到课堂学习中,得到更好的发展。所以在"微信小程序"校本课程开发前期要调查学生的学习基础,根据学生的学习能力进行课程设计和分层次教学,满足学生的个性化学习需求。

目前大多数中职学校计算机课程的教学内容比较陈旧,不能与时代同步发展,缺乏创新性,致使学生对课程内容缺乏兴趣、课堂积极性不高,是"为了学习而学习",而非因认可或者爱好。所以,要注重课程内容改革,增加课程内容的创新性、实用性、实践性和趣味性,激发学生的学习兴趣,提高课堂参与度。同时,要加强实践技能的培养,与中职学生的就业方向相联系,使学生明白知识的价值,达到学以致用。因此,"微信小程序"校本课程会将理论知识的学习和实践技能的培养相结合,注重内容的时代性和新颖性,与学生就业紧密贴合,为未来参加工作奠定基础。

通过对文献分析可知,"学生水平参差不齐""教学内容陈旧"是目前中职学校计算课程教学存在的主要问题,所以在"微信小程序"课程开发和教学实践中会调查学生的学习基础、注重学生的最近发展区,同时会注重教学内容的实用性和时代性。

### 4.3.4 社会需求分析

自 2017 年微信小程序上线以来,小程序生态圈已经初具规模,"滴滴打车""饿了么外卖""同程旅游"等品牌都已入驻,目前微信小程序涉及范围从最初的小游戏,逐步扩大到了物流、电商、旅行等方面。发展成为一个能够提供衣、食、住、行等各种服务的生态系统,为生活提供了便利。[57]

中国知网作为信息量和规模最大的"CNKI 数字图书馆",始终致力于信息资源的整理,为国内外各个专业领域提供知识服务。[58]聚类分析可以识别某一领域的显著术语和背景分类,利用聚类算法把收集到的数据划分成结构化的类,进而识别出每个知识域的主题以及组织结构。[59]因此,可以借助可视化分析软件 CiteSpace 对 CNKI 数据库中关于微信小程序的文献进行关键词聚类分析。在知网数据库中以"微信小程序"为关键字检索期刊,共得到 1440 篇相关文献,导入到 CiteSpace 软件中进行可视化分析,得到关键词时间序列图谱,如图 4-8 所示。从图中看到,目前微信小程序的应用范围非常广泛,时间序列图主要将其分为了 14 个聚类,分别是"管理系统""微信小程序""微信公众号""小程序""app""大数据""微信""云开发""移动学习""大学生""阅读推广""数字化""精准扶贫""场景"。本节将从企业和用户对微信小程序的使用和需求两个方面进行阐述。

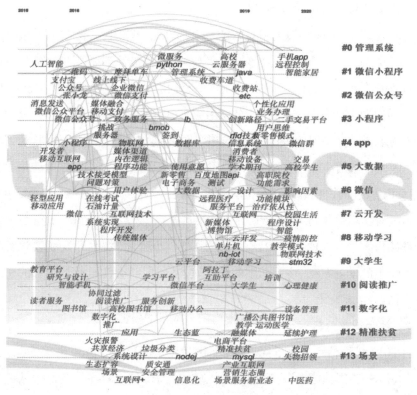

图 4-8　时间序列图谱

1)企业的开发需求

微信小程序发展迅速,促使企业需求不断扩大,且不同行业对于微信小程序的需求呈现差异化特征。从 2019 年融资成功的行业分布来看,网络购物、商业服务、生活服务是热门行业[60],小游戏、短视频、直播等也在迅速发展,小程序的应用趋于多元化,并且与生活场景连接越来越紧密。小程序开发、推广成本低,开发周期短,能够降低企业经济成本,使企业短时间内开发出能够抓住用户眼球的轻量级应用。

由图 4-8 可知,对企业而言,微信小程序可以用于系统管理与设计、产品推广、办公和学习平台建设、员工考勤等。企业利用微信小程序构建智能家居的管理系统,用户只需通过远程控制,就可实现智能家居的使用和管理。企业可以开发相关小程序对产品进行宣传,用户只需要扫一扫即可了解产品性能和设计理念,用较低的开发成本就可以帮助企业扩大产品知名度。企业也可以利用小程序进行平台建设,如移动学习平台、移动办公平台、二手交易平台等,以小程序为依托构建平台可以提高其使用率,吸引更多的用户。考勤类小程序可以帮助企业实现"员工打卡""刷脸"等快捷服务,满足企业个性化的微服务。同时,小程序可以帮助企业实现线上、线下无缝衔接,通过双向互动实现共同发展,促进传统行业转型,拉动经济发展等。疫情期间,微信小程序在医疗、教育等领域更是得到了大众的认可并广泛应用。

为了更进一步了解企业对微信小程序开发人才的需求,对"拉勾网""前程无忧""智联招聘""猎聘""中华英才"等招聘网站进行分析调研。调研结果发现,目前公司对"微信小程序"类的 Web 前端开发人才需求很大,该职位是各大招聘网站的需求热点,岗位需求的统计数据如图 4-9 所示。

通过分析企业对微信小程序的使用需求以及对微信小程序开发人才的需求可知,目前微信小程序开发人才供不应求,企业急需大量的人才从事小程序开发工作,这对于中职学生而言,是值得把握的就业机会。

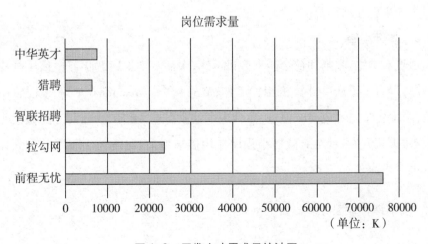

图 4-9 开发人才需求量统计图

2）用户的使用需求

微信小程序蓬勃发展，并逐步融入不同行业和日常生活中。小程序数量从2017年58万多，增长至2019年300多万，复合增长率达到127.4%，这不仅是小程序在数量上的爆发式增长，更是种类的多元化发展。2019年我国平均每人使用小程序数超过60个，而下载安装的App数量是56个。对多数用户而言，使用频率较多的App一般是社交、音乐等领域的头部应用，使用频率较低的App没有单独下载的必要。[61]而小程序"即扫即用""免安装""使用感近似原生App"等特点正好弥补了这个空缺，除了小程序自身特点，其应用领域广泛也是吸引用户的重要原因。

通过图4-8可知，对用户而言，微信小程序为生活、学习都提供了极大便利。在生活上，微信小程序广泛应用于外卖服务、智能家居、移动医疗、政务服务、移动支付、快递服务、疫情防控等。细化第八个类"移动学习"、第九个类"大学生"、第十个类"阅读推广"可知，微信小程序在学习上应用也很广泛，可用于校园服务平台、移动图书馆、实验室管理、智慧校园等方面，帮助学生实现快捷学习，提高学习效率。

在社会需求方面，微信小程序使用需求日益增长，对开发人员的需求也随之增加。市场来源于需求，对微信小程序的需求衍生出对相应开发人才的需求，因此对以就业为目的的中职学生而言，学习微信小程序课程极具价值性和实用性，可以为未来就业增添筹码。

### 4.3.5　本节小结

通过对学生、教师和社会需求分析可知，大多数学生愿意学习微信小程序开发，并且以后想要从事计算机相关工作；教师认为"Dreamweaver"课程内容亟待更新，学生所学内容应与时俱进，贴合未来就业需求，同时老师们支持"微信小程序"校本课程开发；社会对微信小程序使用需求增加，对微信小程序开发人才的需求也在增加。

## 4.4　校本课程设计

本节将在建构主义理论、首要学习理论、混合式学习等相关理论的指导下，结合学生需要、学校需求和社会需求,进行"微信小程序"校本课程设计,包括课程性质、目标、内容、教学环节等方面的详细设计。

### 4.4.1 课程性质

"微信小程序"校本课程是中职学校计算机专业学生的一门选修课,既有理论知识学习也有实践技能培养,操作性比较强。课程遵循"以未来就业为导向,以学生能力发展为目标"的宗旨。"微信小程序"课程目标是培养契合时代发展要求、具有信息技术素养的微信小程序开发人员。通过本课程的学习,学生可以培养信息化思维,掌握微信小程序开发相关知识,提高开发微信小程序的技能。

### 4.4.2 课程目标

校本课程的课程目标是在课程开发过程中,预先设定学生通过课程学习应达到的要求,是对学生在品德、学习和能力等方面的期待。[62]课程目标不仅对教学目标有指引作用,还是课程内容选择、课程实施与评价的依据。[63]根据前期"微信小程序"校本课程开发分析,了解学生特点和需要、学校优势和需求,以及社会需求,有针对性地制定并细化课程目标。

"微信小程序"校本课程目标如下:通过本课程的学习,激发和培养学生对CSS、HTML 和 JavaScript 语言的学习兴趣,增强学生学习自信心,提高学习效率;提高学生对微信小程序开发的学习积极性,激发创造力,促进理论知识的掌握,培养学生根据需求自主开发微信小程序的能力;提升学生信息素养和数字化学习能力,将所学理论知识和实践技能应用于生活,创造性解决实际生活中的问题。

校本课程课时目标是对课程目标的具体细化,是对每节课学习目标的高度概括。课前老师将学习任务单分发给学生,通过学习任务单可以使学生了解本节课的学习内容与课时目标,目的是让学生对整节课的学习内容宏观把控,并根据自身学习基础有针对性地预习,具体课时目标如表4-1所示。

表4-1　课时目标表

| 课程内容 | 学习目标 | 课时 |
|---|---|---|
| 微信小程序的概述 | 了解小程序的诞生与功能、安装微信开发者工具、了解微信开发者工具 | 1 |
| 个人主页小程序 | 掌握昵称的修改、导航栏文字和颜色的修改、首页文字和头像大小的修改、开发个人主页小程序 | 1 |
| 创建项目和欢迎页 | 掌握目录和页面的创建、首页设置和图片标签添加 | 2 |
| 完善欢迎页和添加选项栏 | 掌握导航栏的隐藏、settime()函数和 tabBar 的添加 | 2 |
| 引入 Color-Ui 组件库 | 掌握 Color-Ui 组件库的导入、边框的添加 | 2 |
| 基本信息布局展示 | 掌握头像容器、文字容器的添加及容器样式的设置 | 2 |
| 交互按钮布局 | 掌握交互按钮图标的添加,以及布局的设置 | 2 |
| 添加个人微信 | 掌握本地图片的显示、bindtap 事件处理函数的使用、模态弹窗的显示 | 2 |
| 添加拨打电话与通讯录功能 | 掌握 API 设备接口的使用、wx. makePhoneCall()函数和 wx. addPhoneContact()函数的使用 | 2 |
| 添加教育背景与自我评价 | 掌握自定义横线样式、before 选择器和定位的添加 | 2 |
| 专业技能页面的开发 | 掌握图片尺寸与颜色的设置、弹性布局的添加 | 2 |
| 项目经验页面的开发 | 掌握时间轴、时间框、文字颜色效果和背景框的添加 | 2 |
| | 个人简历小程序的发布 | |

### 4.4.3　课程内容

　　校本课程的课程内容要以课程目标为导向,充分考虑学生特点和学习能力。内容安排由易到难、由简到繁,既要符合中职学生认知特点和发展规律,还要注重知识编排顺序和逻辑结构。

　　选择"微信小程序"校本课程内容时,依照以下原则:

1）以学生为本位

课程内容选择应符合中职学生认知发展规律和身心发展特点,在学生现有知识基础上对内容进行筛选和排列。始终坚持以学生为本位的原则,认真遴选校本课程的授课内容。

2）趣味性

编程类知识相比于人文社科类稍显枯燥,因此课程内容要能够吸引学生注意力,激发学习兴趣,使学生踊跃参与到课堂学习中,形成良好的师生互动。

3）实践性

通过前期调查可知大多数学生愿意学习微信小程序开发,所以内容安排上以实践知识为主,理论知识为辅,提高学生的微信小程序开发能力。

在阅读了大量相关文献之后,基于学生基础与需求,秉持以学生为本位、趣味性和实践性原则,制定课程内容,并分为六个模块,分别是微信小程序概述、个人主页小程序开发、欢迎页面开发、基本信息页面开发、专业技能页面开发和项目经验页面开发。课程设计如图4-10所示。

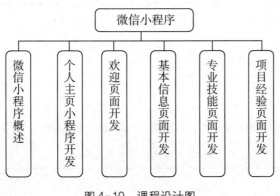

图4-10 课程设计图

"微信小程序"课程内容将理论知识学习与实践操作训练相结合,注重学生基础知识学习和实际操作能力培养,调动学生学习积极性,挖掘创造力。课程内容贴近学生生活,富有趣味性,使学生在学习过程中不仅能收获知识,同时还能体会到微信小程序开发带来的乐趣。根据课程内容总体设计,对每堂课的学习内容进行细化,设计课时内容,具体安排如表4-2所示。

表 4-2  课程内容一览表

| 时间 | 课程内容 | 学习内容 | 课时 |
|------|---------|---------|------|
| 第一周 | 微信小程序概述 | 小程序的功能、微信开发者工具的使用 | 1 |
| | 个人主页小程序 | 昵称的修改、导航栏的文字和颜色的修改、首页文字的修改、头像大小的修改、开发个人主页小程序 | 1 |
| 第二周 | 创建项目和欢迎页 | 目录和页面的创建、欢迎页的布局、图片标签的添加 | 2 |
| 第三周 | 欢迎页完善和选项栏 | 导航栏的隐藏、settime( )函数的使用、tabBar 的添加 | 2 |
| 第四周 | 引入 Color-Ui 组件库 | Color-Ui 组件库的使用、边框的添加 | 2 |
| 第五周 | 基本信息布局展示 | 头像容器、文字容器的添加、以及容器样式的设置 | 2 |
| 第六周 | 交互按钮布局 | 交互按钮图标的添加,以及布局的设置 | 2 |
| 第七周 | 添加个人微信 | 本地图片的显示、bindtap 事件处理函数的使用、模态弹窗的显示 | 2 |
| 第八周 | 拨打电话与添加通讯录功能 | API 设备接口的使用、wx. makePhoneCall( )和 wx. addPhoneContact( )函数的使用 | 2 |
| 第九周 | 添加教育背景与自我评价 | 自定义横线样式、添加 before 选择器、添加相对定位 | 2 |
| 第十周 | 添加专业技能页面 | 图片尺寸与颜色的设置、弹性布局的添加 | 2 |
| 第十一周 | 添加项目经验页面 | 添加时间轴和时间框、文字颜色效果、添加背景框个人简历小程序的发布 | 2 |

### 4.4.4  课程资源

课程资源是指在课程开发和实施过程中,所涉及的人力、物力以及其他自然资源的集合。[61]课程资源的开发既要实事求是地考虑学校现状,如能否给予必要的物质与制度支持,又要结合学生学习习惯和需求。"微信小程序"课程资源具有多元化的特点,主要包括学习任务单、微视频等。对课程资源的充分利用,有助于将枯燥的理论知识转换为易于被学生接受的视频等动态形式,激发学生对微信小程序开发的兴趣,提高学生课堂参与度。

下面以两种形式的课程资源为例进行说明。

1)学习任务单

学习任务单主要以 Word 文档形式在课前发布,作为指导学生预习的引领性清单,主要包括课程概述、任务、问题与建议等,如表4-3 所示。

表4-3　学习任务单

| 学习任务单 |
| --- |
| 一、课程概述 |
| 课程内容:专业技能页面的开发 |
| 课程目标:掌握图片尺寸与颜色的设置、弹性布局的添加。 |
| 二、学习任务 |
| 基本任务: |
| 1.观看微课 |
| 2.了解对图片尺寸和颜色的设置 |
| 3.了解弹性布局的添加 |
| 4.查找自己喜欢的技能图片 |
| 拔高任务: |
| 结合自己的优势,对专业技能页面进行设计 |
| 三、问题与建议 |

2)微课

"微课"是利用现代技术手段,根据学生年龄特征和认知特点,针对某个知识点开发的一种网络视频课程。[64]微课具有时间短、内容精等特点,可以使学生短时间内聚精会神完成学习内容,这符合中职学生年龄特点,能使学生高效完成学习任务。

"微信小程序"课程的每个微课讲解一个知识点,时长控制在 8 分钟以内,主要用于课前自习,唤醒记忆中"Dreamweaver"课程内容,更好地协助开展实体课堂教学。对学生而言,微课是实现个性化学习的有效途径,可根据自己的学业基础利用课下时间有针对性地自主学习。基础较差的学生可以在课前充分利用微课资源进行查漏补缺,基础较好的学生可以通过微课对课程内容宏观把控,进一步梳理理论性知识。微课的录制主要通过录屏方式进行,课程内容主要通过 PPT 课件形式展示,如图 4-11 所示。

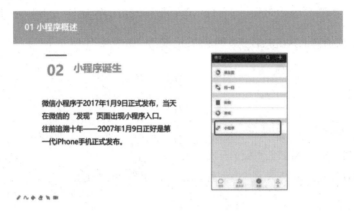

图 4-11　微课内容示例

### 4.4.5　教学环节

"微信小程序"校本课程以培养学生实践操作能力,发展学生专业技能为主要出发点,以提高学生就业能力为落脚点。基于课程情况以及学生个性化学习需求,本课程采取混合式教学模式,充分发挥线上微课与线下课堂教学相结合的优势,使理论知识与实践技能相结合的混合式学习达到最佳效果。混合式教学环节分为课前、课中和课后三个部分,课前主要是线上微课教学,以理论知识学习为主;课中主要是任务驱动的课堂教学,以实践操作为主;课后主要是知识总结和个性化学习实践的完成。具体如图 4-12 所示。

1)课前

目标制定对教学工作的顺利开展具有指导性意义,直接影响后续制定任务和开展活动的效果。[65]在教学准备阶段,教师应首先明确学生的最近发展区,以及通过课程学习能够达到的"新的发展区",进而制定明确合理的学习目标。[66]同时,以目标和学生特点为导向确定每节课的重难点、制定具体化教学任务、制作教学资源等。系统化的教学资源应涵盖微视频、教学课件、学习任务单、习题等要素,其中微视频是教学资源的主体部分,在录制视频时应根据学习内容来选择知识的呈现方式和媒体的制作形式。[67]学生根据教师发布的学习任务单观看微视频,查漏补缺,系统掌握理论知识、了解课程内容,并将遇到的问题在 QQ 群里讨论。

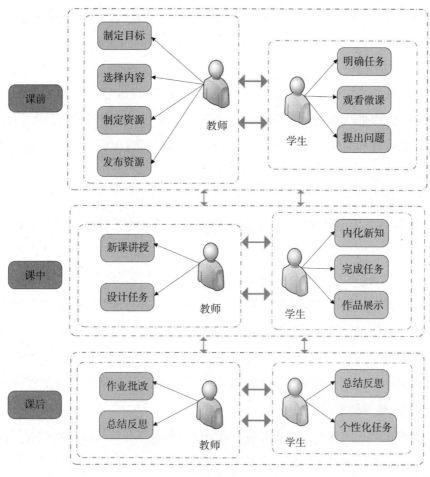

图 4-12　教学环节设计图

2）课中

课堂教学活动围绕教师讲授、内化新知、任务设计、作品展示和总结五个环节展开。首先教师讲授新课，在学生课前所学知识的基础上进一步拓展延伸。然后学生内化知识，进行分组探究，就自己在教师新知讲授过程中遇到的困惑以小组为单位展开讨论。接着教师布置任务，学生学以致用、实际操作并完成任务，然后进行作品展示。在任务完成后，教师要对本节课所学内容以及学生学习情况进行总结，及时沟通交流，肯定学生优点、指出不足，激发学生再学习的动力。[68]

3）课后

课后活动主要涵盖课程评价、内容总结以及个性化学习任务完成等。评价是对学习过程和课程开发效果两方面的考察,课程评价在检验学习效果的同时,为改进校本课程教学效果提供依据,指明方向。[69]

### 4.4.6　教学评价

教学评价是按照评价原则,采用合适的评价工具对教学质量、课程实用性和价值性等方面进行考察。[70]课程评价不仅能够在课程实施过程中起到调控作用,还可以指导教师的教与学生的学。因此,本章对学习过程和课程开发效果两个方面进行评价。

1)评价方式

当前,科学便捷且使用频率颇高的评价方式主要是过程性评价和总结性评价。过程性评价是在学习过程中,对学生在日常表现、学习成绩、情感态度以及价值观等方面的改变做出客观评价,该评价方式主要强调动态性与发展性。[71]总结性评价是在某门课程完成教学任务或某个阶段性学习完结之后采用考试等形式对学生的学习效果进行检验。为了更科学有效地选择评价方式,课前主要从两个方面进行调查,一是通过问卷调查学生对评价方式的选择意向,使评价方式更加民主;二是运用文献分析和图谱共现的方法对近十年职业教育的评价方式进行分析,使评价方式更加科学。

课前以调查问卷方式对济南某中职学校计算机专业三年级学生进行了关于评价方式选择的调查,结果显示,68%的学生倾向于采用过程性评价方式,认为该方式更能将自己的学习成果和能力变化体现出来,更加客观公正。

为运用更加科学的评价方法,基于 CNKI 数据库、利用可视化分析软件CiteSpace 对该数据库中近十年有关职业教育评价方式的文献进行关键词聚类分析。在 CNKI 数据库中,以"职业教育"和"教学评价"为主题词进行高级检索,时间跨度为 2010 年到 2019 年,检索到有效文献 485 篇。

将 485 篇文章导入 CiteSpace 可视化分析软件中,在关键词共现图谱的基础上,采用对数似然算法(LLR)提取聚类标签词,得到七个聚类,如图 4-13 所示。从图中可以看出,目前我国职业教育教学方法的研究热点主要有"教学改革""教学方法""高职教育""改革""过程性评价""策略""改革策略"七个方面。第五个知识域是过程性评价,说明职业教育领域具体的热点研究方法是过程性评价,目前对过程性评价应用比较广泛,也倍受教育领域学者以及学校教育工作者的重视。

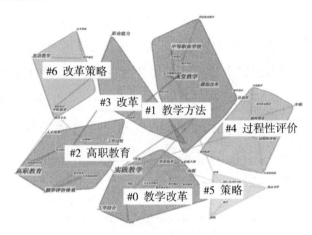

图 4-13 关键词聚类分析图

对学生调查问卷分析可知,学生比较倾向过程性评价,他们认为这种评价方式更有利于个人发展和学习效果的检验。对知网数据库中相关文献分析可知,目前在职业学校过程性评价是热点,使用频率也比较高,所以最终对"微信小程序"校本课程的评价采取过程性评价方式。

2)评价内容

评价内容从学习过程和课程开发效果两个方面进行。对学生的评价主要从学生的学业成绩、课堂积极性和参与度、学习能力与态度等方面展开,对课程的评价主要从课程开发和课程实施两个阶段进行,评价内容如图4-14所示。

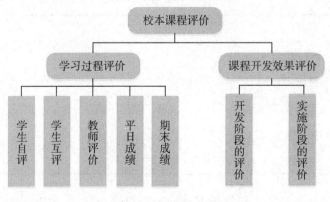

图 4-14 评价内容

> 对学生的评价

根据过程性评价方式,选取自评、互评、教师评价、平日成绩和期末成绩五个部分加和为学生最终成绩,每个部分占比相同,均为20%。

采用学生自评表以了解学生对自己学习过程的满意程度,帮助学生反思自己的整体表现,在评分时要求学生尽量保持客观的态度,评价分类与标准如表4-4所示。

采用学生互评表进行组内同学之间的互相评价,主要是为了鼓励学生积极参与课堂讨论、交流互动,培养积极思考、勇于表达的学习习惯,学生互评内容如表4-5所示。

表4-4　学生自评表

| 学生自评表 | | |
| --- | --- | --- |
| 评价分类 | 评价标准 | 评分 |
| 任务完成度 | 任务的完成是否符合目标的要求,是否将每一个小目标都切实体现出来。(40分) | |
| 作品美观度 | 作品完成过程中是否认真,作品的呈现是否美观、具有赏识性。(30分) | |
| 合作讨论的表现 | 在小组合作讨论过程中是否积极参与,并提出问题、解决问题。(30分) | |

其他(如自己其他比较突出的表现):

表4-5　学生互评表

| 学生互评表 | |
| --- | --- |
| 评价类型 | 分数 |
| 积极参与小组讨论(30分) | |
| 有自己的想法与见解(20分) | |
| 对其他同学的作品评价(20分) | |
| 逻辑缜密、表达清晰(30分) | |

采用教师评价表从老师的角度对学生表现进行评价,主要是为了让学生积

极参与课堂活动,激励他们主动回答问题,认真完成课堂任务。教师评价从课堂参与度和任务完成情况两个维度进行,如表4-6所示。

表4-6 教师评价表

| 学号 | 课堂参与度(50分) | 任务完成情况(50分) | 总评 |
|------|------|------|------|
| 201801 | | | |
| 201802 | | | |
| 201803 | | | |

➢ 对课程的评价

对课程的评价包括对课程开发和对课程实施两个方面的评价,课程开发阶段主要是邀请教研组老师对课程目标、内容编排、资源制定以及评价方法进行点评,课程实施阶段的评价主要是调查学生对课程的满意度,如课程内容安排是否合理、课程评价是否科学等,两个方面的评价都采用问卷调查的形式完成。

### 4.4.7 本节小结

本节对"微信小程序"校本课程进行了开发设计,先对课程性质进行定位,然后制定课程目标和课程内容,开发了课程资源,设计了教学环节,梳理了教学流程,最后对课程评价指标和评价内容进行了设计。

## 4.5 校本课程教学实践

基于前期的需求分析、教学设计等工作,本研究在济南某中等职业学校进行"微信小程序"校本课程教学实践。教学对象为从济南某中职学校计算机专业三年级学生中选取的45人,其中男生26人、女生19人,组成选修"微信小程序"校本课程的兴趣班。该班所有学生都曾在二年级学习过"Dreamweaver"课程,并具备一定的编程基础。该课程授课时间为每周五第一、二节课,每周两课时,共十一周。

### 4.5.1 课前准备阶段

1)教学目标

知识与技能目标:掌握昵称修改,掌握导航栏的文字和颜色修改,掌握首页文字修改、头像大小修改,开发自己的"个人主页"微信小程序。

过程与方法目标:在引导学生开发"个人主页"微信小程序过程中,提高学生参与度和合作意识。

情感态度与价值观目标:提升对微信小程序开发的兴趣,发展数字化创新精神。

2)教学重难点

重点:掌握昵称修改,导航栏的文字和颜色修改,首页文字修改和头像大小修改。

难点:掌握颜色更改的方法与技巧。

3)教学资源

本节课包含的教学资源主要有微视频、PPT 和学习任务单等。

➤ 学习任务单

课前发放学习任务单,让学生在课前根据自己的学习基础,灵活安排时间,有针对性地预习"个人主页"微信小程序开发相关知识,具体内容如表4-7所示。

表4-7　学习任务单

| 学习任务单 |
| --- |
| 一、课程概述<br><br>课程内容:个人主页微信小程序的开发<br>课程目标:自行开发个人主页微信小程序<br><br>二、学习任务<br><br>1. 观看微课,确定自己的座右铭<br>2. 基本任务:了解 pages、了解 window 属性<br>3. 拔高任务:结合自己的优势,对自己的个人主页小程序进行页面设计<br><br>三、问题与建议 |

➤ 微视频

课前同学习任务单一起发放微视频,用于指导学生预习"个人主页"微信小程序开发的理论知识,帮助学生提前了解课堂的实操内容,微视频脚本如表4-8所示。

表4-8 微视频脚本

| 微视频脚本 | |
| --- | --- |
| 课程名称 | 个人主页微信小程序的开发 |
| 微课时间 | 8分钟 |
| 教学方法 | 讲授法 |
| 录制方式 | 屏幕录制+PPT演示 |

| 录制过程 | | | |
| --- | --- | --- | --- |
| 视频过程 | 主要内容 | 视频画面 | 录制时间 |
| 一、片头 | 主题:个人主页小程序的开发 | 第1张PPT | 6秒左右 |
| 二、课程导入 | 个人主页小程序的效果图 | 第2张PPT | 1分钟左右 |
| 三、知识讲授 | 全局配置文件app.json以及配置项 | 演示微信开发者工具 | 2分钟左右 |
| | 小程序的页面布局文件index.wxss | | 2分钟左右 |
| 四、总结 | 对本节课内容进行总结 | 第3张PPT | 1分钟左右 |

4)教学过程

"个人主页"微信小程序开发的整个教学过程按照课前、课中、课后三个环节进行,每个教学环节中教师与学生的具体任务如表4-9所示。

表4-9 教学过程设计

| 教学过程设计 | | |
| --- | --- | --- |
| 教学环节 | 教师活动设计 | 学生活动设计 |
| 课前 | 老师将个人主页微信小程序本次课的学习任务单、微视频、PPT等资源制作完成,并上传到QQ群中。 | 学生根据任务单有针对性地观看视频,并掌握app.json等文件配置项属性的理论知识。将发现的问题记录下来,并在QQ群中探讨、交流。 |

| 教学过程设计 | | |
| --- | --- | --- |
| 教学环节 | 教师活动设计 | 学生活动设计 |
| 课中　激活<br>旧知 | 根据课前的微视频内容对学生进行提问,检验学生对知识的掌握情况并激活学生的知识。 | 根据老师的提问回顾微视频的内容,激活知识。 |
| 讲授<br>新知 | 首先对 app. json 文件进行全局配置;<br>再对 app. js 文件中 motto 的值进行更改;<br>最后对 app. wxss 文件中页面布局进行更改。 | 学生观看老师代码修改及编译过程,并记住每个关键操作。 |
| 内化<br>新知 | 老师在教室巡堂,不参与学生间的讨论,对学生的疑惑进行讲解。 | 学生对遇到的问题小组讨论,或请教老师,并在此过程中消化老师课上所讲授内容。 |
| 设计<br>任务 | 提出开发个人主页微信小程序的任务,要求对课上所讲的每一个属性都进行相应的更改,并且要求简洁美观。 | 学生进行实际操作,开发自己的个人主页小程序。 |
| 作品<br>展示 | 任务完成之后,老师通过随机抽签的方式,让学生对作品进行展示,并邀请其他同学点评。 | 学生根据顺序依次对自己作品进行展示,其他同学对作品点评。 |
| 总结 | 老师总结课堂内容,并布置课后学习任务。 | 学生根据老师的总结在心中自行搭建学习框架。 |
| 课后 | 老师浏览学生的课上作业并给予评价,总结本节课的教学。 | 总结本节课的知识点并完成个性化学习任务。 |

### 4.5.2　课中活动阶段

1)激活旧知

师:同学们,大家好,咱们在课前观看了有关个人主页微信小程序开发的相关理论知识,大家还记得吗?

生:记得。

师:好,那下面列出两个问题,大家主动起来回答,看大家是否还能记得。第一个问题:app. json 文件中 pages 里面所指的内容是什么?

生:pages 主要是用来存放页面路径的,放在第一行的路径就是首页。

师:好的,请坐,非常好。那第二个问题:window 主要用来描述哪些属性?

生:window 属性包括导航栏的文本颜色、小程序的状态栏等。

师:好的,请坐,看来同学们自学效果很好,内容掌握比较牢固。那接下来呢,咱们就步入正题,正式开始学习个人主页小程序的开发。个人主页小程序的开发非常简单,只需要更改几个属性值,就能得到属于自己的小程序。那咱们就开始吧。

2)讲授新知

师:咱们打开 app. json 文件,这里咱们主要更改三个属性。首先将"navigationBarBackgroundColor"导航栏的背景颜色进行更改,改为"#E1FFFF"编译,大家注意观察变化,导航栏的背景变成了淡青色,一个比较清新的颜色。然后将"navigationBarTitleText"导航栏的文字进行修改,改为"Hello World"编译,大家注意变化,从 wechat 变成了 Hello World。接着将"navigationBarTextStyle"导航栏的文字颜色进行修改,改为"white",这样与淡青色背景比较搭,这个地方颜色只能更改为 white 或者 black,大家要注意这个小细节。那对 app. json 文件的修改就这些,主要包含三个属性的修改,代码修改主要是白板展示的图 4-15 方框部分,大家都掌握了吗?

生:掌握了。

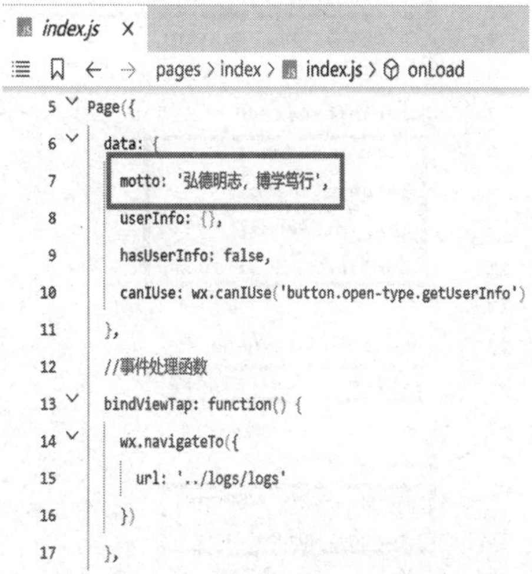

```
index.js ×
☰ 🔖 ← → pages › index › index.js › ⊙ onLoad
5   Page({
6     data: {
7       motto: '弘德明志,博学笃行',
8       userInfo: {},
9       hasUserInfo: false,
10      canIUse: wx.canIUse('button.open-type.getUserInfo')
11    },
12    //事件处理函数
13    bindViewTap: function() {
14      wx.navigateTo({
15        url: '../logs/logs'
16      })
17    },
```

图 4-15 app. json 文件代码图

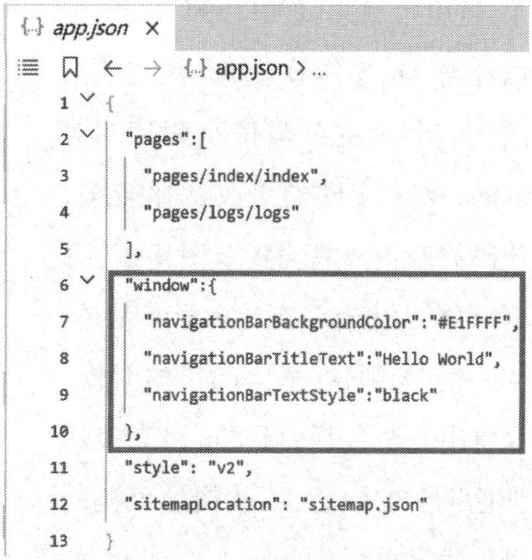

```
app.json ×
☰ 🔖 ← → app.json ›...
1   {
2     "pages":[
3       "pages/index/index",
4       "pages/logs/logs"
5     ],
6     "window":{
7       "navigationBarBackgroundColor":"#E1FFFF",
8       "navigationBarTitleText":"Hello World",
9       "navigationBarTextStyle":"black"
10    },
11    "style": "v2",
12    "sitemapLocation": "sitemap.json"
13  }
```

图 4-16 index. js 文件代码图

师:好,接下来咱们再打开 index. js 文件,讲解 motto 文字修改。将 motto 改为"自强不息　厚德载物",这里大家换为自己的座右铭,然后编译,注意变化,座右铭的添加就完成了,代码修改主要是白板展示的图 4-16 方框部分。

师:最后咱们打开 index. wxss 文件:

首先更改容器样式,包括头像与昵称的布局、头像大小、昵称位置和颜色设置。将"userinfo"容器里面的 flex-direction 属性进行更改,可以改为 column、row、row-reverse,或者 column-reverse,这里咱们先改为 row-reverse,接着编译,可以看到头像与昵称的位置变化了。大家可以将每一种都编译一下,选一个自己喜欢的展示效果。然后对 userinfo-avatar 容器里面的头像宽度 width、高度 height 和边距 margin 进行更改,这里咱们将 width 更改为"200",height 更改为"200",margin 更改为"25",然后编译,可以看出头像变大了,昵称与座右铭的间距变宽了。

接着对 userinfo-nickname 容器里面昵称的颜色进行更改,为了美观咱们可以设置为与导航栏颜色一致的样式,使色调统一,咱们更改为"#AFEEEE"并编译,可以看到现在导航栏和昵称的颜色都属于浅蓝色系,整体上比较和谐美观。

最后咱们调整 usermotto 边距,并添加颜色语句"color:#aaa;",同样把座右铭的颜色设置为浅蓝色系,这里咱们选"#00FFFF"编译,可以看到目前整体效果就是浅蓝色系的一个个人主页微信小程序。对 index. wxss 文件的更改就比较多,代码修改主要是白板上图 4-17 方框部分,大家有没有什么疑惑呢?

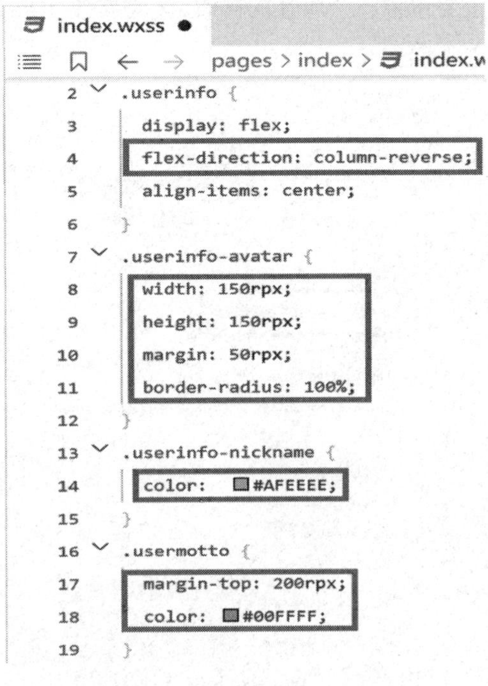

生:老师,在输入颜色的时候,会跳出一个色板,可不可以直接选择色板上的颜色,不从网址里复制颜色代码呢?

师:当然可以,请坐。这位同学

```
index.wxss ●
             pages > index >  index.w
2  ∨  .userinfo {
3        display: flex;
4        flex-direction: column-reverse;
5        align-items: center;
6      }
7  ∨  .userinfo-avatar {
8        width: 150rpx;
9        height: 150rpx;
10       margin: 50rpx;
11       border-radius: 100%;
12     }
13 ∨  .userinfo-nickname {
14       color: ■#AFEEEE;
15     }
16 ∨  .usermotto {
17       margin-top: 200rpx;
18       color: ■#00FFFF;
19     }
```

图 4-17　index. wxss 文件代码图

观察非常仔细,这两种方法都是可以对颜色进行修改的,大家可以根据自己的喜好来。大家还有什么问题吗?

生:没有了,老师。

师:好,那接下来大家消化一下老师刚讲的知识,再分组讨论,如何对自己的个人主页小程序进行布局,有问题的可以问我。

3)内化知识

学生分组讨论并内化教师所讲授的新知识,教师不参与学生讨论,只对学生提出的问题进行解答。教师授课过程与学生合作讨论过程如图 4-18 和 4-19所示。

图 4-18　授课图　　　　　　　　　图 4-19　合作讨论图

4)设计任务

师:现在讨论结束,大家根据老师的展示,以及刚刚的讨论和构思,设计开发属于自己的个人主页小程序,要求样式简洁大方,刚刚讲过的属性都要进行相应更改,座右铭要积极向上,颜色可同系列也可不同,只要整体和谐美观就可以。大家要注意引号、逗号、冒号等相关标点符号的使用,应该在英文状态下进行,同时还要注意空格,一定要仔细小心,注意细节。

5)作品展示

任务完成之后,采用民主推荐的方式,让学生主动上台对作品进行展示。鼓励学生积极参与作品的评价,观察被展作品在满足基本要求的前提下是否达到美观的展示效果,找出被展作品的优缺点,将自己的作品与之对比并进行完善。学生作品展示如图 4-20 所示。

图 4-20　学生作品展示图

6）总结

学生主动举手,总结本节课学到的内容,主要包括 app. json 文件、indes. js 文件、index. wxss 文件中几个属性的更改,然后教师再对总结内容进行补充完善。最后教师提醒学生在更改属性时要灵活掌握、举一反三,修改的内容和方式也并非一成不变,同时还要在满足基本要求的前提下让作品具有观赏性和美观性。教师布置课后作业,让学生预习下节课"创建项目与欢迎页的开发"相关内容,观看相关微视频。

### 4.5.3　课后反思阶段

课后,学生汇总课上学到的知识,并按照自己的实际情况,完成个性化学习任务,如图 4-21 所示。教师批改学生完成的课堂作品,并给出成绩。学生成绩分布如图 4-22 所示。个人主页微信小程序开发这节课的课程内容,9%的学生熟练掌握,并在小程序的布局设计上比较新颖、有自己的设计;42%的学生比较熟练地掌握了本节课的内容,小程序布局设计稍有创新;47%的学生能够基本完成作品,小程序布局中规中矩;2%的学生未能完成任务。统计数据表明,本节课的学习内容学生基本都能够完成,对理论知识和实践操作的学习可以基本掌握,创新性比较强。

图4-21 学生课后学习图

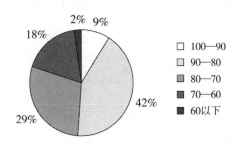

图4-22 学生成绩分布图

### 4.5.4 本节小结

本节基于"微信小程序"校本课程的设计,在济南某中等职业学校计算机专业三年级兴趣班进行了教学实践,同时检验"微信小程序"校本课程目标制定是否合理、内容设置是否科学,是否有利于激发学生学习兴趣、提高学生专业知识与能力。

本节对"个人主页微信小程序开发"这节课的具体实施过程进行了详细阐述。在教学实践过程中,教师为引导者、学生为主体,给予学生足够的创作空间,充分锻炼学生自主实践能力。教学实践结果发现,混合式学习的教学模式能够激发学生学习兴趣,充分尊重学生主体地位,课程内容设置较为合理,整体学习效果显著。

## 4.6 校本课程评价

评价是对课程实施效果的检验,"微信小程序"校本课程评价主要包括学习过程评价和课程开发效果评价两个方面。对学生学习过程的评价采取过程性评价方式,主要包括学生自评、互评,教师评价,平日成绩和期末成绩,每部分占比20%;对课程开发效果的评价包括课程开发和课程实施两个阶段的评价,开发阶段主要是学校教研组对课程资源开发、教学方法选择等方面进行评价,实施阶段主要是学生对课程满意度评价。

### 4.6.1 学习过程评价

对学生成绩的评价主要采用过程性评价。经过一个学期的学习,整理得到学生最终成绩统计表,如表4-10所示。学生成绩记为A、B、C、D四个分数段,分别对应100—90、90—80、80—70、70—60四个成绩区间。

**表4-10 学生成绩统计量表**

| 分数段 | 频率 | 最小值 | 最大值 | 均值 | 标准差 | 方差 |
|---|---|---|---|---|---|---|
| | | 统计资料 | 统计资料 | 统计资料 | 统计资料 | 统计资料 |
| A(100—90) | 7% | | | | | |
| B(90—80) | 49% | | | | | |
| C(80—70) | 33% | 66.2 | 94.2 | 79.911 | 7.003 | 49.036 |
| D(70—60) | 10% | | | | | |
| E(60—0) | 1% | | | | | |

从成绩频率分布表看到,90—100分的学生占比7%,80—90分的学生占比49%,70—80分的学生占比33%,60—70分的学生占比11%,说明成绩分布比较均衡。最小值为66.2,最大值为94.2,均值为79.911,说明成绩之间的差额属于合理范围。标准差为7.003,数值较小,说明成绩分布集中。总体来说,学生学习成绩比较好,大多数学生日常表现较为积极,学习热情高涨,能够参与到课程学习、交流中,课堂任务完成比较出色,期末成绩较为优异。

### 4.6.2 课程开发效果评价

1)课程开发阶段的评价

课程开发阶段的评价会邀请学校10位计算机专业教师参加,对"微信小程序"课程目标设置、内容选择、课程安排等方面进行评价。采用李克特量表对每位参加评价的教师进行问卷调查,回答分为"非常不同意""较不同意""不同意""不确定""同意""较同意""非常同意"七个评价维度,每个等级分别记为数字"1""2""3""4""5""6""7",用来表示被访者对题目陈述内容的认同程度,具体内容和评价结果如表4-11所示。

表4-11 课程评价表

| 评价指标 | 数量 | 等级(加权后) | | | | | | | 均值 | 标准差 |
| --- | --- | --- | --- | --- | --- | --- | --- | --- | --- | --- |
| | | 1 | 2 | 3 | 4 | 5 | 6 | 7 | | |
| 1. "微信小程序"校本课程的开发得到学校支持 | 10 | 1 | 0 | 3 | 8 | 10 | 18 | 7 | 4.70 | 1.77 |
| 2. "微信小程序"校本课程的开发考虑学生需求及特点 | 10 | 0 | 2 | 3 | 4 | 15 | 6 | 21 | 5.10 | 1.73 |
| 3. "微信小程序"校本课程可以满足学生学习需求 | 10 | 0 | 2 | 0 | 12 | 10 | 12 | 14 | 5.00 | 1.56 |
| 4. "微信小程序"校本课程符合学校培养目标 | 10 | 0 | 0 | 0 | 4 | 25 | 12 | 14 | 5.50 | 0.97 |
| 5. "微信小程序"校本课程目标明确 | 10 | 0 | 0 | 0 | 8 | 20 | 12 | 14 | 5.40 | 1.07 |
| 6. "微信小程序"校本课程内容选择符合时代需求 | 10 | 0 | 0 | 0 | 8 | 15 | 24 | 7 | 5.40 | 0.97 |
| 7. "微信小程序"校本课程评价方式合理 | 10 | 0 | 0 | 0 | 12 | 25 | 6 | 7 | 5.00 | 0.94 |

> 信度和效度分析

鉴于问卷结果易受主观因素影响,为了确保数据的科学性和合理性,本研究对统计数据进行信度和效度分析。采用 SPSS 软件对数据进行统计、整理、分析,结果如表4-12 和表4-13 所示。

表4-12 调查问卷信度值

| 可靠性统计量 | |
| --- | --- |
| 基于标准化项的 Cronbachs' Alpha | 项数 |
| .978 | 9 |

表 4-13　调查问卷效度值

| KMO 和 Bratlett 检定 | | |
|---|---|---|
| 取样足够度的 Kaiser-Meyer-Olkin 度量 | | .736 |
| Bartlett 的球形度检验 | 近似卡方 | 122.345 |
| | Df | 36 |
| | Sig. | .000 |

通常认为,信度系数值(Cronbach Alpha)大于0.8,证明问卷可信,测验的数据结果非常可靠;采用 KMO 值对效度进行测验,KMO 值大于0.7,证明问卷效度比较好,测验数据结果可以借鉴。由表4-12和表4-13可知,本问卷的信度值为0.978,大于0.8;KMO 值为0.736,大于0.7,说明在对"微信小程序"校本课程开发进行阶段性评价时,教研组老师们的问卷可信有效,调查结果可用于进一步分析。

➢ 效果分析

第一个问题"'微信小程序'校本课程的开发得到学校支持",统计结果的标准差为1.77,说明数据波动不大;均值为4.70,说明整体数值偏大。大致可以认为,"微信小程序"校本课程得到了学校和老师们的支持,认为开发这门课程是有必要的。

第二个问题"'微信小程序'校本课程的开发考虑学生需求及特点",统计结果的标准差为1.73,均值为5.10;第三个问题"'微信小程序'校本课程可以满足学生学习需求",统计结果的标准差为1.56,均值为5.00。这两个问题的标准差都小于2,说明数据差值较小;均值都达到5以上,说明整体数值较大。大致可以认为,"微信小程序"校本课程开发调查了学生需求,并能够满足学生需求,达到了以学生为本位的设计目的。

第四个问题"'微信小程序'校本课程符合学校培养目标",统计结果的标准差为0.97,均值为5.50;第五个问题"'微信小程序'校本课程目标明确",统计结果的标准差为1.07,均值5.40。这两个问题的标准差都在1左右,数据足够小,说明整体波动不大;均值都在5.5左右,说明数值整体偏大。大致可以认为,"微信小程序"校本课程的目标制定是基于对中职学校现实情况的考虑,能够正确引导学生进行课程学习,目标内容明确合理,与学校培养目标方向一致。

第六个问题"'微信小程序'校本课程内容选择符合时代需求",统计结果的标准差为 0.97,均值为 5.40;第七个问题"'微信小程序'校本课程内容连贯、安排合理",统计结果的标准差为 0.94,均值为 5.00。这两个问题的标准差都小于 1,说明数据较为平整;均值都高于 5,说明数值整体较大。大致可以认为,"微信小程序"校本课程内容选择考虑了时代需求,能够与时俱进,具有创新性和新颖性,内容编排合理、整体连贯,由易到难、由简到繁,符合学生认知特点。

总的来说,"微信小程序"校本课程评价体系构建比较公平合理,能够反映学生真实的学习态度、能力水平,展示学生学习过程的动态变化,同样也较为真实、客观地呈现了课程开发的实际效果。

2)课程实施阶段的评价

对课程实施效果的评价采用调查问卷方式进行。本研究设计了学生能力调查问卷,用于调查学习"微信小程序"校本课程前后,学生自身能力有无变化,具体内容如表 4-14 所示;为了了解学生对这门课的满意度,本研究设计了课程满意度调查问卷,具体内容如表 4-15 所示。

表 4-14　学生能力调查问卷

| 评价指标 | 数量 | 等级(加权后) | | | | | | | 均值 | 标准差 |
| | | 1 | 2 | 3 | 4 | 5 | 6 | 7 | | |
|---|---|---|---|---|---|---|---|---|---|---|
| 1.通过"微信小程序"课程学习可以提高我的编程能力 | 45 | 2 | 6 | 3 | 16 | 95 | 48 | 56 | 5.02 | 1.56 |
| 2.通过"微信小程序"课程学习可以激发我对编程类课程的学习兴趣 | 45 | 1 | 4 | 6 | 20 | 100 | 72 | 21 | 5.11 | 1.09 |
| 3.通过"微信小程序"课程学习可以让我独立进行微信小程序开发 | 45 | 0 | 4 | 3 | 12 | 85 | 96 | 42 | 5.38 | 1.15 |

续表

| 评价指标 | 数量 | 等级（加权后） | | | | | | | 均值 | 标准差 |
|---|---|---|---|---|---|---|---|---|---|---|
| | | 1 | 2 | 3 | 4 | 5 | 6 | 7 | | |
| 4. 通过"微信小程序"课程学习可以提高我的自主学习能力 | 45 | 1 | 0 | 9 | 16 | 95 | 60 | 56 | 5.27 | 1.27 |
| 5. 通过"微信小程序"课程学习可以锻炼我的独立思考能力 | 45 | 0 | 2 | 12 | 16 | 75 | 120 | 35 | 5.42 | 1.38 |
| 6. 通过"微信小程序"课程学习可以加强我与老师、同学之间的交流合作 | 45 | 3 | 6 | 3 | 4 | 100 | 78 | 7 | 4.96 | 1.46 |
| 7. 通过"微信小程序"课程学习可以提高我的创新能力 | 45 | 0 | 0 | 6 | 28 | 105 | 48 | 49 | 5.44 | 1.08 |
| 8. 通过"微信小程序"课程学习可以提高我发现问题、解决问题的能力 | 45 | 1 | 2 | 3 | 12 | 80 | 102 | 42 | 5.38 | 1.23 |

表 4-15  课程满意度调查问卷

| 评价指标 | 数量 | 等级（加权后） | | | | | | | 均值 | 标准差 |
|---|---|---|---|---|---|---|---|---|---|---|
| | | 1 | 2 | 3 | 4 | 5 | 6 | 7 | | |
| 1. "微信小程序"教学评价设置科学，能将真实学习水平展示出来 | 45 | 1 | 0 | 0 | 36 | 95 | 42 | 63 | 5.27 | 1.21 |
| 2. "微信小程序"教学方法选择恰当，能够激发学习兴趣 | 45 | 0 | 2 | 0 | 28 | 120 | 60 | 21 | 5.13 | 0.92 |
| 3. "微信小程序"课程内容安排合理、大部分知识点能够掌握 | 45 | 0 | 6 | 3 | 28 | 100 | 36 | 56 | 5.09 | 1.31 |
| 4. "微信小程序"教学环节衔接流畅，使知识过渡更加自然 | 45 | 2 | 0 | 3 | 24 | 145 | 18 | 28 | 4.89 | 1.71 |
| 5. "微信小程序"教学模式构建合理，能根据自己基础有针对性地学习 | 45 | 0 | 0 | 6 | 12 | 85 | 78 | 70 | 5.78 | 1.06 |

➢ 问卷信度和效度分析

由表 4-16 和表 4-17 可知，课程实施阶段所采用问卷的信度为 0.990，大于

0.8;KMO 值为 0.915,大于 0.7,说明问卷数据真实可信,调查结果可应用于进一步分析。

表 4-16　调查问卷信度值

| 可靠性统计量 | |
| --- | --- |
| 基于标准化项的 Cronbachs' Alpha | 项数 |
| .990 | 13 |

表 4-17　调查问卷效度值

| KMO 和 Bratlett 检定 | | |
| --- | --- | --- |
| 取样足够度的 Kaiser-Meyer-Olkin 度量 | | .736 |
| Bartlett 的球形度检验 | 近似卡方 | 1244.536 |
| | Df | 78 |
| | Sig. | .000 |

➤ 学生能力变化分析

在学生能力变化调查中,每个数据标准差都在 1 左右,说明整体浮动不大;均值都在 5 左右,说明大多数学生都持较为赞同的态度。本研究采用雷达图进行可视化数据分析,为的是生动直观地呈现调查问卷统计结果中多维变量的对比和关联关系。这里利用 Python 中的 numpy 库和 matplotlib 库绘制统计结果雷达图,关键代码如图 4-23 所示。

```python
for values in [values1, values2, values3, values4, values5, values6, values7]:
    values=np.concatenate((values, [values[0]]))
    ax = fig.add_subplot(111, polar=True)
    ax.plot(angles, values, 'o-', linewidth=2)
    ax.fill(angles, values, alpha=0.25)
    ax.set_thetagrids(angles * 180/np.pi, feature)
    ax.set_ylim(0, 25)
plt.title('能力调查')
ax.grid(True)
plt.legend(loc=(1.2, 0.5))
plt.show()
```

图 4-23　关键代码图

程序运行得到如图 4-24 所示雷达图,其中代表"同意"的区域面积最大,说明四十五位学生在七个问题的选择中,持"同意"态度的最多;较同意的次之,证明大多数学生通过"微信小程序"校本课程学习,能力得到了提升。第三题"通过'微信小程序'

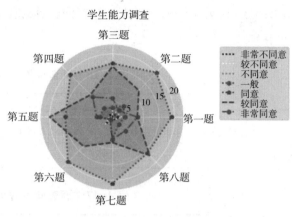

图 4-24　学生能力调查图

课程学习可以让我独立进行微信小程序开发"和第五题"通过'微信小程序'课程学习可以锻炼我的独立思考能力"对应的雷达图区域中,代表"同意""较同意"和"非常同意"的点距离圆心较远,说明选择这些选项的人数较多,证明学生通过课程学习,认为自己的开发能力和独立思考能力得到了显著提高。

为深入调查"微信小程序"校本课程实施效果,对第三个问题"通过'微信小程序'课程学习可以让我独立进行微信小程序开发"进行多重响应频率分析,统计结果如表 4-18 所示。由此可见,超过 80% 学生认为通过课程学习,自己具备了微信小程序开发能力,能够独立完成简单微信小程序开发,理论知识和实践操作能力得到了很大提升。

表4-18　多重响应频率分析表

| | | 响应 | | 观察值百分比 |
| --- | --- | --- | --- | --- |
| | | N | 百分比 | |
| 通过"微信小程序"课程学习可以让我独立进行微信小程序开发 | 非常不同意 | 0 | 0% | 0% |
| | 较不同意 | 2 | 4.4% | 4.4% |
| | 不同意 | 1 | 2.2% | 2.2% |
| | 不确定 | 3 | 6.7% | 6.7% |
| | 同意 | 17 | 37.8% | 37.8% |
| | 较同意 | 16 | 35.6% | 35.6% |
| | 非常同意 | 6 | 13.3% | 13.3% |
| 总计 | | 45 | 100% | 100% |

总的来说,大部分学生认为学习"微信小程序"校本课程能够提高编程能力,目前自己可以独立完成基本的微信小程序开发任务。同时,经过课程学习,自身的自学能力、创新能力以及发现问题、解决问题的能力都有所提升。

➢ 课程满意度分析

在课程满意度调查中,每个统计数据的标准差都在 1 左右,说明数据之间整体差距不大;均值都在 5 左右,说明大多数学生对这门课都较为满意。将统计结果用雷达图展现出来,如图 4-25 所示。代表"同意"的区域面积最大,说明选择"同意"选项的人数最多,证明大多数学生对"微信小程序"课程持满意态度。其中第三题"'微信小程序'课程内容安排合理、大部分知识点能够掌握"和第五题"'微信小程序'教学模式构建合理,能根据自己的知识基础有针对性地学习"对应的雷达图区域中,代表"非常同意""较同意"的点距离圆心较远,说明数值较大,得到的积极回应最多,证明"微信小程序"校本课程在内容编排和模式构建方面得到了学生的认可。

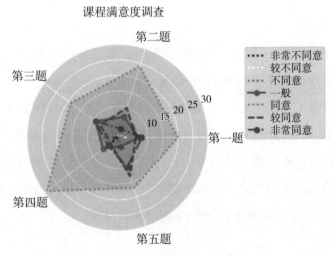

图 4-25　课程满意度调查图

对第三个问题"'微信小程序'课程内容安排合理、大部分知识点能够掌握"进行多重响应频率分析,统计结果如表 4-19 所示。由此可见,超过 70% 的学生认为课程安排科学合理,内容编排由易到难、由简入繁,知识在自己可接受范围之内,并且大部分知识点是可以掌握的。

表4-19  多重响应频率分析表

| | | 响应 | | 观察值百分比 |
| --- | --- | --- | --- | --- |
| | | N | 百分比 | |
| "微信小程序"课程内容安排合理、<br>大部分知识点能够掌握 | 非常不同意 | 0 | 0% | 0% |
| | 较不同意 | 3 | 6.7% | 6.7% |
| | 不同意 | 1 | 2.2% | 2.2% |
| | 不确定 | 7 | 15.6% | 15.6% |
| | 同意 | 20 | 44.4% | 44.4% |
| | 较同意 | 6 | 13.3% | 13.3% |
| | 非常同意 | 8 | 17.8% | 17.8% |
| 总计 | | 45 | 100% | 100% |

总之,通过混合式教学,大部分学生能够掌握"微信小程序"校本课程的教学内容,对混合式教学方法比较认同,认为它能够激发自己的学习兴趣,更好地参与到课程学习中。

### 4.6.3  本节小结

本节介绍了"微信小程序"校本课程评价,主要包括对学习过程和对课程开发效果两个方面进行评价。通过评价结果分析可知,学生学习效果总体比较好,大多数学生掌握了课程理论知识、提高了实际操作能力,能够独立进行微信小程序开发,完成了课程目标,并在学习过程中提高了创新能力和合作能力;教研组教师对该课程开发阶段的工作较为满意,认为内容选择合理、教学方法得当,符合学校培养目标。总的来说,"微信小程序"校本课程开发和实施阶段的工作比较科学合理,取得了较为满意的效果,实现了课程目标。

### 4.7  总结与展望

本章依据相关教育理论和方法,基于对学生、学校和社会三方面的需求分析,完成"微信小程序"校本课程设计,并在济南某中等职业学校进行了教学实践。"微信小程序"课程的校本化探索着力于培养具有创新精神和实际操作能力的技能型人才,顺应了中等职业学校的培养目标与方向。"微信小程序"课程的校本化初步实践旨在提升学校所授知识与社会需求的契合度,提高学生创新思维和动手能力,为就业打下良好基础。

### 4.7.1 本章总结

本章以建构主义、校本课程开发等相关理论为指导,采用问卷调查法和访谈法对学生、中职学校和社会需求进行了调查分析,详细设计了"微信小程序"校本课程性质、目标、内容、资源和评价体系,构建了混合式教学模式,并在济南某中职学校进行了尝试性的教学实践。为中职学校开展"微信小程序"校本课程建设提供了理论与实践借鉴,助推中职学校计算机校本课程的发展。本章主要完成以下工作:

1)"微信小程序"校本课程开发前期进行需求分析,采用问卷和访谈方式采集数据。需求分析从学生需求、学校需求以及社会需求三方面展开,分析结果表明74%的学生对"微信小程序"校本课程感兴趣,希望学习微信小程序开发相关知识和技能;参加访谈的中职教师普遍认为"Dreamweaver"课程内容亟须更新,并支持"微信小程序"校本化课程研究;通过对微信小程序公开数据分析可知,微信小程序使用需求日益增长,对开发人员的需求也随之增加。新冠疫情以来,小微企业逐步使用微信小程序拓展业务,对微信小程序使用频率大幅上涨,同时对微信小程序开发人才的需求显著增加。缜密的前期调查工作为"微信小程序"校本课程建设奠定了基础。

2)基于学生、学校及社会三方面的需求分析,本章完成了"微信小程序"校本课程设计方案,包括制定课程性质、设计课程目标、选择课程内容和课程资源、构建评价体系等。本课程选取具有创新性和时代感的教学内容,以生动多样的课程资源展示形式提高学生学习兴趣;教学环节注重知识的实际应用,通过理论学习、实践教学、知识巩固,提高学生在真实情景中解决实际问题的能力。课程评价兼顾学习过程和课程开发效果,既包括以学习成绩和日常表现为指标的发展性评价,又包括课程设计及实施效果的综合评价,共同促进了教学过程的逐步优化。

3)根据课程特点以及学生需求和意愿,采用理论学习与实践教学相结合的混合式教学方式,在济南某中职学校开展"微信小程序"校本课程教学实践。实践结果表明,通过课程学习,98%的学生可以完成"个人主页"小程序开发,82%的学生认可采用混合式教学方法开展"微信小程序"教学活动,课程教学实践取得了预期效果。

4)采用融合学生学习过程和课程开发效果的方法对"微信小程序"校本课程进行综合评价。通过一学期的教学实践,学习过程评价结果发现,86.7%的学生对"微信小程序"校本课程感兴趣,并且能够独立开发功能简单的微信小程序。通过对课程开发效果评价发现,"微信小程序"校本课程开发得到了学校认可及支持,大多数老师认为该课程能够满足学生学习需求,课程整体安排较为科学合理,学生普遍愿意学习微信小程序开发技术,但该课程在课后个性化学习任务安排上还稍有欠缺,有待加强,为下一步教学改进指明了方向。

### 4.7.2  不足之处

由于时间和能力有限,本研究存在以下几方面的不足:

1)"微信小程序"校本课程主要面向济南某中职学校计算机专业三年级兴趣班的学生开展,授课对象数量较少,增加授课对象数量会使结果更具有普适性。

2)教师实战教学经验不够丰富,教学能力有待进一步提高。

### 4.7.3  研究展望

在下一步的教研工作中,我们将继续完善教学内容,增加课程的创新性和实用性,吸引更多学生参与到"微信小程序"校本课程的学习中。此外,我们将进一步完善教学环节,分层设计教学活动和学习任务,更好地满足不同学生的个性化需求。期待"微信小程序"课程在中职学校逐步推广,让不同学校、不同年级的学生学习微信小程序开发,全面提高专业技能,为就业奠定坚实的基础。

### 参考文献

[1] 中华人民共和国国务院. 国务院关于大力发展职业教育的决定[J]. 中国职业技术教育,2005(33):23-26.

[2] 刘兰明,张莉,王军红,张玉秋. 使命、价值与关键:落实《中等职业学校公共基础课程方案》的思考[J]. 中国职业技术教育,2019(35):5-9.

[3] 张林. 苏北中职校本课程研究与开发的理性思考[J]. 科技信息,2010(31):

279-280.

[4] 杨启,张丽萍.从互联网生态看微信小程序的发展[J].新闻论坛,2017(02):22-24.

[5] 张小龙.微信小程序入口在哪?有什么用?[J].计算机与网络,2017,43(04):50-50.

[6] 教育部关于制定中等职业学校教学计划的原则意见[J].中华人民共和国国务院公报,2009(21):23-25.

[7] 瞿晓理."大众创业,万众创新"时代背景下我国创新创业人才政策分析[J].科技管理研究,2016,36(17):41-47.

[8] 吴刚平.校本课程开发的定性思考[J].课程.教材.教法,2000(07):1-5.

[9] 张灵,禹奇才,张俊平.专业特色建设的几个基本问题[J].中国大学教学,2012(09):28-30.

[10] Keiny S, Weiss T. A Case Study of a School-based Curriculum Development as a Model for INSET[J]. Journal of Education for Teaching, 1986,12(02):155-162.

[11] Mark Priestley, Sarah Minty, Michelle Eager. School-based curriculum development in Scotland: curriculum policy and enactment[J]. Pedagogy, Culture & Society,2014,22(2):189-211.

[12] Dazhong Zhou. On the Development of School-Based Curriculum for Symbiosis Education in Ethnic Regions[J]. Studies in Sociology of Science,2014,5(04):106-110.

[13] Uswatun Qoyyimah. Policy implementation within the frame of school-based curriculum: a comparison of public school and Islamic private school teachers in East Java, Indonesia[J]. Compare: A Journal of Comparative and International Education,2018,48(04):571-589.

[14] Wang Chen Victor, Neo. Studying the enactment of School-Based Curriculum Development (SBCD) in Singapore[J]. Educational Research,2019,61(03):337-355.

［15］ Erhun Tekakpinar, Murat Tezer. Effectiveness of a School-Based Outdoor Education Curriculum and Online Learning Environment among Prospective Teachers［J］. Sustainability,2019,12(01):1−22.

［16］ Swartz Karen, Musci Rashelle J, Beaudry Mary Beth, Heley Kathryn, Miller Leslie, Alfes Clarissa, Townsend Lisa, Thornicroft Graham, Wilcox Holly C. School-Based Curriculum to Improve Depression Literacy Among US Secondary School Students: A Randomized Effectiveness Trial［J］. American journal of public health,2017,107(12):1970−1976.

［17］ Zaitun Qamariah. Developing Islamic English Instructional Materials Based on School-based Curriculum［J］. Journal on English as a Foreign Language,2015,5 (02):99−111.

［18］ Montag Christian, Becker Benjamin, Gan Chunmei. The Multipurpose Application WeChat: A Review on Recent Research［J］. Frontiers in psychology,2018, 9(04):1−8.

［19］ Weisen L, Weijun D, Guanghuang X, et al. Cooling Tower Remote Mobile Monitoring System Based on NB-IoT and WeChat Mini Program［J］. Automation & Information Engineering, 2019,40(04):1−4.

［20］ Lili S. Analysis on Library Lending Service Based on WeChat Mini Program and Quick Response Code Technology［J］. Office Informatization, 2019,24(10): 49−51.

［21］ 廖哲勋.关于校本课程开发的理论思考[J].课程.教材.教法,2004(08): 11−18.

［22］ 杜文军,高梦馨.家长资源校本课程开发研究[J].教育理论与实践,2017, 37(29):44−46.

［23］ 郭乐静.基于特色学校建设的校本课程开发[J].教育理论与实践,2018,38 (35):41−42.

［24］ 王雯雯.教师参与校本课程评价的价值、困境及对策[J].教学与管理,2020

(06):19-22.

[25] 卢成树.《校园气象观测与物候》校本课程开发与实施研究[J].中学地理教学参考,2016(05):23-25.

[26] 夏静芳.植根于环境养成于实践——马陵中学"儒家文化"校本课程开发与实践探索[J].中学语文教学,2018(07):41-43.

[27] 陈婷.基于优秀民族文化传承的校本课程开发实践探索——以拉萨市实验小学藏文化特色校本课程为例[J].民族教育研究,2020,31(01):148-153.

[28] 吴铠波.中职学校3D打印技术校本课程开发研究[J].教育现代化,2019,6(20):175-176.

[29] 李灏.中职《Python语言程序》校本课程开发与实践研究[D].广东技术师范大学,2019.

[30] 田元.中职"计算机图形图像处理"校本课程的开发与实施探讨[J].教育家,2016(48):82-83.

[31] 董剑林.浅谈中职计算机应用基础校本课程的开发研究[J].电子测试,2019(14):136-137.

[32] 喻国明,程思琪.从"连接"到"场景":互联网发展的重要进阶——试析微信小程序的价值逻辑与市场版图[J].新闻大学,2018(01):121-127.

[33] Lei Hao, Fucheng Wan, Ning Ma, Yicheng Wang. Analysis of the Development of WeChat Mini Program[J]. Journal of Physics: Conference Series,2018, 1087(6):1-5.

[34] Jing-jing Xiong, Feng-tao Xiao, Hai-ye Lu, Yue Wang, Rong-mei Cao, Si-si WANG. Current Situation and Analysis of Knowledge Learning Software Based on WeChat Mini Program[P]. DEStech Transactions on Social Science, Education and Human Science,2018.

[35] 尹明章,张莉,周天旻,孙金香,钟代麟.基于微信小程序的高校O2O图书共享平台开发与应用[J].图书馆理论与实践,2019(03):94-97.

[36] Changpeng Qin, Zhenhua Wang, Denghui Li. Design and Implementation of

Lab Assistant Based on WeChat Mini Programs[J]. Transactions on Computer Science and Technology,2020,8:1-3.

[37] 涂相华,薛锡雅,曾志平,罗子健,骆晓鹏."WECO 课堂":基于微信小程序的师生交互系统[J].现代教育技术,2018,28(05):109-114.

[38] Jiawei Wang, Wenhao Wang, Quanyin Zhu. Design and Implementation of We-Chat Mini Program for University Dormitory Based on SOA[J]. Journal of Physics:Conference Series,2018,1069(1):012086-012086.

[39] 连惠燕.基于多媒体词边注释的中职英语阅读微信小程序满意度及影响因素研究[J].英语教师,2020,20(10):31-35.

[40] 邹锰.基于微信小程序的中职高三实习招聘信息平台的设计与实现[J].信息与电脑(理论版),2020,32(03):88-90.

[41] 许智超.面向中职信息技术师资培训的微信小程序课程开发与研究[D].广东技术师范大学,2019.

[42] 李珊.基于微信小程序的学生活动管理系统的设计与实现[D].广东工业大学,2019.

[43] 曹海燕.微信小程序在中职教学中的探索与应用[J].科技创新导报,2018,15(25):215-217.

[44] 姚计海,王喜雪.近十年来我国教育研究方法的分析与反思[J].教育研究,2013,34(03):20-24.

[45] 黄李辉,阮永平.文献分析法在我国管理会计研究中的应用——基于33篇样本文献的分析[J].财会通讯,2017(04):39-43.

[46] 郑晶晶.问卷调查法研究综述[J].理论观察,2014(10):102-103.

[47] 吴雁."访谈法"在教育研究中的运用——以陶行知研究中的专家访谈为例[J].上海师范大学学报(基础教育版),2010,39(06):58-63.

[48] 秦琴琴,乜勇.基于词频分析和可视化共词网络图的国内创客研究热点分析[J].现代教育技术,2016,26(01):113-119.

[49] 陈威.建构主义学习理论综述[J].学术交流,2007(03):175-177.

[50] 李广平.建构主义理论对教师教育的启示[J].外国教育研究,2004(05): 33-36.

[51] 何克抗.建构主义——革新传统教学的理论基础(一)[J].学科教育,1998 (03):29-31.

[52] M. DavidMerrill,盛群力,马兰.首要教学原理[J].远程教育杂志,2003 (04):20-27.

[53] 杨文婷,何伏刚.混合式教学中教师技能的新要求[J].中国远程教育,2008 (06):63-66.

[54] 黄荣怀,马丁,郑兰琴,张海森.基于混合式学习的课程设计理论[J].电化 教育研究,2009(01):9-14.

[55] 高晓清.论校本课程的特性[J].教育探索,2002(01):29-31.

[56] 李臣之.校本课程开发应关注学生的利益[J].教育科学研究,2007(03): 38-40.

[57] 芦晓红.图书馆微信小程序的应用现状与展望[J].图书馆学研究,2018 (11):19-25.

[58] 马捷,刘小乐,郑若星.中国知网知识组织模式研究[J].情报科学,2011,29 (06):843-846.

[59] Olawumi T O, Chan D W M. A scientometric review of global research on sustainability and sustainable development[J]. Journal of cleaner production, 2018,183(10):231-250.

[60] 阿拉丁小程序统计平台.2019小程序生态白皮书[EB/OL].http://www. aldzs.com/assets/an-alysis/2019.pdf,2020-01-02.

[61] 芦晓红.图书馆微信小程序的应用现状与展望[J].图书馆学研究,2018 (11):19-25.

[62] 钟启泉.课程与教学概论[M].上海:华东师大出版社,2004.

[63] 韩和鸣.课程目标问题探讨[J].教育理论与实践,2006(01):62-64.

[64] 王国光,孙长远.基于建构主义学习观的高职院校微课开发研究[J].职教

论坛,2014(27):67-70.

[65] 胡晓玲.信息化教学有效性解读[J].中国电化教育,2012(05):33-37.

[66] 龚静,侯长林,张新婷.深度学习的生发逻辑、教学模型与实践路径[J].现代远程教育研究,2020,32(05):46-51.

[67] 焦宝聪,苏古杉,陈楠.微课程设计的三重属性和六大要素[J].现代远程教育研究,2015(06):89-95.

[68] 杨建勋.计算机教学中任务驱动教学法的实施[J].教育与职业,2013(06):159-161.

[69] 谢娟,张婷,程凤农.基于CIPP的翻转课堂教学评价体系构建[J].现代远程教育研究,2017(05):95-103.

[70] 傅欣.校本课程评价工具开发:问题、理念与实践[J].教育发展研究,2014,33(20):40-45.

[71] 隋岩.构建以形成性评价为特征的成人英语教学评价模式[J].中国成人教育,2012(18):120-121.

# 附录

## 附录1

### 中职学生对微信小程序课程需求调查问卷

亲爱的同学:

你好!为了解你的知识基础以及兴趣爱好等情况,更好地根据你的需求进行课程开发、教学和实践,我们设计了这份问卷,请根据自己的实际情况如实填写。本次调查仅作为统计和研究分析,我们将对调查内容严格保密,采用不记名方式,不会对你有任何影响,请放心填写。所有问题均为单选题,请在括号内填上你的选项,感谢你的支持!

1. 你对编程类课程感兴趣吗?〔单选题〕(        )

    A. 非常感兴趣

    B. 感兴趣

    C. 一般

    D. 不感兴趣

    E. 非常不感兴趣

2. 你选择计算机专业的原因是:〔单选题〕(        )

    A. 爱好

    B. 就业范围广

    C. 开拓知识

    D. 家长意愿

    E. 其他

3. 你以后是否想从事计算机相关工作?〔单选题〕(        )

    A. 想从事

    B. 不想从事

    C. 还没考虑清楚

4. "Dreamweaver"课程能够满足你的需求吗?〔单选题〕(        )

A. 能够满意

B. 基本满足

C. 一般

D. 不能满足

5. 你对"Dreamweaver"课程的掌握程度是:[单选题]（    ）

A. 非常熟练

B. 熟练

C. 一般

D. 不熟练

E. 非常不熟练

6. 你希望"Dreamweaver"课程如何改进?[单选题]（    ）

A. 学习内容更加基础

B. 学习内容更加深入

C. 学习内容更加实用

D. 学习内容更具有操作性

7. 微信小程序已经应用到各个领域,你是否愿意学习微信小程序开发?[单选题]（    ）

A. 非常愿意

B. 愿意

C. 中立

D. 不愿意

8. 校本课程目标、内容的制定,都会综合考虑学生的需求与兴趣,使学生占据主体地位,如果在"Dreamweaver"课程基础上设置"微信小程序"校本课程,你感兴趣吗?[单选题]（    ）

A. 非常感兴趣

B. 感兴趣

C. 一般

D. 不感兴趣

E. 非常不感兴趣

9. 目前比较常用的评价方式有过程性评价和结果性评价,过程性评价是贯穿于学习过程,将学习过程的各个指标纳入考量的标准中。结果性评价是采取考试等形式对学生进行评价。你更愿意选择哪种评价方式:[单选题]( )

A. 过程性评价

B. 结果性评价

**附录**2

尊敬的老师：

您好，我是咱们学校的一名实习生，目前正在研究"微信小程序"校本课程的开发与应用，想就校本课程开发的相关事项对您进行访谈。本次访谈的内容会严格保密，不会泄露您的个人隐私，希望您能够将真实想法告诉我们，感谢您的配合。

1.您认为"Dreamweaver"课程的教学现状如何？

2.您认为有必要对高三计算机专业的学生开设"微信小程序"校本课程吗？

3.您对"微信小程序"校本课程开发的建议是什么？

4.您对"微信小程序"校本课程实施的建议是什么？

附录 3

## 课程评价调查问卷

亲爱的老师:

　　您好! 为对校本课程开发阶段的相关工作进行评价,以更好地改进教学,我们设计了这份问卷。本次调查仅作为统计和研究分析,我们将对调查内容严格保密,采用不记名方式,不会对您有任何影响,请放心填写。本量表分为七个等级,"非常不同意""较不同意""不同意""不确定""同意""较同意""非常同意",请您根据自己的判断进行填写,所有问题均为单选题,感谢您的支持!

| 评价指标 | 数量 | 等级(加权后) | | | | | | | 均值 | 方差 |
|---|---|---|---|---|---|---|---|---|---|---|
| | | 1 | 2 | 3 | 4 | 5 | 6 | 7 | | |
| 1."微信小程序"校本课程的开发得到学校的支持 | | | | | | | | | | |
| 2."微信小程序"校本课程的开发考虑学生的需求及特点 | | | | | | | | | | |
| 3."微信小程序"校本课程可以满足学生的学习需求 | | | | | | | | | | |
| 4."微信小程序"校本课程符合学校的培养目标 | | | | | | | | | | |
| 5."微信小程序"校本课程目标明确 | | | | | | | | | | |
| 6."微信小程序"校本课程内容选择符合时代需求 | | | | | | | | | | |
| 7."微信小程序"校本课程内容连贯、安排合理 | | | | | | | | | | |
| 8."微信小程序"校本课程具备实施的教学条件与环境 | | | | | | | | | | |
| 9."微信小程序"校本课程评价方式合理 | | | | | | | | | | |

附录4

## 课程评价调查问卷

亲爱的同学：

你好！为了了解你一学期的学习情况以及对课程的满意度，更好地进行课程评价并改进教学，我们设计了这份问卷。本次调查仅作为统计和研究分析，我们将对调查内容严格保密，采用不记名方式，不会对你有任何影响，请放心填写。本量表分为七个等级，"非常不同意""较不同意""不同意""不确定""同意""较同意""非常同意"，请根据自己的实际情况如实填写，所有问题均为单选题。感谢你的支持！

其中，表1是对能力变化的调查，请根据自己的实际情况填写；表2是对课程满意度的调查，请你根据自己的课程体验打分。

### 表1　学生能力变化调查表

| 评价指标 | 数量 | 等级（加权后） | | | | | | |
|---|---|---|---|---|---|---|---|---|
| | | 1 | 2 | 3 | 4 | 5 | 6 | 7 |
| 1.通过"微信小程序"课程的学习可以提高我的编程能力 | | | | | | | | |
| 2.通过"微信小程序"课程的学习可以激发我对编程类课程的学习兴趣 | | | | | | | | |
| 3.通过"微信小程序"课程的学习可以让我独立进行微信小程序开发 | | | | | | | | |
| 4.通过"微信小程序"课程的学习可以提高我的自主学习能力 | | | | | | | | |
| 5.通过"微信小程序"课程的学习可以锻炼我的独立思考能力 | | | | | | | | |
| 6.通过"微信小程序"课程的学习可以加强我与老师、同学之间的交流合作 | | | | | | | | |
| 7.通过"微信小程序"课程的学习可以提高我的创新能力 | | | | | | | | |
| 8.通过"微信小程序"课程的学习可以提高我发现问题、解决问题的能力 | | | | | | | | |

**表 2　课程满意度调查表**

| 评价指标 | 数量 | 等级（加权后） | | | | | | |
|---|---|---|---|---|---|---|---|---|
| | | 1 | 2 | 3 | 4 | 5 | 6 | 7 |
| 1."微信小程序"课程内容安排合理,大部分知识点能够掌握 | | | | | | | | |
| 2."微信小程序"教学方法选择恰当,能够激发学习兴趣 | | | | | | | | |
| 3."微信小程序"教学评价设置科学,能将真实学习水平展示出来 | | | | | | | | |
| 4."微信小程序"教学环节衔接流畅,使知识过渡更加自然 | | | | | | | | |
| 5."微信小程序"教学模式构建合理,能根据自己的基础有针对性地学习 | | | | | | | | |

## ·第五章·

# "学习助手"微信小程序开发与教学实践

随着移动终端与学习理念的发展,混合式教学模式在中职学校得到广泛应用。但是,中职课程混合式教学实践中存在线上线下学习活动无法有效衔接等问题,导致教学效果不尽如人意。究其原因是学习设备不易携带、学习资源繁杂、学习过程枯燥等。所以,开发一款满足中职学生线上线下学习需求的课程学习小助手迫在眉睫。

近年来,微信官方相继推出了微信小程序和云开发,这为基于微信小程序设计开发满足混合式教学需求的线上学习平台提供了新的思路。与原生 App 相比,微信小程序具有触手可及、用完即走的特点,其中小程序云开发功能帮助开发者专注于业务前端,避免了租用服务器的昂贵费用。因此,本章从增强师生交流互动、解决学习资料选择困惑和增加学习兴趣的角度出发,设计开发了一款基于微信小程序的学习助手,并应用于中职学生 C 语言课程的混合式教学,帮助学生实现线上线下学习活动的有效衔接。

本章的主要工作如下:

1.基于微信小程序与混合式教学的理论研究。分析微信小程序与混合式教学的研究现状,明确微信小程序与中等职业技术教育相结合的应用前景,梳理学习助手系统设计开发与教学实践中需要掌握的主要研究方法和重要教育理论。

2.基于微信小程序的用户需求分析与系统设计。从功能性需求和非功能性需求两方面分析用户需求,依次设计系统框架、功能结构和数据库结构,同时对学习助手系统的登录注册模块、学习模块、游戏模块和个人中心模块进行详细设计。

3.基于小程序云开发技术的系统开发实现。首先搭建学习助手系统的开发环境,然后具体实现课程视频、学习资料、评论、知识竞赛游戏、习题等主要功能,最后从性能、体验、最佳实践三方面开展系统测试,确保该系统能够应用于中职C语言课程教学实践。

4.学习助手系统在中职C语言课程混合式教学中的应用及教学效果分析。基于前期调查分析,设计中职C语言课程的混合式教学活动流程,将学习助手系统应用于混合式教学的课前、课中和课后环节。教学实践结果表明,基于微信小程序的学习助手系统有助于促进线上线下学习活动的有效衔接,并得到了中职学生的认可与支持。

## 5.1 绪论

### 5.1.1 研究背景与意义

1)研究背景

➢ 制度背景

信息技术与职业教育的有效结合促进职业教育质量的提升,切实提高我国职业教育信息化建设和应用水平,是职业技术教育改革和发展面临的重要任务。[1]

2016年6月教育部印发关于《教育信息化"十三五"规划》的通知,要求依托信息技术促进职业教育教学改革,推进信息技术在教学中深入广泛应用。[2]2018年4月教育部印发《教育信息化2.0行动计划》的通知,再次强调将信息技术融合到职业教育改革的重要性。通知要求充分利用教育信息技术,改变现有的教育教学方式,实现使每一个学生(或绝大多数学生)通过教育获得必要的素养、能力与知识。[3]2019年1月国务院通过的《国家职业教育改革实施方案》进一步推进了职业教育信息化的进程。显然,实施中国职业教育现代化改革,必须充分发挥教育信息化的引领作用,运用现代化技术促进职业教育在教学方式、教学环境、教学资源等方面的变革。[4]为贯彻落实全国教育大会精神与教育行动计划,发展"互联网＋职业教育",规范、引导职业院校在新形势下的信息化工作,教育部 2020 年发布《职业院校数字校园规范》[5],其中教育教学部分指出课堂教学是人才培养的核心环节,应该促进信息技术与课程的深度融合,并明确提出线上线下相结合的混合式教学模式已经成为职业教育新的教学模式之一,鼓励并支持教师开展课堂内外、线上线下多维互动的混合式教学新模式。

➤ 时代背景

在移动互联网技术飞速发展、智能移动终端逐渐普及的时代背景下,充分利用移动终端高效便捷的优势实现教育教学信息化[6]成为中职教育教学改革的重中之重。移动终端的便捷性、交互性和自主性等特点使中职教育信息化成为可能,基于移动终端的信息化教学是中等职业技术教育发展的方向,其应用也愈加广泛。[7]在各种信息化教学手段中,微信作为广受欢迎的移动社交平台,开始成为辅助课堂教学的基础平台。[8]以微信平台为依托的小程序,凭借自身随时可用、用完即走,功能化、简单化等特点,受到用户的青睐。在推进职业院校向数字化校园建设发展的进程中,微信小程序不断丰富教学形式。[9]将微信小程序应用于职业学校教学,除了有利于帮助学生掌握基本的信息技术与知识技能之外,也有助于教师转变教学观念,更是培养学生信息素养的重要技术手段。[10]根据学生特点和课程特色设计开发学习助手系统作为中职 C 语言课程的混合式教学平台,借助小程序的轻量化优势,探索满足学生个性化学习需求的中职教育教学模式,具有明显的理论意义和实用价值。

2)研究意义

➤ 创新微信小程序在中职课程教学中的应用模式

通过总结 CNKI 数据库中与课程教学相关的文献发现,绝大多数针对中职课程的文献都是研究某种教学方法在实践中的应用,少数文献会涉及利用信息化手段进行教学改革的内容。其中,中职课程教学与微信小程序相结合进行教学模式创新的研究文献数目很少。

➤ 丰富混合式教学模式在中职教学中的应用实例

在混合式教学模式应用于中职课程教学的研究中,其文献基本可分为两类:一类是以混合式教学模式在某门课中的应用为重点;另一类是以现有教学平台为基础,把混合式教学与中职课程教学实践的结合作为研究重点。所以,作为中职 C 语言课程混合式教学平台,兼顾学生需求和课程特点的学习助手系统能够丰富混合式教学模式在中职教学中的应用实例。

➢ 为基于微信小程序的中职 C 语言课程混合式教学研究与实践提供可借鉴的经验

目前,面向中等职业技术教育信息化教学实践的相关研究较少。本章设计开发学习助手系统,并应用于中职 C 语言课程混合式教学;详细阐述了教学设计中应注意的问题,描述了两课时的教学实施过程,为中职课程的信息化教学拓展教学思路与研究方法。

### 5.1.2 国内外研究现状

1)微信小程序研究现状

➢ 微信小程序发展现状

微信小程序以微信平台为依托,而微信用户以国内用户为主,因此本章重点探讨微信小程序在国内的研究现状。[11]微信平台于 2011 年由互联网公司腾讯创立,其创立之初是一个提供免费即时通信服务的应用程序,仅仅十几年的发展,已经成为大众的一种生活方式[12]和国内最受欢迎的软件之一。[13]作为连接线上与线下的通道,自 2017 年 1 月 9 日正式上线以来,微信小程序数量与用户数一直处于上升状态。[14]教育部和高校也看到了小程序强劲的发展势头和广泛的应用前景,投入到小程序的开发和应用中。2018 年 1 月,教育部软件工程教学指导委员会、计算机类专业教学指导委员会、腾讯微信事业部和教育部在线教育研究中心联合发起"中国高校微信应用教育联盟",标志着微信应用进入高校。[15]

目前,相关教学平台应用的客户端主要分为 PC 端和移动端。与 PC 端的软件相比,教育 App 作为一种移动应用,具有便携性,其用户数量更加庞大。但是,移动端 App 的开发周期相对较长,对开发者的知识水平和专业技能要求较高。由于 App 需要先安装再使用,所以其使用效率也受用户手机配置的影响。不同 App 的运行系统有所差别,一款移动 App 不一定适用于所有运行系统,例如 Android、iOS 等。微信小程序与移动 App 的区别在于它更加轻量化、碎片化,在功能上的切入点也更加准确。微信小程序避免了移动 App 一直占用手机内存的缺点,并且系统基本样式由微信小程序官方提供的样式库构成,系统的操作更具普适性。此外,微信小程序云开发技术无须开发者配置服务器,云存储、云资源的使用使得小程序上线后的运维成本急剧降低。

➤ 在教学中的应用现状

本章以"微信小程序"为关键词在中国知网检索到相关中文文献 1552 篇。从 2016 年开始,以微信小程序为主题的发文量呈逐年上升趋势。基于检索到的 1552 篇文献绘制关键词共现图谱,分析与微信小程序相关的研究领域。[16]结果表明,大多数研究针对微信小程序与图书馆、微信公众号等内容,而基于微信小程序的教学实践研究相对较少。

大多数关于微信小程序与教学相结合的研究文献,基本上都包含微信小程序的设计开发、教学流程设计、教学实践三部分内容。余亮亮在《基于微信小程序的中学生学习评价与反馈平台建设研究》[17]文章中重点描述了评价与反馈平台的设计、实现与测试过程。该平台将家长、学生、教师三方纳入评价与反馈系统,增进家长和学校的沟通,实现有效教学。舒嘉豪在《基于微信小程序的答题系统的设计与实现》[18]一文中阐述了系统的功能设计、代码实现和功能测试,并指出该小程序成为辅助教师课堂教学的有力工具。

2)混合式教学研究现状

➤ 混合式教学发展现状

2000 年 12 月,美国教育理论和教育技术专家共同起草"美国教育技术白皮书",其中关于网络学习(E-Learning)的观点为混合式学习(Blended Learning)的提出奠定了基础。[19]2001 年企业培训领域首先出现了混合式学习,即采用传统课堂教学与远程教学相结合的培训方法。[20]随后,混合式学习应用在教育领域并引起强烈反响。2003 年何克抗教授将混合式教学引入国内,他认为混合式教学模式"既要发挥教师引导、启发、监控教学过程的主导作用,又要充分体现学生作为学习过程主体的主动性、积极性与创造性"[21]。

关于混合式学习的内涵,不同教育专家通过各种途径发表了自己的观点。Margaret Driscoll 认为混合式学习包含四种不同的概念:结合基于 web 的技术模式以实现教育目标;结合各种教学方法,在无论有或没有教学技术的情况下都能产生最佳教学效果;将教学技术与面对面的教师指导相结合;将教学技术与实际工作任务结合在一起。[22]黎加厚教授认为,"Blended Learning"就是"融合性学习",是指师生对教学模式、教学媒体、教学技术等元素优化组合,从而达到教学目标和学习目标。[23]李克东教授与赵建华教授认为,混合式学习是人们对网络学习进行反思后,出现在教育领域中的流行术语,其主要思想是把在线(Online)学习和面对面(Face to Face)教学模式有机整合,达到提高效益、降低成本的一种教学方式。[24]

针对混合式教学模式,各位教育专家也有不同理解。Craig Barnum 与 William Parkman 提供了四阶段混合教学模式,包括:基于网络的传输、面对面学习、解决方案、协作延伸学习[25],并主张在混合式教学模式的不同阶段,采用侧重点不同的教学方式和学习方法。[26]Purnima Valiathan 提出将混合式教学模式分为三种:技能驱动的教学模式、态度驱动的教学模式和能力驱动的教学模式。[27]Brian Beatty 提出 HyFlex 教学模式,即学生可以自由选择参加面对面的学习或者参加在线学习。[28]Yen 与 Lee 总结了混合式教学的特点:将教学中心由教师转为学生;增加学生、教师、学习内容及外部资源的交互;把过程性评价与总结性评价相结合。[29]Goodyear 认为信息技术可以用于促进学习者之间、学习者与导师之间以及学习团体与学习资源之间的联系[30],认为混合式教学是以学生为中心的教学与辅导方式的混合。[31]

综上所述,广义的混合式教学包括多种教学资源的混合、多种教学方法的混合、多种教学理论的混合以及多种学习评价的结合。[32]狭义的混合式教学是把传统的面对面教学与网络教学融合起来,实现学习目标最优化的一种教学模式。[33]本章研究的混合式教学是线上线下教学方式相混合,即把微信小程序作为线上平台与线下的面对面教学相结合的混合式教学模式。

➤ 在教学中的应用现状

在中国知网以"混合式教学""混合式学习""Blended Learning""Blended Teaching""中职"等关键词相互结合作为文献搜索的主题,发现近几年相关文献的发文量越来越多,如图5-1所示,该图直观地说明了混合式教学应用于中职教育教学研究领域的热度越来越高。

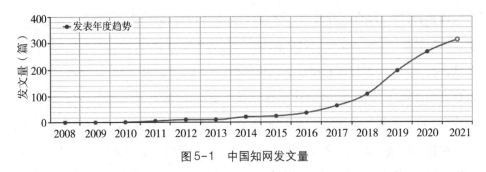

图5-1　中国知网发文量

通过分析《中国职业技术教育》《中国电化教育》《职教论坛》等核心期刊,我们发现文章涉及中职课程设计与开发、中职课程教学平台开发、利用信息化教学平台进行教学实践等多方面内容。例如,在中职课程的教学平台开发方面,研究者以中职学校的某一课程为例,提出开发符合中职教学需要、与教学环节紧密结合的网络教学平台。[34]关于混合式教学的应用研究,主要包括两个角度:一是探究混合式学习模式在课程中的应用;二是利用已有的在线平台进行混合式教学设计。例如,马逸飞选择了中职计算机应用基础课程进行基于计算思维培养的混合式学习模式实践研究[35];姜玉丽基于超星网络教学平台构建了"Python 数据分析"课程混合式教学模式[36];初倩设计了用于混合式学习的个性化教学系统[37],该系统虽然符合中职教学的特点,但是系统只能在 PC 端运行的局限性,限制了学生随时随地学习需求。

综上所述,混合式教学应用于中职课程教学实践取得了一定成果,但还不够成熟,值得进一步研究。

3)研究趋势

纵观国家推进中等职业技术教育信息化进程中的相关措施可见,在中等职业技术教育教学实践中选用满足课程特点和学生个性化需求的信息化教学手段非常重要。针对微信小程序与混合式教学现状的分析,可以预见:微信小程序与中等职业技术教育的结合会越来越紧密,尤其是在中等职业技术教育教学实践方面,基于微信小程序的混合式教学模式改革具有良好的发展前景。

### 5.1.3　研究方法

1)文献分析法

文献分析法是指研究者通过整理、分析文献,对研究内容形成科学认识与评价,进而获取所需信息的一种研究方法。[38]本研究基于国内外研究文献的整理结果,分析微信小程序和混合式教学的研究现状,同时依据系统功能以及 C 语言课程特点研究相关文献,探索设计合适的教学环节,为微信小程序应用于中职 C 语言课程奠定理论基础。

2)问卷调查法

问卷调查法主要应用于用户需求分析和教学效果评价部分,本章在设计开发学习助手系统之前通过问卷调查学生需求,了解中职学生对微信小程序应用于 C 语言教学的态度,获得用户对系统的功能性和非功能性需求;在学习助手系统投入 C 语言课程教学应用后,调查系统与课程教学环节的契合程度,了解系统的教学应用效果和不足之处,从而为后续功能及性能改进提供思路。

3)行动研究法

本研究以某中职学校 2019 级计算机应用专业 1 班的学生为调查对象,根据学生需求和系统开发实现的可行性,设计开发学习助手系统;构建基于微信小程序的混合式教学模式,将学习助手系统用于中职 C 语言课程教学实践,并不断改进教学活动,最后对 C 语言课程教学效果进行评价。

### 5.1.4 理论基础

1)建构主义理论

建构主义理论来源主要是皮亚杰的认知学习理论[39],下面主要从学生观、学习观和教学观三方面分析建构主义理论。[40]

学生观:建构主义强调学生在学习知识时已经具有相关的知识经验[41],并且不同学生的知识经验具有差异性和丰富性,因此教师不能把学生看成无差别的"白纸"。

学习观:建构主义认为学习具有情境性、社会互动性和主动建构性,即学生要在具体情境中应用知识解决问题;学生学习是在社会各因素的互动下完成的;不同学生学习后掌握的知识内容不同是因为主动建构性存在差异,主动建构性越强的学生掌握的知识越多。

教学观:教师在教学时应引导学生在原有知识经验的基础上生长出新的知识经验。[42]教师在教学中应注意激发学生学习兴趣与学习动机,利用学习情景帮助学生理解新知识的内涵,鼓励学生进行合作学习,引导学生向正确的方向发展。

2)人本主义理论

作为人本主义理论的代表人物,马斯洛与罗杰斯[43]深刻阐述了人本主义的内涵。马斯洛的观点包括自我实现的学习观和内在学习观,其中内在学习观认为教师应该依靠学生的内在驱动力,充分开发学生的内在潜能以达到自我实现的目的。罗杰斯的观点包括知情统一的教学目标观、有意义的自由学习观和以学生为中心的教学观[44],即强调教师要注意教学过程,促进学生的躯体、心智、情感等方面融于一体;强调学生自己亲身经历的学习[45],学生要全神贯注、自动自发地学习,达到全面发展的目的;教师应该是学生学习的促进者、催化剂、助产士,不应该以自身权威压迫学生,教师要关注学生身上的闪光点,为学生创建良好的学习环境,提供适合的学习资源。

3)泛在学习理论

泛在学习表示(U-Learning 或 Ubiquitous Learning)又称普适学习、无所不在的学习,即任何人可以在任何时间、任何地点进行学习活动。[46]狭义的泛在学习特指在计算机技术的支持下,学习者根据学习任务、学习目标和学习需要主动地选择学习资源进行学习。泛在学习突破了传统学习在时间、空间方面的局限性,为学习者提供了更加便利的学习方式。关于泛在学习的特点,国内外学者总结为以下几点:永久性、交互性、及时性、适应性、可获取性和教学行为的场景性。[47]泛在学习与微信小程序的特点具有相似性,都说明了学习者能够根据需求及时获取学习资源,学生的学习行为及学习地点并不完全局限于学校。

### 5.1.5　研究内容与创新点

1)研究内容

本章旨在通过总结微信小程序及混合式教学现状,分析微信小程序与中职 C 语言课程结合的前景,通过调查分析学生需求设计开发学习助手系统,并对中职 C 语言课程进行混合式教学设计,将基于微信小程序的学习助手系统应用于中职 C 语言课程教学并进行教学效果评价。因此,本研究的主要内容如下:

➤ 学习助手系统设计开发的理论基础研究。通过检索和分析微信小程序和混合式教学相关文献,总结他们的教学应用研究现状。通过归纳现阶段中职学校混合式教学存在的不足之处,梳理基于微信小程序的混合式教学模式研究思路。

➢ 面向中职学生的需求分析调查,及学习助手系统的概要设计和详细设计。本章通过调查问卷了解用户对学习助手系统的功能性需求和非功能性需求;构建系统的功能结构图和 E－R 图,根据学习助手系统的需求进行概要设计;构建系统各模块的时序图和集合表,对学习助手系统进行详细设计。

➢ 基于微信小程序的学习助手系统实现。在微信开发者工具和云开发技术基础上,利用 WXML、WXSS 和 JavaScript 实现系统各功能模块,并通过流程图和关键代码说明主要功能的实现逻辑。

➢ 基于学习助手系统的混合式教学设计、教学实践与应用效果评价。首先从前期分析、教学活动设计和教学评价设计三方面分析中职 C 语言课程的混合式教学模式;然后对济南某中职学校 2019 级计算机应用专业 1 班的学生进行一学期的混合式教学实践;最后利用五分量表法分析基于学习助手系统的 C 语言课程混合式教学效果。

2)创新点

本章的创新点如下:

➢ 提出了利用积分排名机制提高学生学习兴趣的方法

为增强学习活动的趣味性,在系统游戏模块开发实现了 C 语言知识竞赛游戏。学习助手系统利用积分排名机制调动学生的学习欲望,提高学习主动性。

➢ 设计实现了学习资料功能解决了学生个性化学习资料选择问题

本系统学习模块中的学习资料功能为学生提供了个性化、分层次学习资料,解决了学生课下查找与 C 语言课程匹配的个性化学习资源难题,满足学生的学习需求。

➢ 设计实现了学习评论功能,为增强师生交流、生生合作提供了新思路

本系统的学习评论功能支持师生之间利用图片或文字交流、讨论学习问题,以直观的方式展示学习动态,增加教师与学生、学生与学生的交流互动。

### 5.1.6 本章结构

本章共包括五个小节,基本结构如图 5-2 所示。每个小节的研究内容如下:

第一节　绪论:主要介绍研究背景与研究意义,微信小程序和混合式教学研究现状、研究方法、研究内容和理论基础,为学习助手系统的设计开发及教学实践奠定理论基础。

第二节　系统需求分析与设计:主要介绍利用调查问卷从功能性需求和非功能性需求两方面分析用户需求;通过系统框架、功能结构和数据库结构对学习助手系统各模块的功能进行概要设计;从功能时序图和集合表两个角度对系统进行详细设计。

第三节　基于微信小程序的系统开发与实现:主要介绍学习助手系统的开发与实现流程,包括开发环境搭建、相关技术、系统功能的实现和系统测试四部分,并阐述学习助手系统主要功能的实现过程。

第四节　基于微信小程序的混合式教学设计与实践:以中职学校 C 语言课程为例,将学习助手系统应用于课程教学实践。对学习者和教学内容进行前端分析、混合式教学过程设计和教学评价设计后,以条件语句为例说明教学实践过程,并利用 SPSS 软件分析调查问卷,验证微信小程序在 C 语言课程教学中的应用效果。

第五节　总结与展望:主要对本章进行总结反思,分析不足之处,并展望微信小程序在中职教学实践中的应用前景。

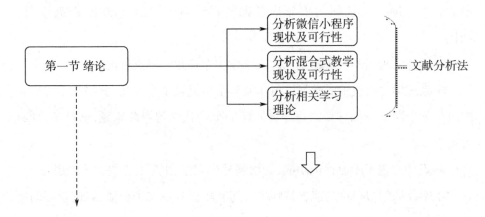

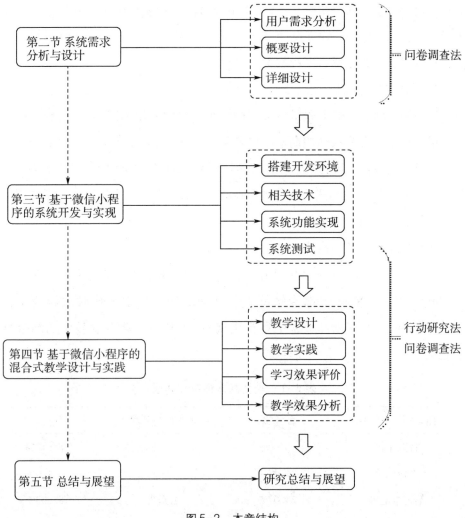

图5-2 本章结构

### 5.1.7 本节小结

本节详细介绍了微信小程序与混合式教学的研究现状,确定了指导系统设计与开发的研究方法和教育理论;同时梳理了本章的基本结构及主要研究内容,为后续学习助手系统的开发及教学应用做好前期准备工作。

## 5.2 系统需求分析与设计

首先了解学生对微信小程序应用于 C 语言课程教学的需求,然后根据课程需求开发实现学习助手系统。因此,本节通过问卷调查明确学生对微信小程序的期望,按照概要设计、详细设计、系统实现与系统测试的流程逐步完善系统,最后将其应用于中职 C 语言课程教学。

### 5.2.1　用户需求分析

通过调查问卷了解中职学生关于微信小程序的使用情况,分析将微信小程序应用于 C 语言课程教学的期望度和需求度。调查对象是济南某中职学校 2019 级计算机应用专业 1 班的学生,共发放问卷 54 份,回收问卷 54 份,其中有效问卷 54 份。本章以图表的形式可视化展示调查问卷结果,并分析微信小程序应用于中职 C 语言课程教学的可能性。

1)微信小程序使用概述

由表 5-1 可知,智能手机已在学生群体中得到普及,智能手机持有率达到 100%;几乎所有学生都接触过 App,有 92.59% 的学生接触过微信小程序,说明微信小程序已经进入中职学生视野,为其与中职课堂教学的结合打下基础。

表 5-1　学生基本情况分析表

| 拥有的学习设备 | 百分比 | 接触过的应用类型 | 百分比 |
| --- | --- | --- | --- |
| 智能手机 | 100% | 网站 | 85.18% |
| 平板电脑 | 31.48% | App | 100% |
| 笔记本电脑 | 24.07% | 公众号 | 83.33% |
| 其他 | 7.41% | 小程序 | 92.59% |
|  |  | 其他 | 9.26% |

由表 5-2 可知,在学生经常使用的微信小程序中,娱乐类小程序占比最大,说明学习助手系统的设计应该增加娱乐性、趣味性内容;超半数学生曾使用过教育类微信小程序,显示出微信小程序已在教育领域得到应用;约 60% 的学生表示了解或非常了解微信小程序,说明微信小程序与课堂教学结合的应用前景比较明朗。

表5-2 微信小程序使用情况

| 接触过哪种类型的微信小程序 | 百分比 | 是否了解微信小程序 | 百分比 |
|---|---|---|---|
| 办公类 | 25.93% | 非常了解 | 11.11% |
| 娱乐类 | 85.19% | 了解 | 48.15% |
| 教育类 | 57.41% | 一般 | 35.19% |
| 生活类 | 68.52% | 不了解 | 5.55% |
| 其他 | 1.85% | | |

由图5-3可知,班内学生普遍认为微信小程序应用于学习的优势为"学习时间的自由度较高""学习空间的局限性较小",说明学生比较青睐微信小程序的便利性;超半数的学生认为微信小程序操作方便,能够提高效率,体现出学生对微信小程序与课堂教学结合的倾向性,所以开发者应注意系统操作的普适性。

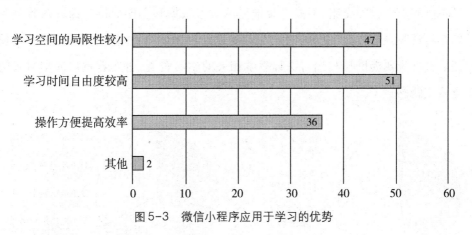

图5-3 微信小程序应用于学习的优势

2)微信小程序期望度及需求分析

从图5-4中可以看出,接近90%的学生愿意尝试利用微信小程序学习C语言,说明学生对微信小程序用于C语言课程教学的期望度较高。由图5-5可知,在关于微信小程序采用哪种模式能够激发学习兴趣的调查中,竞赛排名模式与积分奖励模式占比较大,分别为37%和33%,因此系统的设计开发应体现竞赛排名、积分奖励功能,增加学习过程的趣味性;宠物模式占比17%,说明应该考虑让系统更加贴合学生的生活,充分发挥微信小程序随时可学、随时可用的优势。

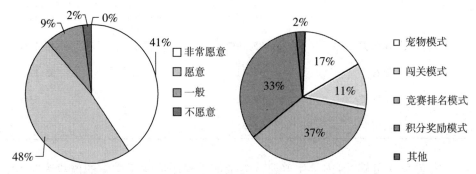

图5-4　微信小程序与C语言课程结合的接受度　　　图5-5　微信小程序采用的模式

由图5-6可知,超半数的学生认为微信小程序在C语言学习中应达到的目标为衔接线上线下学习,体现出学习者对微信小程序促进线上线下学习活动衔接的期望度较高。由图5-7可知,学生认为影响微信小程序使用的原因主要包括不能与同学教师交流、不能直观地显示学习数据和不能提供与课程内容相关的学习资源三个方面,说明学生非常期望系统能提供有针对性、直观性的学习反馈。教师既要提供与C语言课程教学相关的学习资源,也要着重培养学习者的学习成就感。

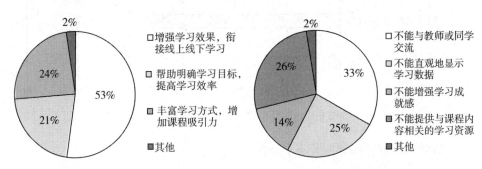

图5-6　微信小程序达到的目标　　　　　图5-7　影响使用微信小程序的因素

从图5-8可以看出,学生认为应用于C语言课程的微信小程序应具有的特点中,"高效便捷,随时可用"占比最高,约为32%,说明学生的需求与微信小程序随时可用、用完即走的特点相吻合;"学习反馈,充满趣味""界面友好,操作简单"分别占比28%、22%,体现出学生比较希望微信小程序能提高学习活动的趣味性,并希望系统便于操作。图 5-9 调查数据显示,学生对微信小程序的学习反馈功能期望度最高,也非常希望系统具有游戏、互动和提供学习资源的功能。这不仅体现出学生有强烈的参与学习活动的意愿,也为系统的设计开发提供了思路,可以从寓教于乐的理念出发设计系统功能。

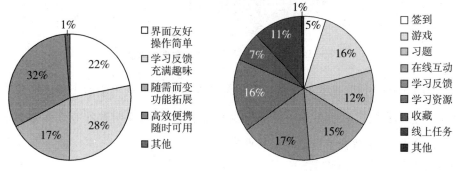

图 5-8 微信小程序应具有的特点        图 5-9 微信小程序应该具有的功能

从图 5-10 可以看出,在微信小程序呈现学习资源的形式中,视频与音频的支持差为 22% ,体现出视频更具有吸引力;图片、文本的支持率分别为 31% 、21% ,说明系统应该以多种形式呈现学习资源,避免资源形式单一化。由图 5-11 可知,大多数学生希望通过图文评论的方式与教师、同学交流,其原因可能是图片与文字相结合能更准确地表达学习经验。

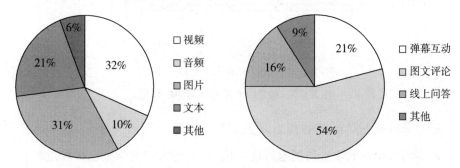

图 5-10 微信小程序呈现学习资源的形式        图 5-11 与教师、同学交流的方式

从图 5-12 可以看出,少部分学生认为可以使用表格或文字的形式显示学习过程数据,大多数学生喜欢更加直观的数据展示形式,尤其是图形可视化的支持率高达 70% 。调查结果表明,微信小程序应以图形可视化为显示学习数据的主要形式,也要兼顾表格和文字等混合展示形式。

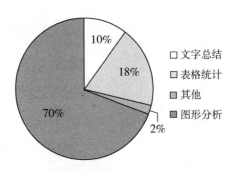

图5-12　微信小程序显示学习数据的方式

由图5-13可知,绝大部分学生表示愿意或非常愿意利用微信小程序在课下预习或复习课程内容、完成学习任务以及查看学习计划,说明教师应该维持学生的学习动机,制定符合个性化学习需求的任务。

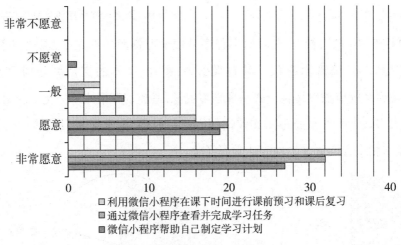

图5-13　微信小程序在学习中的作用

通过分析调查问卷,可以得出以下结论:

➤ 参与本研究的学生均拥有智能手机,并且绝大多数学生已接触过教育类微信小程序,具备使用微信小程序学习课程内容的基础条件。学生对微信小程序的认知情况良好,说明微信小程序与课程学习的融合已逐渐被中职学生接受,相信利用微信小程序能够提高C语言教学效果。

➤ 学生对微信小程序应用于C语言课程教学的期望度较高,具有强烈的学习意愿。接近九成的学生表示愿意或非常愿意尝试利用微信小程序学习C语言,学生对利用微信小程序进行课前预习、课后复习、师生互动等都表现出积极的态度。此外,大多数学生希望微信小程序能够增加线上学习与线下学习的衔接。

➢ 学生对微信小程序功能需求的针对性较强,调查数据显示,学生希望系统可以增加学习过程的趣味性,以直观方式呈现与课程内容相关的学习资源。因此,教师应根据学生需求设计制作层次化的学习资料,丰富学习活动。

### 5.2.2 功能性需求分析

功能性需求分析的目的主要是确定并划分系统的功能模块。以用户需求分析为基础,将学习助手系统划分为以下四个模块:登录注册模块、学习模块、游戏模块和个人中心模块。接下来对系统各模块进行功能性需求分析,分别用用例图和用例规约描述表说明用户与系统间的交互。[48]

1)登录注册模块

登录注册模块是系统基础功能模块之一,用户角色划分为教师和学生两种。当用户成功登录系统后,可根据需要进行线上学习活动。通过用例规约描述表具体阐述该模块的功能。[49]登录注册功能模块的用例规约描述如表5-3所示。

表5-3 登录注册模块用例规约描述表

| 用例名称 | 登录注册 |
| --- | --- |
| 用例说明 | 用户注册并登录学习助手系统 |
| 角色 | 教师、学生 |
| 前置条件 | 用户未在系统注册信息 |
| 基本事件流 | 1. 用户进入学习助手系统,点击注册按钮跳转至注册页面。<br>2. 注册页面显示账号、密码、手机号、学号文本框和注册按钮。<br>3. 用户输入信息后点击注册按钮,完成注册操作。<br>4. 用户在登录页面输入已注册的账号、密码,点击登录按钮,系统验证通过后跳转至系统主页面。 |
| 异常事件流 | 注册登录异常 |
| 后置条件 | 点击退出登录按钮,退出系统 |

2)学习模块

学习模块是对中职学生线下学习活动的重要补充,也可用于教师掌握学生的学习动态。该模块主要包括课程视频、学习资料、评论、习题和学习任务功能。

➤ 课程视频功能

教师根据学生的学习进度和课程内容发布课程视频,也可修改已发布课程视频的相关信息。由于中职学生的知识水平不同,部分学生需要课下利用碎片时间重复学习。系统的课程视频功能可以弥补传统教学在这方面的空缺。课程视频功能的用例如图5-14所示。

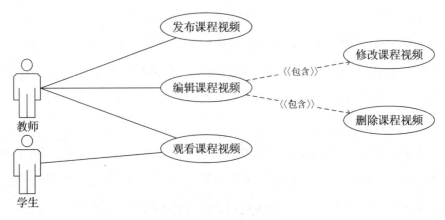

图5-14　课程视频功能用例图

根据课程视频功能的用例分析,通过用例规约描述表可以更加清晰地描述该功能。课程视频功能的用例规约描述如表5-4所示。

表5-4　课程视频功能用例规约描述表

| 用例名称 | 课程视频 |
|---|---|
| 用例说明 | 用户根据需求观看课程视频及其他相关操作 |
| 参与者 | 教师、学生 |
| 前置条件 | 教师未发布课程视频 |
| 基本事件流 | 1. 教师或学生输入账号密码信息并登录进入系统。<br>2. 教师发布C语言课程视频,修改视频主题等信息。<br>3. 教师或学生选择课程章节进入对应的视频页面。<br>4. 师生学习已发布的C语言课程视频。 |
| 异常事件流 | 操作超时,无响应 |
| 后置条件 | 退出课程视频页面 |

➤ 学习资料功能

目前中职学生使用的教学辅助材料相对刻板、枯燥,与学生的实际生活场景契合度不高,导致学习内容很难与学生的直接经验相结合。[50]教师可以根据 C 语言课程内容设计趣味性问题,利用微信小程序发布层次化的学习资料,包括基础知识、程序案例、项目实例等。学生利用学习助手系统根据自身需求查看或下载资料,缓解中职学生没有针对性学习材料的困难。学习资料功能用例如图 5-15 所示。

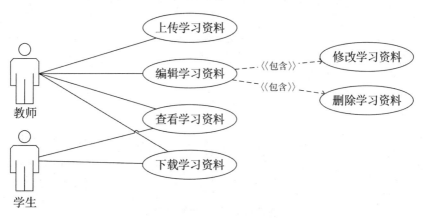

图 5-15 学习资料功能用例图

根据学习资料功能的用例分析,通过用例规约描述表更加清晰地描述该功能。学习资料功能的用例规约描述如表 5-5 所示。

表 5-5 学习资料功能用例规约描述表

| 用例名称 | 学习资料 |
|---|---|
| 用例说明 | 用户对学习问题发表评论及其他相关操作 |
| 参与者 | 教师、学生 |
| 前置条件 | 教师未上传学习资料 |
| 基本事件流 | 1.教师或学生输入账号密码信息并登录进入系统。<br>2.教师上传学习资料,修改学习资料主题等信息。<br>3.教师或学生选择课程章节进入对应的学习资料页面。<br>4.教师或学生观看或下载已上传的学习资料。 |
| 异常事件流 | 操作超时,无响应 |
| 后置条件 | 退出学习资料页面 |

➤ 评论功能

教师与学生可在课前或课后利用评论区讨论疑难问题,分享自己对课程内容的见解与经验,促进师生间的交流互动。教师通过系统发布学习问题,请学生根据自身情况作答,学生也可评价他人已发布的内容,发挥学生在教学活动中的主体作用。[51]教师观察学生对学习问题的反馈情况,及时了解学习动态,制定符合本班学生特点的教学计划。评论功能的用例如图5-16所示。

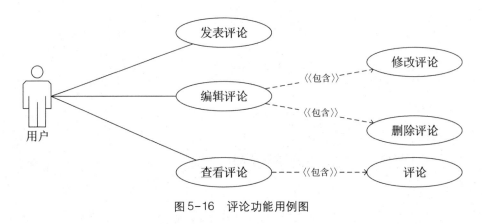

图5-16　评论功能用例图

根据评论功能的用例分析,通过用例规约描述表可以更加清晰地描述该功能。评论功能的用例规约描述如表5-6所示。

表5-6　评论功能用例规约描述表

| 用例名称 | 评论 |
|---|---|
| 用例说明 | 用户根据需求查看或下载学习资料及其他相关操作 |
| 参与者 | 教师、学生 |
| 前置条件 | 教师发布课程资源,学生学习课程内容 |
| 基本事件流 | 1. 教师或学生输入账号密码信息并登录进入系统。<br>2. 教师和学生点击评论区进入评论页面,查看当前评论区内容。<br>3. 学生点击发布评论。<br>4. 教师发布学习问题。<br>5. 教师或学生对已发布的评论进行评论。 |
| 异常事件流 | 操作超时,无响应 |
| 后置条件 | 退出评论区页面 |

➢ 习题功能

系统能够根据学生的做题情况反馈学习数据,有助于实现学生的个性化学习需求。学生可以使用习题模块自主调节学习进度,帮助中职学生在学习中发挥主观能动性。习题功能包括题库刷题、错题集、收藏夹和习题反馈。教师创建习题后,学生通过习题训练检测学习情况,了解自己的知识盲区。习题功能的用例如图5-17所示。

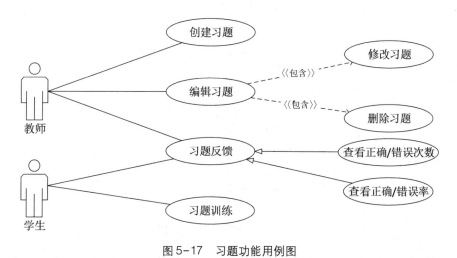

图5-17 习题功能用例图

根据习题功能的用例分析,通过用例规约描述表可以更加清晰地描述该功能。习题功能的用例规约描述如表5-7所示。

表5-7 习题功能用例规约描述表

| 用例名称 | 习题训练 |
| --- | --- |
| 用例说明 | 用户根据需求进行习题训练及其他相关操作 |
| 参与者 | 教师、学生 |
| 前置条件 | 教师未创建习题 |
| 基本事件流 | 1. 教师或学生输入账号密码信息并登录进入系统。<br>2. 教师和学生点击习题训练进入习题页面,查看教师已创建的习题。<br>3. 学生进行习题训练并收藏感兴趣的习题。<br>4. 教师或学生查看习题反馈情况。 |
| 异常事件流 | 操作超时,无响应 |
| 后置条件 | 退出习题页面 |

➢ 学习任务功能

部分学生存在不能准确把握学习重点导致课下学习效率低下的情况,致使学习兴趣一直处于较低水平。教师根据学生具体情况有针对性地提供学习任务,帮助学习者巩固课程内容。教师可在课前、课后环节发布学习任务,学生通过系统查看学习任务并提交学习结果。学习任务功能的用例如图5-18所示。

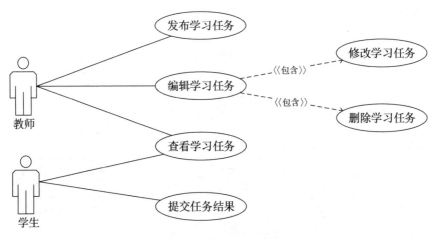

图5-18 学习任务功能用例图

根据学习任务功能的用例分析,通过用例规约描述表更加清晰地描述该功能。学习任务功能的用例规约描述如表5-8所示。

表5-8 学习任务功能用例规约描述表

| 用例名称 | 学习任务 |
|---|---|
| 用例说明 | 用户根据需求完成学习任务及其他相关操作 |
| 参与者 | 教师、学生 |
| 前置条件 | 教师未发布学习任务 |
| 基本事件流 | 1.教师或学生输入账号密码信息并登录进入系统。<br>2.教师点击在线任务进入页面并发布学习任务。<br>3.学生查看教师发布的C语言学习任务后完成任务。<br>4.学生提交学习任务完成结果。<br>5.教师或学生查看已完成的学习任务。 |
| 异常事件流 | 操作超时,无响应 |
| 后置条件 | 退出学习任务页面 |

3）游戏模块

学生面对枯燥且难以领会的知识容易产生习得性无助，所以教学过程尽量充满趣味性，以帮助中职学生在游戏化学习中获得学习成就感。知识竞赛游戏能够增加师生情感交流与学习互动，还可以利用排名、积分机制激发学生的竞争意识与学习欲望，这种寓学习于游戏的教学形式能提升学生的持续性学习动力。知识竞赛游戏模块用例如图 5-19 所示。

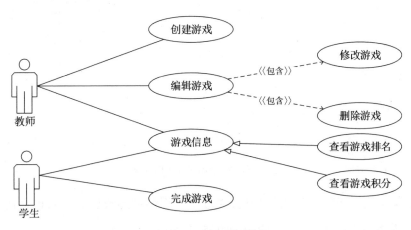

图 5-19　游戏模块用例图

根据游戏模块的用例分析，通过用例规约描述表更加清晰地描述该功能。游戏模块的用例规约描述如表 5-9 所示。

表 5-9　游戏模块用例规约描述表

| 用例名称 | 知识竞赛游戏 |
|---|---|
| 用例说明 | 用户根据需求参加知识竞赛游戏及其他相关操作 |
| 参与者 | 教师、学生 |
| 前置条件 | 教师已创建知识竞赛游戏 |
| 基本事件流 | 1. 教师或学生输入账号密码信息并登录进入系统。<br>2. 教师或学生点击游戏按钮进入游戏主页面。<br>3. 教师或学生点击开始游戏按钮，进入知识竞赛页面。<br>4. 游戏结束后自动返回游戏主页面，并显示个人游戏积分和排名。<br>5. 教师或学生点击排名按钮进入排名页面，查看所有参加者的积分及排名。 |
| 异常事件流 | 操作超时，无响应 |
| 后置条件 | 退出知识竞赛游戏页面 |

4)个人中心模块

个人中心模块用于用户注册信息、学习过程数据、收藏信息、系统介绍等内容的汇总展示。用户通过该模块可以快速查看学习数据,了解自身的学习情况。此外,用户可以在收藏页面查看已收藏内容,并选择是否取消收藏。个人中心模块用例如图5-20所示。

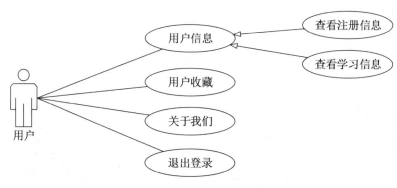

图5-20 个人中心模块用例图

根据个人中心模块的用例分析,通过用例规约描述表更加清晰地描述该功能。个人中心模块的用例规约描述如表5-10所示。

表5-10 个人中心模块用例规约描述表

| 用例名称 | 个人中心 |
| --- | --- |
| 用例说明 | 用户根据需求查看个人信息及其他相关操作 |
| 参与者 | 教师、学生 |
| 前置条件 | 用户已注册登录 |
| 基本事件流 | 1.用户输入账号密码信息并登录进入系统。<br>2.用户点击我的按钮进入个人中心页面。<br>3.用户点击注册信息,进入用户注册信息页面查看账号、密码等信息。<br>4.用户点击学习信息,进入学习信息页面查看学习数据。<br>5.用户点击用户收藏进入收藏列表页面,点击收藏内容进入收藏详情页面,点击取消收藏按钮取消已收藏内容。<br>6.用户点击"关于我们"查看系统相关信息。<br>7.用户点击"退出登录"选择"确定退出"之后,退出系统。 |
| 异常事件流 | 操作超时,无响应 |
| 后置条件 | 退出系统 |

### 5.2.3　非功能性需求分析

目前,教育领域相关应用平台种类繁多、质量参差不齐,例如各种微信小程序、App 和网站等,用户很难获得适合自己学习特点和课程需求的"精准定制"服务。中职学生对线上学习的需求不断增加,充分考虑中职学生用户对本系统的非功能性需求非常重要。

1)灵活性

在 2017 年的微信公开课中,张小龙特别强调了小程序的四个特性:无须安装、触手可及、用完即走和无须卸载。

无须安装:用户不需要下载、安装等操作便可轻松获取并使用微信小程序,保证了小程序相对于移动 App 更加轻量化;

触手可及:用户通过手机扫描小程序码、搜索小程序或打开已有小程序即可启用并获得所需要的资源,分享传播性强,应用推广更容易;

用完即走:用户完成任务并退出微信小程序后,不需要设备的程序管理器管理相关资源,完成任务的高效性有助于提高用户体验的美誉度;

无须卸载:微信小程序存在于微信中,用户需要的时候可以调用。由于用户根本就没有下载过,所以当用户停止使用微信小程序后,也无须因手机内存问题卸载小程序。

学习助手小程序具有的上述特点能够增加自身的灵活性,优化用户体验。

2)易操作性

微信官方团队为微信小程序提供了多种 UI 组件库,使微信小程序在视觉与交互方面都与微信相似。它不仅帮助开发者减少开发周期,降低开发成本,也增加了用户的体验感。学习助手系统使用 WeUI、iView Weapp 等组件库,可以有效避免学生最初接触小程序时产生生疏感,增加操作的普适性。当前大多数的 PC 端和手机 App 教学辅助平台需要购买,并对教师进行相关培训才能应用到真正的教学活动中。就教师个人而言,购买教学平台、操作培训等也对教师造成一定的负担。

3)可拓展性

学习助手系统是基于对中职学生和 C 语言课程教学特点深入分析之后,经过多次设计开发完成,其功能上的切入点更加准确。虽然通用的教学平台功能模块适合多种学科和专业,功能或简或繁,但无法真正满足编程语言的定制化课程教学需要,很难适合学生的个性化学习需求。因此,在使用学习助手系统的过程中,利用微信小程序能够随用户需求不断拓展系统功能的重要特征,用户可以匿名向开发者反馈系统不足之处,帮助小程序不断完善,使之更贴合中职 C 语言课程教学活动的开展。

4)趣味性

C 语言课程内容中存在一部分概念性知识,如果教师单纯地采用以讲授为主的教学策略向学生传递这类知识,学生的学习兴趣普遍低迷。系统中以游戏作为中职 C 语言课程内容的载体,以竞赛作为生生交流的途径,以排名作为学习成果的体现,能够实现增加学习趣味性、增进师生交流互动的双重目的。从学生角度出发,通过知识竞赛和游戏吸引学生注意力,利用学生易接受的方式呈现课程知识,才能真正帮助学生提高学习效果。

5)技术可行性

在 2020 腾讯三季度财报公布的新数据中,腾讯微信月活跃用户达 12.1 亿,庞大的用户数量为微信小程序提供推广基础。微信官方提供的开发框架、开发组件、开发 API、开发工具等资源,是开发者实现高效低成本开发强有力的保障。微信小程序还具有跨平台的特性,开发者无须开发 iOS 和 Android 两种版本,既降低了微信小程序的开发门槛,也为用户提供了不同设备之间数据互通的渠道,优化了用户体验。

### 5.2.4 概要设计

1)系统框架

MINA 框架能够帮助开发者实现具有原生 App 功能的服务,其结构如图 5-21 所示。由图可知,描述页面结构的 WXML 模板和页面样式的 WXSS 样式存在于渲染层,JS 逻辑交互存在于逻辑层。微信小程序开发与网页开发的不同在于脚本线程与渲染线程并不互斥,这两个线程的作用分别是用 WebView 渲染界面和用 JSCore 运行 JS 脚本。JSBridge 的主要作用是打破 JSCore 与原生运行环境的隔离,促进 JS 与 Native 的双向通信。

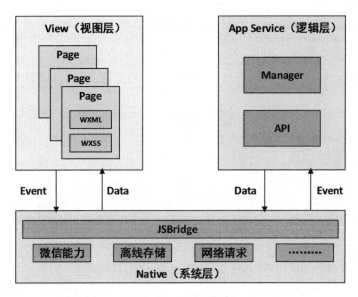

图 5-21 MINA 框架

2）系统功能结构

根据需求分析将系统的主要功能分为四个模块：登录注册模块、学习模块、游戏模块和个人中心模块，每个模块划分不同功能，系统的功能结构如图 5-22 所示。

➢ 登录注册模块

系统将用户注册数据保存在云数据库中，经用户授权后获取微信信息，例如头像、地址等。登录注册功能可以帮助用户在应用内创建自己的个人空间，将个人的学习数据与用户账号相关联。

➢ 学习模块

学习模块分为课程视频、学习资料、评论、习题和学习任务五部分。其中，课程视频与学习资料功能为学生提供与 C 语言课程有关的线上学习资源；评论功能帮助师生在线交流学习问题；习题功能包括题库刷题、错题集、收藏夹和反馈习题情况四个子功能；学习任务功能包括发布、查看和提交学习任务。

➢ 游戏模块

游戏功能主要包括知识竞赛、积分和排名三部分，其目的是利用竞赛排名模式与积分奖励模式激发学生的学习兴趣,增加学习活动的趣味性。

➢ 个人中心模块

个人中心模块主要是统计与呈现学生的学习进度、用户收藏等个人信息。

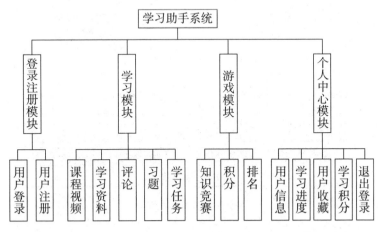

图 5-22　系统功能结构图

3)系统数据库结构

系统 E-R 图能够清晰直观地显示系统角色之间的关系和相关数据。在 E-R 图中,矩形框代表实体;菱形框代表实体间的关系;椭圆形代表实体的属性;直线代表实体与属性或实体与实体间的关系。系统 E-R 图如图 5-23 所示。

数据库设计是系统设计开发过程中必不可少的一步。数据库可以分为关系型数据库和非关系型数据库。关系型数据库以二维表结构的形式存储,而系统使用的云数据库是一种非关系型数据库。云数据库中的数据以类似键值对的形式存储,开发者可根据用户需求添加字段。关系型数据库与云数据库的对比如表 5-11 所示。

云数据库中的集合、记录和字段分别与关系型数据库中的表、行和列对应。云数据库中的记录是 json 对象,集合由多个记录组成,记录中的字段类型包括数字、数组、布尔值、字符串等常用数据类型。

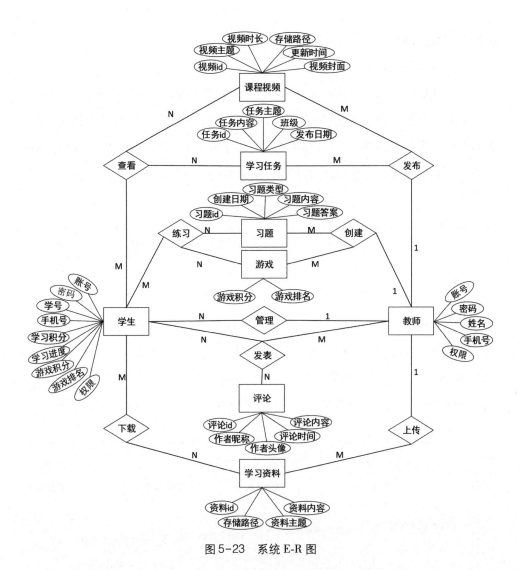

图 5-23 系统 E-R 图

**表 5-11 关系型数据库与云数据库对比表**

| 关系型数据库 | 云数据库 |
| --- | --- |
| 表 table | 集合 collection |
| 行 row | 记录 record/dc |
| 列 column | 字段 field |

### 5.2.5 详细设计

1）登录注册模块

登录注册模块的主要功能包括：为用户提供使用微信小程序的入口；保证用户数据的安全性。用户首次使用系统需要先注册信息，系统在用户注册后自动跳转至登录页面，用户输入已注册的账号、密码即可登录并进入系统主页面。用户集合表和用户登录注册模块时序图如表5-12、图5-24所示。

**表 5-12　用户集合表**

| 字段 | 名称 | 数据类型 | 主键 | 空否 |
| --- | --- | --- | --- | --- |
| id | 用户 id | String | 是 | N |
| openId | 操作 id | String | 否 | N |
| isTeacher | 是否教师 | Boolean | 否 | Y |
| name | 账号 | String | 否 | N |
| password | 密码 | String | 否 | N |
| shoujihao | 手机号 | Number | 否 | N |
| xuehao | 学号 | String | 否 | N |

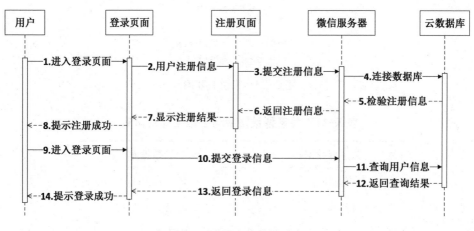

图 5-24　登录注册模块时序图

2）学习模块

➤ 课程视频功能

学生可根据需要观看和学习教师发布的课程视频。每个视频控制在 8 分钟以内，重点讲解一个知识点，可以帮助学生集中注意力，有针对性地解决一个疑难问题，达到激发学生内在驱动力的目的。[52]用户进入学习模块课程视频的章节列表页面，可以看到其中所有的课程视频，每个视频的主要属性为视频 id、视频时长、存储路径、视频主题、更新时间和视频封面。其中，视频时长是系统计算用户学习积分的重要依据。课程视频功能时序图和课程视频集合表如图 5-25、表5-13 所示。

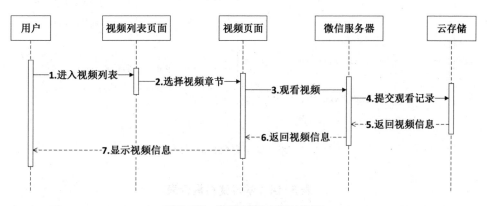

图 5-25　课程视频功能时序图

**表 5-13　课程视频集合表**

| 字段 | 名称 | 数据类型 | 主键 | 空否 |
| --- | --- | --- | --- | --- |
| id | 视频 id | String | 是 | N |
| duration | 视频时长 | Number | 否 | N |
| url | 存储路径 | String | 否 | N |
| theme | 视频主题 | String | 否 | N |
| date | 更新时间 | Date | 否 | Y |
| cover | 视频封面 | String | 否 | Y |

➤ 学习资料功能

学习资料功能可以帮助学生方便快捷地进行线上学习,其中层次化的学习资料能促进学生发挥主观能动性。存储在学习资料集合中的每一个学习资料,其主要属性为资料 id、资料内容、存储路径和资料主题,其中属性的值均为非空。学习资料功能时序图和学习资料集合表如图 5-26、表 5-14 所示。

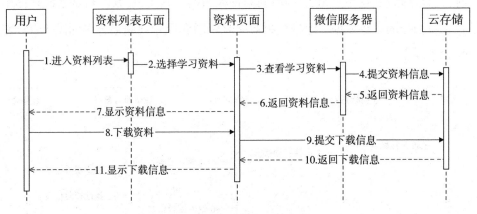

图 5-26　学习资料功能时序图

表 5-14　学习资料集合表

| 字段 | 名称 | 数据类型 | 主键 | 空否 |
| --- | --- | --- | --- | --- |
| id | 资料 id | String | 是 | N |
| content | 资料内容 | String | 否 | N |
| url | 存储路径 | String | 否 | N |
| theme | 资料主题 | String | 否 | N |

➤ 评论功能

评论功能能够增加学生与学生、学生与教师间的交互,克服传统教学模式中课下交流互动不及时,甚至比较困难的弊端。评论的相关信息存储在评论集合中,主要属性包括评论 id、作者昵称、作者头像、评论内容和评论时间。评论功能时序图和评论集合表如图 5-27、表 5-15 所示。

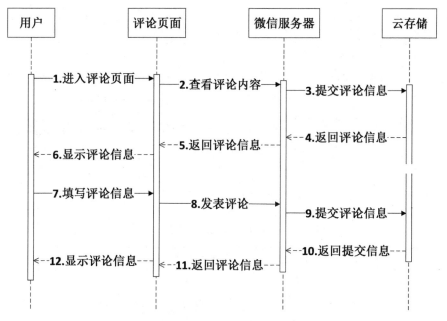

图 5-27 评论功能时序图

表 5-15 评论集合表

| 字段 | 名称 | 数据类型 | 主键 | 空否 |
|------|------|----------|------|------|
| id | 评论 id | String | 是 | N |
| nickname | 作者昵称 | String | 否 | N |
| image | 作者头像 | String | 否 | N |
| content | 评论内容 | String | 否 | N |
| date | 评论时间 | Date | 否 | N |

➤ 习题功能

习题功能主要用于满足用户个性化学习需求,包括四个子功能:题库刷题、错题集、收藏夹和习题情况反馈。用户可以利用错题集或收藏夹复习错题或已收藏的习题,以巩固学过的课程内容。用户可以进入习题反馈页面查看答题情况,包括错误次数及错误率、正确次数及正确率。习题功能时序图和习题集合表如图 5-28、表 5-16 所示。

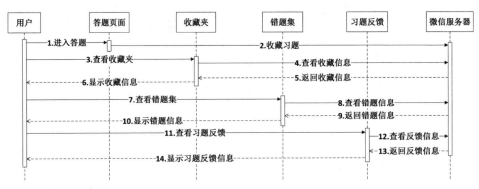

图 5-28　习题功能时序图

**表 5-16　习题集合表**

| 字段 | 名称 | 数据类型 | 主键 | 空否 |
|---|---|---|---|---|
| id | 习题 id | String | 是 | N |
| content | 习题内容 | String | 否 | N |
| answer | 习题答案 | String | 否 | N |
| type | 习题类型 | String | 否 | Y |
| date | 创建日期 | Date | 否 | Y |

➤ 学习任务功能

学习任务功能可以满足师生以更灵活的方式完成学习任务,提高学习效率的需求。教师课下在系统中按照相应格式填写专业名称、主题、内容等信息,并发布学习任务。学生根据教师已成功发布的任务制定学习计划。学习任务功能时序图和学习任务集合表如图 5-29、表 5-17 所示。

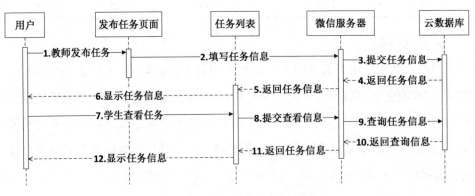

图 5-29　学习任务功能时序图

**表5-17 学习任务集合表**

| 字段 | 名称 | 数据类型 | 主键 | 空否 |
|---|---|---|---|---|
| id | 任务id | String | 是 | N |
| content | 任务内容 | String | 否 | N |
| theme | 任务主题 | String | 否 | N |
| major | 班级 | String | 否 | N |
| date | 发布日期 | Date | 否 | Y |

3)游戏模块

游戏模块是为了帮助用户通过丰富有趣的形式学习 C 语言课程,实现寓教于乐,增加学习过程的趣味性。游戏页面由开始游戏、游戏排名和游戏积分三部分构成。用户通过游戏排名可以进入用户排名列表页,该页面显示所有用户的游戏积分和排名情况,激发用户通过游戏竞赛获取积分的积极性,促进学生更深层次地学习知识。用户进入游戏后需在倒计时内正确作答,否则系统将自动退出游戏。系统在游戏结束后提示用户本次获得的积分,用户返回游戏页面可看到已更新的游戏积分和游戏排名。游戏模块时序图和游戏集合表如图 5-30、表 5-18 所示。

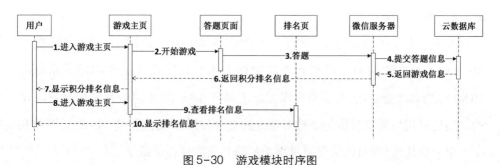

图 5-30 游戏模块时序图

**表5-18 游戏集合表**

| 字段 | 名称 | 数据类型 | 主键 | 空否 |
|---|---|---|---|---|
| id | 集合id | String | 是 | N |
| name | 用户账号 | String | 否 | N |
| integral | 积分 | Number | 否 | N |
| ranking | 排名 | Number | 否 | Y |

4）个人中心模块

个人中心模块的主要功能是显示与用户相关的信息。用户进入个人中心页面查看信息,系统通过微信服务器向云数据库提交查看信息请求,云数据库针对请求返回对应的信息,最后系统显示用户请求查看的内容。用户在个人中心页面选择退出登录,选择系统提示框的确定选项后成功退出系统。个人中心模块时序图如图5-31所示。

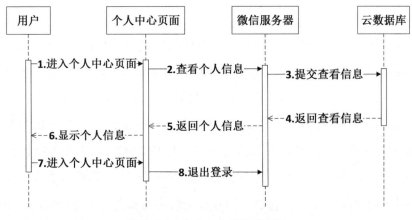

图5-31　个人中心模块时序图

## 5.2.6　本节小结

本节首先采用问卷调查了解学生对微信小程序应用于中职 C 语言教学的态度,分析了用户的功能性需求和非功能性需求。其次设计了学习助手系统的 MINA 框架和功能结构,在云数据库基础上设计系统 E-R 图和系统的数据库结构。最后以用户需求分析为基础对系统的登录注册模块、学习模块、游戏模块和个人中心模块进行设计,为学习助手系统的开发实现提供依据。

## 5.3　基于微信小程序的系统开发与实现

在用户需求分析、概要设计和详细设计基础上,本节利用微信开发者工具和云开发技术实现学习助手小程序的系统功能。系统开发实现过程可分为三个阶段:搭建开发环境、系统功能实现和系统测试。基于微信小程序的学习助手系统经过测试后才能投入中职 C 语言课程的混合式教学实践。

### 5.3.1　搭建开发环境

基于微信小程序的学习助手系统利用微信开发者工具、云数据库,在 win10 操作系统下搭建开发环境。具体过程可以分为三步:申请账号、安装微信开发者工具和配置项目。

1)申请账号

申请微信小程序账号是环境搭建和系统开发的第一步。登录微信公众平台注册基本信息,包括注册账号信息、邮箱激活和信息登记。完成账号注册之后可以登录小程序后台获取 AppID 和 AppSecret 信息。

2)安装微信开发者工具

微信官方文档提供了三种版本的开发工具下载链接,开发者可根据设备需求下载安装开发工具,如图 5-32 所示。开发者成功安装微信开发者工具之后可利用微信扫描二维码登录开发者工具。

图 5-32　安装微信开发者工具

3)配置项目

登录微信开发者工具,点击"新建项目"或"导入项目"按钮进入相应页面,如图 5-33、图 5-34 所示。若开发者选择"导入项目",只需填写项目名称、选择目录和 AppID,若无 AppID 也可以使用测试号,最后点击"导入"按钮。如果选择"新建项目",开发者需要在新建项目页面填写项目名称、目录和 AppID,确定是否勾选云开发模式和后端云服务。微信小程序的开发模式包括小程序和插件两种,学习助手系统使用的开发模式为小程序。在后端服务部分若选择不使用云服务,则需要选取 JavaScript 或 TypeScript 作为开发语言,学习助手系统选择使用小程序云开发功能。完成以上配置后,点击"新建"按钮即可进入开发者工具主页面。

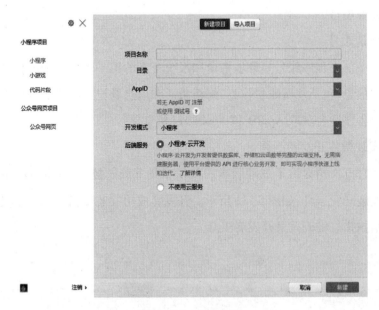

图 5-33　新建项目

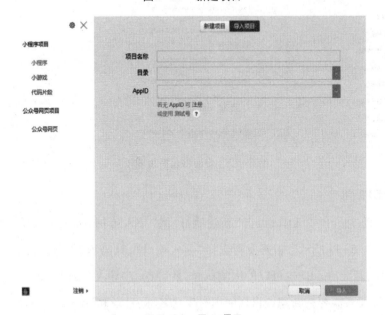

图 5-34　导入项目

#### 5.3.2 相关技术

1)开发语言

微信小程序采用的开发语言包括 WXML、WXSS 和 JavaScript,其中 WXML、WXSS 分别与网页编辑工具 HTML5、CSS 在语法和功能上比较相似。[53]微信小程序的每个页面都对应一个文件夹,每个文件夹中大都包括.js、.json、.wxml 和.wxss 四种文件。其中.js 文件定义页面逻辑,包括生命周期、页面的初始数据和事件处理函数等;.json 文件定义页面的属性配置;.wxml 文件定义页面结构,具有事件绑定、渲染列表等功能;.wxss 文件定义页面样式,并与.wxml 文件相互配合以完善微信小程序页面。

2)微信开发者工具

微信开发者工具主页面分为六个组成部分:编辑区、目录树、模拟器、调试器、工具栏和菜单栏,如图 5-35 所示。

图 5-35 微信开发者工具主页面

➢ 编辑区

利用微信开发者工具编辑代码时,开发者可以将当前的编辑窗口分成两部分,在某些情况下能够提高开发效率。

➢ 目录树

微信开发者工具以目录树为基本结构呈现项目中的文件。开发者可以直接点击"新建文件"按钮增加项目文件,点击文件名可以直接打开编辑区的文件内容。

➢ 模拟器

开发者编译代码后,模拟器能够模拟客户端运行微信小程序的情况,帮助开发者实时了解开发进程。

➢ 调试器

调试器中包括 Network、Appdata、Storage、Console 等功能模块,用于显示网络请求、浏览器存储和项目数据等,有助于开发者更高效地调试程序。

➢ 工具栏

工具栏主要包括代码编译、真机调试、清除数据缓存和上传代码等操作。

➢ 菜单栏

菜单栏为开发者提供了调试开发工具、新建项目、编辑配置、代理设置等功能。

3)云开发

云开发功能为微信小程序开发者提供云函数、云存储和云数据库服务。

➢ 云函数

云函数是在服务器端运行的函数。开发者无须专门为项目配置服务器,可以通过调用云函数或在云端配置云函数后实现相关功能。

➢ 云存储

开发者在小程序端可直接调用 API 实现文件的上传和下载,也可以在云开发控制台对云存储空间的资源进行可视化管理并配置存储权限,如图 5-36 所示。

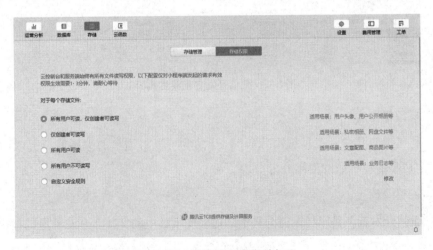

图 5-36　云开发配置存储权限

➢ 数据库

云开发功能提供了 JSON 数据库。开发者可以在小程序端对数据库中的数据设置增加、删除、查询等操作,也可以在云开发控制台新建数据库中的集合。此外,开发者还可以实现添加记录、索引管理和配置数据权限等功能。

### 5.3.3 系统功能实现

1)登录注册模块

用户打开系统进入登录注册页面之后,若是首次使用系统,需要先进入注册页面填写个人信息,然后才能通过系统开展课程学习活动。登录注册模块包括用户登录和注册两个功能。

➢ 登录功能

登录页面由账号输入框、密码输入框、登录按钮和注册按钮组成。用户进入登录页面时,系统利用 login.js 文件中的函数根据用户名和云开发数据库查询并判断用户是否存在,若用户名不存在则提示"无此用户信息";若用户名存在,则系统继续判断用户密码是否正确。若用户输入的密码正确则显示用户"登录成功"页面,否则提示"密码错误"并要求重新输入。系统利用 wx.switchTab( )函数跳转至主页面时,login.js 将用户信息存储到全局变量中以备在实现后续系统功能时使用。

➢ 注册功能

在注册页面,用户填写账号、密码、学号等信息。系统利用 maxlength 关键字进行最大长度限制与非空限制。用户进入注册页面后,register.js 文件根据用户名在云数据库中查询该用户是否存在并返回查询结果。若返回的结果为非空,则 wx.showToast( )函数提示"用户已存在";若返回结果为空,则说明用户未注册,利用 add( )函数将注册信息添加至云数据库,提示用户"注册成功"。登录注册模块流程如图 5-37 所示,关键代码如下。

```
login() {
    let that = this;
    admin.where({
      name: name
    }).get({success: (res) => {
        let user = res.data;
        if (user.length > 0) {
          if (password !== user[0].password) {
            wx.showToast({
                title: '密码错误',
                icon: 'loading',
                duration: 2500})
          } else {
            getApp().globalData.name = name;
            getApp().globalData.user = user[0];
            console.log("getApp().globalData.user._openid:" +getApp().globalData.user._openid);
            console.log('登录成功')
)
```

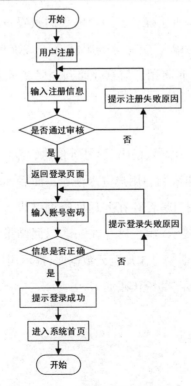

图 5-37　登录注册模块流程图

2)学习模块

➢ 课程视频功能

系统的课程视频列表页面由 WeUI 组件库中的表单组件构成。课程视频页面可分为标题层、视频图片层、视频按钮和视频播放层,其中标题层显示该章节每一个视频的标题;视频图片层显示课程视频封面;视频按钮用于控制视频播放;视频播放层主要包括课程视频内容、更新播放时长等。系统通过参数 scroll-view 设置页面的滚动视图区域,实现纵向滚动;利用 wx:for 循环结构获取数组元素,在页面中成功显示视频的题目、封面和内容;.js 文件利用媒体 API 实现视频管理功能,包括播放、判断播放时间等,例如 videoContext. play( )函数实现播放课程视频功能,videoContext. stop( )函数实现停止课程视频播放功能。用户观看课程视频时,系统根据 video 数组中的课程视频 id 判断用户是否首次观看该视频,若数组中不存在该视频 id,说明用户首次观看视频。系统通过 res. detail. current-Time 和 res. detail. duration 属性获取观看当前课程视频时间和总时长,若用户首次观看某一课程视频且观看时间超过该视频总时长的80%,则增加用户学习积分和学习进度。课程视频功能流程图如图5-38所示。

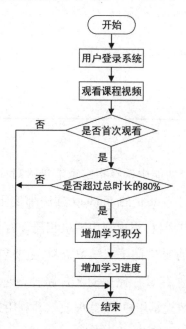

图 5-38　课程视频功能流程图

课程视频功能关键代码如下。

```javascript
function saveScore(res) {
    var that = this;
        var scale = res.detail.currentTime/res.detail.duration;
        var user = getApp().globalData.user;
        var item = res.dataset.item;
        var index1 = -1;
        if (user.videoid != null && user.videoid != "" && user.videoid != undefined){
            index1 = user.videoid.indexOf(videoid);
}
        if(index1<0){
            that.updateflag=false
        }
        if(scale>=0.8 && that.updateflag == false){
          if(user.videoid != null && user.videoid != "" && user.videoid != undefined){
            var index = user.videoid.indexOf(videoid);
            if(index<0){
              if(user.videoid != null && user.videoid.length>0){
                user.videoid.push(videoid);
              }else{
                user.videoid.push(videoid);
              }
            }
}
```

➢ 学习资料功能

用户可以在学习资料功能中选择指定章节进入对应的学习资料下载页面。.wxml 文件利用表单组件 button 的 bindtap 方法绑定下载事件,.js 文件设置 download()函数获取用户授权,实现利用手机相册保存资料的功能。wx.cloud.downloadFile()函数从云存储空间下载学习资料,主要包括 fileID、success 和 fail 等字段,其中 fileID 用于保存云存储中的文件路径,success 回调函数提示用户"下载成功",fail 回调函数提示用户"下载失败",并利用控制台 console 输出失败原因。函数 wx.cloud.downloadFile()调用 wx.saveImageToPhotosAlbum()将学习资料保存至用户手机相册。用户在学习资料页面点击"下载第 X 页"按钮,系统自动弹出获取用户授权页面,用户点击"确定"将学习资料下载至手机相册。学习资料功能关键代码如下。

```
download: function () {
    wx.getSetting({
      success(res) {
        if (!res.authSetting['scope.writePhotosAlbum']) {
          wx.authorize({
            scope: 'scope.writePhotosAlbum',
            success() {console.log('授权成功')}
    wx.cloud.downloadFile({
      fileID: 'cloud://test-fx6dc.7465-test-fx6dc-1259625097/images/one1.jpg',
    }).then(res => {
      wx.saveImageToPhotosAlbum({
        filePath: res.tempFilePath,
        success: res => {
          wx.showToast({title: '下载成功',})},
```

> 评论功能

用户进入个人中心模块的发布评论页面,页面结构是 form 表单,由一个 textarea 文本域和两个 button 按钮组成。若用户需要在评论内容中添加图片,系统经用户授权后会自动打开手机相册,.js 文件利用 wx. cloud. uplodeFile（ ）方法将用户已选择的图片上传至微信服务器。用户发布评论时,系统将评论内容提交到云服务器数据库,并通过 wx. showToast（ ）函数提示用户发布成功;系统利用 wx. navigateTo（ ）方法跳转至评论列表页面,该页面展示用户评论的具体信息,包括用户名,时间和评论内容等;.js 文件获取云服务器的用户评论信息,并按评论信息的时间字段 orderBy 降序排列。评论功能关键代码如下。

```
formSubmit: function (e) {

this.data.content = e.detail.value['input-content'];

if (this.data.canIUse) {

  if (this.data.images.length > 0) {

    this.saveDataToServer();

  } else if (this.data.content.trim() != '') {

    this.saveDataToServer();

  } else {

    wx.showToast({

      icon: 'none',

      title: '内容不可为空',})}

} else {

  this.jugdeUserLogin();}
```

> 习题功能

习题页面由题库刷题、错题集、收藏夹和习题反馈四部分组成,以下主要从题库刷题和习题反馈两方面说明习题功能。系统习题功能的流程如图 5-39 所示。

题库刷题:答题功能通过 import 引入 python-list. wxml 库文件,利用 template 标签的 data 属性将数据传递给子组件,使用 is 属性指定子组件中的 template 标签。用户进入答题页面后,系统先根据题目类型加载题目内容。若用户答题正确,则利用 wx. createAnimation ( ) 函数默认切换到下一题;若用户答题错误,wx. showModal ( ) 函数提示用户"答题错误,正确答案为 X";若用户答题至最后一题,则提示用户"恭喜您完成测验! 您答对了 X 道题"。系统在用户完成答题操作后利用 wx. setStorageSync ( ) 函数存储错误或正确题目及其个数,通过 wx. getStorageSync ( ) 函数在错题页面和收藏页面显示缓存中答错和收藏的题目,满足用户进行针对性练习的需求。

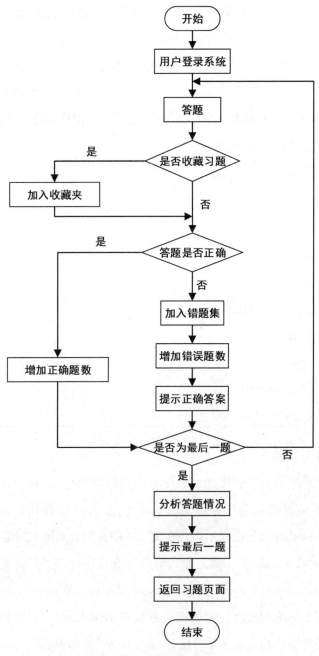

图 5-39 习题功能流程图

习题反馈:系统在小程序中加入 ec-canvas 插件,并在. js 文件中利用 import 引入插件,利用 echarts. init( )函数初始化图例,利用 canvas. setChart( )函数渲染画布,其中 echarts. option 子模块中 series 相关配置包括数据配置、标题、展示类型、颜色等项目。系统通过 chart. setOption（）函数设置相关配置,利用 wx. getStorageSync（）函数从缓存中读取错误和正确答题的数目。习题反馈页面利用 ec-canvas 标签将 echart 图例引进页面,并设置 canvas-id 属性和 bind:init 事件,实现给图例赋值 id 和绑定初始化事件等操作,用于展示用户答题的正确率。

习题功能关键代码如下。

```
onPullDownRefresh: function () {
  var i = 0;
  wx.showNavigationBarLoading()
  setTimeout(function () {
    wx.navigateTo({
      url: 'packageA/pages/python/python',
      success: function (res) },
      fail: function (res) { },
      complete: function (res) { }})
    wx.hideNavigationBarLoading() });
```

➤ 学习任务功能

学习助手系统划分为教师用户和学生用户两种角色,二者均可查看教师发布的学习任务。教师发布任务页面由表单中的 input 组件构成,input 组件的 placeholder 和 bindinput 属性提示用户在输入框中按照要求输入内容。.wxml 文件利用 bindinput 和 bindtap 分别绑定输入事件和点击事件,并在.js 文件中添加事件处理函数 majorInput（）、themeInput（）、contentInput（）和 pushContext（）,最终实现小程序端与数据库的交互。教师根据系统提示输入班级、主题和内容后发布学习任务。若教师成功发布了学习任务,系统提示“发布成功”,否则显示发布失败的原因。教师与学生均可进入任务列表页面查看已成功发布的任务日期、班级、主题和内容。系统通过 block 标签与 wx:for 结构相结合的方式重复渲染数据。学习任务功能关键代码如下。

```
pushJob: function() {

    let that = this

    console.log(this.data.major,this.data.theme,this.data.content)

    if(this.data.major == " || this.data.theme == " || this.data.content == "){

        wx.showModal({

            title: ",

            content: '专业名称/主题/内容均不可为空！',

            success(res) {

                if (res.confirm) {

                    console.log('用户点击确定')

                } else if (res.cancel) {

                    console.log('用户点击取消')}}})

    }else{

        db.collection('job').add({

        data: {

            name: getApp().globalData.name,

            pushDate:that.data.formDate1,

            major: that.data.major,

            theme: that.data.theme,

            content: that.data.content

        }
```

3）游戏模块

系统根据用户_id 属性和 get( )方法初始化查询用户积分,并通过 orderBy( )
函数排序返回所有用户积分信息,利用_id 属性和 forEach( )结构循环遍历当前
用户的名次。开始知识竞赛游戏时,系统使用 navigator( )函数跳转到知识竞赛
页面,该页面主要包括倒计时和测试题目两部分,其中倒计时功能使用定时器的
原理实现。

　　若用户未能在规定时间内完成游戏,系统提示"游戏结束,本次游戏积分为 X";若用户在规定时间内回答错误,则提示"答题错误,游戏结束,本次游戏积分为 X";若用户在规定时间内答对题目,系统判断当前题目是否为最后一题,若为最后一题,则提示"恭喜您通过测验,本次游戏积分为 X",反之,系统通过 wx. createAnimation( )函数跳转到下一题,并清除之前的游戏时间,利用定时器重置倒计时功能。系统通过 update( )方法更新云开发数据库中的用户积分,利用 wx. switchTab( )函数返回游戏主页面并显示最新游戏数据。用户查看排名时,系统利用 navigator( )组件跳转至排名页面,将依据 where 和 orderBy 条件获取所有用户的积分并进行倒序排名。知识竞赛游戏功能流程如图 5-40 所示。

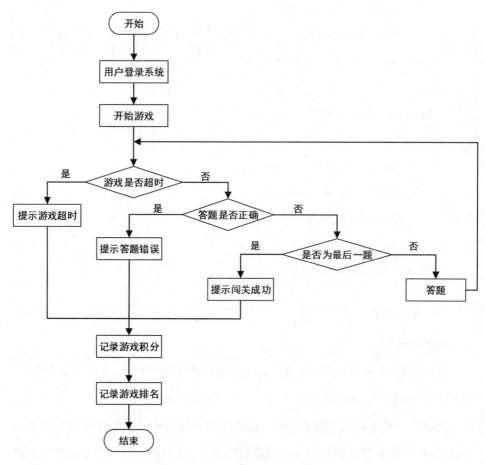

图 5-40　知识竞赛游戏功能流程图

知识竞赛游戏功能关键代码如下。

```
onLoad: function(options) {
    var that = this
    let userinfo = getApp().globalData.user
    admin.where({
        _id: userinfo._id
    }).get().then(res => {
        console.log('res.data', res.data)
        if (this.data.user.integral && this.data.user.integral !== 0) {
            let num
            admin.orderBy('integral', 'desc').get().then(res =>{
                console.log('res.data-----------------', res.data)
                res.data.forEach((element, index) => {
                    if (element._id === that.data.user._id) {
                        num = index + 1
                    }});
                that.setData({
                    integral: that.data.user.integral,
                    ranking: num})
            })
```

4）个人中心模块

个人中心模块包含我的信息、我的收藏、学习进度和退出登录功能。

➤ 我的信息

系统利用 wx. navigateTo( ) 函数跳转到我的信息页面,.js 文件利用 onload 加载监听页面,根据 getApp( ). globalData 全局变量中的用户名请求云服务器,获取云数据库中的用户信息,并将用户的账号、密码、手机号、学号等信息渲染至页面。

➢ 我的收藏

用户查看收藏信息时，. js 文件利用生命周期函数 onShow 显示监听页面，利用 wx. getStorageSync( )函数获取缓存中的收藏信息，通过 bindtap( )方法绑定跳转至收藏详情页面。

➢ 学习进度

用户查看学习进度时，. wxml 文件利用 ec-canvas 渲染饼图，展示用户的学习进度和学习积分，. js 文件在函数 onload( )中将图表 init 初始化为饼图；系统通过全局变量 getApp( ). globalData 获取用户的学习进度信息，利用 series. data 属性渲染学习进度数据并设置饼图的颜色、大小、位置等。

➢ 退出登录

用户退出系统时，. js 文件通过 wx. showModal( )方法提示用户是否确定退出系统。用户点击"确定"按钮之后，. js 文件利用 wx. relaunch( )方法跳转至系统首页。个人中心模块关键代码如下。

```
getMyFavorites: function () {

    let info = wx.getStorageInfoSync()

    let keys = info.keys

    let num = keys.length

    let myList = []

    for (var i = 0; i < num; i++) {

      let obj = wx.getStorageSync(keys[i])

      myList.push(obj)}

    this.setData({

      newsList: myList,

      num: num})

init_pieCharts: function() {

  this.piechartsComponnet.init((canvas, width, height) => {

init_pieCharts: function() {
```

```
this.piechartsComponnet.init((canvas, width, height) => {

    const pieChart = echarts.init(canvas, null, {

      width: width,

      height: height});

    pieChart.setOption(this.getPieOption());

    return pieChart;});

},
```

### 5.3.4 系统测试

通过微信开发者工具测试学习助手系统,既保证测试结果的客观性,又依据反馈信息进一步优化系统。微信开发者工具调试器中的 Audits 面板可以检测学习助手系统运行错误和用户体验中的问题,从三个维度对小程序进行分析,并提供评测分数和完善建议。每个维度包含相应的评测规则,其中性能评分的主要规则包括:渲染时间不超过500ms;setData 的调用频率不超过 20 次/秒;图片开启HTTP 缓存;网络请求的时长不超过 1 秒等。体验评分的主要规则包括:颜色对比度根据 W3C 标准最低应大于或等于 3;设置-wekit-overflow-scrolling:touch 样式;设置惯性滚动样式等。最佳实践评分的主要规则包括:小程序内的网络请求都应该使用 HTTPS;无 JS 异常;wxss 资源未使用的部分应小于或等于 2KB 等。最后微信开发者工具根据各部分的规则按照权重自动计算得到微信小程序的评测总分,计算公式如下:

$$score = \sum_{i=1}^{n} s_i w_i / \sum_{i=1}^{n} w_i \tag{5-1}$$

其中,$score$ 为系统测试总得分;$i$ 表示第 $i$ 条测评规则;$s_i$ 为第 $i$ 条规则的得分;$w_i$ 为第 $i$ 条规则的权重,若权重值为 0,则表示该条规则不参与测评。

系统的测评结果由总分、性能、体验和最佳实践四部分构成,各部分测评满分均为 100 分。学习助手微信小程序的测评结果如图 5-41 所示,其中总分、性能、体验和最佳实践四个部分的评分分别为 95 分、92 分、100 分和 100分。该测评结果表明,本章开发的学习助手系统总体情况良好,可以提供给用户使用。

图 5-41　微信小程序测评结果

### 5.3.5　本节小结

本节具体介绍了如何搭建学习助手系统的开发环境,阐述了安装微信开发者工具的具体步骤,分析了系统开发的相关技术。从功能流程图和关键代码两方面介绍系统各模块的实现思路。最后利用微信开发者工具对学习助手系统进行测试,结果表明,系统各项指标良好,可以用于中职 C 语言课程教学实践。

## 5.4　基于微信小程序的混合式教学设计与实践

本研究的教学实践对象为济南某中职学校 2019 级计算机专业 1 班的学生,班内学生人数为 54 人。本节以中职 C 语言课程第三章第二节"条件语句"内容为例,进行基于学习助手系统的混合式教学实践应用研究,并采用五分量表法验证基于微信小程序的 C 语言课程混合式教学效果。

### 5.4.1　混合式教学设计

基于微信小程序的 C 语言课程混合式教学并不是简单地将传统线下授课模式与线上微课学习相结合,它需要教师合理安排教学活动才能发挥更大优势。学习助手系统与 C 语言教学相结合的混合式教学设计分为三部分:前期分析、教学活动设计和教学评价设计,如图 5-42 所示。其中,前期分析包括教学内容分析、学习需求分析、学习者分析和学习环境分析;教学活动设计分为课前、课中和课后环节;教学评价设计包括过程性评价与总结性评价。

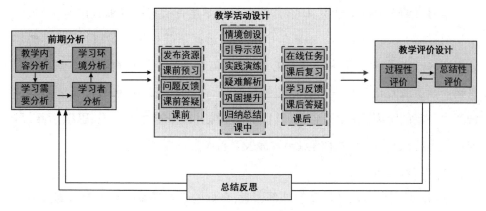

图 5-42 混合式教学设计

1）前期分析

➤ 教学内容分析

C 语言课程教学的教材选用陈琳主编、高等教育出版社出版的《编程语言基础——C 语言》(第四版)。该教材包括九个章节和四个附录,每个章节包含基础知识、编程实例、章节小结和习题。课程实践中以 Dev-C++作为开发工具,参加本节课教学实践的学生已经掌握编程软件 Dev-C++的使用方法。本节课的教学内容主要是条件语句,具体包括 if 语句、if...else 语句、if 语句的嵌套和条件表达式。条件语句在 C 语言课程中具有承前启后的作用,它不仅是前面所学知识的扩展,也是后续循环结构的基础。

➤ 学习者分析

建构主义强调教师应在学生原有知识经验基础上引导学习并产生新的知识经验,还要注重分析学习者的身心特点,这有利于明确学生的一般特征和知识初始水平,为设计教学活动提供科学依据。以下主要从身心特征和学习准备两个方面分析学习者的特点。

学习者的身心特征:C 语言课程的教学实践对象为中职学校高二学生,其年龄在 15—17 岁之间。这个年龄段的学生抽象逻辑思维占主位,辩证思维能力也在逐渐发展,能够通过努力学习复杂知识。同时,中职学生的自我意识和自我调控能力增强,但是自我控制能力可能难以支撑自身实现学习目标。此外,中职学生思维活跃且易对新鲜事物产生兴趣,但是难以维持较长时间的学习动机。

学习者的学习准备情况:C语言是大部分学生首次接触的编程语言,少数学生学习过C++、Python等。中职学生的逻辑运算基础相对薄弱,对C语言的部分内容易产生畏难情绪,甚至抵触心理,教师需要实施个性化教学策略调动学习兴趣。学生对C语言课程具有强烈的好奇心,由于自身编程水平较低可能对课程产生一定的距离感。因此,教师可以充分利用学生的好奇心强、思维活跃、可塑性强等特点,从中职学生特点出发激发其持续性的学习动机。

➤ 学习环境分析

学习环境是影响教学活动的外部因素,良好的学习环境有利于教师高效地实施教学活动。以下主要从物理环境、技术环境和资源环境三个方面分析学习环境。

物理环境:教室内的光线、噪音等自然因素,以及教室内的装饰、布局、教学设施等人为因素都会影响学习者的学习体验。目前学校使用的纳米黑板能够给学生带来良好的视听效果,在满足教师使用传统黑板的基础上支持视频、PPT、图片等多种教学资源。此外,学校提供满足学生编程实践需求的机房,主要包括计算机、音响设备、投影设备等。

技术环境:学校机房电脑安装Dev-C++5.10版、Windows 7、WinRAR、Microsoft Office 2010、极域电子教室等中文版软件,教师与学生课下通过微信小程序开展学习活动。

资源环境:教师整理优化数字化学习资源,避免学生查找针对性学习资料困难的问题,也增强了学习资源的共享性。在教学实践中,师生共享的学习资源主要是学校指定的教材和辅导资料,还有教师通过微信小程序为学生提供的电子版学习资源,包括视频、图片、文字资料等。

➤ 学习需要分析

在智能手机普及的背景下,教师引导学生正确使用智能手机辅助学习是提高学习效果的有效途径之一。[54]C语言是中职学生接触程序设计的入门语言,为了培养学生对编程类课程的兴趣,教师提供丰富的学习资源显得尤为重要。基于对中职学生学习需求的分析,学习助手系统设置了课程视频和学习资料功能,便于教师提供贴合学习目标与课程要求的学习资源,拓宽学生的认知视野。传统C语言课堂中存在"一言堂""满堂灌"、师生互动少等不利于提高学习效率的教学现象[55],导致学生面对理论性或逻辑性较强的学习内容时,不能充分表达学习疑问,也不利于教师了解学习状况,抑制了学生主观能动性的发挥。基于微信小程序的学习助手系统设置了游戏、学习任务、评论等功能,便于教师提高教学过程的趣味性,学生也可以通过系统发表自己对学习内容及教学实践过程的看法。教师利用系统针对性地掌握学生的学习动态,制定符合学生个性化学习需求的教学方案。

2)教学活动设计

基于学习助手系统的混合式教学是线上学习与课堂教学相结合的一种创新型教学组织形式。教师设计恰当的教学活动能够促进教学流程更加顺畅,保证教学过程的合理性与有效性。[56]本研究中,教师引导学生课下正确使用信息设备,师生以微信小程序为中介的互动主要聚焦于课前与课后环节。下面主要从课前、课中和课后三个环节分析教学活动。

➤ 课前

人本主义理论强调教师是教学过程的促进者、助产士,教师应为学生创建良好的学习资源。课前,教师制作学习资源并发布至学习助手系统,包括课程视频、课前检测题、学习资料、课前游戏等。教师选取与课堂教学内容密切相关的视频,有助于增强学生对课程内容的认知。学习资料主要以基础知识、程序案例、

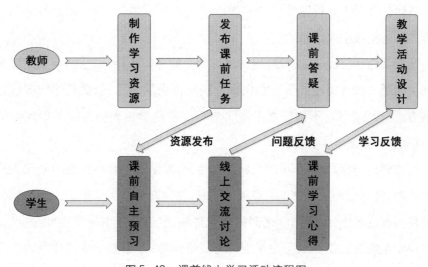

图5-43 课前线上学习活动流程图

项目实例的形式呈现,层次化的学习资源帮助学生有效激发课前预习动机。在学习相关课程资源后,学生通过课前检测题及时确定课前预习效果,明确自己的疑难问题,也为教师掌握课堂教学的侧重点提供依据。教师在课前答疑中初步评价预习情况,进而制定符合学生需求的课堂教学计划。课前线上学习活动流程如图5-43所示。

➢ 课中

课中的线下课堂教学环节可分为情境创设、引导示范、实践演练、疑难解析、巩固提升和归纳总结六部分,下面将详细叙述每一部分的教学活动。

情境创设:教师创设情境的目的是促进知识与情境融合,帮助学生尽快适应课堂教学,唤起学生对后续学习活动的兴趣。教师可根据学生课前的线上预习数据针对性地创设学习情境。创设情境的方法包括以下几种:将课程内容与学生的实际生活相联系,减少学生与知识间的距离感;引导学生回顾之前所学习内容,在原有知识基础上建立新的知识经验;借助学习问题引起学生的有意注意,帮助学生在解决问题的过程中探索新知;利用多媒体展示与课堂内容相关的视频或图片,在学习新课中发挥学生直观感知的作用。

引导示范:新课改下的教师观要求教师成为学生学习知识的引导者。在讲授新课的过程中观察学生对知识的反应,根据学生的知识掌握情况布置学习任务。教师带领学生分析课堂任务并提示相关解题思路,向学生示范具体的操作过程并讲解实践中应注意的问题。

实践演练:实践演练阶段应充分发挥学生的主体作用,鼓励学生采用多种方式解决问题。教师要注意学生在操作中反映出来的问题,根据具体情况进行点拨解答。"授人以鱼,不如授之以渔",教师要鼓励学生积极探究产生问题的原因,避免直接告诉学生答案。

疑难解析:教师观察学生的实践操作情况,总结学生容易忽略的知识点和遇到的问题,并针对相关内容汇总讲解。同时,教师鼓励学生要勇于表达困惑并启发解决问题的思路,促进同学之间的思维碰撞,也有助于引导学生的深度学习。教师以学生现有的知识水平为基础讲解疑难问题,并帮助学生内化吸收课程知识点。

巩固提升:教师基于维果斯基的"最近发展区理论"设置分层任务,学生根据个性化学习需求选择要完成的任务,实现教学效果最优化。学生在实践练习中进一步巩固课程内容,深层次理解知识点。

归纳总结:归纳总结是课堂教学的最后一个步骤。教师引导学生反思学习中遇到的问题并归纳学习收获,总结解决问题的思路。教师在与学生的交流中评价课堂教学效果,反思教学活动的设置与安排是否合理。

➢ 课后

传统的课后任务模式不利于教师动态掌握学生的学习情况,在帮助学生理解消化知识重难点方面显得力不从心。本研究中,教师根据课堂教学进度在学习助手系统发布在线任务,督促学生及时复习知识要点。学生可通过系统评论功能、课后提升题、课后游戏等查缺补漏,促进知识的内化吸收。教师利用学习助手系统的反馈信息掌握学生学习进度,并为学生营造良好的线上学习氛围。课后线上学习活动流程如图5-44所示。

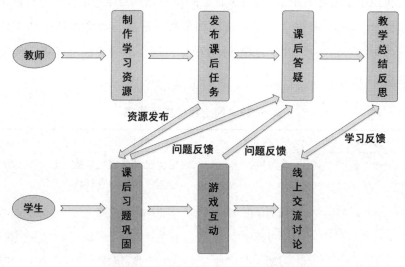

图5-44 课后线上学习活动流程图

3)教学评价设计

教学评价是指在教学过程中对教学活动及其结果测量、分析与评定,以此促进提升教学效果的过程。[57]按评价的功能可以分为过程性评价与总结性评价等,本研究采用基于微信小程序的混合式教学评价,其中过程性评价包括对线上与和线下学习过程评价,总结性评价在学期末进行,强调学生的期末考核成绩。线上评价的内容主要是学生的线上学习过程数据,线下评价的内容主要是学生的课堂表现情况。基于微信小程序的混合式教学评价如图5-45所示。

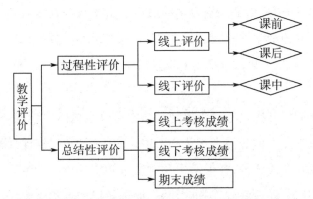

图5-45　基于微信小程序的混合式教学评价

　　过程性评价是将评价的关注点由学习结果转移到动态的学习过程,有助于学生在实践中学习他人的优点,调整自己的学习方式与学习态度[58];有助于教师及时掌握学习动态,根据学生学习情况调节教学进度与教学方法。线上评价的内容具体包括学习进度、线上评论、学习积分、习题、游戏和线上任务。线上评价指标如表5-19所示。

表5-19　线上评价指标量表

| 一级指标 | 二级指标 | 评价内容 | 权重占比 |
| --- | --- | --- | --- |
| 线上学习数据 | 学习进度 | 学生已学课程视频数 学生已学学习资料数 | 20% |
|  | 线上评论 | 学生线上评论数 | 10% |
|  | 学习积分 | 学生线上学习积分 | 20% |
|  | 习题 | 学生已做习题数 及习题正确率 | 10% |
|  | 游戏 | 知识竞赛排名 知识竞赛积分 | 10% |
|  | 线上任务 | 线上任务完成度 | 30% |

线下评价主要针对面对面教学的学生课堂表现[59]进行评价,具体内容包括学习态度、实践操作、学习成果、课堂互动和自我评价。线下评价指标如表5-20所示。

**表5-20 线下评价指标量表**

| 一级指标 | 二级指标 | 评价内容 | 权重占比 |
|---|---|---|---|
| 线下课堂表现 | 学习态度 | 是否认真关注课堂学习内容<br>是否对课程内容充满兴趣与好奇心 | 20% |
| | 实践操作 | 是否主动探究实践<br>是否在小组合作中帮助同伴解决问题<br>是否能根据任务要求实现目标 | 20% |
| | 学习成果 | 是否能够掌握所学习的内容<br>是否能够实现学习目标<br>是否能提高理论及实践能力 | 20% |
| | 课堂互动 | 是否能与同学交流探讨学习问题<br>是否能与教师积极地交流互动 | 20% |
| | 自我评价 | 自我总结与反思 | 20% |

总结性评价[60]是指课程或学期结束时,教师为确定学生已达到的知识技能水平而进行的评价。总结性评价有助于检测学生对课程内容的掌握程度,向教师和学生反馈学习效果。总结性评价内容包括学生的线上学习成绩、线下课堂考试成绩和期末考试成绩。教师根据学生的日常学习情况设置各部分所占比重,总结性评价指标如表5-21所示。

**表5-21 总结性评价指标量表**

| 一级指标 | 二级指标 | 评价内容 | 权重占比 |
|---|---|---|---|
| 总评成绩 | 线上学习数据 | 线上学习成绩 | 30% |
| | 线下课堂表现 | 线下课堂成绩 | 30% |
| | 期末成绩 | 期末考试成绩 | 40% |

### 5.4.2　教学实践

**1）课前**

学生扫描微信小程序二维码进入系统,如图 5-46 所示;通过微信小程序学习条件语句的相关知识,如图 5-47 所示;查看与条件语句相关的课前预习任务,如图 5-48 所示;查看与条件语句相关的学习资源,包括课程视频、文本资料等,如图 5-49 和图 5-50 所示。教师通过微信小程序发布课前任务,引导学生参与讨论学习并为学生课前答疑;也可以通过微信小程序查看学生学习进度,如图 5-51 所示;还可以分析课前任务的完成情况以调整教学活动。

图 5-46　系统二维码

图 5-47　学生课前预习

图 5-48　课前预习任务

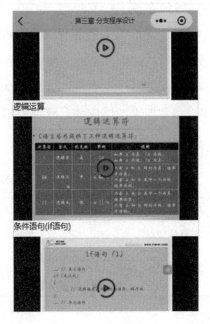

图 5-49　课程视频

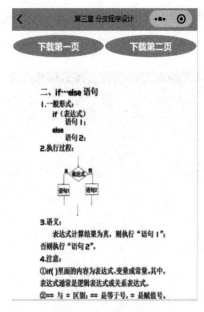

图5-50 文本资料

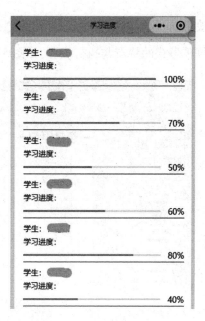

图5-51 教师查看学习进度

2）课中

线下面对面的课堂教学活动是提高教学效果的重要环节。本研究中教师根据学生的课前反馈有针对性地讲解疑难问题。师生共同建立新旧知识间的联系,形成适合学生的知识体系。课堂教学步骤主要包括情境创设、引导示范、实践演练、疑难解析、巩固提升、归纳总结。

➢ 情境创设

教师采用复习导入法创设情境,引导学生回顾 if 语句相关知识。

本节课的教学目标如下:

◇ 掌握 if 语句的语法形式及简单应用;

◇ 通过亲自练习,增加程序设计的成就感,提高理论与实践相结合的能力;

◇ 通过师生互动,建立良好的师生关系,激发学生对 C 语言课程的学习兴趣。

根据教学目标确定教学重点及教学难点:

◇ 教学重点:熟练掌握 if 语句的语法形式并解决实际问题;

◇ 教学难点:if 语句的嵌套及其应用。

通过师生互动,教师在旧知识的基础上引出 if... else 语句与 if 语句嵌套的一般格式、执行流程和注意事项。学生通过教学 PPT 比较 if 语句的三种形式，思考每种形式的特点与执行流程，如图 5-52 所示。

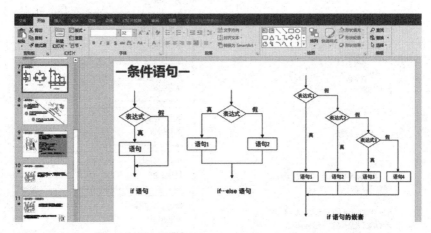

图 5-52　课中教学 PPT

➤ 引导示范

教师以"输入一个整数，判断这个整数是奇数还是偶数"为例，讲解 if...else 语句的执行逻辑，提示学生可以运用算术运算符中的取余运算符"%"判定整数的奇偶性。

教师以"从键盘上输入两个整数，输出其中的较大值（不考虑两数相等的情况）"为例，引导学生利用 if...else 语句，采用不同方法解决问题。

➤ 实践演练

学生探究练习示例，如图 5-53 所示；通过流程图梳理编程逻辑，如图 5-54 所示；教师巡视指导，为学生答疑解惑，如图 5-55 所示。

图 5-53　学生实践练习

图 5-54　学生绘制流程图

图5-55 教师巡视指导　　　　图5-56 教师总结疑难问题

➢ 疑难解析

教师巡视学生的实践过程并总结出现的问题,如图5-56所示,具体可分为以下几点:

◇ 在实践练习中应区分" == "与" = ","a == b"与"a = b"都是正确的表达式,程序编译时不会显示运行错误;

◇ if( )语句中的内容为表达式、变量或常量,其中,表达式通常是逻辑表达式或关系表达式;

◇ "语句"可以是一条简单语句也可以是"{ }"将几条语句括起来的一个复合语句,"}"后面不需要加分号;

◇ 对于输出最大值的题目,可以定义两个或三个变量,然后探究如何输出最大值。

➢ 巩固提升

教师以"$y = \begin{cases} x(x<1) \\ 2x-1(1 \leq x \leq 10) \\ 3x-10(x>10) \end{cases}$,编写程序,输入 $x$ 值,输出 $y$ 值"为例讲解 if 语句的嵌套,并请学生阐述自己对嵌套语句的初步认识。

学生以"根据图书的原价和数量,计算输出应付的金额。其销售策略为:正常情况下打九五折出售;若图书数量超过 20 本打九折出售;若图书数量超过 50 本打八折出售"作为练习题,帮助学生熟练掌握 if 语句的嵌套,并利用该语句解决实际问题。教师强调在嵌套的 if 语句中,"else"总是与其上最近的 if 关键字配对,除非用"{}"改变匹配次序,编写程序时应注意采用规范格式,以便能清楚地辨别语句与表达式的关联关系。

➤ 归纳总结

师生共同归纳总结课堂内容,反思学习中遇到的问题与得到的收获。

3)课后

教师通过微信小程序发布课后任务,如图 5-57 所示;学生根据任务要求练习条件语句对应的习题,如图 5-58 所示;教师查看 C 语言知识竞赛中的学习排名与学生积分,如图 5-59 所示;并可以在评论区与学生互动答疑,如图 5-60 所示;教师通过系统了解学生对课程内容的掌握程度,制定下节课的教学计划。

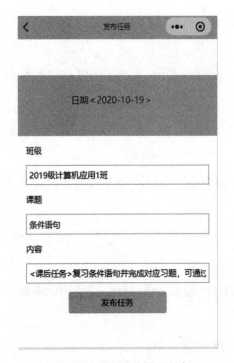

图 5-57　教师发布课后任务

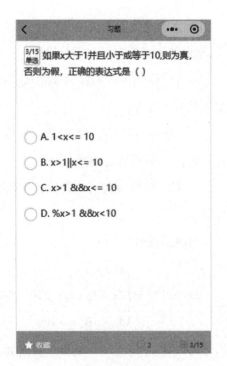

图 5-58　条件语句习题

图 5-59 游戏积分排名

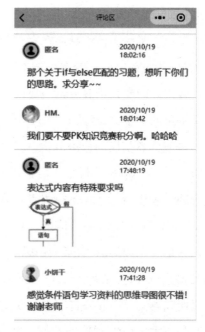

图 5-60 学生互动答疑

### 5.4.3 学习效果评价

在学期末学习评价阶段,教师汇总整理学生整个学期的线上学习成绩、线下课堂表现以及期末成绩,分别按照 30%、30% 和 40% 的比例计算本学期学生最终成绩。班内部分学生在 2020—2021 学年第一学期 C 语言课程期末总评成绩如图 5-61 所示。

| 序号 | 姓名 | 学号 | 班级 | 线上学习成绩 | 线下课堂成绩 | 期末成绩 | 期末总评成绩 |
|------|------|------|------|------|------|------|------|
| 1 | | 2 | 2019级计算机应用1班 | 100 | 90 | 94 | 94.6 |
| 2 | | 2 | 2019级计算机应用1班 | 95 | 96 | 88 | 92.5 |
| 3 | | 2 | 2019级计算机应用1班 | 93 | 87 | 96 | 92.4 |
| 4 | | 2 | 2019级计算机应用1班 | 95 | 100 | 91 | 94.9 |
| 5 | | 2 | 2019级计算机应用1班 | 82 | 92 | 88 | 87.4 |
| 6 | | 2 | 2019级计算机应用1班 | 100 | 90 | 94 | 94.6 |
| 7 | | 2 | 2019级计算机应用1班 | 95 | 88 | 83 | 88.1 |
| 8 | | 2 | 2019级计算机应用1班 | 100 | 90 | 94 | 94.6 |
| 9 | | 2 | 2019级计算机应用1班 | 89 | 100 | 79 | 88.3 |
| 10 | | 2 | 2019级计算机应用1班 | 91 | 83 | 83 | 85.4 |
| 11 | | 2 | 2019级计算机应用1班 | 95 | 97 | 80 | 89.6 |
| 12 | | 2 | 2019级计算机应用1班 | 100 | 94 | 99 | 97.8 |
| 13 | | 2 | 2019级计算机应用1班 | 96 | 93 | 84 | 90.3 |
| 14 | | 2 | 2019级计算机应用1班 | 77 | 87 | 82 | 82 |
| 15 | | 2 | 2019级计算机应用1班 | 82 | 79 | 86 | 82.7 |

图 5-61 期末总评成绩

### 5.4.4　教学效果分析

为了深入了解微信小程序在 C 语言课程教学中的作用,本研究基于文献[61]设计了《微信小程序使用者态度调查问卷》调查学生的学习体验、系统满意度以及学习效果。问卷采用五分量表法即李克特量表法,在学期末发给 2019 级计算机专业 1 班的学生,共发放问卷 54 份,回收问卷 54 份。

1)调查问卷信度与效度分析

Cronbach's Alpha 分析主要用于评价连续变量与有序分类变量的一致性。本次调查问卷采用五分量表法,调查数据适合进行 Cronbach's Alpha 分析。利用 SPSS 22.0 分析调查问卷的信度与效度,计算得出 Cronbach's Alpha 信度系数。通常认为信度系数的取值范围在 0 到 1 之间。若信度系数在 0.8 以上,说明问卷的信度很好;若信度系数大于 0.7,说明问卷的信度可以接受;若信度系数小于 0.7,说明问卷需要重新修订。由表 5-22 可知,本次调查问卷数据的信度系数为 0.912,其值大于 0.8,说明问卷的信度很好,具有较高的内在一致性。

表 5-22　信度分析

| Crobach's Alpha | 项数 |
| --- | --- |
| .912 | 22 |

采用结构效度分析法可以判断调查问卷的结构是否合适,本次调查使用 SPSS 22.0 的 KMO 和 Bartlett 的球形度检验问卷的结构效度。当 KMO 值大于 0.6,并且 .Sig 值(代表显著性)接近 0 小于 0.05,说明调查问卷的结构效度较好。表 5-23 显示,本调查问卷的 KMO 为 0.772,其值大于 0.6,并且显著性值小于 0.05,说明问卷具有良好的结构效度。

表 5-23　效度分析

| 取样足够度的 Kaiser-Meyer-Olkin 度量。 | | .772 |
| --- | --- | --- |
| Bartlett 的球形度检验 | 近似卡方 | 941.201 |
| | df | 231 |
| | Sig. | .000 |

2）调查问卷内容分析

《微信小程序使用者态度调查问卷》的主要内容包括三个部分：学生对微信小程序支持下的 C 语言课程学习体验的评价（共 7 道题）、学生对基于微信小程序的学习助手系统满意度（共 8 道题）评价和学生利用微信小程序学习 C 语言课程的学习效果评价（共 7 道题）。下面将对调查问卷的 3 部分内容进行分析。

➤ 学生对小程序支持 C 语言课程学习的评价

由图 5-62 可知，有 37% 的参与者喜欢基于微信小程序的 C 语言课程教学模式，26% 的参与者非常喜欢这种教学模式；大约 70% 的参与者愿意通过微信小程序学习 C 语言；有 45% 的参与者非常认同微信小程序能够很好地衔接线上与线下学习活动，另有 26% 的参与者表示同意微信小程序能够很好地衔接线上线下学习活动；接近 4/5 的参与者认为微信小程序能够满足自己对 C 语言课程的学习需求；大约 39% 的参与者表示线上学习任务能够帮助自己学习 C 语言课程；有 81% 的参与者认同微信小程序中师生、生生间的互动方式；大约 73% 的参与者表示同意或非常同意微信小程序能够增加 C 语言课程学习的趣味性。

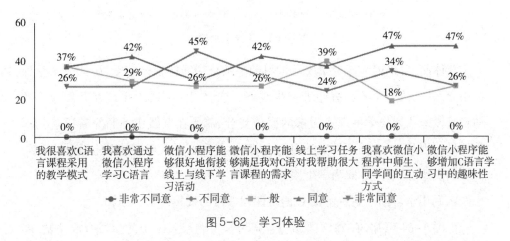

图 5-62　学习体验

总体而言，虽然微信小程序与 C 语言课程相结合的教学实践时间有限，但是大多数参与者认为利用微信小程序学习 C 语言的体验较好，极少参与者持反对态度，说明学生对基于微信小程序的 C 语言课程教学认可度较高。

➤ 学生对学习助手小程序的满意度

由图 5-63 可知，约有 80% 的参与者对线上评论功能表示肯定，认为该功能非常方便实用、节省时间;超过 4/5 的学生同意微信小程序能够帮助自己减轻线下学习负担;大约 31% 的参与者表示系统提供的学习数据非常具有针对性,另有42% 的参与者对该观点持肯定态度;约有 83% 的参与者认为知识竞赛游戏能够激发自身的学习动力;大约有八成的参与者对系统的界面设计表示非常喜爱;约有 42% 的参与者表示同意系统内的学习资料与课程教学联系紧密,另有 28% 的参与者非常同意这种观点;对系统中的习题设置持肯定态度的参与者占总人数的 80% 左右;大多数参与者希望能够将微信小程序用到其他学科教学中。

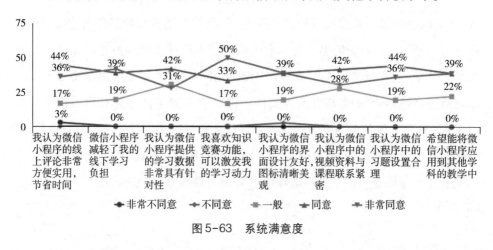

图 5-63　系统满意度

总体而言,班内大部分学生对学习助手系统功能持积极态度,少部分学生保持中立态度,认为系统还有待进一步改善。这说明学习助手系统在开发应用的初步阶段未达到与学生现实需求的完美契合,需要在实践中不断完善以达到最优效果。因此,作为辅助学生学习的小助手,本系统将在现有基础上优化、探索,以更加实用、高效的方式为学生服务。

➤ 利用学习助手系统辅助 C 语言课程学习的效果评价

由图 5-64 可知,有 75% 的参与者认为学习助手系统中的学习资源丰富,能够激发学习兴趣;约 1/2 的参与者同意微信小程序提高了 C 语言程序设计能力,另有 1/3 的参与者非常支持这个观点;大约 84% 的参与者表示微信小程序能够提高自主学习能力;44% 的参与者对基于微信小程序的混合式学习方式能够提高自身学习效率持支持态度,同时 36% 的参与者非常同意这种观点;大约 75% 的参与者认为基于微信小程序的课堂教学能够弥补传统教学中的不足;约 78% 的参与者表示同意或非常同意微信小程序能够及时反馈学习数据,促进个性化学习;接近90%的参与者认为微信小程序提高了线下课堂学习的参与度。

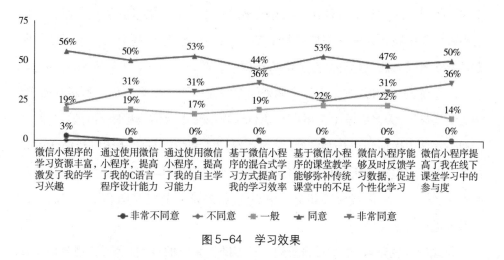

图 5-64 学习效果

总体而言,大部分学生对自己在使用学习助手的 C 语言课程中取得的学习效果较为满意。他们表示微信小程序能够提高自身的学习兴趣、学习效率,有助于提升程序设计能力、自主学习能力等。此外,微信小程序还能增强线下课堂教学活动的参与度,在一定程度上促进了学生的个性化学习。

### 5.4.5 本节小结

本节介绍了基于学习助手系统应用于混合式教学模式的具体流程,从课前、课中和课后环节阐述了基于微信小程序的 C 语言课程混合式教学情况,从过程性评价和总结性评价两个角度评价学生的学习情况。基于微信小程序的混合式教学效果表明,学习助手系统能够有效衔接学生的线上线下学习活动,提高中职学生 C 语言课程的学习效果。

### 5.5 总结与展望

本章首先总结了微信小程序和混合式教学相结合的发展脉络,针对当前中职学生的学习需求,采用云开发技术设计开发基于微信小程序的学习助手系统,将其应用于中职 C 语言课程混合式教学,最后对基于微信小程序的 C 语言课程教学效果进行评价。

### 5.5.1 本章总结

1)理论分析阶段,通过分析微信小程序与混合式教学的发展现状可知,当前中职学校混合式教学平台存在无法有效满足个性化学习需求等问题。在总结微信小程序与中职教育教学发展趋势的基础上,本章梳理了基于微信小程序的混合式教学研究方法、研究内容、理论基础和创新点。

2)系统设计阶段,本章设计了调查问卷探究中职学生对微信小程序的需求。调查结果显示,大多数学生希望在 C 语言课程中使用微信小程序辅助学习,并支持在小程序中增加知识竞赛游戏、学习资料功能和学习评论功能以提高学习积极性。以用户需求分析为依据,将基于微信小程序的学习助手系统分为登录注册模块、学习模块、游戏模块和个人中心模块,并从功能时序图和集合表两方面对系统进行详细设计。

3)系统开发阶段,本章首先搭建了学习助手系统的开发环境,利用微信小程序的云开发技术实现系统前端功能,详细阐述了登录注册模块、学习模块、游戏模块和个人中心模块的实现方法。依据腾讯公司的微信开发者工具进行软件测试,确认基于微信小程序的学习助手系统能够用于中职 C 语言课程的混合式教学实践。

4)系统应用阶段,本章设计了基于微信小程序的 C 语言课程混合式教学模式,并应用于中职 C 语言课程教学实践。经过前期分析、教学设计、教学评价等环节实施教学活动,利用调查问卷了解学生使用学习助手系统的学习体验、系统满意度和学习效果,利用 SPSS 软件验证调查问卷的信度和效度。教学实践结果表明,基于微信小程序的学习助手系统能够帮助中职学生实现线上线下学习活动的有效衔接,基本满足学生的个性化学习需求。

### 5.5.2 不足之处

本章主要研究基于微信小程序的学习助手系统的设计与实现,及其在中职 C 语言课程混合式教学实践中的应用。虽然取得了良好的教学效果,但是仍然存在以下不足:

1)由于本研究涉及的研究对象数量较少,可能无法全面发现学习助手系统存在的问题。在今后的研究中需扩大研究对象样本量,进一步提升系统的可靠性。

2)教学实践表明,基于微信小程序的混合式教学模式是可行的,能够指导中职学校 C 语言课程教学顺利进行。但是,微信小程序在中职其他学科教学中的适用性,需要继续开展研究实践。

### 5.5.3 研究展望

在当今信息技术与职业技术教育快速发展的背景下,将信息技术应用于职业技术教育领域,改善传统课堂教学的弊端,显然已经大势所趋。以微信小程序为基础的学习平台还需要进一步优化,使其更好地为中职学生的学习与发展服务,实现学习效果最优化。今后会有越来越多的研究者将开展微信小程序应用于中职教学实践的研究,并进行教育信息化的有益探索,相信这些研究能够对中职信息化教育教学改革提供一定的参考依据,促进中职学生在实践及就业方面获得良好的发展前景。

## 参考文献

[1] 席东梅.以信息化促进职业教育现代化——中国职业技术教育学会信息化工作委员会在京成立[J].中国职业技术教育,2012(10):63-65.

[2] 中华人民共和国教育部关于印发《教育信息化"十三五"规划》的通知[EB/OL]. http://baike.baidu.com/view/19052023.html,2016-06-27.

[3] 吴旻瑜,武晓菲.教育信息化 2.0 的时代逻辑——《教育信息化 2.0 行动计划》解读之一[J].远程教育杂志,2018,36(04):4-10.

[4] 吴虑,朱德全.中国职业教育现代化改革的目标框架与行动路向——《国家职业教育改革实施方案》的现代化蓝图与实践方略[J].高校教育管理, 2020,14(01):115-124.

[5] 中华人民共和国教育部关于发布《职业院校数字校园规范》的通知[EB/OL]. http://www.moe.gov.cn/,2020-06-24.

[6] 孙立会,刘思远,李芒.面向 2035 的中国教育信息化发展图景*——基于《中国教育现代化 2035》的描绘[J].中国电化教育,2019(08):1-8 +43.

［7］何军卿.中等职业教育移动教学模式探索［J］.职业技术教育,2015,36(29)：33-36.

［8］张霞,孙璐,唐天航.基于移动应用的新工科教学模式探索［J/OL］.包装工程,2019(S1)：70-74. https：//doi. org/10. 19554/j. cnki. 1001-3563. 2019. S1. 018,2020-07-27.

［9］刘艳.微信小程序在高校教学中的应用与推广［J］.信息通信,2019(09)：268-269.

［10］杨倩.共享教学法在中职信息技术课程教学中的应用研究［D］.贵州师范大学,2018.

［11］王玉洋.基于微信小程序的移动学习平台环境构建与系统设计开发［D］.南京大学,2018.

［12］彭玲玉.无缝学习理念下的初中语文阅读微信教学平台应用实践研究［D］.广西民族大学,2019.

［13］Liping Yan. A Study on WeChat-Based Collaborative Learning in College English Writing［J］. English Language Teaching,2019,12(6).

［14］何晓静.微信小程序如何构建大格局［J］.青年记者,2019(32)：94-95.

［15］罗金萍.基于微信小程序微课资源点评的设计与应用研究［D］.云南大学,2019.

［16］刘少亭.微信小程序在小学综合实践活动课程——《气象》中的应用［D］.天津师范大学,2019.

［17］余亮亮.基于微信小程序的中学生学习评价与反馈平台建设研究［D］.中央民族大学,2019.

［18］舒嘉豪.基于微信小程序的答题系统的设计与实现［D］.华中科技大学,2019.

［19］何克抗.从 Blending Learning 看教育技术理论的新发展(上)［J］.中国电化教育,2004(03)：5-10.

［20］田富鹏,焦道利.信息化环境下高校混合教学模式的实践探索［J］.电化教

育研究,2005(04):63-65.

[21] 于建华,梁东荣.混合式教学中的交互作用分析[J].教学与管理,2019
(18):16-18.

[22] DriscollM. Blended learning:Let's get beyond the hype[J]. E, 2002,3(3).

[23] 陈芳芳.基于雨课堂的数字电子技术课程混合式教学研究与实践[D].贵州
师范大学,2019.

[24] 李克东,赵建华.混合学习的原理与应用模式[J].电化教育研究,2004
(07):1-6.

[25] 谭颖思.国内外混合式教学研究现状综述[J].中国多媒体与网络教学学报
(中旬刊),2019(08):42-43.

[26] 邱娜.基于微信平台的混合式教学模式应用研究[D].山东师范大学,2018.

[27] PurnimaValiathan. Blended Learning Models[J]. Encyclopedia of Information
Science & Technology Second Edition, 2002.

[28] Brian Beatty. Transitioning to an Online World:UsingHyFlex Courses to Bridge
the Gap[J]. 2007.

[29] Yen J C, Lee CY. Exploring problem solving patterns and their impact on learn-
ing achievement in a blended learning environment[J]. Computers & Educa-
tion, 2011,56(1):138-145.

[30] Goodyear. Advances in Research on Networked Learning[M]. Springer Nether-
lands, 2012.

[31] 冯晓英,王瑞雪,吴怡君.国内外混合式教学研究现状述评——基于混合式
教学的分析框架[J].远程教育杂志,2018,36(03):13-24.

[32] 汤勃,孔建益,曾良才,蒋国璋,侯宇."互联网+"混合式教学研究[J].高教
发展与评估,2018,34(03):90-99+117-118.

[33] 张晓亮.中职计算机基础课程线上线下混合式教学研究[D].河北师范大
学,2020.

[34] 陈莉,陈红,李刚.中职计算机应用基础课程网络教学平台的建设与实

践[J].中国职业技术教育,2012(29):22-25.

[35] 马逸飞.基于计算思维培养的混合式学习模式构建与应用研究[D].河北师范大学,2020.

[36] 姜玉丽.混合式教学在《基于python的网络数据分析》中的应用[D].山东师范大学,2018.

[37] 初倩.面向在线学习的个性化教学系统的设计与实现[D].山东师范大学,2019.

[38] 王妍.Moodle环境下中职信息技术课程多元评价研究[D].东北师范大学,2013.

[39] 何克抗.建构主义的教学模式、教学方法与教学设计[J].北京师范大学学报(社会科学版),1997(05):74-81.

[40] John Dewey. Experience and Education[M]. New York：Simon & Schuster Inc. 1997:42.

[41] Chenyu Wang. Design of the Model of Constructivist Learning Theory for Moral Education in Physical Education Teaching[J]. International Education Studies, 2011,4(3).

[42] Gökhan DEMİRCİOĞLU, Haluk ÖZMEN, Hülya DEMİRCİOĞLU. Developing Activities Based on the Constructivist View of Learning and Investigating of Their Effectiveness[J]. Journal of Turkish Science Education,2004,1(1):21.

[43] Graeme J. Connolly. Applying Humanistic Learning Theory：The "Art" of Coaching[J]. Strategies, 2016,29(2):39-41.

[44] 肖宏.试析罗杰斯的人本主义科学观[D].山东大学,2006.

[45] Kennon M. Sheldon, TimKasser. Goals, Congruence, and Positive Well-Being：New Empirical Support for Humanistic Theories[J]. Journal of Humanistic Psychology, 2001,41(1):30-50.

[46] Yacine Atif, Sujith Samuel Mathew, Abderahmane Lakas. Building a smart campus to support ubiquitous learning[J]. Journal of Ambient Intelligence and Humanized Computing,2015,6(2):223-238.

[47] 张雪,李子运.打开终身教育希望之门的学习方式——泛在学习[J].继续教育研究,2010(02):43-45.

[48] 黄毅.学分制条件下个性化教育的思考[J].现代教育论丛,2008(03):44-46+51.

[49] 李伟.个性化教学的教师之维与建构[J].教育研究,2013,34(05):134-138.

[50] 张赛男,孙彪.基于开放学习资源的个性化学习平台运行保障机制探讨[J].职业技术教育,2015,36(32):56-59.

[51] 张立.课堂教学信息交流与反馈的优化[J].教育理论与实践,2016,36(17):52-54.

[52] 高晶.对翻转课堂中教学微视频的探讨[J].教育与职业,2016(02):100-102.

[53] 微信公众平台[EB/OL].https://mp.weixin.qq.com.

[54] Mobile Learning Applications Designing Concepts and Challenges:Survey[J].Research Journal of Applied Sciences,2015,10(4).

[55] 陈志英.《C语言程序设计》教学探索[J].职业教育研究,2007(03):78-79.

[56] KonradGrabinski, Marcin Kedzior, Joanna Krasodomska, et al. Embedding E-Learning in Accounting Modules:The Educators' Perspective[J]. Education Sciences, 2020,10(4).

[57] 陈婷."互联网+教育"背景下智慧课堂教学模式设计与应用研究[D].江苏师范大学,2017.

[58] 冯永琴.职业技术教育学生学业评价的比较及发展[J].中国职业技术教育,2010(12):60-64.

[59] 蔡志荣.高职程序类课程教学效果量化管理的思考——以《C语言程序设计》课程为例[J].职教论坛,2014(26):78-81.

[60] Kim YoonHee, Yoon Ki Soon, Kwon Duck Kee. Analysis of Summative Evaluation Objectives in Middle School Biology based on Bloom's Revised Taxonomy of

Educational Objectives［J］. Journal of Science Education，2010，34（1）：164-174.

［61］赖志欣.基于智慧教学平台雨课堂的混合式教学设计与应用研究［D］.湖南大学,2018.

# 附录

## 附录1

### 微信小程序应用于 C 语言课程的期望度及需求调查问卷

亲爱的同学:

您好! 非常感谢您参加本次问卷调查,本问卷目的是了解您对微信小程序应用于 C 语言课程教学的态度以及相关需求,此次调查采用匿名的形式,请同学们根据实际情况填写,调查数据仅供学术研究使用,谢谢您的合作!

**第一部分:微信小程序使用情况**

1. 您目前拥有哪种学习设备?［多选题］

   A. 手机　　　　　　B. 平板电脑　　　　　C. 笔记本电脑　　　　D. 其他

2. 您接触过哪种类型的应用?［多选题］

   A. 网站　　　　　　B. App　　　　　　　C. 公众号　　　　　　D. 小程序

   E. 其他

3. 您了解微信小程序吗?［单选题］

   A. 非常了解　　　　　　　　　　　B. 了解

   C. 一般　　　　　　　　　　　　　D. 不了解(跳转至 6 题)

4. 您认为将微信小程序应用于学习的优势是?［多选题］

   A. 学习时间的自由度较高　　　　　B. 学习空间的局限性小

   C. 操作方便提高效率　　　　　　　D. 其他

5. 您接触过哪种类型的微信小程序?［多选题］

   A. 办公类　　　　　B. 娱乐类　　　　　C. 教育类　　　　　D. 生活类

   E. 其他

**第二部分:微信小程序应用于 C 语言课程的期望度及需求**

6. 您愿意尝试利用微信小程序学习 C 语言课程吗?［单选题］

   A. 非常愿意　　　　B. 愿意　　　　　C. 一般　　　　　D. 不愿意

7. 微信小程序采用哪种模式能够激发您的学习兴趣?［多选题］

A. 宠物模式                    B. 闯关模式

C. 竞赛排名模式                D. 积分奖励模式

E. 其他

8. 您认为微信小程序在 C 语言学习中应该达到的目标是？［多选题］

A. 增强学习效果，衔接线上线下学习

B. 帮助明确学习目标，提高学习效率

C. 丰富学习方式，增加课程吸引力

D. 其他

9. 在学习过程中，下列哪些情况会影响您使用微信小程序？［多选题］

A. 不能与教师或同学交流

B. 不能直观地显示学习数据

C. 不能提供与课程内容相关的学习资源

D. 不能增强学习成就感

E. 其他

10. 您希望应用于 C 语言学习的微信小程序具有哪些特点？［多选题］

A. 界面友好，操作简单

B. 学习反馈，充满趣味

C. 随需而变，功能拓展

D. 高效便携，随时可用

E. 其他

11. 您认为应用于 C 语言学习的微信小程序应该具有哪些功能？［多选题］

A. 签到          B. 游戏          C. 习题          D. 在线互动

E. 学习反馈      F. 学习资源      G. 收藏          H. 线上任务

I. 其他

12. 您希望微信小程序采取哪种形式呈现学习资源？［多选题］

A. 视频          B. 音频          C. 图片          D. 文本

E. 其他

13. 您喜欢通过哪种方式与教师、同学交流？［多选题］

A. 弹幕互动 　　　　B. 图文评论 　　　　C. 线上问答 　　　　D. 其他

14. 您更容易接受微信小程序以哪种方式显示学习数据？［多选题］

A. 文字总结 　　　　B. 表格统计 　　　　C. 图形分析 　　　　D. 其他

15. 您希望微信小程序帮助自己制定学习计划吗？［单选题］

A. 非常希望 　　　　B. 希望 　　　　　　C. 一般 　　　　　　D. 不希望

16. 您愿意通过微信小程序查看并完成学习任务吗？［单选题］

A. 非常愿意 　　　　B. 愿意 　　　　　　C. 一般 　　　　　　D. 不愿意

17. 您愿意利用微信小程序在课下时间进行课前预习和课后复习吗？［单选题］

A. 非常愿意 　　　　B. 愿意 　　　　　　C. 一般 　　　　　　D. 不愿意

附录2

## 微信小程序使用者态度调查问卷

亲爱的同学:

您好!本问卷是为了解您在 C 语言课程学习中使用微信小程序的学习体验、系统满意度和学习效果,以便发现问题和不足,及时改进。问卷采用匿名的方式,希望您能给予真实客观的回答。感谢您的合作!

1.学习体验[矩阵单选题]

| | 非常不同意 | 不同意 | 一般 | 同意 | 非常同意 |
|---|---|---|---|---|---|
| 我很喜欢 C 语言课程采用的教学模式 | ○ | ○ | ○ | ○ | ○ |
| 我喜欢通过微信小程序学习 C 语言 | ○ | ○ | ○ | ○ | ○ |
| 微信小程序能够很好地衔接线上与线下学习活动 | ○ | ○ | ○ | ○ | ○ |
| 微信小程序能够满足我对 C 语言课程的学习需求 | ○ | ○ | ○ | ○ | ○ |
| 线上学习任务对我帮助很大 | ○ | ○ | ○ | ○ | ○ |
| 我喜欢微信小程序中师生交流、同学间的互动方式 | ○ | ○ | ○ | ○ | ○ |
| 微信小程序能够增加 C 语言学习的趣味性 | ○ | ○ | ○ | ○ | ○ |

2.系统满意度[矩阵单选题]

| | 非常不同意 | 不同意 | 一般 | 同意 | 非常同意 |
|---|---|---|---|---|---|
| 我认为微信小程序的线上评论非常方便实用,节省时间 | ○ | ○ | ○ | ○ | ○ |
| 微信小程序减轻了我的线下学习负担 | ○ | ○ | ○ | ○ | ○ |
| 我认为微信小程序提供的学习数据非常具有针对性 | ○ | ○ | ○ | ○ | ○ |
| 我喜欢知识竞赛功能,可以激发我的学习动力 | ○ | ○ | ○ | ○ | ○ |

续表

| | 非常不同意 | 不同意 | 一般 | 同意 | 非常同意 |
|---|---|---|---|---|---|
| 我认为微信小程序的界面设计友好,图标清晰美观 | ○ | ○ | ○ | ○ | ○ |
| 我认为微信小程序中的视频资料与课程联系紧密 | ○ | ○ | ○ | ○ | ○ |
| 我认为微信小程序中的习题设置合理 | ○ | ○ | ○ | ○ | ○ |
| 我希望能将微信小程序应用到其他学科的教学中 | ○ | ○ | ○ | ○ | ○ |

3. 学习效果［矩阵单选题］

| | 非常不同意 | 不同意 | 一般 | 同意 | 非常同意 |
|---|---|---|---|---|---|
| 微信小程序的学习资源丰富,激发了我的学习兴趣 | ○ | ○ | ○ | ○ | ○ |
| 通过使用微信小程序,我的 C 语言程序设计能力提高了 | ○ | ○ | ○ | ○ | ○ |
| 通过使用微信小程序,我的自主学习能力提高了 | ○ | ○ | ○ | ○ | ○ |
| 基于微信小程序的混合式学习方式提高了我的学习效率 | ○ | ○ | ○ | ○ | ○ |
| 基于微信小程序的课堂教学能够弥补传统课堂中的不足 | ○ | ○ | ○ | ○ | ○ |
| 微信小程序能够及时反馈学习数据,促进个性化学习 | ○ | ○ | ○ | ○ | ○ |
| 微信小程序提高了我在线下课堂学习中的参与度 | ○ | ○ | ○ | ○ | ○ |

·第六章·

# 基于眼动追踪技术的个性化课程推荐方法

课程推荐是根据用户历史行为数据向用户推荐个性化学习资源的一种服务模式。传统的推荐方法无法有效利用辅助信息及其潜在关系,导致冷启动、数据稀疏等问题。随着数据量的增长和算力的进步,深度学习与个性化推荐算法的结合为解决上述问题提供了新思路。面向个性化课程推荐的深度学习方法研究成为当前教育领域的研究热点。

针对传统课程推荐算法面临的挑战,本章开展面向个性化课程推荐的深度学习方法研究。首先,提出了基于深度学习的推荐模型 DeepAFM(Deep Attention Factorization Machine, DeepAFM),结合表示学习、迁移学习等方法将 DeepAFM 模型应用于个性化课程推荐;然后,采用眼动追踪技术研究在线课程网站中用户关注的热点区域和浏览习惯,设计个性化推荐界面布局;最后,将 DeepAFM 模型和眼动追踪研究成果用于融合多源异构数据的个性化课程推荐中,旨在为学生提供个性化的课程推荐服务。

本章主要工作和创新点如下:

1. 提出一种基于深度学习的个性化推荐模型 DeepAFM。一方面,采用注意力机制学习不同特征的重要性权重,并将注意力机制用于因子分解机(Factorization Machine,FM),有效提取低阶特征组合;另一方面,使用深度神经网络获取高阶非线性特征交互,将浅层网络特征组合与深层网络特征交互有效结合,提高模型的表达能力和预测能力。

2.设计实现基于眼动追踪技术的课程推荐网页布局。本章获取用户在线课程平台的视觉注意力信息,利用眼动追踪技术分析学生浏览课程界面时的注意力分布和扫视轨迹,研究学生关注的热点区域和浏览习惯,设计实现课程推荐的呈现方式和网页布局。

3.融合多源异构数据,提出一种结合 DeepAFM 模型和眼动追踪研究成果的个性化课程推荐方法。一方面,结合学生—课程交互信息、属性及上下文信息学习学生表示,缓解数据的高维稀疏问题,利用多源异构的学习行为数据解决冷启动问题,引入迁移学习解决小样本训练问题,综合提高模型预测能力;另一方面,利用眼动追踪技术将个性化课程推荐结果呈现在学生关注的热点区域,提高学生对目标课程的点击率。

为支持上述创新性研究,本章建立了融合多源异构数据的学生学习行为数据集,并设计了一系列实验评测本章个性化课程推荐方法的性能。实验结果表明,该方法能够在一定程度上提升个性化课程推荐的效率,达到了预期的效果。

## 6.1 绪论

### 6.1.1 研究背景

随着互联网的普及,学习者的学习方式发生了巨大变化。因人而异的个性化教育理念打破了传统的教育教学模式,使"因材施教"的教育教学目标不再只是口号。互联网环境下,大量优质课程资源的广泛传播与共享,为学习者提供了便捷。学习者可以根据自己的时间安排学习,满足自己个性化的学习需求,这有助于促进个性化教育的发展,并推动教育体制和教育模式的改革。

《2020—2024 年中国在线教育行业深度调研及投资前景预测报告》[1] 显示,从 2015 年开始,我国接受在线教育的用户数量持续增加,如图 6-1 所示。其中 2019 年到 2020 年的在线学习用户数量增长最快,达到 42296 万人,同比增长 81.9%。2020 年,受新冠疫情影响,全国大中小学全面停课,线上教学成为开展教学活动的主要手段。[2] 众多在线课程平台提供了丰富课程信息,因此导致了"信息超载"问题[3],学习者难免陷入课程选择的"信息迷航"。

单位：万人

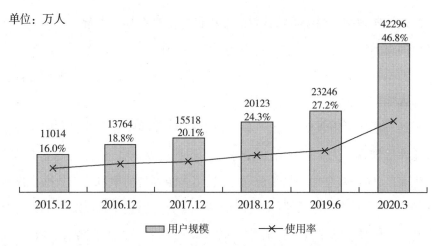

图 6-1 2015.12—2020.3 在线教育用户规模及使用率

互联网的迅猛发展带来了海量信息,导致用户往往陷入"信息迷航",无法找到自己感兴趣的目标内容。目前通常利用信息检索和信息过滤两种方式解决"信息迷航"带来的一系列问题。[4]常见的搜索引擎或网页导航栏可以给用户一定的引导,但是他们反馈给每个用户的信息都是固定的,提供个性化信息的能力非常有限。当用户对自己的目标不够明确时,搜索的关键词会有偏差,用户找到目标内容耗时过长。推荐系统可以很好地实现信息过滤[5],为用户提供目标信息。近年来,推荐系统广泛应用于互联网领域,时时刻刻影响着人们的网购、资讯、娱乐、学习等生活体验。例如,Google、阿里、美团外卖等公司都根据自己的业务需求,从最初基于协同过滤(Collaborative Filtering,CF)的推荐算法[6]开始,到目前已经成功地将深度学习模型应用到推荐和广告领域中。为了应对新形势下"信息过载"问题,推荐系统不断更新和发展,旨在帮助用户获取他们真正需要的信息。

目前,面向课程推荐应用的深度学习方法发展相对缓慢,实际应用的推荐方法仍然以传统的协同过滤推荐算法为主。这些方法存在冷启动、数据稀疏和可扩展性差等问题,无法满足个性化课程推荐的实际需求。如何帮助学习者获取合适的课程资源并开展个性化学习,已成为智能教育领域重要的研究课题。

### 6.1.2 研究意义

随着在线教育的普及和教育信息系统的快速发展,大量的教育教学数据得以呈现和保存,其中包含学习者专业、兴趣、学习情况、课程反馈等记录。通过对学习者浏览过的历史网页数据进行分析,可以获取学习者的浏览习惯、偏好等行为数据。[7]同时,综合考虑学习背景、个人兴趣和专业等因素[8],向学习者推荐适合的课程,满足学习者个性化学习需求,具有重要理论研究意义和实际应用价值。

推荐系统可以根据学习者的历史行为信息,为学习者提供精准的个性化推荐。这需要推荐系统综合考虑多方面的兴趣偏好,并对这些偏好信息进行分类管理和存储,这样有利于推荐系统对学习者精准建模,满足学习者的学习需求。如何分析和利用多源异构学习行为数据,为学习者精准地推荐所需课程,是智能教育领域的一项重要工作。从大量学习者产生的海量多维教育数据中,提取蕴含的信息能够为智能教育发展带来诸多便利,因此需要进行深入分析和研究。如何充分挖掘和探索在线教育平台有价值的数据,发现学习者与学习资源间的联系是问题的关键。深度学习强大的数据处理能力,可以帮助发掘学习者与课程之间的隐含关系。高效使用历史行为特征为学习者建模,有利于提高学习者向量表达能力。与传统的推荐算法相比,基于深度学习的推荐系统可以融合更多特征,同时自动学习一些特征组合,提高模型的表达能力,对提升推荐效果有很大帮助。

因此,本章开展面向个性化课程推荐的深度学习方法研究。基于深度学习的推荐系统有着自动提取浅层网络特征组合和深层非线性特征交互的优势,对提升课程推荐效果有着重要的研究意义。一方面,对于学习者而言,基于深度学习的课程推荐系统可以满足学习者在不明确自己学习需求的情况下得到比较精准的推荐结果,提高学习效率;另一方面,对于平台而言,基于深度学习的课程推荐系统能够提高用户转化率和忠诚度,达到留住用户的目的。

### 6.1.3 国内外研究现状

推荐模型的发展经历了从单一模型到组合模型,从经典框架到深度学习的发展过程。

1)传统的推荐算法

协同过滤算法是最经典的推荐方法之一,其工作原理是通过用户的历史行为数据挖掘用户兴趣偏好,对用户或项目之间进行相似度计算,根据计算结果得到推荐候选对象的预测分数[9][10],进而生成推荐结果。按相似度计算对象的不同,可以分为基于用户的协同过滤和基于项目的协同过滤。[11]基于内容的推荐计算用户历史行为特征和内容对象特征的匹配程度[12],进而确定用户对某个对象感兴趣的程度。为了扬长避短,在实际应用中常常采用混合推荐(Hybrid Recommendation)[13]方法,通过组合不同算法以避免或弥补各自推荐技术的弱点,达到扬长避短,提高推荐准确性和多样性的目的。

传统的推荐算法在实际应用中存在着一定缺陷。协同过滤方法最重要的特点是度量用户和项目的相关性,这种度量通常是从项目特征和用户偏好之间的匹配关系转换得到[14][15]。然而,稀疏性和冷启动问题的普遍存在致使协同过滤算法的推荐效果差强人意。一方面,发生在新用户或新项目上的冷启动问题[16]干扰了推荐算法的效果。由于新用户没有在项目上留下行为数据,新项目还没有产生用户行为数据,自然也就没有办法通过协同过滤算法进行推荐;另一方面,当评分矩阵稀疏时,无法进行有效的相似度计算,致使在用户和项目的关系预测方面存在困难,阻碍了有效推荐结果的产生。而基于内容的推荐方法存在着内容对象的特征抽取困难等问题。Mwlville 等人[17]认为,在当前的推荐系统中,最常用的协同过滤方法和基于内容的推荐技术在大多数情况下都无法提供更精准的推荐。

2)基于深度学习的推荐

深度学习模型的应用领域十分广泛,包括评级预测[18]、文本推荐[19]、图像推荐[20]、位置推荐[21][22]等等。深度神经网络(Deep Neural Networks,DNN)自动学习数据的非线性特征表示,创建包含高层抽象语义的稠密特征向量,在推荐应用中主要用于学习用户和项目的隐含特征。[23]利用深度神经网络重构用户或项目的相关信息(包括评级数据、文本和图像等),可以获得用户或项目的稠密特征表示,提高用户兴趣偏好的向量表达质量,在一定程度上解决了冷启动问题。DNN通过学习复杂非线性关系中的深层特征,提取用户和项目交互数据中存在的隐含特征关系[24][25],提升了推荐准确度。

经典的协同过滤模型利用用户和物品的"相似度"进行推荐,在一定程度上取得了良好效果,但仍受限于数据稀疏和冷启动问题带来的困扰。国内外学者为此开展了深入的研究。Yue 等人[26]致力于将用户和项目辅助信息集成到 CF 中以生成更有效的向量表达,但该研究受限于无法提取数据间的深层潜在关系。因此,深度学习模型受到研究人员的广泛关注。He 等人[27]提出了神经协同过滤(Neural Collaborative Filtering,NCF)模型,其中使用多层感知机代替矩阵分解模型的简单内积操作来学习用户和项目的隐含关系,取得了一定效果,但该研究仅考虑用户和项目的评分矩阵,没有考虑使用辅助信息增强特征表达效果。Wang 等人[28]提出了一种协同深度学习(Collaborative deep Filtering,CDL)方法,该方法将内容信息的深度表示学习与使用评分矩阵的协同过滤算法相结合,解决了数据稀疏性造成的推荐性能下降问题。由于深度学习具有强大的特征表达能力,许多研究工作利用辅助信息增强深度学习的深层特征交互能力来提高模型的表达能力,以解决稀疏性和冷启动问题。

在推荐系统中,点击率预估(Click Through Rate,CTR)模型将推荐问题看作分类问题,通过预测正样本的概率来对物品进行排序。这里的正样本是指推荐系统中用户产生的“正反馈”行为,如用户点击了某个物品。与传统推荐系统相比,基于深度学习的 CTR 模型具有两个明显的优势。一方面,它可以提取到深层特征的非线性交互关系;另一方面,CTR 模型可以将多源数据映射到相同的隐空间以获得数据的统一表示。得益于深度学习的特征表达和特征交互能力,实际应用的点击率模型已经由传统的线性或者非线性机器学习算法转变为深度学习模型。Wide & Deep 模型[29]将 wide 部分的“记忆能力”和 DNN 部分的“泛化能力”相结合,提出了一种融合浅层(wide)模型和深层(deep)模型的联合训练框架,实现了单一模型对推荐准确性与可扩展性同时兼顾的目的。鉴于 Wide & Deep 模型的 wide 部分需要人工特征工程,Guo 等人[30]提出了 DeepFM 模型,该模型不需要人工特征工程,直接输入嵌入(Embedding)向量即可,具体来说,DeepFM 模型的二阶特征组合部分依靠因子分解机[31](Factorization Machine,FM)实现,并且 FM 和 DNN 两部分共享相同的嵌入层,推荐效果显著提升。为了提高模型的预测能力,使用深度神经网络进行 CTR 预估的通用模型为 Embedding + MLP(Muti-Layer Perception,多层感知机)结构。先将高维稀疏的输入向量经嵌入层映射为低维稠密向量,然后拼在一起输入到 MLP 结构,解决了深度学习模型无法处理高维稀疏数据的问题,同时大幅度提升了模型的推荐性能。基于这种结构,越来越多的工作开始关注特征之间的交互关系。Qu 等人[32]为解决特征交叉不充分的问题,直接把嵌入向量输入到神经网络中参与计算,提出了基于乘积的神经网络(Product-based Neural Network,PNN)模型,将两个向量的内积和外积的线性部分和非线性部分进行组合来捕捉特征之间的交互,提高了模型的特征交互能力。

为了从海量数据中筛选出对用户最有价值的特征,提高推荐模型性能,深度学习推荐模型引入了注意力机制。He 等人[33]对不同特征组合赋予不同的权重,以区分特征组合在推荐中的重要程度,提出了一种新的注意力分解机制(Attentional Factorization Machines,AFM)模型。该模型利用神经注意力网络从数据中动态学习特征组合的重要性,减少了噪音,提高了模型的性能。Zhou 等人[34]提出深度兴趣网络(Deep Interest Network,DIN)模型,引入了注意力机制对用户历史行为进行了加权处理。针对不同的广告,设置不同的用户历史行为权重,成功捕获到用户兴趣的多样性。

3)课程推荐

现有的研究在一定程度上解决了在线课程推荐问题。[35]Smyth 等人[36]使用基于项目协同过滤的一种变体,以学生正在学习的核心模块为基础,向大学生推荐选修课程。Tai 等人[37]采用基于聚类的协同过滤方法,将兴趣相似的学生分组,并为每个小组的学生推荐课程。Vialardi 等人[38]使用决策树算法分析学生行为历史数据,预测学生的课程得分。Aher 等人[39]聚类学生过去注册的课程类别从而将学生分组,然后对每个分组应用关联规则挖掘,找出经常一起上课的学生,最后为每一组的活跃学生推荐课程。Koutrika 等人[40]设计实现了一个基于封闭社区的课程推荐系统。除了用户日志外,该系统还使用课程评论和评级数据向学生推荐课程,其推荐质量在很大程度上取决于学生群体提供的评分数量。Farzan 等人[41]提出多种方法鼓励学生参与课程评分,以提高推荐质量。

传统的课程推荐系统未能全面考虑学生选课受到多种因素的影响,因此推荐效果也受到很大限制。Sweeney 等人[42]扩展了传统的推荐算法,利用乔治梅森大学学生的历史行为数据解决成绩预测问题,提出了一种基于分解机制和随机森林(Factorization Machines with Random Forest,FM-RF)的混合方法预测学生的课堂表现,提高了算法性能的准确性。Elbadrawy 等人[43]使用历史分数和期中考试分数等信息预测学生的课程得分。该研究采用矩阵分解(Matrix Factoriza-tion,MF)方法,取得了良好效果。孟俊[44]为提高课程推荐准确率及效率,同时考虑课程和学习者两个方面,融合深度学习方法设计了基于 doc2vec 的协同过滤推荐方法和基于情感分析的课程推荐方法,改进了推荐性能。梁婷婷等人[45]提出了一种基于深度学习的特定资源推荐算法和模型,其中深度学习方法在构建特征、候选集和预测过程中均发挥了重要作用。考虑到学习者的学习效果在一定程度上依赖于近期的学习行为,该研究针对短期推荐应用提出了一种融合神经网络算法和协同过滤算法的推荐框架,提高了课程推荐结果的准确性。Huang 等人[46]提出了一种基于深度信念网络(Deep Belief Network,DBN)的高精度资源推荐模型。结合学习者行为特征,该研究构建用户课程特征向量作为深度模型的输入,提高了学习资源推荐的精度。Volk 等人[47]提出了一种基于递归神经网络的深度学习方法,帮助大学生确定下一学期课程的最佳选择组合,该方法更好地刻画了课程时间顺序对学习成绩的影响。

从最初基于协同过滤的推荐算法,到机器学习方法和矩阵分解方法,再到基于深度学习的推荐方法,提高个性化现课程推荐效果方面,推荐方法取得了逐步提高的性能。同时,我们也看到,如果能够融合多种数据并考虑它们之间的复杂交互关系,则可以更加准确地对学生偏好和课程特征进行建模,并能进一步提升推荐系统的性能,这给课程推荐系统研究带来了新的挑战和机会。

4)迁移学习

深度学习方法已经广泛应用于推荐系统并取得了一定成绩,但是深度学习模型在推荐领域的成功是以大量训练数据为支撑条件的。小样本数据无法让深度学习模型得到足够的训练,容易造成过拟合现象。对于小样本学习问题的解决思路,一种是基于模型微调的传统方法,通常是在一个大数据集上对模型进行预训练,然后迁移到小的目标数据集上,通过对神经网络模型的某些层进行参数微调[55]得到兼顾准确性和高效率的目标模型。另一种解决小样本学习问题的思路是采用迁移学习的优化方法,将预先训练好的模型通过微调从源任务迁移到目标任务中,既节省训练时间,又能获得良好的性能。Nakamura 等人[56]提出的微调方法主要包含三个机制:第一,在训练过程中可以使用更小的学习率处理小样本数据;第二,使用自适应的梯度优化器有利于模型的收敛;第三,当源数据集和目标数据集存在较大差异时,可以通过调整整个网络来提高模型的效果。Yosinski 等人[57]进行了大量实验来研究预训练深度神经网络的传递效用。Kornblith 等人[58]研究了如何将更高性能的 ImageNet 模型迁移到新任务的方法。Ge 等人[59]提出了一种选择性关节微调方法,用于在训练数据量有限的情况下提高模型的性能。Guo 等人[60]提出了一种自适应微调方案来确定微调预训练网络的哪一层能够使模型获得更好的性能。

### 6.1.4  研究内容和创新点

针对传统个性化课程推荐算法存在冷启动、数据稀疏等问题,本章提出基于深度学习的个性化课程推荐方法。该方法包括基于深度学习的课程推荐模型 DeepAFM 和基于眼动追踪技术的个性化推荐界面布局研究。

本章的主要研究内容如下:

1)融合注意力机制,研究基于深度学习的个性化推荐模型。首先研究注意力机制在 DeepFM 模型中的使用与实现,注意力机制可以选择性地关注模型中重要特征组合,反映不同特征组合对预测结果的影响程度;然后将注意力机制引入因子分解机 FM 部分,为组合特征动态赋予权值,减少噪声;最后提出基于深度学习的个性化推荐模型 DeepAFM,旨在提高模型的表征能力,提升模型的推荐性能。

2)基于眼动追踪技术,研究学生在课程推荐界面的浏览习惯和点击模式。推荐系统的最终性能取决于多方面因素的共同作用,其中学生的浏览习惯是不容忽视的关键因素之一。首先,利用眼动追踪技术获取学生在各个界面中不同位置的关注行为数据;其次,通过眼动热力图和扫视轨迹图,分析不同情境下学生对课程的关注程度和关注路径;最后,对眼动数据进一步分析,研究学生在课程推荐界面的浏览习惯和点击模式,用于课程推荐界面布局,呈现个性化的课程推荐结果。

3）融合多源异构数据,研究面向个性化课程推荐的深度学习方法。结合表示学习、迁移学习等方法解决目前课程推荐应用中的冷启动、数据稀疏和小样本学习等问题。首先,融合学生选课信息、基本信息、选课行为数据和图书馆借阅数据等,缓解冷启动问题。其次,通过嵌入技术将高维稀疏向量映射成低维稠密向量,有利于解决数据稀疏问题。再次,鉴于本章采集到的学习行为数据规模较小,导致存在模型训练不足的问题,因此使用迁移学习方法缓解小样本学习的困难,提高模型的训练效率。最后,将个性化课程推荐结果呈现在用户关注的热点区域,以提升推荐结果在实际应用中的转化率。

本章的创新点如下:

1）引入注意力机制,提出基于深度学习的课程推荐模型 DeepAFM。本章利用因子分解机 FM 解决稀疏数据的线性特征组合问题,同时引入注意力机制为组合特征动态赋予权值,反映不同特征组合对预测结果的影响程度。因此提高 FM 部分的特征表达能力,减少噪声,提高运算效率。

2）实现基于眼动追踪结果的个性化课程推荐界面布局。本章获取在线课程平台的用户视觉注意力信息,分析学生在浏览课程页面时的眼动特征和扫视轨迹特征,获取学生浏览页面习惯和点击模式。根据眼动追踪实验结果,将 Deep-AFM 模型推荐的课程呈现在页面中学生关注的热点区域。

3）提出一种融合 DeepAFM 模型和眼动追踪技术的个性化课程推荐方法。本章建立了融合多源异构数据的学生学习行为数据集,设计实现了一系列实验,从模型和学生角度出发提高课程推荐的效果。一方面,使用 DeepAFM 模型提高课程推荐和模型预测能力;另一方面,研究用户的浏览习惯和点击模式,将推荐结果呈现在热点区域,有利于提高推荐课程的点击率。实验结果表明,融合 DeepAFM 模型和眼动追踪技术的个性化课程推荐方法达到了预期的推荐效果。

### 6.1.5　本章结构

如图 6-2 所示,本章分为五个小节,内容安排如下:

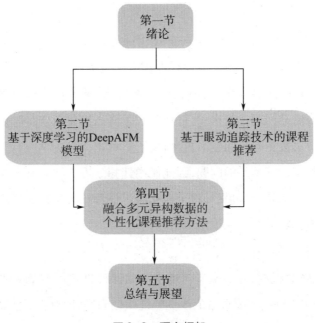

图6-2 研究框架

第一节 介绍个性化课程推荐算法的研究背景及意义,介绍推荐算法和课程推荐系统的研究现状。

第二节 提出一种基于深度学习的推荐算法。详细介绍 DeepAFM 模型,阐述改进 DeepFM 模型的思路和方法,使模型推荐效果得到提升,通过设计对比实验进行模型比较,证明模型的有效性。

第三节 使用眼动追踪技术研究个性化课程推荐界面布局。通过眼动追踪技术获取学生的眼动热力图和扫视轨迹图,分析学生浏览习惯对学生浏览界面选择课程的影响,获得学生关注的热点区域。

第四节 将 DeepAFM 模型和眼动追踪技术应用于个性化课程推荐。通过多源异构数据融合解决冷启动问题,采用嵌入技术缓解数据的高维稀疏问题,引入迁移学习解决小样本训练问题,提高模型预测能力。通过分析学生在课程界面的眼动数据,获取学生的关注行为数据和点击模式,将推荐结果呈现在学生关注的热点区域,有利于提高课程的点击率。

第五节 总结本章所提算法的不足和局限性,并有针对性地给出改进方向和未来工作重点。

## 6.2 基于深度学习的 DeepAFM 模型

本节引入注意力机制改进 DeepFM 模型 FM 部分的浅层网络特征组合能力，提出 DeepAFM 模型。其中注意力机制为浅层网络的特征组合动态赋予权重，提高浅层网络的特征组合能力。

### 6.2.1 引言

推荐问题可以看作分类预测问题，本节以用户历史行为特征作为输入来预测用户点击候选项目的概率。CTR 预估模型学习特征间的组合关系，交叉组合原始特征构成新的特征，这是一种常用且有效的特征构建方法。基于深度学习的 CTR 预估模型自动学习用户点击行为背后隐含的特征组合，获得用户点击行为之间的潜在联系，提高了模型的特征表达能力。FM 模型[31]通过特征隐向量的内积提取特征组合，虽然理论上可以对高阶特征组合建模，但是由于计算复杂度的限制，一般都只用到了二阶特征组合。此外，并不是所有的低阶特征组合都有利于提高模型的预测能力，部分特征组合也会引入噪声，不但对预测没有贡献，反而影响模型的预测效果。深度神经网络具有非线性拟合能力，可以自动学习高阶特征交互。DeepFM 模型[30]在 FM 浅层网络特征组合的基础上加入了深度神经网络，使得模型具有非线性拟合能力，得以学习到高阶特征交互，提高了模型的预测能力。

本节对已有经典模型进行改进，提出一个基于注意力机制的深度学习推荐模型。其中引入注意力机制的作用是减少 FM 部分的噪声，融合低阶特征组合与高阶特征交互，提高用户兴趣偏好的表达能力，进而提升模型的推荐效果。模型的设计思路是，低阶组合特征的"记忆能力"趋于保守，只能向用户推荐之前有过类似点击行为的项目，加入注意力机制可以区分不同点击行为的重要程度，从而提高推荐的准确性；而高阶交互特征的"泛化能力"趋向于向用户推荐可能喜欢但是未点击过的项目，可以提高推荐结果的多样性。低阶特征组合与高阶特征交互的强强联合，促使模型达到更好的推荐效果。

本节的贡献包括：

1）提出一种基于注意力机制的 DeepAFM 模型。在 DeepFM 模型的基础上对二阶特征组合部分进行改进,引入注意力机制,动态为特征组合分配权值,提高浅层网络模型的表达能力。

2)浅层网络特征组合与深层网络特征交互结合,获得全局特征,有利于提高模型的总体性能。利用广义线性模型从历史数据中学习特征相关性,利用深度前馈神经网络揭示隐特征之间的相互作用,在训练过程中对 DeepAFM 模型中 Att-FM( Attention-Factorization Machines , Att-FM )和 DNN 两个组成部分的参数并行优化,从而达到整体最优的模型预测能力。

### 6.2.2 基于深度学习的个性化推荐

1)DeepFM 模型

DeepFM 模型将 Wide&Deep 模型[29] wide 部分的逻辑回归替换为因子分解机 FM,学习低阶特征组合的"记忆能力",同时也避免了人工特征工程,有效缓解数据稀疏性问题;DeepFM 模型的 deep 部分学习高阶特征交互的"泛化能力";两部分的结合得以有效挖掘数据的原始特征、二阶组合特征和高阶交互特征。整个模型采用联合训练的方式,通过将 FM 模型输出的低阶特征组合和和 DNN 模型输出的高阶特征交互向量进行拼接,从而构建出表征能力更强的用户表示向量,最终经过全连接层输出预测点击率。预测公式如下:

$$\hat{y} = \sigma(y_{FM} + y_{DNN}) \tag{6-1}$$

其中,$\hat{y} \in (0,1)$ 是用户的预测点击率,$y_{FM}$ 是 FM 部分的输出,$y_{DNN}$ 是 DNN 部分的输出。

模型的输入为高维稀疏的 one-hot 编码,经过嵌入层映射为低维稠密向量,接着分别进入 FM 部分和 DNN 部分进行并行训练。FM 部分主要考虑的是低阶特征组合(主要是二阶特征组合),而 DNN 部分获取高阶特征交互,FM 部分和 DNN 部分共享嵌入向量,不但使得训练速度更快,而且有助于提升模型的准确率。FM 部分的"记忆能力"可以基于用户的点击历史数据,为用户推荐感兴趣的项目,DNN 部分的"泛化能力"可以为用户提供没有点击过,但可能感兴趣的项目,提高推荐列表的多样性。在训练过程中两个模型并行优化各自的参数,实现模型整体的预测能力最优。

➢ FM 部分

在传统的线性模型中,特征之间彼此独立,没有考虑特征与特征之间的联系,因此不能处理特征组合与目标变量之间的关系。但实际上,特征之间可能具有一定的关联性,也可能存在一定的非线性关系。在 CTR 预估模型中,特征之间的关系更多是一种 and"且"关系,而非 add"加"关系。例如:男性"且"20 岁,比起男性"和"20 岁的人群,前者的组合关系比后者更能体现特征组合的实际意义。利用特征间的关联性,两两特征组合可以产生新特征,有利于缓解特征稀疏问题,提高特征表达能力。特征组合的权重可以用来表示对预测结果的贡献,这个特征组合权重在训练阶段学习获得。FM 的输出公式为:

$$\hat{y}_{FM}(x) = w_0 + \sum_{i=1}^{n} w_i x_i + \sum_{i=1}^{n} \sum_{j=i+1}^{n} w_{ij} x_i x_j \tag{6-2}$$

其中,$w_0$ 是全局偏差,$w_i$ 表示第 $i$ 个特征的权重,$w_{ij}$ 表示组合特征 $x_i$ 和 $x_j$ 的权重。

计算 FM 部分的一阶特征时,原始特征经嵌入层转化成低维稠密向量。数据稀疏的情况下,$x_i$ 和 $x_j$ 同时满足不为 0 的情况很少,这就导致 $w_{ij}$ 无法通过训练得到。因此,FM 部分没有直接求解 $w_{ij}$,而是对每个特征分量 $x_i$ 引入辅助向量 $V_i = (v_{i1}, v_{i2}, \cdots, v_{ik})$,以解决数据稀疏问题。将每个 $w_{ij}$ 用隐向量的内积 $<v_i, v_j>$ 表示,然后对模型进行训练。权重 $w_{ij}$ 可以表示为:

$$w_{ij} = <v_i, v_j> = \sum_{f=1}^{k} v_{i,f} \cdot v_{j,f} \tag{6-3}$$

其中,$V \in \Re^{n \times k}$,$V$ 是一个 $n * k$ 向量组成的矩阵,$n$ 是特征 $x$ 的个数,$k$ 是嵌入向量的维度。因此,FM 部分的输出公式 6-3 又可以表示为:

$$\hat{y}_{FM}(x) = w_0 + \sum_{i=1}^{n} w_i x_i + \sum_{i=1}^{n} \sum_{j=i+1}^{n} <v_i, v_j> x_i x_j \tag{6-4}$$

FM 部分将每一个特征用隐向量表示,那么用 FM 模型进行预测时,可以对两个特征的隐向量求内积得到特征组合(如 $<v_i, v_j>$ 表示形式),从而克服了特征稀疏带来的弊端。

虽然 FM 模型取得了一定的效果,但是使用相同的权重对所有的特征组合进行建模,势必影响 FM 模型的效果。在现实应用中,不同特征组合通常具有不同的影响力,并不是所有特征组合都包含着对预测结果有用的信息。因此,FM 模型缺乏区分特征组合重要性的能力,从而无法达到最佳预测效果。而且,因为 FM 模型无法学习样本中未出现的特征组合,致使模型的泛化能力较弱,模型存在进一步优化的空间。

> DNN 部分

DNN 部分使用深度神经网络模型刻画用户行为的高阶特征交互,得到用户罕见但可能喜好的内容,提高模型的泛化能力。

DNN 部分的嵌入层输出为:

$$h_0 = [v_1, \cdots, v_i, \cdots, v_m] \tag{6-5}$$

其中,$v_i$ 是第 $i$ 个特征域的嵌入向量,$m$ 是特征域的个数。然后将 $h_0$ 传递给深度神经网络,其中前馈过程可以表示为:

$$h_{l+1} = \sigma(w_l h_l + b_l) \tag{6-6}$$

其中,$\sigma$ 为激活函数,$l$ 为深度神经网络的层数,$h_l$,$w_l$,$b_l$ 分别为第 $l$ 层的输出,权重和偏置。得到稠密特征向量之后,最后使用 Sigmod 函数生成预测结果,表示为:

$$\widehat{y}_{DNN} = \sigma(w_{|H|+1} h_{|H|+1} + b_{|H|+1}) \tag{6-7}$$

其中,$|H|$ 为隐藏层的层数。

2)注意力机制

注意力机制是一种分配权重参数的机制,可以帮助模型对输入特征的每个部分赋予不同的权重,提取重要程度不同的信息,使模型做出更加精准的预测,同时也提高了深度学习模型的可解释能力。目前,注意力机制已经成为深度神经网络中的一个重要概念,在不同应用领域取得了良好效果。

推荐系统中经常使用注意力机制对用户行为数据建模。注意力模块的输入通常包括查询、键和值,而输出结果是查询与键值相似性的加权求和。注意力机制可以用于识别不同特征交互的重要程度,从而分配不同的权重。如图 6-3 所示,注意力机制就是通过计算 Q(Query,查询)与每一组 K(Key,键)的相似性,得到每个 Key 的权重系数,再与 V(Value,值)加权求和,得到最终的注意力得分。

计算公式如下：

$$\text{Attention}(Q,K,V) = \text{softmax}(\frac{QK^{\text{T}}}{\sqrt{d_k}})V \tag{6-8}$$

其中，$Q \in \mathfrak{R}^{n \times d_k}$，$K \in \mathfrak{R}^{m \times d_k}$，$V \in \mathfrak{R}^{m \times d_v}$，分别代表 $Query$，$Key$ 和 $Value$。$d_k$ 表示 $Q$ 和 $K$ 的维度，除以这一项的目的是控制输出结果的维度，因为向量的维度增大，其内积的值也随之增大，所以除以 $\sqrt{d_k}$ 得以控制内积的取值。

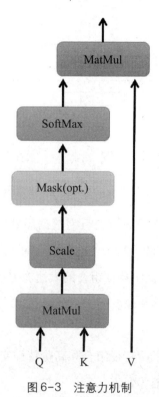

图 6-3 注意力机制

### 6.2.3 DeepAFM 模型

1）模型的处理流程

算法的处理流程如图 6-4 所示。可以看出，基于深度学习的点击率推荐模型大致包括以下几个组成部分：

➤ 数据预处理。将数据集按照 7:2:1 的比例划分为训练集、验证集和测试集，对类别特征进行 one-hot 编码，对连续型的数据特征进行归一化处理。

➤ 生成嵌入向量。由于类别、ID 特征非常多，使用 one-hot 编码会导致样本的特征向量极度稀疏,嵌入层将稀疏高维特征向量映射成低维稠密特征向量,以缓解数据稀疏问题。

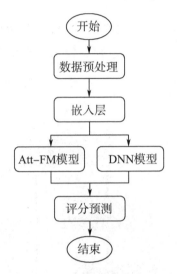

图 6-4　DeepAFM 模型算法流程图

➤ 构建推荐模型。对用户的历史行为数据预处理,将生成的嵌入向量作为模型的输入。FM 部分学习低阶特征组合,得到新特征,注意力机制动态学习特征组合的权重,进一步提高低阶特征组合的表达能力;DNN 部分提取高阶特征交互。拼接浅层网络特征组合和深度网络特征交互,以获得全局特征,这有利于提升模型整体的预测能力。

➤ 进行点击率预测。低阶特征组合和高阶特征交互经过全连接层进行回归预测,得到预测结果,生成推荐列表。

2)模型设计与实现

DeepAFM 由 Att-FM 和 DNN 两个部分组成。框架结构如图 6-5 所示。

➤ Att-FM 部分

使用 FM 模型进行预测时,所有特征组合都使用固定的权重,这与现实应用存在偏差。实际上不同特征组合对预测结果的贡献度是不一样的。部分对预测结果没有贡献的特征组合甚至会引入噪声,增加模型计算的复杂度,并影响模型的性能。

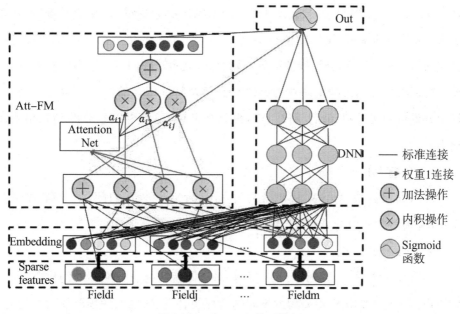

图 6-5 DeepAFM 模型框架

本研究引入注意力机制以扩展 FM 模型,为的是动态学习不同特征组合的权重,减少噪声并提高模型的训练效率,此外,注意力机制的引入也有助于加强深度学习模型的可解释性。更进一步,通过注意力机制获得不同权重的低阶特征组合可以实现模型高效的"记忆能力",达到准确推荐的目的。这里的注意力网络实际上是一个单层神经网络,使用 ReLU 作为激活函数。输入是两个嵌入向量元素的乘积,输出为特征组合对应的注意力得分。最后,经过 Softmax 函数对得到的注意力分数进行归一化处理。Att-FM 部分的计算公式如下:

$$a_{ij}' = h^T ReLU(W(v_i \odot v_j) x_i x_j + b) \tag{6-9}$$

$$a_{ij} = = \frac{\exp(a_{ij}')}{\sum_{(i,j) \in R_{\chi}} \exp(a_{ij}')} \tag{6-10}$$

其中,$x_i$ 和 $x_j$ 分别表示第 $i$ 个和第 $j$ 个特征,$v_i$ 和 $v_j$ 分别表示每个特征对应的隐向量,$b$ 为偏置,$h$ 为输出层的权重,$\chi$ 是输入特征 $x$ 的非零特征集合,$a_{ij}$ 为 $x_i$ 和 $x_j$ 特征组合的注意力得分。Att-FM 部分的输出可以表示为:

$$\hat{y}_{Att\text{-}FM}(x) = w_0 + \sum_{i=1}^{n} w_i x_i + p^T \sum_{i=1}^{n} \sum_{j=i+1}^{n} a_{ij} <v_i, v_j> x_i x_j \tag{6-11}$$

其中，$a_{ij}$ 为注意力得分，$p$ 是注意力神经网络输出层的权重，$w_0$ 是全局偏差，$w_i$ 表示第 $i$ 个特征的权重，使用隐向量的内积 $<v_i,v_j>$ 表示交叉特征 $x_i$ 和 $x_j$ 的权重。公式6-11中的前面部分是线性部分，后面部分表示对隐向量元素两两求内积，以获得特征组合；然后，利用注意力网络得到各个特征组合的注意力得分，并利用该得分进行加权求和；最后，将注意力得分结果与 FM 层特征组合的结果相乘并输出。

➢ DNN 部分

DNN 部分解决 Att-FM 模型无法进行高阶特征交互的问题，具体方法在 DeepFM 模型中的 DNN 部分已详细介绍。

➢ DeepAFM 模型

本研究将注意力机制引入 FM 模型，对不同特征组合分配不同的权重，以识别用户历史行为数据中重要程度不同的特征组合，提高模型的预测能力。为此，本节提出一种基于深度学习的推荐模型，即 DeepAFM。该模型的核心思想是将 Att-FM 部分的"记忆能力"与 DNN 部分的"泛化能力"相结合，拼接浅层网络的特征组合与深层网络的特征交互，获取全局特征向量，经全连接层融合两部分的输出向量实现回归预测，表示如下：

$$\hat{y} = \sigma(y_{Att\text{-}FM} + y_{DNN}) \tag{6-12}$$

其中，$\hat{y} \in (0,1)$ 为用户的点击率预测得分。$y_{Att\text{-}FM}$ 为 Att-FM 部分的输出，$y_{DNN}$ 为 DNN 部分的输出。

DeepAFM 模型两个部分的所有参数并行参与模型训练，因此在训练过程中，所有参数相互影响，共同进行参数更新，达到提高模型整体预测能力的目的。带有正则项的损失函数 Logloss 定义如下：

$$Logloss = -\frac{1}{N}\sum_{i=1}^{N} y_i \log(\hat{y_i}) + (1-y_i)\log(1-\hat{y_i}) + \lambda\sum_l \|w_l\|^2 \tag{6-13}$$

其中，$\hat{y_i}$ 是点击率的预测值，$y_i$ 是真实值，$N$ 是输入样本总数，$\lambda$ 是 $L_2$ 正则项参数，用于防止模型过拟合。公式6-13的结果越小，即损失值越小，表示模型的预测结果越准确。

**算法 2-1 DeepAFM 算法**

Input：D = $\{(x^1,y^1),\cdots,(x^n,y^n)\}$　　　　　　# 用户与物品的交互数据

Output：model parameters

$v_{ik}\leftarrow(x_1,x_2,\cdots,x_m)$　　　　　　　　　　#向量映射

For 1 to $N$ do　　　　　　　　　　　　　　　　#迭代

　　For $l=1$ to L do　　　　　　　　　#多层注意力网络

　　　　For $i=1$ to $m$ do

　　　　　　For $j=\mathrm{i}+1$ to $m$ do

　　　　　　　　$R_\chi\leftarrow\{(\chi_{ij})\}i\in\chi,j\in\chi,j>i$　　　#非零特征组合

　　　　　　End for

　　　　End for

　　Calculate $a_{ij}$ by Eq (6-9) and Eq (6-10)；　　　#计算注意力得分

　　End for

　　Calculate $y_{Att\text{-}FM}$ by Eq (6-11)；　　　　　#低阶特征组合输出

　　Calculate $y_{DNN}$ by Eq (6-7)；　　　　　　#高阶特征交互输出

　　Prediction click through rate Eq (6-12)；　　　#向量拼接,进行预测

　　Calculate loss by Eq (6-13)；

　　Optimize weights by Adam optimization method；

End for

Return model parameters　　　　　　　　#返回模型参数

## 6.2.4　实验分析

1）实验设置

本实验使用学院服务器集群的计算节点完成。整个集群包含 1 个 2U（U 为高度单位）管理节点 mu01、8 个 4U 计算节点 cu01-cu08、1 个 IO 存储节点 oss01、1台 infiniband 交换机、1 台千兆以太网交换机,其中每个计算节点配有 1 块双核心NVIDIA K80 24G 显存 GPU。本实验选用 Python 3.6 编程语言,使用 TensorFlow1.13.1 版本的深度学习框架实现。

实验采用 2017 年 Kaggle 比赛 Porto Seguro's Safe Driver Prediction 数据集中

的 10 万条记录,每条记录包含 37 个特征变量,13 个 0—1 变量、14 个多分类变量,10 个连续或顺序变量。

2)评价指标

本实验使用 CTR 预估算法的经典评价指标,如召回率、精确率和 F1 评价指标来评估模型的分类效果。

➤ 召回率

召回率和精确率是衡量推荐系统性能的重要指标。召回率衡量系统呈现所有相关项目的能力,可以视为完整性的衡量标准。召回率是指已检索到的推荐项目占所有推荐项目的百分比,计算公式如下:

$$Recall = \frac{TP}{TP + FN} \tag{6-14}$$

➤ 精确率

精确率用于衡量推荐系统的预测能力,指已检索到的相关项目占所有项目的百分比,计算公式如下:

$$Precision = \frac{TP}{TP + FP} \tag{6-15}$$

➤ F1

F1 值是对精确率和召回率的调和平均,用于衡量分类器的总体性能。F1 值的计算公式如下:

$$F1 = \frac{2 \times Recall \times Precision}{Recall + Precision} \tag{6-16}$$

3)实验结果分析

为了检验 DeepAFM 模型的推荐效果,本实验首先分析并选取影响模型性能的重要参数,在验证集上进行实验。下面分别对嵌入层的维度和注意力因子大小进行实验分析。

➤ 嵌入层的维度

在 DeepAFM 模型中,输入高维稀疏的独热编码,使用嵌入技术将高维稀疏向量映射为低维稠密的嵌入向量,以便送入深度神经网络进行后续处理。对 FM 模型来说,嵌入向量使用相同的维度进行编码有利于特征组合,提高模型的运算效率。嵌入向量维度的设置直接影响模型的性能,因此本实验固定深度神经网络的隐藏层层数和大小,以嵌入向量维度为变量研究模型的性能。

实验结果如图6-6所示,随着嵌入向量维度数目的增加,DeepAFM 模型的 Logloss 值先减少后增加。当嵌入向量维度为 16 时,模型的 Logloss 值达到图示的最好效果。虽然模型的 AUC 值没有同步达到最好,但是 AUC 取值相对稳定。当嵌入向量维度为 32 时,DeepAFM 模型有望取得更好效果,但是可能会出现过拟合现象,致使模型性能反而下降,因此本实验中嵌入层的维度设置为 16。

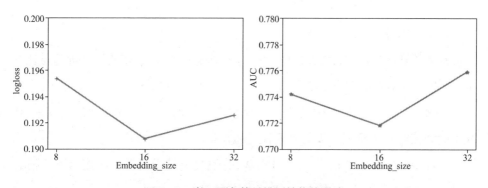

图6-6　嵌入层参数对模型性能的影响

➢ 注意力因子

DeepAFM 模型中引入的注意力机制用于计算 Att-FM 部分二阶特征组合的权重,而注意力因子的取值影响着浅层网络部分特征向量的表达能力,对整个模型的训练效果起到关键作用。本实验调整注意力因子的大小来分析其对模型预测能力的影响。

实验结果如图6-7所示,随着注意力因子的增大,模型的预测能力先提高后降低。当注意力因子的取值从 16 开始逐渐增大时,DeepAFM 模型的 Logloss 值不断减少;注意力因子的取值为 64 时,DeepAFM 模型的 AUC 值达到图示中的最高点;随着注意力因子继续增大至 128,DeepAFM 模型的 AUC 值反而减小,表示模型性能降低,可能是因为模型的复杂度增大,导致出现了过拟合现象。因此,本实验使用 Dropout 方法修改隐藏层的神经元个数，加入 L2 正则项提高模型泛化能力，避免过拟合现象。

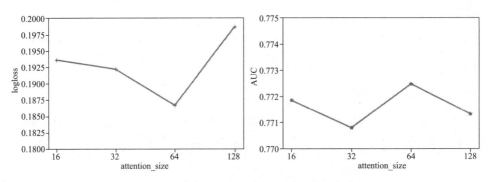

图6-7　注意力因子参数对模型性能的影响

> 模型对比

本实验选择 AFM 和 DeepFM 模型，与本节提出的 DeepAFM 模型进行对比分析，验证 DeepAFM 模型的预测性能。

AFM：通过引入注意力机制为 FM 模型中不同的特征组合自动学习权重，体现不同特征组合对预测结果的重要程度和贡献。

DeepFM：由 FM 和 DNN 两部分组成，分别负责提取低阶特征组合和高阶特征交互，二者的结合有助于实现良好的推荐效果。

实验结果如图 6-8、6-9、6-10 和表 6-1 所示，本研究提出的 DeepAFM 模型获得了图示中最低的 Logloss 值，为 0.1867，同时获得了最高的 AUC 值，为 0.7725。对比 DeepFM 模型和 AFM 模型的 Logloss 值和 AUC 值，DeepAFM 模型的结果都更优，且 DeepAFM 模型收敛速度更快。由于 DeepAFM 模型在 FM 部分加入注意力机制，对不同特征组合赋予不同权重，有效区分不同特征组合的重要程度，使得模型能够关注重要特征组合，提高了低阶特征组合的表达能力，进而提高了模型的分类效果。DeepAFM 模型共享相同的特征嵌入，有效学习低阶特征组合和高阶特征交互，提高了模型的训练速度和预测效果。实验结果表明，深度神经网络与融合注意力机制的因子分解机相结合有效提升了模型的预测能力。

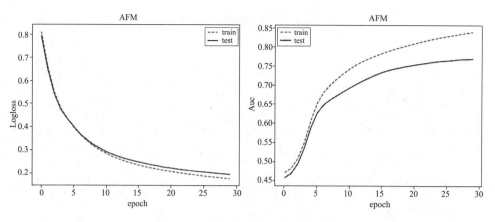

图 6-8　AFM 模型的 Logloss 和 AUC

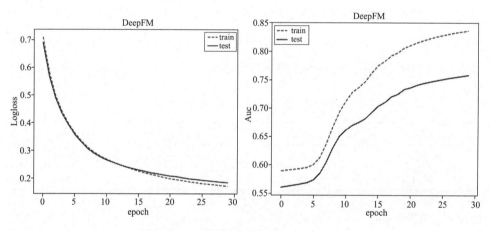

图 6-9　DeepFM 模型的 Logloss 和 AUC

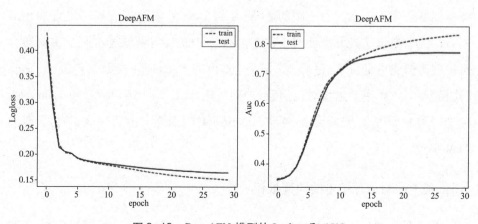

图 6-10　DeepAFM 模型的 Logloss 和 AUC

表 6-1　模型的性能指标

| 模型 | Logloss | AUC |
| --- | --- | --- |
| AFM | 0.1948 | 0.7683 |
| DeepFM | 0.1968 | 0.7718 |
| DeepAFM | 0.1867 | 0.7725 |

➢ 模型分类效果

本实验利用 F1、Recall 和 Precision 评价指标对 DeepAFM 模型和 DeepFM 模型的分类效果进行比较。

实验结果如表 6-2 所示,DeepAFM 模型的 F1 值和 Recall 值均高于 DeepFM 模型,因此 DeepAFM 模型的分类预测效果总体优于 DeepFM 模型。虽然 Deep-AFM 模型的 Precision 值并不高于 DeepFM 模型,但从融合 Precision 值与 Recall 值的综合指标 F1 值来看,DeepAFM 模型的分类效果总体更好。

表 6-2　模型的分类预测评价指标

| 模型 | F1 | Recall | Precision |
| --- | --- | --- | --- |
| DeepAFM | 0.4621 | 0.3806 | 0.5881 |
| DeepFM | 0.4573 | 0.3736 | 0.5894 |

## 6.2.5　本节小结

首先,通过引入注意力机制解决低阶特征组合中的数据噪声问题,有效缓解模型复杂度和表达能力之间的矛盾,使得 DeepAFM 模型实现了更好的预测能力;其次,通过实验分别证明了注意力因子和嵌入向量维度这两个重要参数对模型预测能力的影响;最后,将本研究提出的 DeepAFM 模型与传统的 Deep-FM 模型和 AFM 模型进行对比实验,分别利用 AUC、F1、Recall 和 Precision 等指标进行对比分析。实验结果表明,DeepAFM 模型总体优于 DeepFM 模型和 AFM 模型。

## 6.3　基于眼动追踪技术的课程推荐

为了成功地将本研究提出的 DeepAFM 模型应用于在线网站课程推荐,需要进一步研究如何使课程推荐界面的布局更加合理,让学生更容易发现并点击推荐的课程。因此,本节利用眼动追踪技术分析学生在浏览课程界面时的眼动行为轨迹。通过研究学生浏览在线课程界面的注意力分布数据,获取学生关注的热点区域和扫视轨迹,进而将眼动追踪技术的实验结果用于在线课程推荐界面的布局设计,增强用户转化率,达到更好的推荐效果。

### 6.3.1 引言

在推荐系统中,用户的显式反馈、隐式反馈、正反馈和负反馈都能够反映用户对被推荐项目的偏好,这些反馈对研究用户学习的行为表现十分重要。然而,目前的推荐系统仅关注用户的隐式正反馈(例如点击),而忽略了其他有价值的用户行为。用户在浏览网页时,最具有代表性的隐式反馈就是页面浏览行为。用户通常扫视网页以寻找自己需要的信息,大部分时间不会停留在与查找内容无关的具体信息上,整个眼动过程受浏览习惯的影响,注视点分布在网页的各个区域。目前,可以借助眼动追踪技术捕获用户在推荐界面的隐式反馈信息。

眼动追踪技术为研究用户对推荐界面的注意力和自发性反应提供了客观独特的测试方法,可以深入了解影响推荐效果的因素,有助于设计出更加吸引用户眼球的推荐界面。常用的眼动分析数据指标包括停留时间、视线轨迹图、热力图、鼠标点击量、区块曝光率等,通过将定量指标与图表相结合,可以有效分析用户眼球运动的规律,尤其适用于评估设计效果。眼动数据图能够同时展示多个被试的视觉关注重叠区域,以此判断视觉关注的重点区域。

用户没有点击某个项目可能并不表示他对该项目不感兴趣,也许是因为用户根本没有看到该项目的内容。为了解决这些问题,页面设计者需要了解用户的浏览习惯,将推荐结果呈现在用户可能关注的重点区域,从而提高用户对推荐内容的点击率。

在推荐任务中,如何可视化推荐结果是一个很难量化的问题。对于不同的被推荐项目而言,用户界面设计的准则也可能大不相同。不同的推荐栏目放在页面的什么位置能提高用户体验感受,如何让用户感受到个性化的推荐服务,对于一个推荐系统而言,推荐项目的呈现方式与产品选择的基础算法同样重要。

因此,本研究需要提高推荐项目在页面的表达效率,优化网站元素的布局和页面的视觉呈现方式,提供更适合用户浏览习惯的交互界面。[48]

本节研究基于眼动追踪技术的课程推荐网页布局。从学生浏览习惯出发,利用眼动追踪技术获取学生与推荐界面交互的行为数据,学习学生的浏览习惯,获得学生关注的热点区域和扫视轨迹,为呈现个性化课程推荐结果提供理论支撑。并进一步优化课程推荐界面的布局,提高学生对推荐课程的点击率。本节的贡献包括:

1)利用眼动追踪技术分析学生浏览在线课程页面的眼动行为数据,通过学习学生浏览页面时的注意力分布情况,获取学生关注的热点区域和扫视轨迹。

2)提出将推荐的目标课程呈现在学生关注的热点区域,优化课程推荐界面,提高学生对推荐课程的点击率。

### 6.3.2　眼动技术

前人的研究表明,推荐系统的最终性能可能取决于超出推荐算法本身的多种因素共同作用的结果。[49]尽管这些算法在应用领域进行了大量研究,但应用于实际在线课程推荐过程(如项目推荐展示)的研究却很少。

具体地说,在线课程推荐过程通常需要考虑用户的视觉注意信息,并且视线访问的顺序也受到注意力偏见的影响。用户可能倾向于更早地看到某些特定事物[50],这取决于许多因素,例如用户界面布局、网页样式和项目内容表示形式等。实际上,一维项目列表引起的关注行为可能与二维项目列表并不一样。用户的浏览习惯不同,决定了用户浏览推荐界面的方式存在差异,找到具体项目的可能性和需要的时间也不一样。Spool 等人[51]通过观察被试浏览不同网页的扫视轨迹图发现,被试的浏览顺序大概率为首先注意中间区域,然后迅速移到页面的左侧,最后扫视页面的右侧。2006 年,Nielsen 等人[52]发现人们浏览网页时有字母"F"型的阅读习惯。通过对比被试浏览不同网页布局的眼动热力图,发现被试的浏览行为呈"F"型,即被试首先从最顶部开始浏览网页,然后遵循从左到右的原则。Chen 等人[53]对推荐项目进行列表、垂直和网格化布局。在组织页面内容中,作者发现按项目类别分组可以使产品获得更多的关注。Gaspar 等人[61]分析了用户在网络上的隐式行为,研究了用户对推荐项目列表界面的注意力偏好。Pu 等人[62]的实验表明,按照用户的浏览习惯组织界面可以有效改善物品的点击率和用户的决策。相关研究数据显示,用户对各种 Web 对象在网页上呈现的位置存在不同期望,将用户搜索的物品放在用户期望的位置,可以缩短搜索时间。[63]

眼动追踪技术应用于教育类网络资源排版设计与优化的研究内容十分广泛,其中课程资源页面布局涉及的资源类型丰富,包括图、文、声、像等画面元素的优化,同时学习者的认知因素对学习效果的影响也不容忽视,用户对页面的关注焦点呈现多元化趋势。Kizilcec 等人[65]提出使用眼动追踪技术获取学习者的眼动数据,进而高效准确地分析学习者在整个在线学习过程的行为特征。传统的课程推荐界面没有考虑推荐项目呈现位置和学习者浏览习惯对用户转化率的影响。尽管推荐模型可以达到很好的预测效果,然而真实应用中学习者的浏览习惯和推荐位置同样影响推荐效果。

本研究关注在线课程页面的布局设计。具体研究思路是:在真实课程推荐界面利用眼动追踪设备捕获用户眼动行为数据,通过眼动热图、轨迹图、兴趣区域(Area of Interest,AOI)注视时间和次数综合分析用户的视觉注意力分布,合理优化在线课程界面布局,旨在提升用户的交互体验,提高推荐项目的用户转化率。

### 6.3.3 眼动追踪研究

1)被试人员

本实验招募了 28 位学生被试,年龄在 19—24 岁,他们均为在校的本科生和研究生,来自不同学院和专业。被试的视力或矫正视力正常,无散光、色盲、色弱,左右眼视力无明显差异,未参加过类似的眼动实验,或者不了解眼动追踪技术的实现原理。

2)实验设备

本实验采用 Eyeso Ex 150 遥感式眼动追踪系统,采样率为 150FPS。实验数据记录和实验效果分析使用其自带的 Eyeso Studio 3.3 眼动实验设计及数据分析系统。

3）实验素材

本实验的刺激素材来自中国大学 MOOC 平台,为了更好地控制实验变量,保证实验效果的真实性,未对素材做任何改动。本实验准备了 3 种常见的课程推荐页面布局样式作为刺激材料,分别为"F"型布局、一维网格布局、二维网格布局。为了进一步研究学生对网页内具体哪些课程感兴趣,本实验将每个课程呈现位置划分为一个兴趣区域。

4）实验流程

本实验记录和分析浏览页面的注意力分布情况,探究不同浏览习惯对学生选择页面内被推荐课程的影响,研究影响学生选择推荐课程的关键因素。实验步骤如下:

步骤 1.实验主题介绍。向被试介绍实验主题,即研究学生浏览课程界面的注意力分布,实验方式是按照自己的浏览习惯在网页中寻找自己感兴趣的课程。

步骤 2.实验准备。实验开始前,研究人员在系统中录入被试者的个人信息,例如年龄,性别等个人基本信息。

步骤 3.实验校准。要求被试者坐在距离屏幕 60cm 左右的距离,使得眼动仪器可以很好地捕捉到学生的瞳孔,调整坐姿并开始校准,当被试者的眼动仪校准误差小于等于 40,表示达到校准要求,可以开始实验。

步骤 4.实验过程。屏幕展示不同形式的课程推荐界面,学生根据自己的浏览习惯自由浏览界面,找到自己喜欢的课程。每个界面最多展示 15 秒,然后自动切换到下一页,被试也可以手动翻页进行实验。

步骤 5.保存数据。实验结束,保存被试者的眼动数据。

### 6.3.4　实验分析

学生在浏览课程推荐网页时,通常会自动关注页面的某些区域,而无意中忽视部分区域。在线教育网站的课程推荐页面上,丰富的眼动追踪数据能够立体化再现学生浏览行为的时空维度信息,对于课程推荐页面布局设计具有重要的研究意义。通过将定量指标与图表相结合,可以有效分析用户眼球运动的规律,尤其适用于评估设计效果。此外,眼动数据图能够同时展示多个被试的视觉关注重叠区域,以此判断视觉重点关注的区域。本实验软件自动记录学生对3种常见在线课程界面布局的浏览反馈,通过学生浏览行为的眼动热力图和扫视轨迹图来分析学生在课程界面上的注意力分布。

1)热力图分析

热力图是对被试眼动数据的一种可视化呈现方式。它能够直观呈现界面上被试的关注区域和关注程度。[64]热力图用颜色的深浅表示学生的注视情况,红色/橙色/黄色区域发生强烈的交互作用,绿色区域发生适度的交互作用,蓝色区域发生轻微的交互作用。本实验研究学生的热点关注区域,将全部学生的眼动数据记录结果叠加后进行热力图展示。如图6-11所示,从"F"型交互界面可以看出,"F"型设计适用于呈现需要大量文本信息进行课程描述的页面,或者包含详细课程章节目录的页面。眼动追踪可视化结果显示,学生以"F"型模式阅读网页的特点是:关注区域呈现两条水平线和一条垂直线的形式。通过划分兴趣区域获取学生注视时间和注视次数,实验结果发现:代表浏览范围的红色圆圈区域越大,表示用户对该区域的注视时间越长、注视次数越多。

图6-11 "F"型界面的眼动热力图及关注时间可视化

根据实验结果可知,如果在"F"型区域的两条水平线和一条垂直线位置呈现文字信息,可以更多地吸引学生注意力。因此,本研究考虑在"F"型区域位置显示学生比较感兴趣的课程,以文字和图片描述相结合的方式呈现给学生。

2)注视点图分析

注视点图直观生动地呈现被试自由浏览网页时的注视点及注视轨迹,包括注视时间、注视点个数和注视顺序等。注视点在兴趣区域之间的转换,有助于度量课程推荐界面布局的合理性,因为合理的界面布局在注视轨迹上表现为有秩序、顺畅和有逻辑的序列数据。

本实验将整个在线课程浏览页面划分为多个网格,每个课程作为一个兴趣区域位于一个网格内。为了能够准确获取网格布局模式下学生的注视行为信息,本实验分别对一维和二维项目列表数据进行了可视化分析。如图 6-12 和 6-13 所示的注视点图显示了学生在课程推荐页面的注视行为,学生在不同兴趣区域之间的注视点转换方向用箭头表示,注视点转换次数用数字表示,转换次数越高箭头越宽。

图 6-12 一维项目列表眼动热力图和注视点图

图 6-13 二维项目列表眼动热力图和注视点图

实验结果发现,无论使用一维还是二维项目列表布局,页面左上角的区域是学生开始浏览网页的首次注视点。从图 6-12 和 6-13 所示的眼动热力图中同时发现了这一趋势,即页面左侧区域得到的关注最多,热点区域的注视转换次数也很多。从图 6-12 所示的注视点图中看到,学生对一维项目列表中第二个推荐位置的课程关注度最高,两个关注点都在课程名称上;学生对《python 语言程序设计》课程的推荐位置关注最多,其次对《C++程序设计》也有较高的关注度;学生观察一维项目列表时注视点的转换方向为从左向右移动。从图 6-13 所示的注视点图中看到,学生对二维项目列表第一行网格左上部分的关注度要高于其他区域,对网格右侧基本没有关注;学生对二维项目列表的注视转换轨迹基本上呈矩形模式;在页面的热点关注区域,学生的注视转换次数明显增多。

2)轨迹图模块分析

轨迹图模块主要采用不同的显示模型和相似模型对注视点及兴趣区域的眼动轨迹进行分析,其中相似模型主要分为路径相似和序列相似两种。

本实验的刺激材料即课程推荐界面被一个 5×5 的网格分成了 25 个区域,分别用大写字母 A—Y 编号。每个网格作为一个兴趣区域,包含一个课程的详细信息,如课程名称、开课单位和主讲教师等。如图 6-14 所示的扫描轨迹图中,连线表示学生的扫视轨迹,数字代表被试学生的序号。显然,每个学生的扫视轨迹各不相同。

图6-14　二维项目列表兴趣区域扫视轨迹图

通过轨迹图模块,可以获得被试在页面区域的停留时间、视线访问次数、视线轨迹、扫视路径等数据。表 6-3 展示了 10 名学生扫视经过的兴趣区域及路径。通过观察学生扫视轨迹,可以发现学生的浏览习惯各不相同。计算扫视轨迹的编辑距离(Levenshtein distances),可以得到学生扫视路径相似度和扫视序列相似度。

表6-3 学生扫视轨迹

| 1 | GFAAKGOOQJIOOTSQQRUQVKKKLKFOTSSHGK |
|---|---|
| 2 | MLKLLMMNNOOOTTSRRQVUBCCEEDDDDCCBBAAFFH |
| 3 | QGLHKKLMMNOOOTTTSWVWRRQQVUUUGMVBCB |
| 4 | NIMAABABBABBCEJOOOOOOOYSINMLLKPUFF |
| 5 | KFGLMNOOOOOTTSTSRVVVQVVUUKKKFKKKPPPK |
| 6 | GKFKQKKPFKKKNOOOOOOOQXVVKPVVQQVVVUV |
| 7 | CAKKKKLLLMHMMNNOOOOOUVVWWXX |
| 8 | KBDKKKKQUVQVQVXYOONMLOOOOOOTTSOO |
| 9 | SKKFFKLMMFMNOOUQVRQRSTRSTTTSTSKKFA |
| 10 | SSFFAAFFFFKKKKKKLLLLGGMMMMMIIIIOOOOJJOOKKPPUUUUUUQQQQRRSSSSTT |

从表6-4所示学生对兴趣区域的扫视序列相似度矩阵可以看出,学生扫视序列相似度的最高值为33%,说明学生扫视界面时按照各自习惯的方式进行,相似度相对较低,说明学生的浏览习惯有着较大差异。

表6-4 学生扫视轨迹序列相似度

|  | 1 | 2 | 3 | 4 | 5 | 6 | 7 | 8 | 9 | 10 |
|---|---|---|---|---|---|---|---|---|---|---|
| 1 | 100% | 13% | 12% | 6% | 33% | 17% | 6% | 15% | 18% | 21% |
| 2 | 13% | 100% | 32% | 8% | 24% | 5% | 13% | 8% | 18% | 13% |
| 3 | 12% | 32% | 100% | 0% | 28% | 20% | 18% | 6% | 18% | 18% |
| 4 | 6% | 8% | 0% | 100% | 8% | 14% | 18% | 9% | 6% | 15% |
| 5 | 33% | 24% | 28% | 8% | 100% | 14% | 6% | 6% | 17% | 15% |
| 6 | 17% | 5% | 20% | 14% | 14% | 100% | 26% | 14% | 17% | 21% |
| 7 | 6% | 13% | 18% | 18% | 6% | 26% | 100% | 28% | 15% | 27% |
| 8 | 15% | 8% | 6% | 9% | 6% | 14% | 28% | 100% | 12% | 19% |
| 9 | 18% | 18% | 18% | 6% | 17% | 17% | 15% | 12% | 100% | 18% |
| 10 | 21% | 13% | 18% | 15% | 15% | 21% | 27% | 19% | 18% | 100% |

从表6-5所示学生对兴趣区域的扫视路径相似度矩阵可以看出,虽然学生扫视行为的序列相似度很低,但是扫描轨迹的路径相似度却很高,绝大部分在50%以上。这说明学生以自己的浏览习惯去扫视课程界面时,虽然对兴趣区域

的浏览顺序不同,但是学生共同关注的兴趣区域具有很高的相似度。

实验结果表明,每个学生以自己的浏览习惯在网页中寻找自己感兴趣的课程,扫视序列相似度较低,但是扫视路径相似度却较高。这说明学生对一些兴趣区域的共同关注度很高,这些区域就是学生关注的热点区域。

表6-5　学生兴趣区域扫视轨迹路径相似度

|  | 1 | 2 | 3 | 4 | 5 | 6 | 7 | 8 | 9 | 10 |
|---|---|---|---|---|---|---|---|---|---|---|
| 1 | 100% | 67% | 69% | 56% | 73% | 47% | 47% | 53% | 73% | 87% |
| 2 | 67% | 100% | 78% | 67% | 67% | 39% | 56% | 67% | 72% | 61% |
| 3 | 69% | 78% | 100% | 56% | 75% | 44% | 63% | 69% | 69% | 63% |
| 4 | 56% | 67% | 56% | 100% | 56% | 38% | 50% | 56% | 56% | 69% |
| 5 | 73% | 67% | 75% | 56% | 100% | 64% | 50% | 71% | 86% | 80% |
| 6 | 47% | 39% | 44% | 38% | 64% | 100% | 50% | 50% | 54% | 47% |
| 7 | 47% | 56% | 63% | 50% | 50% | 50% | 100% | 57% | 62% | 40% |
| 8 | 53% | 67% | 69% | 56% | 71% | 50% | 57% | 100% | 71% | 53% |
| 9 | 73% | 72% | 69% | 56% | 86% | 54% | 62% | 71% | 100% | 73% |
| 10 | 87% | 61% | 63% | 69% | 80% | 47% | 40% | 53% | 73% | 100% |

基于上述实验结果,本研究可以按照推荐模型预测出的学生个性化课程推荐结果排序,依次呈现在线上教育网站课程推荐页面的热点区域,旨在提升推荐课程的点击率和用户转化率。

### 6.3.5　本节小结

首先,对学生浏览课程推荐界面的眼动行为数据进行分析,生成眼动数据可视化热力图和注视点图,捕获学生在课程推荐界面的眼动行为特征;其次,对扫视轨迹数据进行分析,发现学生扫视轨迹的序列相似度较低,路径相似度却较高,说明虽然学生浏览课程推荐页面的行为受各自浏览习惯的影响,差异很大,但是学生关注和访问的某些兴趣区域重叠度较高,说明学生共同关注的热点区域比较相似。本实验结果对在线课程界面设计提供了理论依据。

## 6.4　多源异构数据融合的个性化课程推荐方法

本研究基于学生的多源异构学习行为数据,提出融合 DeepAFM 模型和眼动追踪技术的个性化课程推荐方法。DeepAFM 深度学习模型具有强大的特征学习能力和分类预测能力,经过改进和优化,可以灵活地应用于在线课程推荐;将个性化课程推荐结果呈现在学生关注的热点区域,有利于学生发现自己感兴趣的课程,进一步提高课程点击率。

### 6.4.1 引言

如今,推荐系统应用于各个领域,给日常生活和工作带来了便利,比如网上购物的产品推荐、电影音乐推荐、酒店推荐等等。基于深度学习的推荐系统在很多领域已经取得了良好效果,但是其在课程推荐领域的应用还有很大发展空间。近年来,融合"互联网 +"的智慧教育应用研究如火如荼,在线学习网站的课程数量大幅度增加。由于学习经验不足或认知水平有限,学生从名称类似的在线课程中寻找适合自己专业特点和兴趣偏好的有趣课程成为一项费时费力的工作。课程推荐系统通过分析学生的历史行为数据,为学生推荐合适的课程,无形当中提高了学习效率,避免了中途退课的风险;对在线教育机构而言,提供适合用户特点的个性化课程,能够提高用户转化率,有助于维持用户的持续学习动力,扩大商家的市场影响力及好评率。

在线学习平台拥有数千门课程,每年都有新课程加入,以迎合更广泛的学习需求。随着学习平台提供的课程数量不断增加,个性化课程推荐显得尤为重要。根据学生的历史行为数据,挖掘学生的兴趣偏好,为学生推荐相关的课程,也有助于吸引新学习者使用平台,提高学生对课程的点击率。由于学生选课大多取决于专业和兴趣,从历史点击行为中有利于发掘学生选课背后的隐含关系。本研究融合低阶特征组合和高阶特征交互,可以更好地表征学生的学习行为和选课偏好。实际应用中,并不是所有的特征组合都平等地对预测结果发挥作用,其中重要的特征组合可能产生正相关的影响,而不重要的特征组合甚至会引入数据噪声。例如,为学生推荐 C 语言课程时,性别为男且是理工科学生,与性别为男且 20 岁的用户相比,前者条件组合比后者可能对预测结果产生更大影响。因为一些理工科专业要求学生有一定编程基础,因此大多数理工科学生会选择 C 语言课程。这里,低阶特征组合的"记忆能力"可以根据学生的选课历史,为学生推荐感兴趣的课程;高阶特征交互的"泛化能力"可以为学生提供没有选过,但是可能感兴趣的课程,提高推荐列表的多样性。因此,有效利用低阶特征组合的"记忆能力"和高阶特交互的"泛化能力",实现学习行为特征的全局表征,对提高模型预测能力有着重要意义。

本节的主要贡献有:

1)将基于深度学习的 DeepAFM 模型用于在线课程推荐。通过引入注意力机制,DeepAFM 模型可以有效提取低阶组合特征,提高低阶特征组合的表征能力。融合学习行为低阶特征组合与高阶特征交互,生成有效的学习行为全局特征表示向量,可以提高对学生兴趣偏好的表达能力,提升模型的预测能力。

2)将基于眼动追踪技术的页面布局设计成果用于推荐课程的在线展示。利用眼动追踪技术获得学生浏览网页的热点区域,将深度学习模型生成的课程推荐结果呈现在学生重点关注的热点区域,旨在增加学生对推荐课程的关注度,提高课程点击率。

### 6.4.2　传统课程推荐算法

目前,基于协同过滤算法的在线课程推荐应用取得了良好效果。随着"互联网＋教育"的发展和普及,在线学习人数和在线课程数量呈爆发式增长趋势,这对课程推荐研究和应用带来了更多机遇的同时也提出了更高要求。当前广泛应用的协同过滤推荐算法存在以下问题:

冷启动问题:新学生或新课程出现时,由于缺乏学生和课程基本信息和交互信息,协同过滤算法无法获取学生与课程之间的关系,导致无法得到精准的推荐结果。

数据稀疏性:在线教育网站提供了大量课程以供选择,而学生参加的在线课程通常不会很多,毕竟学会并掌握一门课程是一项耗时耗力的任务。例如,学堂在线网站的统计数据显示,每个课程通常持续数周,而一个学生平均只注册了1.3 个课程。因此,学生—课程评分矩阵中大多数元素取值为零,表现为数据极度稀疏,导致传统课程推荐系统的推荐质量不高。

可扩展性:基于协同过滤的课程推荐算法在实际应用中需要管理人员维护庞大的学生相似度矩阵,以便计算得到 Top-N 相似的学生。随着学生数量的增多,存储相似度矩阵的开销呈指数上升趋势,通常在小规模数据集上离线测试表现良好的推荐技术用于实际的大规模数据集时并不奏效。因此,常用的协同过滤算法并不适合学生规模大的情况下使用。

### 6.4.3 解决方案

本研究基于学习行为的多源异构数据,结合表示学习、迁移学习等方法解决目前课程推荐中的冷启动、数据稀疏和小样本学习等问题,旨在提高预测效果。

冷启动问题:考虑到协同过滤算法使用评分矩阵进行推荐,没有利用其他辅助信息的弊端,本研究融合学生在线选课信息、学生基本信息、图书借阅信息等多源数据,综合提取多源特征以缓解冷启动问题。

数据稀疏性问题:由于学生评分矩阵过于稀疏,造成学生相似度计算误差大,导致学生评分预测的准确度降低。数据稀疏同样不利于深度神经网络的训练和学习,因此本研究融合多种辅助信息,使用嵌入技术将高维稀疏向量映射成低维稠密向量,生成融合多源数据的全局特征表达,有利于缓解数据稀疏问题。

可扩展性问题:随着学生数和课程量的增大,推荐系统的计算性能逐步降低。深度学习模型的发展顺应了大数据时代的优势。通过汇集充足的训练样本,利用深层神经网络模型的复杂学习能力,挖掘海量数据中蕴含的丰富信息。基于深度学习的点击率模型与人工特征工程相比,前者可以自动学习特征组合,挖掘出数据中丰富的深层特征交互,并具备更强的可扩展性。

数据量大小对于深度学习模型训练的优劣起到关键作用。数据量过小或不足致使深度学习模型的众多参数无法得到足够的训练,容易造成过拟合。针对上线初期的课程较少,数据样本不足的问题,本研究采用迁移学习方法,将相关应用中利用标准数据集训练好的模型参数,迁移到自己的课程推荐任务中,缩短训练时间,避免从头训练模型参数带来的时间消耗,提高训练效率。

1)个性化课程推荐框架

本研究提出的个性化课程推荐方法框架结构如图 6-15 所示。首先,收集学生基本信息、学生历史选课数据、学生线上选课行为记录和图书借阅信息,提取不同数据来源的学生特征和课程特征,其中类别数据转换为独热编码向量,数值数据转换为实值向量并进行归一化处理,为下游的推荐任务准备数据,有助于学习学生兴趣偏好向量表达；然后，采用 DeepAFM 模型进行个性化课程推荐，融合低阶特征组合和高阶特征交互，提高模型预测能力；引入迁移学习方法提高模型的训练效率；最后，将个性化的课程推荐结果呈现在眼动追踪技术获取的学生热点关注区域，提高课程点击率。

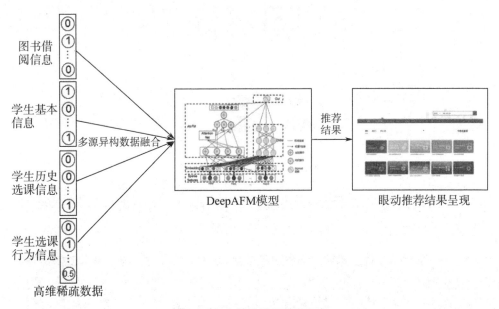

图 6-15　个性化课程推荐框架

2)学生学习行为的多源异构数据融合

数据融合有助于发现不同数据之间隐含的关联关系，本研究通过多源异构数据融合，有利于缓解冷启动和数据稀疏性问题，提高预测准确性[66]。

在课程推荐任务中，直接使用单一的学生注册信息进行课程推荐，面临着数据稀疏和冷启动问题的挑战。本研究构建了一种简单有效的学生信息表示形式，以描述学生的学习兴趣、专业特点和行为偏好等，如图 6-16 所示。本研究从学生在课程页面的历史访问行为中提取学生兴趣信息，包括：学生注册的课程、学生实际学习的课程内容、观看课程视频的次数和时长、课程主讲教师及共同参与课程学习的学生情况等。通过考虑外部因素(例如上下文因素)，内部因素(例如学生的个性化偏好)以及课程之间的联系，本研究从多个方面感知学生的课程选择行为，旨在为提高课程推荐模型的效果进行多源数据准备。

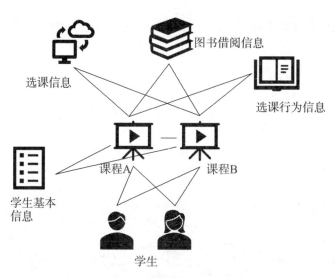

图 6-16　多源异构数据融合

　　如图 6-17 所示,本研究获取学生的基本信息和选课综合信息,其中包括学生注册号、学号、院系专业和当前课程学习情况。

| | UID | 学生姓名 | 学号/工号 | 院系id | 院系 | 专业 | 班级 | 课程id | 课程名称 | 任务完成率 | 讨论数 | 章节学习次 | 点完成度 | 学习情况 |
|---|---|---|---|---|---|---|---|---|---|---|---|---|---|---|
| 2 | 103▓▓349 | 陈▓ | 20191▓▓ | 101 | 2730848 | 其他 | 生物科学 | | 20755696 | 数据科学 | 94/106 | 0 | 468 | 88.68% | |
| 3 | 103▓▓376 | 周▓ | 20191▓▓ | 102 | 323695 | 生命科学 | 生物科学 | 生物本19 | 20755696 | 数据科学 | 69/106 | 3 | 242 | 65.09% | 已学习 |
| 4 | 103▓▓407 | 刘▓ | 20191▓▓ | 103 | 323695 | 生命科学 | 生物科学 | 生物本19 | 20755696 | 数据科学 | 70/106 | 3 | 304 | 66.04% | 已学习 |
| 5 | 103▓▓437 | 吕▓ | 20191▓▓ | 104 | 323695 | 生命科学 | 生物科学 | 生物本19 | 20755696 | 数据科学 | 85/106 | 2 | 262 | 80.19% | 已学习 |
| 6 | 103▓▓502 | 龙▓ | 20190▓▓ | 139 | 422900 | 数学与统计 | 数学类 | 数学类19 | 20755700 | 信息技术 | 86/108 | 0 | 265 | 79.63% | 已学习 |
| 7 | 103▓▓906 | 张▓ | 20190▓▓ | 140 | 422900 | 数学与统计 | 数学类 | 数学类19 | 20755700 | 信息技术 | 59/108 | 1 | 154 | 54.63% | 已学习 |
| 8 | 103▓▓938 | 于▓ | 20190▓▓ | 141 | 422900 | 数学与统计 | 数学类 | 数学类19 | 20755700 | 信息技术 | 99/108 | 1 | 291 | 91.67% | 已学习 |
| 9 | 103▓▓967 | 杨▓ | 20190▓▓ | 142 | 422900 | 数学与统计 | 数学类 | 数学类19 | 20755700 | 信息技术 | 98/108 | 1 | 190 | 90.74% | 已学习 |
| 10 | 103▓▓530 | 李▓ | 20190▓▓ | 143 | 422900 | 数学与统计 | 数学类 | 数学类19 | 20755700 | 信息技术 | 107/108 | 0 | 331 | 99.07% | 已学习 |
| 11 | 783▓▓333 | 滕▓ | 20181▓▓ | 201 | 422893 | 体育学院 | 武术与民 | 民体本19 | 20760469 | 大学IT-数 | 86/98 | 0 | 79 | 87.76% | 已学习 |
| 12 | 783▓▓97 | 于▓ | 20181▓▓ | 104 | 422893 | 体育学院 | 社会体育 | 社体本19 | 20760469 | 大学IT-数 | 93/98 | 1 | 157 | 94.9% | 已学习 |
| 13 | 103▓▓674 | 杜▓ | 20191▓▓ | 102 | 422893 | 体育学院 | 体育教育 | 体育本19 | 20760469 | 大学IT-数 | 58/98 | 0 | 240 | 59.18% | 已学习 |
| 14 | 103▓▓704 | 刘▓ | 20191▓▓ | 103 | 422893 | 体育学院 | 体育教育 | 体育本19 | 20760469 | 大学IT-数 | 97/98 | 1 | 342 | 98.98% | 已学习 |
| 15 | 103▓▓733 | 于▓ | 20191▓▓ | 103 | 422893 | 体育学院 | 体育教育 | 体育本19 | 20760469 | 大学IT-数 | 96/98 | 2 | 353 | 97.96% | 已学习 |
| 16 | 103▓▓792 | 张▓ | 20191▓▓ | 105 | 422893 | 体育学院 | 体育教育 | 体育本19 | 20760469 | 大学IT-数 | 88/98 | 1 | 196 | 89.8% | 已学习 |
| 17 | 103▓▓822 | 孟▓ | 20191▓▓ | 106 | 422893 | 体育学院 | 体育教育 | 体育本19 | 20760469 | 大学IT-数 | 89/98 | 1 | 292 | 90.82% | 已学习 |
| 18 | 103▓▓850 | 郝▓ | 20191▓▓ | 107 | 422893 | 体育学院 | 体育教育 | 体育本19 | 20760469 | 大学IT-数 | 77/98 | 0 | 218 | 78.57% | 已学习 |
| 19 | 103▓▓356 | 丁▓ | 20191▓▓ | 101 | 422893 | 体育学院 | 武术与民 | 民体本19 | 20760469 | 大学IT-数 | 93/98 | 1 | 227 | 94.9% | 已学习 |
| 20 | 103▓▓510 | 朱▓ | 20191▓▓ | 102 | 422893 | 体育学院 | 武术与民 | 民体本19 | 20760469 | 大学IT-数 | 44/98 | 1 | 125 | 44.9% | 已学习 |
| 21 | 103▓▓056 | 徐▓ | 20191▓▓ | 103 | 422893 | 体育学院 | 武术与民 | 民体本19 | 20760469 | 大学IT-数 | 91/98 | 0 | 226 | 92.86% | 已学习 |

图 6-17　学生选课信息

　　如图 6-18 所示,学生选课行为信息可以进一步细分为学生学习过程中的任务完成情况和得分情况,其中包括视频、章节测验、作业完成情况和得分等。这些选课行为特征有助于反映学生选择相关课程后的学习情况,有利于得到学生选课行为的全局特征表达。

| 1 | 课程ID | 课程名称 | 学生姓名 | 学号/工号 | 院系 | 专业 | 班级 | 视频得分( | 程视频进 | 测验得分( | 节测验进 | 业得分(15 | 试得分(15 | 习次数得 | 点完成百 | 综合成绩 |
|---|---|---|---|---|---|---|---|---|---|---|---|---|---|---|---|---|
| 2 | 207556962 | 数据科学 | 陈[illegible] | 2019[illegible]0101 | 生命科学 | 生物科学 | 生物本19( | 35.66 | 74/83 | 3.9 | 1/4 | 9.42 | 3.67 | 10.0 | 88.68% | 62.65 |
| 3 | 207556962 | 数据科学 | 周[illegible] | 2019[illegible]0102 | 生命科学 | 生物科学 | 生物本19( | 26.99 | 56/83 | 9.39 | 2/4 | 11.25 | 9.97 | 8.07 | 65.09% | 65.67 |
| 4 | 207556962 | 数据科学 | 刘[illegible] | 2019[illegible]0103 | 生命科学 | 生物科学 | 生物本19( | 29.88 | 62/83 | 0.0 | 0/4 | 11.02 | 8.18 | 10.0 | 66.04% | 59.08 |
| 5 | 207556962 | 数据科学 | 吕[illegible] | 2019[illegible]0104 | 生命科学 | 生物科学 | 生物本19( | 31.33 | 65/83 | 18.01 | 4/4 | 11.06 | 7.95 | 8.73 | 80.19% | 77.08 |
| 6 | 207557000 | 信息技术 | 龙[illegible] | 2019[illegible]0139 | 数学与统 | 数学类 | 数学类19( | 34.0 | 68/80 | 5.16 | 5/11 | 3.84 | 0.0 | 8.83 | 79.63% | 51.83 |
| 7 | 207557000 | 信息技术 | 张[illegible] | 2019[illegible]0140 | 数学与统 | 数学类 | 数学类19( | 21.5 | 43/80 | 3.86 | 3/11 | 4.29 | 0.0 | 5.13 | 54.63% | 34.78 |
| 8 | 207557000 | 信息技术 | 于[illegible] | 2019[illegible]0141 | 数学与统 | 数学类 | 数学类19( | 39.5 | 79/80 | 5.21 | 3/11 | 4.18 | 0.0 | 9.7 | 91.67% | 58.59 |
| 9 | 207557000 | 信息技术 | 杨[illegible] | 2019[illegible]0142 | 数学与统 | 数学类 | 数学类19( | 39.5 | 79/80 | 3.46 | 2/11 | 3.39 | 0.0 | 6.33 | 90.74% | 52.68 |
| 10 | 207557000 | 信息技术 | 李[illegible] | 2019[illegible]0143 | 数学与统 | 数学类 | 数学类19( | 39.5 | 79/80 | 14.65 | 11/11 | 4.29 | 0.0 | 10.0 | 99.07% | 68.44 |
| 11 | 207604690 | 大学IT-数 | 滕[illegible] | 2018[illegible]0201 | 体育学院 | 武术与民 | 民体本19( | 37.33 | 70/75 | 0.0 | 0/4 | 3.04 | 2.0 | 0.0 | 87.76% | 42.37 |
| 12 | 207604690 | 大学IT-数 | 于[illegible] | 2018[illegible]0104 | 体育学院 | 社会体育 | 社体本19( | 39.47 | 74/75 | 13.16 | 3/4 | 13.89 | 5.33 | 0.0 | 94.9% | 71.85 |
| 13 | 207604690 | 大学IT-数 | 杜[illegible] | 2019[illegible]0101 | 体育学院 | 体育教育 | 体育本19( | 23.47 | 44/75 | 14.09 | 3/4 | 14.25 | 4.67 | 0.0 | 59.18% | 56.48 |
| 14 | 207604690 | 大学IT-数 | 刘[illegible] | 2019[illegible]0102 | 体育学院 | 体育教育 | 体育本19( | 39.47 | 74/75 | 18.74 | 4/4 | 19.02 | 5.33 | 0.0 | 98.98% | 82.56 |
| 15 | 207604690 | 大学IT-数 | 于[illegible] | 2019[illegible]0103 | 体育学院 | 体育教育 | 体育本19( | 39.47 | 74/75 | 13.3 | 3/4 | 16.02 | 5.67 | 0.0 | 97.96% | 74.46 |
| 16 | 207604690 | 大学IT-数 | 张[illegible] | 2019[illegible]0105 | 体育学院 | 体育教育 | 体育本19( | 37.33 | 70/75 | 14.01 | 3/4 | 15.79 | 5.67 | 0.0 | 89.8% | 72.8 |
| 17 | 207604690 | 大学IT-数 | 孟[illegible] | 2019[illegible]0106 | 体育学院 | 体育教育 | 体育本19( | 37.33 | 70/75 | 14.42 | 3/4 | 15.64 | 5.33 | 0.0 | 90.82% | 72.72 |
| 18 | 207604690 | 大学IT-数 | 郝[illegible] | 2019[illegible]0107 | 体育学院 | 体育教育 | 体育本19( | 30.93 | 58/75 | 16.02 | 4/4 | 17.1 | 6.33 | 0.0 | 78.57% | 70.38 |
| 19 | 207604690 | 大学IT-数 | 丁[illegible] | 2019[illegible]0101 | 体育学院 | 武术与民 | 民体本19( | 39.47 | 74/75 | 13.44 | 3/4 | 11.26 | 6.0 | 0.0 | 94.9% | 70.17 |
| 20 | 207604690 | 大学IT-数 | 朱[illegible] | 2019[illegible]0102 | 体育学院 | 武术与民 | 民体本19( | 17.6 | 33/75 | 4.67 | 1/4 | 7.42 | 5.33 | 0.0 | 44.9% | 35.02 |

图 6-18　学生选课行为信息

如图 6-19 所示，学生的其他选课信息，其中包括：必修课程和其他选修课程。学生选择过的必修和选修课程一定程度上反映学生的学习兴趣偏好。

| 1 | 课程名称 | 学号 | 姓名 | 教师职工号 | 教师姓名 | 学分 | 课程性质 | 选课时间 |
|---|---|---|---|---|---|---|---|---|
| 2 | 篮球(四) | 2018[illegible]0146 | 周[illegible] | 61[illegible]85 | 王[illegible] | 1 | 必修 | 2020/1/13 10:02 |
| 3 | 毛泽东思想和中国特色社会主义理论体系概论 | 2018[illegible]0413 | 张[illegible] | 61[illegible]56 | 张[illegible] | 6 | 必修 | 2020/1/13 10:02 |
| 4 | 汉语发展史 | 2018[illegible]0502 | 刘[illegible] | 10[illegible]29 | 刘[illegible] | 4 | 必修 | 2020/1/13 10:00 |
| 5 | 大学生创新创业（网络视频课） | 2018[illegible]0104 | 王[illegible] | 11[illegible]37 | 于[illegible] | 2 | 任选 | 2020/1/13 10:02 |
| 6 | 概率论与数理统计 | 20180[illegible]0147 | 苏[illegible] | 61[illegible]38 | 胡[illegible] | 4 | 必修 | 2020/1/13 10:02 |
| 7 | 健美操(四) | 20180[illegible]0115 | 李[illegible] | 12[illegible]20 | 陈[illegible] | 1 | 必修 | 2020/1/13 10:02 |
| 8 | 妙语人生——教师口语与普通话训练（网络视 | 20181[illegible]0216 | 王[illegible] | W9[illegible]99 | 外[illegible] | 2 | 任选 | 2020/1/13 10:03 |
| 9 | 当代中国政治制度 | 20180[illegible]0118 | 钱[illegible] | 61[illegible]55 | 许[illegible] | 3 | 必修 | 2020/1/13 10:26 |
| 10 | 西方文论专题 | 20180[illegible]0415 | 赵[illegible] | 10[illegible]76 | 吴[illegible] | 2 | 限选 | 2020/1/13 10:27 |
| 11 | 马克思主义基本原理概论 | 20180[illegible]0112 | 李[illegible] | W0[illegible]04 | 外[illegible] | 3 | 必修 | 2020/1/13 10:27 |
| 12 | 毛泽东思想和中国特色社会主义理论体系概论 | 20180[illegible]0539 | 徐[illegible] | 12[illegible]59 | 曹[illegible] | 6 | 必修 | 2020/1/13 10:27 |
| 13 | 健美操(四) | 20181[illegible]0229 | 冯[illegible] | 12[illegible]20 | 陈[illegible] | 1 | 必修 | 2020/1/13 10:28 |
| 14 | 律师与公证法 | 20182[illegible]0311 | 隋[illegible] | 61[illegible]20 | 徐[illegible] | 2 | 限选 | 2020/1/13 10:28 |
| 15 | 经济学原理 | 20180[illegible]0331 | 韩[illegible] | 10[illegible]15 | 孙[illegible] | 3 | 必修 | 2020/1/13 10:28 |
| 16 | 现代教育技术 | 20180[illegible]0311 | 李[illegible] | 61[illegible]09 | 吴[illegible] | 2.5 | 必修 | 2020/1/13 10:28 |
| 17 | 汉魏六朝辞赋散文专题 | 20180[illegible]0717 | 隆[illegible] | 61[illegible]27 | 董[illegible] | 2 | 限选 | 2020/1/13 10:29 |
| 18 | 教育心理学 | 20180[illegible]0121 | 段[illegible] | 61[illegible]09 | 朱[illegible] | 2 | 必修 | 2020/1/13 10:37 |
| 19 | 中国古代文学（2） | 20180[illegible]0445 | 姚[illegible] | 10[illegible]40 | 刘[illegible]/李 | 4 | 必修 | 2020/1/13 10:37 |
| 20 | 外国文学（2） | 20180[illegible]0137 | 李[illegible] | 61[illegible]23 | 张[illegible]/毛 | 3 | 必修 | 2020/1/13 10:37 |

图 6-19　学生历史选课信息

大学校园的本科生和研究生具备较强的自学能力，去图书馆自习并借阅书籍是当代大学校园常见的学习行为之一。学生可以根据自己的需求借阅专业课程书籍进行巩固练习，也可以根据自己的兴趣爱好阅读相关书籍以丰富自己的知识面。如图 6-20 所示，学生的图书借阅行为在一定程度上反映出学习者的学习需求和兴趣偏好。因此，获取学生图书借阅记录，并与学生选课信息相结合进行分析，可以更好地捕获学生的兴趣偏好。

| 图书条码号 | 图书题名 | 读者条码号 | 读者证件号(学) | 借书日期 | 续借标志 | 图书索书号 | 读者姓名 | 续借日期 | 还书日期 |
|---|---|---|---|---|---|---|---|---|---|
| 1717623 | 环境教育学 | 201█2405 | 20183█05 | 2019-09-0513:22:32 | 0 | G40-05/56 | 穆█ | | 2020-01-0611:01:28 |
| 1722195 | 吻代爱情小说 | 2018█9714 | 2018010█ | 2019-12-0421:40:57 | 0 | I561.44/158 | 杨█ | | 2020-01-0228:29:08 |
| 3112445 | 中级微观经济学学习指南 | 2018█0113 | 2018270█13 | 2019-12-0321:37:55 | 0 | F016/81 | 李█ | | 2020-01-1010:43:49 |
| 3112443 | 中级微观经济学学习指南 | 2018█0122 | 2018270█13 | 2019-12-1119:33:38 | 1 | F016/81 | 郭█ | 2019-12-2707:37:05 | 2020-01-1010:41:45 |
| 3112442 | 中级微观经济学学习指南 | 2018█0125 | 2018270█25 | 2019-10-1221:55:44 | 2 | F016/81 | 谭█ | 2019-11-1113:17:44 | 2020-01-1115:50:46 |
| 1773340 | 当代叙事学. 2版 | 20█0329 | 201800█29 | 2019-10-3011:46:07 | 0 | I054/82=2 | 胡█ | | 2020-01-0217:14:10 |
| 1718370 | 基础生物化学题解 | 2018█0127 | 2018130█27 | 2019-12-0313:32:34 | 1 | Q5-44/21 | 李█ | 2019-12-1021:05:39 | 2020-01-1017:25:41 |
| 3104874 | 思想政治教育学 | 2018█0351 | 2018020█51 | 2019-12-2320:45:39 | 0 | D64/87 | 袁█ | | 2020-01-0415:12:45 |
| 3000594 | 概率论与数理统计教程 | 2018█0247 | 2018083█47 | 2019-12-2117:00:23 | 0 | O21/154 | 肖█ | | 2020-01-0816:12:15 |
| 3117432 | 道教修练与古代文艺创作思想论 | 2018█0632 | 2018010█32 | 2019-12-0911:58:56 | 0 | I206.2/729 | 张█ | | 2020-01-0517:23:22 |
| 1754732 | 拉康与后女性主义 | 20█0009 | 2018010█ | 2019-12-1211:07:40 | 0 | B565.59/55 | 相█ | | 2020-01-0808:55:16 |
| 3145098 | 海底两万里 | 2018█0216 | 2018290█18 | 2019-12-1521:26:46 | 0 | I565.44/23-4 | 宫█ | | 2020-01-0313:22:14 |
| 3022455 | 初级统计学:第8版 | 2018█0125 | 2018270█25 | 2019-12-0321:37:07 | 0 | C8/48=8=2 | 谭█ | | 2020-01-1010:45:27 |
| 1761439 | 羽毛球竞赛工作指南 | 2018█0212 | 2018090█12 | 2019-12-3021:31:50 | 0 | G847.7/1 | 康█ | | 2020-01-0610:17:30 |
| 3000615 | 近世代数学习辅导与习题选解 | 2018█0525 | 2018010█51 | 2019-12-0710:32:06 | 0 | O153/32 | 叶█ | 2020-01-0520:50:55 | 2020-01-1013:46:38 |
| 1784155 | 近世代数学习辅导与习题选解 | 2018█0110 | 2018081█10 | 2019-12-1819:25:24 | 0 | O153/32 | 高█ | | 2020-01-0814:06:25 |
| 1730930 | 秘书工作案例 | 2018█0305 | 2018010█05 | 2019-12-1214:53:50 | 0 | C931.46/17 | 孙█ | | 2020-01-1009:02:54 |
| 1733223 | 汉语动词和动词性结构. 一编 | 20█0389 | 2018010█ | 2019-11-1320:00:11 | 0 | H146.2/38 | 谭█ | 2019-12-1015:56:47 | 2020-01-1014:54:36 |
| 1730346 | Excel数据统计与分析范例应用 | 2018█035 | 20183█35 | 2020-01-0215:52:54 | 0 | C819/14 | 王█ | | 2020-01-0820:58:28 |

图 6-20　图书借阅信息

### 3）嵌入技术

嵌入（Embedding）技术经常被设计并应用在推荐模型的底层，即"向量映射"。高维稀疏向量向低维稠密向量映射，经过 Embedding 向量化为数据的特征表达，得到的低维稠密向量在解决数据稀疏问题的同时也能够最大化地保留数据的语义信息，适合作为深度神经网络模型的输入层，用于学习数据间隐含的高阶关联性。

在深度学习的课程推荐任务中，要处理的数据通常为用户行为日志数据，该数据具有高维稀疏性，存在一系列弊端，例如：易引发"维度之灾"，计算高维特征空间距离的时空复杂度高，容易产生过拟合问题，特征的稀疏性可能造成梯度消失，无法进行参数学习等等。因此，嵌入技术作为解决高维稀疏问题的利器，已成为深度学习的基础操作。

如图 6-21 所示，课程数据大多为稀疏的类别数据。在课程推荐模型的构建过程中常使用独热（one-hot）编码对 ID 和类别特征进行向量化处理，这样的编码方式容易导致学生 ID 和课程 ID 数据极度稀疏，即便使用多热（multi-hot）编码对学生数据进行向量化处理也会得到一个非常稀疏的向量。考虑到深度学习模型不擅长处理极度稀疏的向量，本研究使用嵌入技术将高维稀疏的特征向量转化成

| 0 | 0 | 1 | 0 | 1 | 0 | 1 | 1 | 0 | 0 | 0 | 0 | 0 |
|---|---|---|---|---|---|---|---|---|---|---|---|---|
| 0 | 0 | 1 | 0 | 1 | 0 | 0 | 1 | 1 | 0 | 0 | 0 | 0 |
| 0 | 0 | 1 | 0 | 1 | 1 | 1 | 1 | 0 | 0 | 0 | 0 | 0 |
| 0 | 1 | 1 | 0 | 0 | 0 | 1 | 1 | 0 | 0 | 0 | 0 | 0 |
| 0 | 1 | 1 | 0 | 0 | 0 | 1 | 1 | 0 | 0 | 0 | 0 | 0 |
| 0 | 1 | 1 | 0 | 0 | 0 | 1 | 1 | 0 | 0 | 0 | 0 | 0 |

图 6-21　部分类别特征数据

低维稠密的向量表达,有利于后续深度神经网络模型有效学习特征向量的语义信息和高阶交互信息。

4)深度学习推荐方法

面向课程推荐的深度神经网络可以学习数据中潜在的语义信息和高阶特征表达。通常,在线学习平台可以获取有关课程和学生的信息。合理分析和利用这些信息有助于学到课程和学生的全局特征表达,从而得到更好的推荐效果。因此,将深度神经网络应用于课程推荐的表示学习是一个合理的选择。深度推荐模型应用于在线课程推荐方法的优势主要体现在如下四个方面:

➤ 提升表征学习能力:深度神经网络使用非线性激活函数(例如 Relu,Sigmoid 和 tanh 等)对数据中的非线性交互建模,从而捕获复杂的学生—课程交互模式,利用深度神经网络强大的非线性拟合能力,可以有效地从输入数据中学习全局特征表示和潜在特征交互关系。

➤ 深度协同过滤:经典的矩阵分解模型可以认为是一个简单的神经网络,适合学习特征之间的线性关系;基于深度神经网络模型的深度协同过滤方法适合学习特征之间的高阶语义关系,通过引入更多的非线性特征交互,进一步提高推荐模型的拟合能力。

➤ 特征间的深度交互:为了提高模型准确性,在传统的推荐系统中通常融入一些人为的特征组合,来提高学生偏好的表达能力,这需要大量的人工特征工程,同时推荐效果也存在较大局限性。而深度神经网络采用无监督或有监督的方法从原始数据中自动学习特征交互,不仅提高了模型的效率,而且推荐效果也得到很大提升。

➤ 高度的灵活性:在许多流行的深度学习框架支持下,基于深度学习的推荐模型具有高度灵活性。深度学习课程推荐模型可以根据课程推荐场景和学生行为数据特点,对自身结构进行灵活调整以达到与应用场景相适应。例如,通常将不同的神经网络结构进行组合,以建立强大的混合模型;或将一个模块替换为其他模块,从而轻松构建混合或复合推荐模型,旨在同时捕获不同的语义特征和交互关系。

5)迁移学习

本研究将迁移学习方法应用到课程推荐任务,以解决小样本问题。具体做法是,首先在大型数据集上预训练 DeepAFM 模型,然后进行参数迁移,利用这些参数作为课程推荐任务的初始化参数引入模型,对源模型的参数微调得到目标模型的相应参数。使用预训练模型能够加快模型训练速度,提高模型预测效果的同时也有助于提升模型的泛化能力。

在大多数研究中,能够获得的实验数据量是有限的,而数据量的大小是影响模型训练效果的关键因素。如果数据量过少,深度神经网络模型得不到充足的训练,那么模型存在不稳定、效果差等缺点,也容易产生过拟合现象。深度神经网络的训练需要大量数据和时间,即使数据量足够,模型也不能在短时间内达到收敛。因此,对于小数据集而言,使用预训练模型中训练的权重参与目标模型训练要比随机初始化权重开始训练明显节省训练的时空复杂度。[67] Yosinski 等人的研究[58]证明了迁移学习方法的重要性,将相关任务训练模型中的参数迁移用于目标模型训练,其应用效果比直接从随机初始化进行参数学习的方法要好很多。

目前机器学习和深度学习在各领域都取得了很大成功。其中大多数学习过程需要监督学习为动力,这就意味着需要大量的标注数据为支撑才能训练出有效的模型。这也从侧面反映出机器学习或者深度学习算法的局限性,也就是说,用于小数据集时模型的泛化能力较差。本研究通过迁移学习方法,在找到新旧知识相似性的基础上,把已经学到的知识应用到新知识的探索过程,提高模型在多种应用场景上的泛化能力。

### 6.4.4 实验分析

1)个性化课程推荐实验

➢ 实验设置

本实验使用学院服务器集群的计算节点完成。整个集群包含 1 个 2U(U 为高度单位)管理节点 mu01、8 个 4U 计算节点 cu01-cu08(每个计算节点配有 1 块双核心 NVIDIA K80 24G 显存 GPU)、1 个 IO 存储节点 oss01、1 台 infiniband 交换机和 1 台千兆以太网交换机。实验选用 Python3.6 版本语言,深度学习框架为 TensorFlow 1.13.1 版本。

本实验采集了 5950 名使用本校网络教学系统的大二、大三学生在线学习行为记录,通过本校教务系统获取了相关学生的历史选课信息,通过学校图书管理系统获取相关图书借阅信息,数据形式包含微课视频、课程页面图形、学生类别数据、学习行为序列数据等,共同构成了多源异构数据集。

➤ 实验结果分析

模型预训练和实验过程详细描述见本章6.2节。课程推荐实验结果如图6-22所示,将标准数据集上的模型预训练结果迁移到课程推荐任务中,经过目标模型参数的微调,本实验结果表明迁移学习方法节省了训练时间,提高了模型的训练效率。DeepAFM模型在课程数据集上的性能表现良好,模型的收敛速度较快,模型拟合能力良好,AUC值达到了0.7687。实验表明,DeepAFM模型在课程推荐任务中取得了预期的效果。

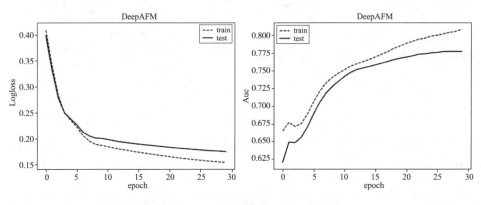

图6-22　DeepAFM 模型 Logloss 和 AUC

2)个性化课程布局实验

➤ 热力图和注视点图分析

利用科研团队研发的个性化教学系统[68]开展本实验的相关工作,研究学生在课程推荐界面的浏览习惯。鉴于常见的课程推荐网页大多为二维项目列表,本实验选取二维项目列表的页面布局进行实验。首先将20门课程对应的网格设置为兴趣区域;然后将要推荐的目标课程呈现在课程推荐界面中学生关注最多的热点区域,或将该目标课程呈现在其他兴趣区域;最后选择18名可能对"Python数据分析"课程感兴趣的同学进行对比实验,分析目标课程呈现在不同兴趣区域时学生的注意力变化情况。

首先,在B兴趣区域呈现课程推荐结果,并将课程封面设计为黄色。实验结果如图6-23所示,学生对B兴趣区域关注较多,同时学生的注视点扫视轨迹很密集。眼动热力图显示出学生对B热点兴趣区域的课程关注较多,对其他区域的课程关注相对较少;注视点转换图显示了学生浏览过程的注意力转换情况,转换路径比较清晰,网页布局相对合理。实验结果表明,在二维项目列表布局为主的课程页面中,大多数学生对第一行左侧部分关注较多,对其他区域的关注相对较少。

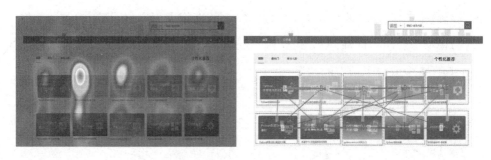

图6-23　目标B兴趣区域热力图和注视点图

其次,将推荐结果呈现在J兴趣区域,进行对比实验。实验结果如图6-24所示,在对目标课程搜索过程中,学生同样对第一行B热点区域的关注较多,对其他区域的关注较少,直到找到推荐目标,最终在目标推荐课程对应的网格内也获得了较多的关注,但与热点区域相比,关注度相差较大,且注视点的转换轨迹比较混乱,说明网页布局不尽合理,学生浏览顺序不够稳定。

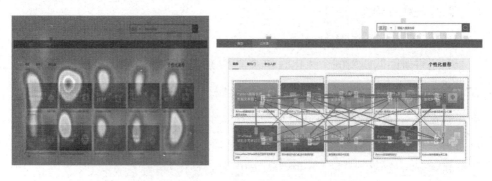

图6-24　目标J兴趣区域热力图和注视点图

最后,将推荐目标呈现在G兴趣区域。实验结果如图6-25所示,学生仍然对位于B热点区域的课程图像关注最多;在没有找到目标课程之前,学生对其他非热点区域的关注和对目标推荐位置的关注度基本相同;注视点转换轨迹相对混乱,说明页面布局不尽合理,学生注视点在兴趣区域的转换跨度较大。

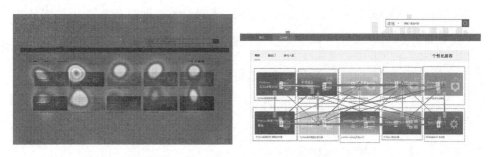

图 6-25　目标 G 兴趣区域热点图和注视点图

➤ 轨迹图模块分析

实验结果如图 6-26 所示,在参与课程推荐界面实验的刺激材料中选取 10 门课程分别置于 10 个网格,每个网格作为一个兴趣区域,分别用大写字母 A—J 编号。实验结果表明,学生似乎对放置在页面左上角网格中的课程投入了更多的注意力。图中连线表示学生的扫视轨迹,数字代表学生的序号,反映了被试的注视点随注视时间发生变化的情况。

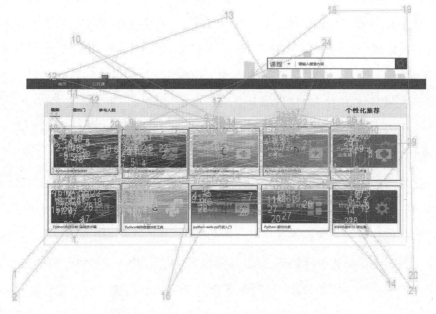

图 6-26　二维项目列表兴趣区域扫视轨迹图

表 6-6 所示为 10 位学生在浏览本研究自行开发的个性化课程推荐界面时的扫视轨迹,在一定程度上展示了学生大致的浏览习惯。本实验只考虑 10 个课程所在的兴趣区域,其中"#"为实验干扰项,不做计算。通过计算学生扫视轨迹的编辑距离,本实验对比不同学生扫视轨迹的路径相似度和序列相似度。

表 6-6　学生扫视轨迹

| 1 | JABFAAEDC#####C######DB#DHIJ# |
|---|---|
| 2 | IACDDIHGHHIIFJFFFFFEF |
| 3 | #AAAA#AB######DD##EEFF |
| 4 | BAABA#######BCBBADDED# |
| 5 | AABBBCBGFFG###CC#I##C#E#IE##E |
| 6 | ###E##DHGF##ABC#FGBC## |
| 7 | BBBABGCGHGEEEIDCBBGFGCDEEJ |
| 8 | JBBGJEDJ#BBGCEJ##AFBDEDJ |
| 9 | DACGBGDDCDIEDEJHCAFFBB# |
| 10 | JBBBADGGGGDDDDDIIIIIJEBBAG |

扫视轨迹的序列相似度反映了学生浏览习惯的差异,序列相似度取值越小,说明学生的浏览习惯差距越大。如表 6-7 所示,在学生扫视经过的兴趣区域序列相似度矩阵中,序号为 1 的学生与其他同学的相似度最低,说明该学生与其他同学的浏览习惯存在最大差距。此外,实验结果显示,即使排除各种可能的干扰因素,大多数学生的序列相似度都比较低,集中在 50% 以下。本实验结果表明,每个学生以自己的浏览习惯扫视课程推荐界面,学生扫视界面的行为存在明显的个性化差异。

学生对兴趣区域的扫视路径相似度大小反映了学生共同关注的兴趣区域的多少,路径相似度取值越大,说明学生关注的兴趣区域重叠部分越多,学生对相同课程的偏好越大。如表 6-8 所示,在学生扫视轨迹路径相似度矩阵中,虽然序号为 1 的学生序列相似度较低,但是与其他同学的扫视路径相似度依然很高,大部分在 50% 以上,说明该学生与其他同学共同关注的兴趣区域存在较多重叠部分,同学们对相同课程的偏好比较一致。本实验结果表明,即使扫视轨迹受到各种干扰因素的影响,不同学生关注的热点区域仍然有很大一部分是相同的,学生关注的热点区域具有很高的相似性,不同学生对课程的偏好程度存在较大相似性。

表6-7 学生兴趣区扫视轨迹序列相似度

|  | 1 | 2 | 3 | 4 | 5 | 6 | 7 | 8 | 9 | 10 |
|---|---|---|---|---|---|---|---|---|---|---|
| 1 | 100% | 3% | 0% | 5% | 5% | 3% | 5% | 4% | 4% | 4% |
| 2 | 3% | 100% | 7% | 41% | 45% | 34% | 24% | 17% | 38% | 17% |
| 3 | 0% | 7% | 100% | 14% | 9% | 17% | 14% | 23% | 13% | 26% |
| 4 | 5% | 41% | 14% | 100% | 41% | 34% | 18% | 12% | 17% | 9% |
| 5 | 5% | 45% | 9% | 41% | 100% | 31% | 23% | 31% | 25% | 17% |
| 6 | 3% | 34% | 17% | 34% | 31% | 100% | 28% | 24% | 24% | 17% |
| 7 | 5% | 24% | 14% | 18% | 23% | 28% | 100% | 19% | 17% | 17% |
| 8 | 4% | 17% | 23% | 12% | 31% | 24% | 19% | 100% | 23% | 19% |
| 9 | 4% | 38% | 13% | 17% | 25% | 24% | 17% | 23% | 100% | 25% |
| 10 | 4% | 17% | 26% | 9% | 17% | 17% | 17% | 19% | 25% | 100% |

表6-8 学生兴趣区扫视轨迹路径相似度

|  | 1 | 2 | 3 | 4 | 5 | 6 | 7 | 8 | 9 | 10 |
|---|---|---|---|---|---|---|---|---|---|---|
| 1 | 100% | 10% | 0% | 17% | 17% | 13% | 11% | 10% | 11% | 9% |
| 2 | 10% | 100% | 80% | 60% | 60% | 70% | 80% | 90% | 80% | 91% |
| 3 | 0% | 80% | 100% | 44% | 44% | 67% | 78% | 90% | 78% | 82% |
| 4 | 17% | 60% | 44% | 100% | 83% | 63% | 67% | 50% | 67% | 55% |
| 5 | 17% | 60% | 44% | 83% | 100% | 63% | 67% | 50% | 67% | 55% |
| 6 | 13% | 70% | 67% | 63% | 63% | 100% | 78% | 70% | 78% | 73% |
| 7 | 11% | 80% | 78% | 67% | 67% | 78% | 100% | 80% | 89% | 82% |
| 8 | 10% | 90% | 90% | 50% | 50% | 70% | 80% | 100% | 80% | 91% |
| 9 | 11% | 80% | 78% | 67% | 67% | 78% | 89% | 80% | 100% | 82% |
| 10 | 9% | 91% | 82% | 55% | 55% | 73% | 82% | 91% | 82% | 100% |

个性化课程推荐页面布局实验中,通过分析眼动热力图和兴趣区域扫视轨迹图发现,学生对布局在热点区域的推荐课程关注度明显高于其他区域,学生对

课程的偏好基本一致。因此,本研究利用 DeepAFM 模型预测学生对不同课程的兴趣偏好程度,将输出的课程推荐列表按照学生可能的偏好程度排序,将兴趣区域按照学生的关注程度排序,依次把推荐课程布局在页面的热点区域,提高学生对推荐课程的点击率。

### 6.4.5　本节小结

本研究基于多源异构数据,综合运用眼动追踪技术、迁移学习方法和 Deep-AFM 模型完成个性化课程推荐任务,在提高训练效率的同时,提升了模型的预测能力。首先,融合多源异构数据缓解冷启动问题;然后,使用嵌入技术将高维稀疏特征映射成低维稠密向量,既解决数据稀疏问题,又有利于特征之间的交互计算;接着,将个性化课程推荐结果呈现在学生关注的热点区域,提高课程的点击率;最后,通过实验验证推荐方法的性能,实验结果表明,基于 DeepAFM 模型和眼动追踪技术的个性化课程推荐方法具有明显的有效性。

## 6.5　总结与展望

在"互联网＋教育"时代背景下,伴随着教育数据不断累积和算力指数级增长,深度学习和大数据技术的紧密结合为智慧教育的发展提供了持续动力。其中面向个性化学习需求的深度学习方法研究成为教育领域的研究热点。本章围绕目前个性化课程推荐系统中存在的冷启动、数据稀疏、推荐效果欠佳等问题展开研究,融合多源异构学习行为数据,结合注意力机制、眼动追踪技术和迁移学习方法,开展面向个性化课程推荐的深度学习方法研究。

### 6.5.1　本章工作总结

本章主要研究成果如下:

1)将注意力机制引入因子分解机(FM)部分,提出了基于深度学习的个性化推荐模型 DeepAFM。采用注意力机制学习不同组合特征的权重,捕捉不同特征组合的重要性,同时减少噪声干扰,提高了 FM 模型的表达能力。DeepAFM 模型融合浅层网络特征组合与深层网络特征交互,提高了模型整体的表达能力和预测能力。实验结果表明,本章提出的 DeepAFM 模型在训练中损失函数收敛速度更快,推荐结果的 AUC 值优于当前流行的对比模型。

2)实现了基于眼动追踪技术的个性化课程推荐页面布局。本章采用眼动追踪技术获取学生浏览轨迹,利用眼动热力图展示学生在课程推荐界面的注意力分布;利用注视点图捕捉学生关注的热点区域;通过计算编辑距离得到学生扫视轨迹路径相似度矩阵和序列相似度矩阵,对学生兴趣区域扫视轨迹及模式进行分析。实验结果表明,学生扫视序列相似度数值都在50%以下,说明学生的浏览习惯大不相同;学生扫视轨迹路径相似度相对较高,基本都在50%以上,说明学生共同关注的兴趣区域重叠度很高,这些重叠兴趣区域就是学生关注的热点区域。

3)实现了融合 DeepAFM 模型和眼动追踪技术的个性化课程推荐方法。首先,本章融合学生行为的多源异构数据解决冷启动问题;采用嵌入技术进行学生和课程表示学习,缓解数据的高维稀疏问题;引入迁移学习解决小样本训练问题,进而提高了 DeepAFM 模型对课程推荐的预测能力。其次,利用眼动追踪技术将 DeepAFM 模型获得的个性化课程推荐结果呈现在学生关注的热点区域。最后,通过实验验证本章个性化推荐方法的性能。实验结果表明,在课程推荐任务中,DeepAFM 模型的损失函数平滑下降,收敛速度较快;Logloss 值显示模型拟合效果良好;实验 AUC 值达到了 0.768,说明该方法能够有效实现个性化课程推荐任务。个性化课程推荐页面布局实验中,通过分析眼动热力图、注视点图和兴趣区域扫视轨迹图发现,学生对布局在热点区域的推荐课程关注度明显高于其他区域。

综上所述,本章将表示学习、注意力机制和迁移学习等方法用于深度学习的推荐模型,不仅提高了模型的推荐效果,也使得深度学习推荐方法的使用更加灵活。此外,精心设计和科学布局的课程推荐页面也有助于加强深度学习推荐方法的实际应用效果。

## 6.5.2 工作展望

深度学习用于课程推荐领域有着广阔的应用前景,需要进一步探究。在今后的工作中,我们将从以下几个方面开展持续性研究:

1)深度学习模型的训练需要以大量数据为基础,随着选课人数的增多,本研究将获得更多数据用于模型训练,以提高模型的预测能力。

2) 本研究引入注意力机制提取不同特征的重要程度,没有考虑到学生兴趣变化的时空序列问题。在实际学习任务中,普遍存在着学习内容由易到难的变化过程。因此,用户兴趣的动态变化信息也是需要考虑的重要因素。

3) 在课程推荐系统中,学生的隐式反馈信息是学生学习行为建模的重要组成部分。利用眼动仪获取学生的隐式反馈信息,更好地了解学生对课程的偏好,将隐式反馈信息与学生历史行为信息融合,将有利于进一步提高课程推荐模型的预测能力。

## 参考文献

[1] 新浪科技. CNNIC 第 45 次调查报告:在线教育[EB/OL]. 新浪科技(https://tech. sina. com. cn/i/2020-04-28/doc-iirczymi8579239. shtml), 2020-04-28.

[2] 艾媒网. 教育部组织 22 个在线课程平台免费开放, 2020 中国在线教育行业市场规模及趋势预判[EB/OL]. 艾媒网(https://www. iimedia. cn/c460/68584. html), 2020-02-05.

[3] Zhang Z K, Zhou T, Zhang Y C. Personalized recommendation via integrated diffusion on user-item-tag tripartite graphs[J]. Physica A: Statistical Mechanics and its Applications, 2010, 389(1): 179-186.

[4] 王正武. 基于用户喜好类型的协同过滤推荐算法研究[D]. 上海: 华东师范大学, 2011.

[5] Garcia I, Sebastia L, Onaindia E. On the design of individual and group recommender systems for tourism[J]. Expert systems with applications, 2011, 38(6): 7683-7692.

[6] Goldberg D, Nichols D, Oki B M, et al. Using collaborative filtering to weave an information tapestry[J]. Communications of the ACM, 1992, 35(12): 61-70.

[7] 邢东山, 沈钧毅, 宋擒豹. 从 Web 日志中挖掘用户浏览偏爱路径[J]. 计算机学报, 2003(11): 1518-1523.

[8] Le Roux, Ranjeet E, Ghai V, et al. A course recommender system using multi-

ple criteria decision making method[C]//Proceedings of the 2007 International Conference on Intelligent Systems and Knowledge Engineering (ISKE 2007), Chengdu, China, October 15-16,2007:1407-1411.

[9] Nie G, Xia H, Li X. An ontology-based approach on intelligent recommendation in movie field[C]//Proceedings of the 6th International Conference on Innovation and Management (ICIM 2009), Wuhan, China, December 08-09,2009: 1489-1494.

[10] Georgiou O, Tsapatsoulis N. The importance of similarity metrics for representative users identification in recommender systems[C]//Proceedings of the IFIP International Conference on Artificial Intelligence Applications and Innovations (AAAI 2010), Larnaca, Cyprus, October 6-7,2010:12-21.

[11] Wei S Y, Ye N, Zhang S, et al. Item-based collaborative filtering recommendation algorithm combining item category with interestingness measure[C]//Proceedings of the 2012 International Conference on Computer Science and Service System (CSSS 2012), Nanjing, China, August 11-13,2012:2038-2041.

[12] Pérez I J, Cabrerizo F J, Herrera-Viedma E. Group decision making problems in a linguistic and dynamic context[J]. Expert Systems with Applications, 2011,38(3):1675-1688.

[13] Burke R. Hybrid recommender systems: survey and experiments[J]. User Modeling and User-adapted Interaction, 2002,12(4):331-370.

[14] Fouss F, Pirotte A, Renders J-M, et al. Random-walk computation of similarities between nodes of a graph with application to collaborative recommendation[J]. IEEE Transactions on knowledge and data engineering, 2007,19(3):355-369.

[15] Zhang Q M, Zeng A, Shang M S. Extracting the information backbone in online system[J]. PloS ONE, 2013,8(5):1-7.

[16] Lika B, Kolomvatsos K, Hadjiefthymiades S. Facing the cold start problem in recommender systems [J]. expert systems with applications, 2014, 41 (4):

2065-2073.

[17] Melville P, Mooney R J, Nagarajan R. Content-boosted collaborative filtering for improved recommendations[C]//Proceedings of the 18th National Conference on Artificial Intelligence and Fourteenth Conference on Innovative Applications of Artificial Intelligence (AAAI 2002), Edmonton, Canada, July 28-August 1,2002:187-192.

[18] Seo S, Huang J, Yang H, et al. Interpretable convolutional neural networks with dual local and global attention for review rating prediction[C]//Proceedings of the 11th ACM Conference on RecommenderSystems (RecSys 2017), Como, Italy, August 27-31,2017:297-305.

[19] Li Y, Nie J, Zhang Y, et al. Contextual recommendation based on text mining[C]//Proceedings of the 23rd International Conference on Computational Linguistics (Coling 2010), Beijing, China, August 23-27,2010:692-700.

[20] Lei C, Liu D, Li W, et al. Comparative deep learning of hybrid representations for image recommendations[C]//Proceedings of the 2016 IEEE Conference on Computer Vision and Pattern Recognition (CVPR 2016), Las Vegas, USA, June 27-30,2016:2545-2553.

[21] Feitosa R M, Labidi S, Dos Santos A, et al. Social recommendation in location-based social network using text mining[C]//Proceedings of the International Conference on Intelligent Systems, Modelling and Simulation (ISMS 2013), Bangkok, Thailand, January 29-31,2013:67-72.

[22] Zeng X L, Bin W. Parallelized recommendation algorithm in location-based social network[J]. Journal of Computer Applications, 2016,36(2):316-323.

[23] Silver D, Huang A, Maddison C J, et al. Mastering the game of go with deep neural networks and tree search[J]. Nature, 2016,529(7587):484-489.

[24] Peng J, Zeng D D. Exploring information hidden in tags: A subject-based item recommendation approach [J]. Social Science Electronic Publishing, 2009:

73-78.

[25] Truong Q T, Lauw H W. Visual sentiment analysis for review images with item-oriented and user-oriented CNN[C]//Proceedings of the 2017 ACM on Multimedia Conference (MM 2017), Mountain View, USA, October 23-27,2017: 1274-1282.

[26] Yue S, Larson M, Hanjalic A. Collaborative filtering beyond the user-item matrix: A survey of the state of the art and future challenges[J]. ACM Computing Surveys (CSUR), 2014,47(1):1-45.

[27] He X, Liao L, Zhang H, et al. Neural collaborative filtering[C]//Proceedings of the 26th international conference on world wide web (WWW 2017), Perth, Australia, April 3-7,2017:173-182.

[28] Wang H, Wang N, Yeung D Y. Collaborative deep learning for recommender systems[C]//Proceedings of the 21th ACM SIGKDD International Conference on Knowledge Discovery and Data Mining (KDD2015), Sydney, Australia, August 10-13,2015:1235-1244.

[29] Cheng H-T, Koc L, Harmsen J, et al. Wide & deep learning for recommender systems[C]//Proceedings of the 1st Workshop on Deep Learning for Recommender Systems (DLRS@ RecSys 2016), Boston, USA, September 15,2016: 7-10.

[30] Guo H, Tang R, Ye Y, et al. DeepFM: a factorization-machine based neural network for CTR prediction[J]. arXiv:1703.04247,2017.

[31] Rendle S. Factorization machines[C]//Proceedings of the 2010 IEEE International Conference on Data Mining (ICDM 2010), Sydney, Australia, December 14-17,2010:995-1000.

[32] Qu Y R, Cai H, Ren K, et al. Product-based neural networks for user response prediction[C]//Proceedings of the IEEE 16th International Conference on Data Mining (ICDM 2016), Barcelona, Spain, December 12-15,2016:1149-1154.

[33] Xiao J, Ye H, He X, et al. Attentional factorization machines: Learning the weight of feature interactions via attention networks [J]. arXiv: 1708. 04617,2017.

[34] Zhou G R, Zhu X Q, Song C R, et al. Deep interest network for click-through rate prediction[C]//Proceedings of the 24th ACM SIGKDD International Conference on Knowledge Discovery & Data Mining (KDD 2018), London, UK, August 19-23,2018:1059-1068.

[35] Drachsler H, Verbert K, Santos O C, et al. Panorama of recommender systems to support learning[M]. Berlin: Springer, 2015:421-451.

[36] O'mahony M P, Smyth B. A recommender system for on-line course enrolment: an initial study[C]//Proceedings of the 2007 ACM conference on Recommender Systems (RecSys 2007), Minneapolis, USA, October 19-20, 2007: 133-136.

[37] Tai D, Wen S, Wu H J, et al. Effective e-learning recommendation system based on self-organizing maps and association mining [J]. The Electronic Library, 2008,26(3):329-344.

[38] Vialardi C, Shafti, Leila. Recommendation in higher education using data mining techniques[J]. International Working Group on Educational Data Mining, 2009,84(2):326-336.

[39] Aher S B, Lobo L. Combination of machine learning algorithms for recommendation of courses in E-Learning System based on historical data[J]. Knowledge-Based Systems, 2013(10),51:1-14.

[40] Koutrika G, Bercovitz B, Kaliszan F, et al. CourseRank: A closed-community social system through the magnifying glass[C]//Proceedings of the 3th International Conference on Weblogs and Social Media (ICWSM 2009), San Jose, USA, May 17-20,2009:98-105.

[41] Farzan R, Brusilovsky P. Encouraging user participation in a course recommen-

der system：An impact on user behavior[J]. Computers in Human Behavior, 2011,27(1):276-284.

[42] Sweeney M, Rangwala H, Lester J, et al. Next-term student performance prediction：A recommender systems approach[J]. arXiv：1604.01840,2016.

[43] Elbadrawy A, Polyzou A, Ren Z, et al. Predicting student performance using personalized analytics[J]. computer, 2016,49(4):61-69.

[44] 孟俊.融合深度学习的课程推荐方法研究[D].南昌:江西师范大学,2019.

[45] 梁婷婷,李丽琴.基于深度学习的资源个性化推荐算法及模型设计[J].智能计算机应用,2018,8(06):108-110.

[46] Zhang H, Huang T, Lv Z, et al. MOOCRC：A highly accurate resource recommendation model for use in MOOC environments[J]. Mobile Networks and Applications, 2019,24(1):34-46.

[47] Volk N A, Rojas G, Vitali M V. UniNet：next term course recommendation using deep learning[J]. arXiv：2009.09326, 2020.

[48] Sulikowski P, Zdziebko T. Deep learning-enhanced framework for performance evaluation of a recommending interface with varied recommendation position and intensity based on eye-tracking equipment data processing[J]. Electronics, 2020,9(2):266-281.

[49] Cremonesi P, Elahi M, Garzotto F. User interface patterns in recommendation-empowered content Intensive multimedia applications[J]. Multimedia Tools & Applications, 2017,76(4):1-35.

[50] Judd T, Ehinger K, Durand F, et al. Learning to predict where humans look[C]//Proceedings of the IEEE 12th International Conference on Computer Vision (ICCV 2009), Kyoto, Japan, September 27-October 4,2009:2106-2113.

[51] Spool J, Schroeder W. Testing web sites：Five users is nowhere near enough[C]// Proceedings of the CHI '01 Extended Abstracts on Human Factors in Computing

Systems（CHI Extended Abstracts '01），Washington，USA，March 31-April 5,2001:285-286.

[52] Nielsen J. F-shaped pattern for reading web content[EB/OL].（http://www. useit. com/alertbox/reading/pattern. html），2006-04-17.

[53] Chen L, Pu P. Users' eye gaze pattern in organization-based recommender interfaces[C]//Proceedings of the 16th International Conference on Intelligent User Interfaces（IUI 2011），Palo Alto，USA，February 13-16,2011:311-314.

[54] 赵凯琳,靳小龙,王元卓. 小样本学习研究综述[J]. 软件学报,2021,32 (02):349-369.

[55] Pan S J, Yang Q. A survey on transfer learning[J]. IEEE Transactions on Knowledge and Data Engineering, 2010,22(10):1345-1359.

[56] Nakamura A, Harada T. Revisiting fine-tuning for few-shot learning[J]. arXiv: 1910. 00216, 2019.

[57] Yosinski J, Clune J, Bengio Y, et al. How transferable are features in deep neural networks? [J]. Advances in neural information processing systems, 2014,27:3320-3328.

[58] Kornblith S, Shlens J, Le Q V. Do better imagenet models transfer better? [C]// Proceedings of the IEEE Conference on Computer Vision and Pattern Recognition（CVPR 2019），Long Beach，USA，June 16-20,2019:2661-2671.

[59] Ge W F, Yu Y Z. Borrowing treasures from the wealthy: Deep transfer learning through selective joint fine-tuning[C]//Proceedings of the IEEE Conference on Computer Vision and Pattern Recognition（CVPR 2017），Honolulu，USA，July 21-26,2017:10-19.

[60] Guo Y H, Shi H H, Kumar A, et al. Spottune: transfer learning through adaptive fine-tuning[C]//Proceedings of the IEEE Conference on Computer Vision and Pattern Recognition（CVPR 2019），Long Beach，USA，June 16-20, 2019:4805-4814.

[61] Gaspar P, Kompan M, Simko J, et al. Analysis of user behavior in interfaces with recommended items: an eye-tracking study[C]//Proceedings of the 5th Joint Workshop on Interfaces and Human Decision Making for Recommender Systems, IntRS 2018, co-located with ACM Conference on Recommender Systems (RecSys 2018), Vancouver, Canada, October 7,2018:32-36.

[62] Pu P, Zhou M, Castagnos S. Critiquing recommenders for public taste products[C]//Proceedings of the 2009 ACM Conference on Recommender Systems (RecSys 2009), New York, USA, October 23-25,2009:249-252.

[63] Roth S P, Tuch A N, Mekler E D, et al. Location matters, especially for non-salient features-an eye-tracking study on the effects of web object placement on different types of websites[J]. International Journal of Human-Computer Studies, 2013,71(3):228-235.

[64] Špakov O, Miniotas D. Visualization of eye gaze data using heat maps[J]. Electrical Engineering, 2007,74(2):55-58.

[65] Kizilcec R F, Bailenson J N, Gomez C J. The instructor's face in video instruction: Evidence from two large-scale field studies[J]. Journal of Educational Psychology, 2015,107(3):724-739.

[66] Jakomin M, Curk T, Bosni Z. Generating inter-dependent data streams for recommender systems[J]. Simulation Modelling Practice and Theory, 2018,88:1-16.

[67] Ahmed A, Yu K, Xu W, et al. Training hierarchical feed-forward visual recognition models using transfer learning from pseudo-tasks[C]//Proceedings of the 10th European Conference on Computer Vision (ECCV 2008), Marseille, France, October 12-18,2008:69-8.

[68] Chen Q, Yu X, Chu Q, et al. Design and implementation of personalized teaching system for online learning[C]//Proceedings of the 2019 10th International Conference on Information Technology in Medicine and Education (ITME), IEEE, Qingdao, China, August 23,2019:353-35.